| GCC 국가연구소 총서 2 |

홍미정 지음

재설정되는 국경

21세기 중동 바르게 읽기

서경문화사

● 21세기 중동 바르게 읽기

1. 외부 영향력 : 미국의 중동정책 변화와 각 정부의 대응정책
   −시리아 내전, 이집트 쿠데타, 바레인 시위 등 역내 사건에서 나타나는 미국의 중동정책
   변화와 각 정부의 대응정책
2. 내부 동력 : 중동 역내의 파벌간 경쟁과 협력
   − 민족주의, 부족주의 세속주의, 온건이슬람(무슬림형제단), 급진이슬람(살라피, 알카에다)
3. 경계획정
   − 변경되는 국경. 국경을 넘어선 각 파벌간의 경쟁과 협력

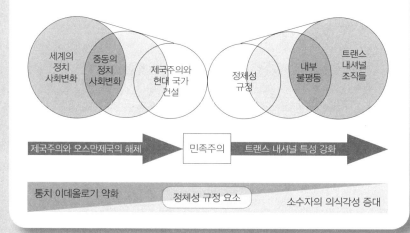

| GCC 국가연구소 총서 2 |

21세기 중동 바르게 읽기
: 재설정되는 국경

홍미정 지음

서경문화사

• 홍미정

현재 단국대학교 중동학과 조교수로 중동역사와 이슬람 문명사를 강의하고 있습니다. 또 단국대학교 GCC국가연구소(소장 : 장세원 교수, http://gcc.dankook.ac.kr/)가 수행하는 한국연구재단 신흥지역 연구지원 사업에 참여하여 걸프 왕국들을 연구하고 있습니다.

• 메카입구 비무슬림 입장금지 팻말

단독 저서로『팔레스타인 땅, 이스라엘정착촌』, 공동 저서로『울지마, 팔레스타인』,『현대 중동국가의 형성과 발전』,『사우디아라비아의 형성과 발전』등 다수 있습니다. 번역서로 『아랍인의 역사』가 있습니다. 논문은「시리아 위기와 석유·가스 파이프라인 경쟁 : 구 파이프라인 복구와 신 파이프라인 건설」을 비롯한 중동 현대사 관련 논문이 여러 편 있습니다.

위의 사진은 2016년 1월 사우디아라비아 메카 입구에서 찍은 필자사진입니다. 필자는 무슬림이 아니기 때문에 이슬람 성지 메카에는 들어갈 수가 없습니다.

| GCC 국가연구소 총서 2 |

21세기 중동
바르게 읽기
: 재설정되는 국경

초판인쇄일   2016년 4월 1일
초판발행일   2016년 4월 5일
지 은 이   홍미정
발 행 인   김선경
책 임 편 집   김소라
발 행 처   도서출판 서경문화사
         주소 : 서울시 종로구 이화장길 70-14 105호
         전화 : 743-8203, 8205 / 팩스 : 743-8210
         메일 : sk8203@chol.com
등 록 번 호   제 300-1994-41호
ISBN   978-89-6062-182-4   93300
ⓒ 홍미정, 2016

정가 24,000

이 책이 의도하는 바는 무엇인가?

현재 중동 전역을 휩쓸고 있는 내전과 쿠데타를 비롯한 정치 불안으로 중동의 기존 질서가 요동치고 있다. 앞으로의 개혁과정에서 험난한 일진일퇴가 벌어질 수 있지만, 중동 전체의 정치 · 경제 · 사회 구조 변화를 전면적으로 요구하는 새로운 역사의 장이 열릴 것으로 보인다. 이 책은 새롭게 구성되는 패러다임의 역사적인 변화 방향을 제시함으로써, 독자들에게 21세기 변화하는 중동을 바르게 파악할 수 있는 관점을 제시한다.

2011년 아랍 봉기 이후 내전과 쿠데타 등을 거치면서 IS(이슬람 국가)와 같은 초국가적인 단체들이 등장했다. 이와 함께 국가 간의 경계뿐만 아니라, 각 국가 내부에서도 종파, 지역, 사회 집단 간의 경계들이 새롭게 형성되면서 기존의 국가들이 위기 상황에 직면하였다. 이와 함께 현대 국가건설에 이념적인 기반을 제공했던 각 민족주의 운명이 존폐의 기로에 서게 되었다.

이 책은 중동의 정치 · 사회 변동을 바르게 이해하기 위한 것으로, 중동 각 국가는 물론이고, 국가 단위를 넘어서는 중동지역의 내부동력과 강대국이라는 외부세력과의 역동적인 관계를 포괄적으로 다루어 종합적으로 분석한다.

● 감사의 글

• 마흐디 압둘하디(Mahdi Abdul Hadi)
  팔레스타인 국제문제연구소장

　　이 글을 쓰는 과정에서 자료제공 및 조언 등 많은 도움을 주신 예루살렘 소재 팔레스타인 국제문제연구소(PASSIA, http://www.passia. org/), 마흐디 압둘하디(Mahdi Abdul Hadi) 소장님께 진심으로 감사드립니다. 마흐디 소장님은 필자의 박사학위논문, 「이스라엘 정착촌 정책(Israeli Settlement Policy)」이 성공적으로 마무리될 수 있도록 자료제공 및 조언을 해주신 지도 교수이십니다. 2001년부터 현재까지 마흐디 소장님은 필자에게 팔레스타인 문제와 중동역내 문제 등에 대한 자료제공과 조언을 해주셨을 뿐만 아니라, 팔레스타인 현지 체류 연구 활동에 많은 도움을 주셨습니다.
　　이 책 출판을 위해서도 PASSIA에서 지도와 사진 자료 등을 제공해 주셨습니다. 이 책 출판에 협조해 주신 PASSIA팀과 마흐디 소장님께 진심으로 감사드립니다.

• 탈렙 두웨이크(Taleb Dweik)

　　『21세기 중동 바르게 읽기: 재설정되는 국경』의 마지막 절 '지도부 없는 팔레스타인인들 어디로 가나? : 고귀하지만, 애처로운 꿈'편에 실린 그림 4점을 제공해 주신 팔레스타인 화가 탈렙 두웨이크(House of Arab Art& Design)님께 진심으로 감사드립니다.

－탈렙 두웨이크는 1952년 예루살렘에서 태어났다. 그는 팔레스타인에서 가장 존경받는 화가 중의 한사람이며, 2001~2003년 예루살렘 대학(University of Jerusalem) 미술대학 학장을 역임하였다. 그는 동경, 카이로, 마드리드, 본, 워싱턴, 토론토, 샤르쟈, 두바이, 암만, 예루살렘 등 세계 주요 도시에서 수많은 권위있는 국제전시회를 열었다.

• 이마드 아부 시타야(Imad Abu Shtayyah)

　　『21세기 중동 바르게 읽기 : 재설정되는 국경』 겉표지 그림을 제공해 주신 요르단 화가 이마드 아부 시타야(Fine Art America)님께 진심으로 감사드립니다.

－천재 화가 이마드 아부 시타야는 1965년 요르단 암만에서 태어난 팔레스타인-요르단인이다. 그의 가족은 1948년 팔레스타인 알 라믈레 알 께밥 마을에서 요르단으로 쫓겨났다. 그는 요르단 제라시 소재 유엔 난민기구(UNRWA)가 운영하는 학교 재학시절인 10세 때부터 혼자서 습작을 시작했다. 그러나 그는 제도권에서 본격적으로 그림을 배운 경험이 없다.

• 장세원(Sewon, Chang)
단국대학교 중동학과 교수,
GCC국가연구소 소장(http://gcc.dankook.ac.kr/)

홍미정 교수는 행동하는 학자이다. 연구실에 틀어박혀 자료만 읽고, 유행하는 방법론을 단순 대입하는 학자가 아니다. 그는 중동 현장을 직접 두 발로 누빈다. 험지든 오지든 그에게 중요치 않다. 정치인이든 일반인이든 가리지 않는다. 그들의 생생한 목소리에 귀 기울이고 온전히 전하려고 애쓴다. 그렇게 하기를 20년째다. 그의 이번 저서 제목에 "바르게"라는 표현은 그래서 "마땅"하다. 얽히고설킨 실타래처럼 쉽게 풀 수 없는 중동문제, 그가 재설정할 21세기 중동의 미래가 벌써 궁금해진다.

• 에이지 나가자와(Eiji Nagasawa)
일본 동경대학교 동양문화연구소 교수

홍미정 박사는 수많은 학술교환 프로그램과 학술대회 등을 통하여 일본학자들 또는 연구자들과 중요한 연구 성과들을 공유해왔다. 그녀는 팔레스타인 문제 연구에서 특히 중요한 역할을 했다.

2011년 아랍혁명 발발 이후, 중동지역은 20세기 초 이후 최고의 격변기로 접어들었다. 약 100년 전에 창출된 국경과 국가 시스템이 현재 급진적인 변화를 경험하고 있다. 홍미정은 역사연구와 독특한 조사방법 토대를 두고 이러한 변화를 연구하며, 동아시아인으로서 공정한 관점을 견지한다.

중동국가 시스템에 지속적으로 영향을 끼치는 패권적인 외부 열강들의 개입은 현재 새로운 개입의 형태로 활성화되고 있다. 게다가 중동내부 국가시스템 내에서, 오래된 억압적인 국가권력들이 아래로부터의 혁명적인 동인들을 제압하기 위하여 상호 긴밀하게 협조하면서 패권 장악을 위한 복잡한 권력 투쟁을 드러낸다.

시리아 내전으로 인한 비극적인 환경과 새로 발생한 난민들로 인해서, 팔레스타인 문제에 대한 관심이 줄어들고 있다. 그럼에도 불구하고, 점령지 팔레스타인에서의 절망적인 현상은 소위 '칼을 든 인티파다(민중봉기)'로 계속되고 있다.

홍미정은 팔레스타인 문제의 중요성을 보면서, 이 문제를 중동국가 시스템의 구조적인 변화라는 기본적인 주제 내에 위치시킨다. 이것이 다른 연구자들과 그녀 연구의 차이점이다. 독자들은 그녀의 연구로부터 객관적이고, 공정한 관점을 발견할 것이다.

• 루바바 사브리(Lubaba Sabri)
  팔레스타인 베들레헴 대학교 사회학 강사

　중동과 중동의 현재 상황을 이해할 수 있게 하는 매우 특별하고 가치 있는 『21세기 중동 바르게 읽기 : 재설정되는 국경』이라는 책을 소개하게 되어 매우 기쁘다. 이 책의 저자인 홍미정 교수는 '아랍의 봄'을 포함한 중동에 영향을 주는 수많은 매우 중요한 문제들에 관한 글을 썼다. 이 글들을 읽는 것은 매우 즐겁고 재미있는 일이다. 나는 깊이 있고, 근원적인 분석에 토대를 둔 그녀의 『21세기 중동 바르게 읽기 : 재설정되는 국경』을 중동 역내 문제에 대한 현재 상황을 이해하기를 원하는 누구에게나 높이 추천한다.

　이 책을 읽은 이후에, 나는 그녀의 객관적인 분석과 전망에 찬사를 보낸다. 그녀가 연구한 주제들에 대하여 그녀가 멀고도 가까이 있다는 사실은 다루는 주제들에 대한 특별하고, 깊이 있는 이해를 제공한다.

• 압둘라흐만 파르투스 하이다르(Abdulrahman Farttoos Haider)
  이라크 바그다드 대학교 역사학 교수

　홍미정이 쓴 『21세기 중동 바르게 읽기 : 재설정되는 국경』 출판을 매우 축하한다. 이 책은 중동의 과거와 현재에 대한 매우 중요하고 새로운 연구 성과이며, 전환기에 처한 중동에 관심 있는 독자들에게 매우 유용한 시각과 정보를 제공한다.

　이 책에 따르면, 현재 중동 분쟁은 권위주의적인 중동 정권들, 취약한 아랍사회, 아랍의 봄 발생과 같은 내부적인 요인들 탓도 있으나, 중동 불안정성의 가장 주요한 원천은 중동 내부 요인보다는 상대적으로 훨씬 더 깊고, 강력하며, 압도적인 영향력을 발휘하는 서구의 계획, 특히 소위 '새로운 중동'을 건설하려는 미국의 계획이다.

　이 책은 중동의 과거와 현재 상황을 깊이 있고, 올바르게 설명하고 있으며, 중동의 미래를 이해하고, 예견하기 위한 좋은 길잡이가 될 것이다.

• 알리 끌레이보(Ali Qleibo)
  팔레스타인 알 꾸드스 대학교 문화인류학 교수

　홍미정의 야심찬 새로운 책 『21세기 중동 바르게 읽기 : 재설정되는 국경』은 먼저 이라크, 시리아, 리비아, 팔레스타인에서 계속되는 폭력 확대의 근원을 찾아내고, 다음으로 사우디아라비아, 이집트 그리고 부유한 걸프 토후국들 사이의 경쟁과 협력에 대한 깊이 있는 분석을 통해서 아랍의 봄을 설명하려고 한다.

　이 책은 역사학, 정치학, 종교학 분야에서 일하는 아랍전문가 및 국제전문가들과의 상호 소통 연구와 광범위한 학술조사로 구성되었으며, 독자들에게 날마다 텔레비전에서 보는 산만하고, 복잡한 사건들에 대하여 거의 내부자의 통찰력을 제공한다.

　따라서 이 책은 동시대 중동세계와 정치를 이해하려는 학생들, 전문가들뿐만 아니라 모든 독자들에게 필수적이다.

● 차 례

머리말

       오늘날 미국의 중동정책을 고려하지 않고, 현대 중동 지역을 이해할 수 있을까? 또 서구 제국주의를 배제하고, 현대 중동 지역의 역사를 쓸 수 있을까? 이 책의 저술 동기는 바로 이러한 질문에서 출발한다. 이 책은 중동 고유의 특성을 무시하지 않지만, 그것이 외부 요인과의 관계 속에서 변화하고 있는 현실에 주목한다. 마치 조선 시대의 유교와 한복의 이미지가 한국의 현재를 이해하는데 크게 도움이 되지 않듯이, 고정 불변하는 이슬람과 히잡의 이미지로는 변동하는 중동을 올바르게 이해할 수 없다. 변화하는 국제정세 속에서 유동적인 공간으로서 중동 지역을 총체적으로 파악할 필요가 있다.

    오늘날 중동은 19세기 이래 유럽 열강들이 지역문제에 적극적으로 개입하면서 정치, 경제, 사회, 문화 체제가 전면적으로 변화해왔다. 이 책은 변동하는 국제정세를 적극적으로 읽어내고, 우리의 역할을 고민하는 현재적이고, 미래 지향적인 시각을 담고 있다.

    현대 중동국가들은 제1차 세계대전이라는 격변을 거치면서 제국주의 정책과 연계되어 동시다발적으로 건설되었고, 2011년 아랍봉기 이후 내전과 쿠데타 등을 거치면서 국가적인 위기 상황에 직면하였다.

영국과 프랑스 등 유럽 열강들이 이권을 위해 서로 협력하여 오스만 제국을 해체하고, 지역 분할을 조장하는 과정에서 현대 중동국가들이 출현하였다. 민족주의에 토대를 두고 획정된 경계 안에서 새로 건설된 중동국가들은 새로운 통치방식을 채택하고 독립을 유지하려고 노력했지만, 결국은 유럽열강들이 정한 한계 내에서만 움직일 수 있었다. 유럽열강들은 중동국가 간 경계를 획정하는데 주요한 역할을 하였고, 서로 경쟁관계이긴 했지만 관심사를 공유하면서 중동 역내 문제에 깊이 개입해왔다.

무엇보다도 20세기 초 중동지역 대부분에서 영국의 패권이 관철되면서, 현대 중동국가들이 건설되었고, 현재까지 지속되는 분쟁의 기본 구조가 창출되었다. 당시 중동지역에는 종족적으로 투르크인, 아랍인, 이란인, 쿠르드인, 투르크멘, 아시리아인 등이 포함되었고, 종교적으로도 다양한 수니 무슬림, 다양한 시아 무슬림, 수피 그리고 기독교도, 유대교도 등이 뒤섞여 있었다. 그러나 영국은 현대 국가를 건설하는 과정에서 이러한 종족적, 종교적인 다양성을 무시하거나, 압도적이고, 배타적인 국민 정체성 규정 메커니즘으로 활용하면서 각 국가의 국경을 일방적으로 획정하였다.

이러한 영국 제국주의 정책의 제1원칙은 중동 역내 인적 · 물적 자원들을 적절하게 배치하고 활용함으로써, 가장 저렴한 비용으로 영국의 정치 · 경제적 이익을 최대한 확보한다는 것이었다. 그것은 아랍인 정부를 세우고 독립 아랍국가 창설이라는 미사여구로 치장되었지만, 사실 아랍인 정부라는 간접 통치방식은 최소한의 통치비용으로 최대한의 이익을 창출하기 위한 영국의 중동 역내 인적자원 활용정책의 일환이었다. 이 과정에서 영국은 선제적으로 막강한 무력을 사용하고, 그 결과를 합리적인 협정으로 포장하는 방식을 채택하였다.

21세기 미국의 중동 정책은 20세기 영국의 전례를 표본 사례로 삼고 있는 듯이 보인다.

20세기에 치명적인 중동 분쟁의 기본 구조가 창출되어 21세기까지 유지될 뿐만 아니라, 심화된다는 관점에서, 이 책은 역사적인 서술 방법을 선택하였다. 역사적 서술이 지니는 일반적 장점에 더하여, 외국군대의 침공과 점령을 겪는 21세기 현재 중동 상황은 약 100년 전 영국의 중동문제 개입 당시와 뚜렷한 유사성을 지녔기 때문이다. 이러한 역사적 유사성은 현상을 판단하고 미래를 전망하며 대처하는 데 참조될 수 있다.

다음의 현재 터키 대통령인 에르도안과 이라크 전임 대통령인 사담 후세인의 발언은 20세기 초와 21세기 초라는 100년의 시간을 뛰어넘어 중동에서 발생하는 사건들의 역사적 유사성을 강조하는 좋은 예다.

2014년 10월 13일(월) 터키 대통령 에르도안은 이스탄불대학 연설에서 "역내의 모든 갈등은 100년 전(제1차 세계대전)에 이미 기획되었다. 이 갈등을 종식시키는 것이 나의 의무다. 서구인들은 자유언론, 독립전쟁, 지하드 뒤에 숨어서 사이크스-피코 협정(1916)을 다시 만들고 있다. 현재 터키에서 활동하는 변장한 21세기의 아라비아 로렌스(T.E. 로렌스)들이 있다. 그들은 저널리스트, 종교인, 저술가, 테러리스트들이다."고 주장하였다.

2003년 미국의 침공이 예상되는 시점에서 사담 후세인은 다음과 같이 발언하였다. "영국 사람들이 미국인들에게 이라크에서 자신들이 1920년에 겪은 일들을 이야기 해 주었으면 한다." 여기서 후세인은 영국, 미국 등 이라크에 직접 관여하는 외국인들도 역사를 기억하라고 촉구하고 있다. 파병뿐 아니라 주재회사원의 인명피해의 경험으로 중동 상황과 연관되어 있는 우리도 중동 현대사를 파악하고 참조해야 한다.

1948년 이스라엘 건국과 함께 발발한 전쟁으로 팔레스타인인들 70% 이상(72만 6천 명)이 주변 아랍국가나 그 밖의 곳으로 피난하였으며, 이들의 비극은 오늘날까지 계속된다. 이와 유사하게 2011년 3월부터 계속된 전쟁으로, 2016년 3월 현재까지 시리아인들 50% 이상(약 1천 2백만 명)의 난민이 발생하고, 47만 명이 사망하였다.

이 책이 21세기 중동 현실을 바르게 이해하기를 원하는 독자들에게 조금이나마 도움이 되기를 바란다.

제1장
21세기 재설정되는 국경

Ⅰ. 시리아 위기 : 누가 최후의 결정자일까?*

■ 천연가스 파이프라인의 중심지로 부상한 시리아 : 사우디 패권에 도전

시리아 정책 연구 센터(SCPR)에 따르면, 2011년 3월~2016년 2월까지 시리아 전체 인구 2,215만 7,800명(2014년, The World Bank) 가운데 50% 이상(국내 난민 660만 명)의 난민이 발생하였고, 사망자는 47만 명, 부상자는 190만 명이다.

2016년 3월 3일 현재 유엔(UN)에 등록된 전체 시리아 난민은 481만 5,360명이다. 이 가운데 터키에 271만 5,789명-유엔 등록, 레바논에 106만 7,785명-유엔 등록(실제 150만 명), 요르단에 63만 9,704명-유엔 등록(실제 150만명)이 거주하는 것으로 알려졌다. 이처럼 시리아 난민에 대해 서로 다른 통계가 존재하며, 시리아 국내와 중동 역내의

* 이 글(14~36쪽)은 2014년 정부(교육과학기술부)의 재원으로 한국연구재단 신흥지역 연구지원 사업으로 수행된 연구임(NRF-2014S1A2A3038348).

• 2016년 3월 요르단 자타리 시리아난민캠프(시리아 난민 8만 명 거주)
  (출처 : https://www.facebook.com/bbcshorts/videos/1140808579272340/?pnref=story, BBC Shorts)

• 자타리 난민 캠프(필자)　　　　　　• 요르단 자타리 난민 캠프(필자)

불안정성으로 인해서 정확한 통계를 낸다는 것은 사실상 불가능하다.

　21세기에 들어서 천연가스는 주요한 연료로 등장했다. 시리아 인도주의 위기는 유럽시장을 겨냥한 천연가스의 생산-운송-소비 네트워크와 관련된다. 2011년 3월 이후 시리아에서 진행되는 최악의 인도주의적인 위기의 중심에는 세계 최대의 가스

• 2010년 이란–시리아, 카타르–터키 파이프라인 계획

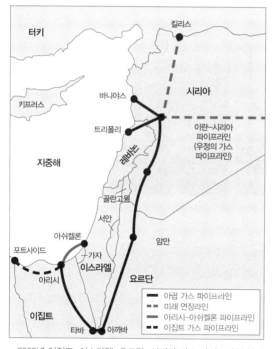

• 2009년 이집트–이스라엘–요르단–시리아 가스 파이프라인 연결
(출처 : https://commons.wikimedia.org/wiki/File:Arab_Gas_Pipeline.svg)

유전으로 알려진 이란의 남부 파르스 유전과 카타르 북부 돔 유전지대에서 생산되는 천연가스 판매망 확보 경쟁이 있다. 유럽시장을 목표로 한 판매망의 중심지에 시리아가 위치한다.

2010년 3월 현재 시리아에 최대 자본투자 국가는 사우디였다. 2009년부터 2010년까지 사우디의 압둘라왕과 시리아의 바샤르 아사드 대통령이 상호 방문하는 등 매우 우호적인 관계를 유지해 왔다. 그렇다면, 2011년 중반에 갑자기 시리아–사우디 관계가 악화되면서, 사우디가 시리아 반정부군을 지원하는 이유는 무엇인가?

2011년 7월 25일 시리아, 이라크, 이란 석유장관들이 이란에서 회의를 갖고, 100억 달러의 건설비용으로 [이란–이라크–시리아–레바논–지중해]를 통과하여 유럽으로 가는 자칭 '우정의 가스 파이프라인 건설(서구에서는 '이슬람 가스 파이프라인'이라 부름)'을 위한 기본협정을 체결하였다. 시리아 내전이 격화되지 않았다면, 2015년 현재 유럽에 천연가스 공급을 목표로 한 이 파이프라인 건설계획은 순조롭게 진행되었을 것이다. 그러나 시리아 내전으로 이 사업은 무산되었다.

계획된 '우정의 가스 파이프라인'은 2008년부터 이미 가동 중인 아리시-아쉬켈론 (이집트-이스라엘) 가스 파이프라인, 2009년부터 가동 중인 '아랍 가스 파이프라인(이집트-요르단-시리아-레바논)'과 연결되면서, 시리아에게 부를 약속하는 석유가스 파이프라인의 교차로이자 중심지로 만들 것으로 예상되었다.

드디어 시리아가 '우정의 가스 파이프라인, 이집트-이스라엘, 아랍 가스 파이프라인'을 통합한 가스 파이프라인 망에서 사우디, 카타르, 터키를 소외시키고, 사우디의 역내 패권을 위협하는 막강한 정치 경제 행위자로 등장할 것 같았다. 이것이 사우디, 카타르. 터키가 시리아 반정부군을 후원하는 중요한 이유다.

사우디 압둘라왕은 아랍지도자로는 처음으로 2011년 8월 반정부 시위대에 대한 아사드 정부의 대응방법을 거세게 비난하였다. 결국 2012년 2월 사우디는 시리아 다마스쿠스 소재 사우디대사관을 폐쇄하고, 사우디 리야드 주재 시리아대사를 추방함으로써 외교관계를 단절하였다.

■ 이스라엘/터키 경쟁 : 키르쿠크-하이파/키르 쿠크-세이한 파이프라인

2003년 미국이 제안하여 이라크 키르쿠크로부터 이스라엘 항구 하이파로 가는 석유 파이프라인(1934년 건설)을 재건하려는 계획이 나왔다. 2003년 8월 미국방부의 요구에 따른 이스라엘 국가 기반시설부 조사결과 키르쿠크와 하이파 사이의 직경 42인치 파이프라인의 건설에 1km당 40만 달러의 비용이 든다고 밝혔다. 이스라엘 국가 기반시설부 장관은 2003년 8월 24일 하이파 항구는 이라크 석유의 매력적인 도착지이고, 그는 이 문제를 9월에 미국과 의논할 계획이라고 밝혔다. 그는 이 계획은 요르단의 동의를 필요로 하고, 요르단은 파이프라인 통관세를 받을 것이라고 덧붙였다.

• 1934년 키르쿠크-하이파 · 트리폴리 파이프라인

현재 이라크 키르쿠크의 석유는 터키의 작은 지중해 항구인 세이한으로 이송되고 있다. 터키가 거두어들이는 키르쿠크-세이한 파이프라인(1975년 건설) 석유 통관세는 터키세입의 주요한 원천이다. 따라서 터키는 이스라엘의 키르쿠크-하이파 파이프라인 재건 가능성에 대한 대답으로, 새로운 파이프라인 건설 움직임은 터키-이스라엘 관계에 심각한 타격을 줄 것이라고 이스라엘에게 경고했다. 키르쿠크-하이파 파이프라인이 가동된다면, 그것은 터키 경제에 커다란 타격을 줄 것이다.

• 1975년 키르쿠크-세이한 파이프라인

■ 누가 최후의 결정자일까?

시리아 아사드 정부가 구상한 유럽시장을 겨냥한 가스 파이프라인 건설은 러시아 국영 가즈프롬의 지배적인 지위에 도전한다. 러시아 석유와 가스 세입은 2012년 정부 예산의 52%를 차지하며, 전체 수출의 70% 이상 차지했다. 게다가 러시아 총 가스 수출량 중 60%는 유럽 시장이 차지한다. 이것은 러시아가 시리아 내전 초기에 적극 개입하지 않고, 반군 세력에게 아사드가 극적으로 밀리는 것을 방관한 이유다.

그런데 2013년 8월 사우디정보장관 반다르왕자는 러시아를 방문하여 푸틴대통령에게 '시리아 아사드 대통령에 대한 지지를 중단하라'고 요청하면서, "시리아에서 아사드 이후에 어떤 정권이 출현하던지 간에, 새로운 정권은 완전히 사우디의 수중에 있을 것이다. 그 정권은 어떤 걸프국가에게도 시리아를 통과해서 유럽으로 가스를 운반하는 협정을 체결하거나, 러시아가스 수출과 경쟁하도록 허락하지 않을 것이다."고 강조했다. 그러나 푸틴대통령은 '유럽가스 수출에 대한 러시아 독점권을 보장하겠다는 반다르왕자의 제안을 거절하면서, 시리아 아사드 정부에 대한 확고한 지지'를 표명하였다.

　2009년과 2010년 미국회사인 노블에너지가 이스라엘 하이파 항구 서쪽 50마일 해상에서 타마르와 레비아탄 가스유전을 발견하였다고 공표하였다. 이 두 유전은 최근 10년간 발견된 유전들 중 가장 대규모 가스유전으로 평가된다. 현재 이스라엘, 레바논, 시리아, 터키 유역에 대규모 가스 매장 가능성이 제기되면서 가스탐사가 계속되고 있다.

　타마르와 레비아탄 유전개발은 이스라엘 역사상 최대의 기반시설 프로젝트로 알려졌다. 노블에너지는 이 두 유전의 최대 소유주로서 타마르 유전의 36%, 레비아탄 유전의 39.66%를 소유하고 있다. 2013년 6월 23일 이스라엘 정부는 이 유전들 보유량의 40% 이상을 액화천연가스(LNG) 형태로 수출하기로 결정하였다. 타마르 유전은 2013년에 이미 생산을 시작하였고, 레비아탄 유전은 2016~2017년에 생산을 시작할 계획이다. 노블에너지 대표 찰스 데이비슨은 "현재 레반트유역 가스유전발견은 시작에 불과하다. 앞으로 더 큰 유전발견으로 우리는 역내 게임 체인저가 아니라 세계 체인저가 될 것"이라고 소리를 높였다.

　이제 이스라엘을 포함한 레반트 지역에서의 가스전 발견은 역내 에너지 확보와 판매망 구축에서 또 하나의 핵심 변수로 등장했다. 게다가 2014년 5월 이스라엘은 이집트를 통해서 가스를 수출하기로 이집트와 협정을 체결하였다. 현재 이스라엘 가스전 개발에서 주도적인 역할을 하고 있는 노블에너지 대표인 찰스 데이비슨의 주장대로, 노블에너지와 이스라엘이 가스 파이프라인 구축과 역내 에너지 패권경쟁에서 결정자로서 역할을 할 가능성이 높아 보인다.

Ⅱ. 재설정되는 국경 : 오늘날의 아라비아 로렌스는 누구인가?

■ 터키 대통령 에르도안과 IS의 주장

2014년 10월 13일(월) 터키 대통령 에르도안은 이스탄불대학 연설에서 "역내의 모든 갈등은 100년 전(제1차 세계대전)에 이미 기획되었다. 이 갈등을 종식시키는 것이 나의 의무다. 서구인들은 자유언론, 독립전쟁, 지하드 뒤에 숨어서 사이크스-피코 협정(1916)을 다시 만들고 있다. 현재 터키에서 활동하는 변장한 21세기의 아라비아 로렌스(T.E. 로렌스)들이 있다. 그들은 저널리스트, 종교인, 저술가, 테러리스트들이다."고 주장하였다.

이러한 에르도안의 주장은 IS(이슬람국가. 2014.06.29~현재)의 주장과 일맥상통하고 있는 것으로 보인다. IS는 2014년 6월 29일 '칼리파 국가'를 선언하면서, '사이크스-피코 협정의 종식(The End of Sykes-Picot)'을 창설목표로 내세웠고, 미국을 비롯한 서구 저널리스트들을 참수하였다.

■ 사이크스-피코 협정이란? : 국가 정체성 위기와 재설정되는 국경

사이크스-피코 협정이란 제1차 세계대전 과정에서 오스만 제국 영역을 해체하여 영국 통치영역과 프랑스 통치영역으로 나누어 분할통치하기 위한 안이었다. 1916년 영국, 프랑스, 러시아는 사이크스-피코 비밀협정을 체결함으로써, 다음 지도에서 보듯이 오스만 제국이 통치하던 레반트와 아라비아반도 일부지역을 영국 통치영역과 프랑스 통치영역으로 분할하면서, 팔레스타인지역을 국제통치지역(영국. 프랑스. 러시아가 공동 통치)으로 합의하였다.

1920년 국제연맹은 이 지역에 사이크스-피코 협정과 거의 일치하는 영국과 프랑스위임통치를 부과하였다. 제2차 세계대전 이후에는 이 지역에서 영국과 프랑스 위임통치가 종결되었고, 독립 국가들이 건설되었다. 이 독립국가들 통치하는 자들은 대부분 영국과 프랑스 위임통치당국과 동맹을 맺고 협력하던 세력들이었다.

새로 건설된 중동국가들은 새로운 통치방식을 채택하고 독립을 유지하려고 노력했지만, 결국은 유럽 열강들이 정한 한계 내에서만 움직일 수 있었다. 유럽 열강들은 중동국가 간 경계를 획정하는데 주요한 역할을 하였고, 서로 경쟁

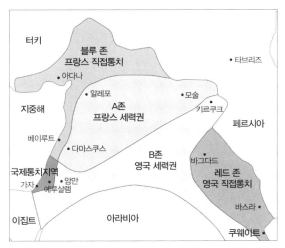

• 1916년 사이크스–피코 협정(출처 : http://www.passia.org/)

관계이긴 했지만 관심사를 공유하면서 중동 역내 문제에 깊이 개입해왔다.

그런데 2011년 아랍 봉기 이후 내전과 쿠데타 등을 거치면서 IS와 같은 초국가적인 단체가 등장하고, 이슬람 세력들이 국경을 넘어 활동하고 있다. 이에 따라 국가 간의 경계뿐만 아니라, 각 국가 내부에서도 종파, 지역, 사회 집단 간의 경계들이 새롭게 형성되면서 기존의 국가 정체성이 위기 상황에 직면하였다.

■ 오늘날 아라비아 로렌스는 누구인가?
 : '칼리파 국가' 약속, 결과는 모자이크 공국

영국은 '사이크스–피코 협정(영국과 프랑스 통치)'과 충돌하는 '아랍인이 통치하는 칼리파국가 건설'을 하심가의 후세인에게 다음과 같이 제안하였다.

1915년 이집트 주재 영국 고등판무관 맥마흔이 오스만 제국의 지방정부로서 메카와 메디나를 통치하던 하심가(아랍인 예언자 무함마드의 후손으로 알려짐)의 후세인에게 '영국정부는 아랍인들이 칼리파직 수행하는 것을 환영한다.'고 밝혔다. 맥마흔은 후세

• 1915년 맥마흔이 후세인에게 약속한 칼리파국가 영역
(출처 : http://www.passia.org/)

인에게 다음 지도에서 보이는 지역을 '아랍인이 통치하는 칼리파국가 영역'으로 약속하였다.

그러나 제1차 세계대전 현장에서 직접 하심가를 이끌어 오스만 제국(투르크인 칼리파)에 대항하는 아랍인들의 전쟁(아랍반란)을 주도한 로렌스대령(일명 : 아라비아 로렌스)은 1916년 1월 정보용 메모에서 다음과 같은 계획을 밝혔다.

아랍반란은 우리(영국)의 당면 목표와 부합하고 이슬람 블록의 붕괴와 오스만제국의 패배와 붕괴로 이끌 것이기 때문에 우리에게 이익이다. 오스만제국을 여러 아랍 국가들로 분할하는 것은 우리에게 해롭지 않다. 아랍인들은 투르크인들보다 훨씬 덜 안정적이다. 적당히 다루어진다면, 그들은 정치적인 분열 상태, 결집할 수 없는 서로 분쟁하는 매우 작은 모자이크 공국들의 집합체로 남을 것이다.

전쟁결과 맥마흔이 후세인에게 한 약속 '아랍인이 통치하는 칼리파 국가 건설안'은 사라지고, 로렌스의 메모 내용대로 '작은 모자이크 공국들의 집합체'가 실현되었다.

맥마흔이 하심가의 후세인에게 약속했던 칼리파국가 영역은 영국과 프랑스의 위임통치와 간접통치를 거친 이후, 이스라엘, 요르단, 이라크, 레바논, 시리아, 쿠웨이트, 사우디아라비아, 예멘, 카타르, 바레인, 아랍에미리트(UAE), 오만으로 분할되었다.

맥마흔의 '칼리파국가 건설'약속을 믿은 하심가는 로렌스가 이끄는 오스만 제국 해체 작전에 열정적으로 참가했다. 그러나 결국 하심가는 1천 년 가까이 전통적으로 통치해왔던 메카와 메디나에 대한 통치권을 압둘 아지즈 이븐 사우드(1932년 사우디아라비아 왕국 창건)에게 빼앗기고, 요르단 왕국과 이라크 왕국 통치자로 만족해야만 했다. 당시 영국은 하심 가문과 사우드 가문에게 각각 자금, 무기, 군사기술 등을 지원하면서, 협력(오스만 제국 해체)과 경쟁을 하도록 만들었다.

영국은 오스만 제국을 해체시키기 위해서 하심가를 활용하기 위한 유용한 명분으로 아랍인이 통치하는 '칼리파국가 창설'을 약속하고, 아랍반란을 주도하였고, 오스만 제국 영역을 여러 국가들로 분할 해체시킴으로써 결국 그 목표를 성취했다.

Ⅲ. 미국인들이 제시하는 위기 해결방안

■ 시리아 분할 해체하기

1) 2015년 11월 29일 포린어페어스(Foreign Affairs)는 버락 멘델손(Barak Mendelsohn)의 "시리아와 이라크 분할과 정복; 왜 서구는 분할을 계획해야하는가?(Divide and Conquer in Syria and Iraq: Why the West Should Plan for a Partition)" 게재했다.

이 글에서, 그는 현재 시리아와 이라크 위기에 대한 해결책은 '수니 독립국가(수니스탄)' 창설함으로써 '전쟁하는 두 편'을 분리시키는 것이라고 다음과 같이 주장한다.[1]

○ 원주민들의 지지를 이끌어내는 유일한 방법은 수니들에게 더 큰 지분을 주는 것이다.
○ 수니가 통치하는 영역에 수니 독립 국가를 제안한다.
○ 워싱턴이 100년 전 프랑스와 영국에 의해서 획정된 사이크스-피코 경계들을 지지한다는 것은 더 이상 이치에 맞지 않는다.
○ 시리아와 이라크가 엄청난 피를 흘리기 이전 상태로 되돌아갈 수 있다고 믿는 사람들은 거의 없다. 더 나은 대안은 싸우는 대상들을 분리시키는 것이다.
○ 수니와 시아 사이의 종파 분쟁이 불가피한 것이 아님에도 불구하고(그것은 어느 정도, 개인적인 이해관계를 갖는 엘리트들이 조작한 결과였다)그것은 이제 현실이다.

2) 2015년 11월 24일 전임 UN 주재 미국 대사 존 볼턴(John Bolton, August 1, 2005~ December 9, 2006)이 뉴욕 타임즈에 기고한 글, "ISIS(일명 : ISIL, 혹은 IS-Islamic State)를 쳐부수

고, 수니 국가를 창설하라(To Defeat ISIS, Create a Sunni State)"에서 다음과 같이 주장했다.[2)]

○ 바샤르 알 아사드와 바그다드에 대항하는 '방어물'로서 작동하는 '수니 독립국가'를 창설하기를 원한다.
○ 미국의 전략은 아사드를 소외시키기 위하여 동부 시리아와 서부 이라크에 매우 작은 수니 국가(Sunni micro-state)를 창출하는 것이었다.

3) 2013년 6월 포드 스쿨(Ford School)에서 헨리 키신저(Henry Kissinger)는 시리아를 자치 지역들로 분할할 것을 제안하였다.[3)]

○ 예상되는 3가지 결과 : 아사드 승리, 수니 승리, 다양한 종족·종파들 공존과 자치
○ 내가 선호하는 결과는 다양한 종족·종파들이 공존하면서, 각 지역을 자치하는 것이다.
○ 나는 또한 아사드는 축출되어야한다고 생각한다. 그러나 그것은 핵심이 아니다. 핵심은 30년 전쟁 이후의 유럽과 같이 종족·종파 단위로 분리 독립되는 것이다.

4) 2012년 미국방정보부(US Defense Intelligence Agency : DIA)로부터 나온 기밀 해제된 보고서에 따르면, 시리아 반란군을 지원하는 열강들은(서구 국가들, 걸프 국가들, 터키) 시리아 정권을 고립시키기 위하여 동부 시리아 지역에 살라피 공국(Salafist principality)을 창설하기를 원했다. 이것은 시아 팽창(이라크와 이란)을 막기 위한 전략이다.[4)]

■ 이라크 분할 해체하기

1) 2003년 11월 25일 레슬리 겔브(Leslie Gelb)는[5)] 뉴욕 타임즈에 낸 기고문에서, "이라크에서 가장 실현 가능한 결과는 3국가 해결책(The Three-State Solution) : 북부에 쿠르드 국가, 중앙에 수니국가, 남부에 시아국가일 것"이라고 주장하였다.

2) 2006년 5월 1일 상원의원이던 조 바이든(Joe Biden, 현재 부통령)과 레슬리 겔브는 공동으로 "이라크 자치연방(United Through Autonomy in Iraq)"이라는 글을 썼다. 이 글은 세 종족·종교 집단들, 쿠르드, 수니 아랍, 시아 아랍이 권력을 장악한 분권화된 이라크를 주장한다.[6)]

○ 이라크를 분권화하여 이라크 연방을 유지하고, 각 종족-종교 집단들-쿠르드, 수니 아랍, 시아 아랍-에게 자체 문제를 운영할 수 있는 여지를 부여하고, 중앙 정부를 공통의 이해관계를 관리하도록 남겨둔다.
○ 바그다드에 생존 가능한 중앙 정부를 가지고, 대체로 자율적인 세 지역을 수립한다. 쿠르드, 수니, 시아 지역들은 각각 그들 자체의 법, 행정과 내부 안보를 책임진다.
○ 중앙 정부는 국방 경계, 외교, 석유 세입을 관장한다.
○ 바그다드는 연방구역이 될 것이다.
○ 혼합된 인구 밀집한 지역들은 국제 경찰의 보호를 받게 될 것이다.

Ⅳ. '새로운 중동지도'로 본 중동의 미래

■ 새로운 중동지도들의 공통점
: 새로 창설된 '아랍 시아국가'에게 걸프지역 오일 지배권 부여

2008년 오바마 대통령 당선, 2011년 아랍 봉기 발발과 시리아내전에 앞서, 2006년부터 이미 미국에서 새로운 중동지도들이 출현하였다. 이 지도들이 의미하는 바는 시리아내전 등을 피할 수 있는 방법이 중동 역내 정치 · 군사 행위자들에게는 없다는 것으로 풀이될 수도 있다.

이 새로운 지도들은 다음과 같은 공통점을 갖고 있다.

첫째, 아랍 국가들의 맹주인 사우디아라비아를 동부국가, 북부국가, 서부국가, 동남부국가, 중앙부국가 등 5개 국가들로 해체한다.

둘째, 2009년 이후 역내 석유 · 가스 파이프라인의 허브를 구상했던 시리아를 알라위국가, 수니국가, 쿠르드국가 등으로 해체한다.

셋째, 막대한 석유매장 국가인 이라크를 수니국가, 쿠르드국가, 시아국가 등으로 해체한다.

넷째, 시리아의 수니국가와 이라크의 수니국가를 통합하여 하나의 국가로, 시리아의 쿠르드국가와 이라크의 쿠르드국가를 통합하여 또 하나의 국가로 만든다.

다섯째, 사우디아라비아와 이라크가 해체되면서 새롭게 창출된 '아랍 시아국가' 는 이라크남부를 기반으로 사우디 석유 매장지 동부지역을 통합함으로써 사우드왕가의 석유지배권을 박탈한다.

이와같은 지도들이 제시한 가설이 실행된다면, 중동 지역은 불가피하게 외국세력들과 연계된 너무나 많은 정치 군사 행위자들이 경합하면서, 더욱 혼란스러워질 것이다.

■ 2006년 랄프 피터의 '중동지도 다시 그리기: 피로 물든 경계'

2006년 미국 군사전략가인 랄프 피터(Ralph Peters, 1998년 중령은퇴)는 권위있는 미군사 저널(Armed Forces Journal, 1863년 창간)에 다음과 같은 "중동지도 다시 그리기(Redrawing the Middle East Map)"를 게재하였다.[7]

랄프 피터는 2006년 6월 1일 이 저널에 사우디와 이란의 영토지배권 축소와 아랍 시아 국가 부상 관련하여 다음과 같이 썼다.[8]

1. 무슬림 세계에서 폭넓은 침체의 원인은 사우디 왕가가 메카와 메디나를 통치하는 것이다. 사우디아라비아 왕국은 무함마드 시대 이후 전 세계 무슬림들에게 발생했던 문제 중 최악이며, 오스만 제국 정복이후 아랍인들에게 발생한 문제 중 최악이다.

2. 세계 주요 무슬림 학파들과 운동들의 대표위원회가 이슬람 신정국가를 통치한다면, 무슬림 세계가 얼마나 더 건전해질 것인가 상상해 보아라. 이곳에서는 위대한 신앙의 미래가 단순하게 결정되는 것이 아니라 토론될 것이다.

3. 사우디의 해안 유전을 그 소구역에 집중된 '시아 아랍인들'에게 넘겨줄 것이다. 사우디 남동부 사분면은 '예멘'으로 되돌아 갈 것이다. '리야드 주변 사우디 고향'의 독립되고 사방이 막힌 영토에서, 사우드 가문은 이슬람과 세계를 향하여 훨씬 덜 나쁜 짓을 하게 될 것이다.

4. 이란은 '통합된 아제르바이잔, 자유 쿠르디스탄, 아랍 시아국가, 자유 발루치스탄'에 상당량의 영토를 잃게 될 것이다.

5. 이란에게, 가장 어려운 문제는 반다르 압바스 항구지역을 유지하거나 아랍 시아 국가에게 넘겨주는 것이 될 것이다.

6. UAE 중 일부는 아랍 시아국가로 통합될 것이다.

7. 시아 국가는 페르시아 이란 동맹에 대한 대항마로서 발전할 것 같다.

8. 두바이는 부유한 탕자의 지위를 누리게 될 것이다.

9. 쿠웨이트와 오만은 현재 상태로 존재하게 될 것이다.

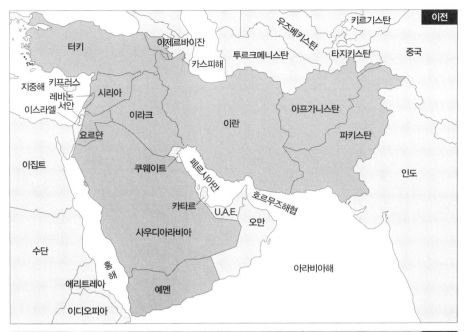

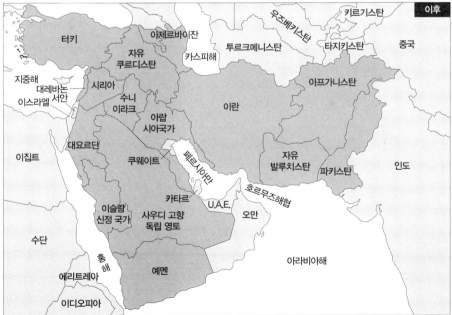

• 랄프 피터의 '중동지도 다시 그리기'

■ 2013년 로빈 라이트의

　'다시 그린 중동지도 상상하기 ; 5개 국가를 14개 국가로 만들기'

　　2013년 9월 뉴욕 타임즈에 실린 로빈 라이트가 만든 "다시 그린 중동지도 상상하기: 5개 국가를 14개 국가로 만들기(Imagining a Remapped Middle East: How 5 Countries Could Become 14)" 지도에 따르면, 사우디아라비아는 동부국가, 북부국가, 서부국가, 남부국가, 중부 와하비 국가 등 5개의 독립국가로 분할된다. 시리아는 알라위국가, 수니국가, 쿠르드국가, 드루즈 도시국가, 이라크는 수니국가, 쿠르드국가, 시아국가, 바그다드 도시국가 등 몇 몇 국가로 해체된다.[9]

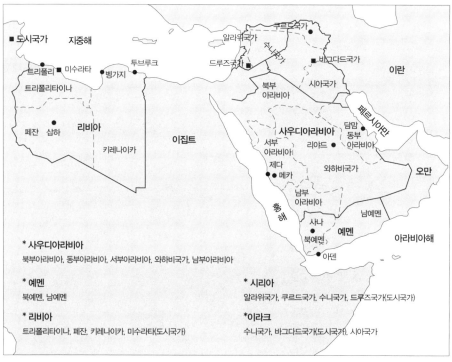

• 로빈 라이트의 리비아, 시리아, 이라크, 사우디아라비아, 예멘 5개 국가 14개 국가(도시국가 제외)로 분할 가능성

■ 2014년 제프리 골드버그의 '새로운 중동 지도'

미국의 유명 저널리스트 제프리 골드버그는 "새로운 중동 지도(The New Map of the Middle East)"를 2008년 처음 내놓았고, 2014년 6월 재차 내놓았다. 랄프 피터와 마찬가지로, 제프리 골드버그 지도에서도 메카와 메디나를 포함하는 사우디아라비아의 서부에 독립 이슬람국가가 건설된다. 이라크에 기반을 둔 아랍 시아국가는 사우디 동부유전 지대를 통합한다. 사우디아라비아 서남부 지역은 대예멘으로 통합된다.

특별히, 제프리 골드버그 지도는 골란고원에 드루즈 국가의 창설과 요르단이 팔레스타인 서안지역을

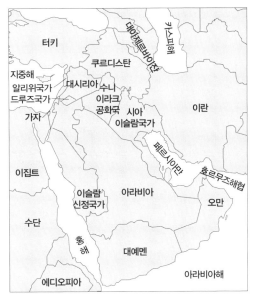

• 제프리 골드버그의 '새로운 중동 지도'
(출처 : http://www.theatlantic.com/international/archive/2014/06/the—new—map—of—the—middle—east/373080/)

통합함으로써 창출되는 대 요르단을 제시하였다.[10]

300만 명의 인구를 가진 서안 지역이 새롭게 요르단 영토로 통합될 경우, 요르단 왕가는 치명적인 정치적 도전에 직면하게 될 것이다.

V. 위기에 처한 사우디아라비아 : 제3세대의 왕권경쟁

2015년 1월 압둘라 왕이 사망하고, 그의 이복동생 살만이 왕위를 계승한 이후 7개월이 지났다. 지난 1월과 4월 두 차례 내각개편을 통해서, 살만 왕은 특별히 사랑하는 아들 무함마드 빈 살만을 국방부 장관, 왕실법정 수장, 새로 신설된 경제개발

• 사우디아라비아 왕위계승표

사우드 왕&총리
1953~1964
(폐위)

파이잘 왕&총리
1964~1975
(암살)

칼리드 왕&총리
1975~1982
(사망)

파흐드 왕&총리
1982~2005
(사망)

압둘 아지즈
이븐 사우드 왕
1932~1953
(사망)

압둘라 왕&총리
2005~2015.1
국가방위군사령관
1963~2010

무타입
국가방위군장관
2010~현재

술탄(왕세제)
제1부총리
2005~2012
(사망)

나이프(왕세제) 제1부총리
2005~2012
(사망)

무함마드
내무장관 2012~현재
왕세자 2015.4~현재

수다이리파

살만
왕&총리
2015.1~현재

무함마드
국방장관 2015.1~현재
부왕세자 2015.4~현재

수다이리파란?
압둘 아지즈 이븐 사우드 왕과
그의 부인 하사 알 수다이리의
후손들임

무끄린 왕세제
2015.1~2015.4

다른
자손들

이사회 의장, 부왕세자, 제2부총리 등 여러 직위에 겹치기로 임명하였다.

29세의 젊은 부왕세자 무함마드는 2015년 3월부터 예멘 반정부군에 대한 공격을 지휘하고 있으며, 6월에는 살만 왕을 대신하여 러시아와 프랑스를 연이어 방문하는 등 외교활동에 박차를 가하면서 국내외적인 인지도를 높이고 있다. 이러한 움직임은 사우디아라비아 창건자 압둘 아지즈 이븐 사우드 손자들로 구성되는 제3세대로 왕권교체를 겨냥한 것이다(사우디아라비아 왕위계승표 참조).

■ 제2세대로 왕권 교체와 왕세제 파이잘의 쿠데타

사우디아라비아 왕국의 창건자인 압둘 아지즈 이븐 사우드가 1953년에 사망하면서, 그의 특별한 사랑을 받았던 것으로 알려진 둘째 아들 사우드 왕세자(재위: 1933~1953)가 왕위를 물려받았다. 이로써 1953년부터 2015년까지 왕국 창건자 아들들이 형제들 간에 왕위를 승계하는 시대를 열었다. 사우드(재위: 1953~1964), 파이잘(재위: 1964~1975), 칼리드(재위: 1975~1982), 파흐드(재위: 1982~2005), 압둘라(재위: 2005~2015)에 이어 살만(재위: 2015~현재)이 왕위를 차례로 이어받았다.

2세대로 왕위 교체가 이루어진 사우드 왕 통치시기에, 창건자의 셋째 아들인 파이잘 왕세제, 압둘라 국가방위군 사령관(재임: 1963~2010), 수다이리파 왕자들(파흐드, 살만 왕자 포함)이 합세하여 창건자를 계승한 사우드 왕을 강제 폐위시키는 쿠데타를 주도하였다. 결국 1964년 파이잘 왕세제와 합세한 압둘라 왕자가 이끄는 국가방위군이 왕궁을 포위하여 왕실 수비대의 항복을 받아냄으로써 쿠데타가 성공하였다. 이 쿠데타로 파이잘 왕세제가 왕위에 올랐고, 쿠데타를 주도한 왕자

• 살만왕과 두 왕세자 (① 살만왕, ② 왕세자, ③ 부왕세자)

들이 차례로 왕권을 장악함으로써, 외부에서 보기에는 비교적 안정적으로 60여 년간 2세대에서 6명의 왕을 배출했다. 현 살만 왕은 2세대의 마지막 왕이 될 것으로 보인다.

폐위당한 사우드왕은 소련과 가까웠던 이집트 나세르 대통령의 보호를 받으면서 그의 힘을 빌려 복위를 꿈꾸었으나 결국 실패했다. 반면 미국과 가까운 관계였던 것으로 알려진 파이잘 왕세제를 비롯한 쿠데타를 주도한 왕자들이 승리하였다.

■ 제3세대로 왕세자 교체와 부왕세자 무함마드 빈 살만의 부상

1935년 태어난 살만 왕세제가 지난 1월 23일 압둘라 왕의 사망으로 총리를 겸한 왕위에 올랐다. 그는 1963~2011년까지 리야드 지방 통치자였고, 2011년부터 국방부 장관, 2012년에 왕세제 자리에 올랐다. 살만 왕은 1월, 4월 두 번에 걸쳐 주요 내각개편을 단행했다.

1월 내각개편에서 주목할 만한 것은 살만 왕이 특별히 사랑하는 29세난 어린 아들 무함마드 빈 살만을 자신의 뒤를 이어 국방부 장관에 임명했을 뿐만 아니라, 왕실법정 수장, 새로 신설된 경제개발이사회 의장 등 여러 직위에 겹치기로 임명한 사실이다.

4월 내각 개편에서 살만 왕은 이복형제인 무끄린 왕세제를 대체하여 친 조카이며 내무장관인 무함마드 빈 나이프를 왕세자겸 부총리로, 자신의 아들이며 국방장관인 무함마드 빈 살만을 부왕세자겸 제2부총리로 임명하였다. 이는 다음 왕위를 3세대로 전격 이양한다는 것을 의미한다. 두 차례에 걸친 내각 개편에서 살만왕의 아들 무함마드 빈 살만이 여러 직위를 거머쥐면서 사우디 정치, 군사, 경제 분야에서 전방위적으로 영향력을 강화하였다.

반면 내무장관을 겸직한 왕세자 무함마드 빈 나이프의 영향력은 상대적으로 위축되었다. 또 압둘라 왕 통치하에서 그의 아들로서 막강한 영향력을 행사하던 메카 통치자 미샬 빈 압둘라 왕자와 리야드 통치자 투르키 빈 압둘라 왕자가 축출되었다. 결과적으로 이것은 압둘라 왕의 둘째 아들인 국가방위군 장관 무타입 빈 압둘라를

약화시키기 위한 조치로 풀이된다.

사우디 왕가 내 왕권투쟁을 동반한 정치변동이 초래된다면, 그것은 내무부 장관&왕세자인 무함마드 빈 나이프, 국방부 장관&부 왕세자인 무함마드 빈 살만, 국가방위군 장관 무타입 빈 압둘라 사이에서 발생할 가능성이 크다.

내무부 장관은 사우디 내부 치안을 담당하는 경찰력을 장악하고 있으며, 국방부 장관은 사우디 정규군 12만 4천 5백 명(2011년 기준)을 지휘하고, 국가방위군 장관은 10만 명(2011년 기준)의 병사를 거느린다. 게다가 전통적으로 국방부, 내무부, 국가방위군은 각각 미국과 무기구입 등과 관련된 협정을 개별적으로 체결하고, 갱신하면서 독립적으로 발전해왔다.

■ 왕세자, 부총리, 내무부 장관인 무함마드 빈 나이프

1959년 태어난 무함마드 빈 나이프는 미국대학을 다녔으며, 1985년부터 1988년까지 미국 FBI에서 안보관련 교육을 받은 것으로 알려졌다. 그는 압둘라 왕이 사망하면서 2015년 1월 23일~2015년 4월 29일까지 부 왕세자였으며, 제2부총리를 역임하였다. 그는 2015년 4월 29일 막내 삼촌인 무끄린을 대체하면서 부총리를 겸직한 왕세자 자리에 임명됨으로써, 공식적으로 제3세대 중 1순위 왕위 계승자로 내정되었다.

게다가 무함마드 빈 나이프는 2012년 11월 5일부터 현재까지 내무부 장관을 겸직한다. 내무부 장관 자리는 그의 아버지이며 왕세제(재위 : 2011.10.27~2012.6.16)였던 나이프 빈 압둘 아지즈가 1975년 10월부터 2012년 6월 16일 사망할 때까지 37년 가까이 재임한 직위다. 무함마드 빈 나이프는 내무부 장관에 임명된 지 2개월이 지난 후, 2013년 1월 15일 미국을 방문해서 오바마 대통령을 만났다. 이 때 미국무부와 정보부는 그를 사우디 내각에서 가장 친미적이며 능력 있고, 현대적인 장관으로 평가한 것으로 알려졌다. 당시 미국은 내무부 장관 무함마드 빈 나이프를 제3세대 중 1순위 사우디 왕 계승자로 예상하는 것 같았다.

■ 부왕세자, 제2부총리, 국방부 장관인 무함마드 빈 살만

1985년에 태어난 무함마드 빈 살만은 킹사우드 대학을 다녔으며, 주로 국내에 머물면서 아버지 살만을 최측근에서 보좌해온 것으로 알려졌다. 무함마드 빈 살만은 2009년 12월 리야드 지방을 통치하던 아버지 살만 왕자의 특별 고문으로 정계에 입문하였다. 2011년 10월 22일 국방부 장관을 겸하였던 술탄 왕세제가 사망하였고, 부왕세제였던 나이프가 왕세제로 승격하였고, 살만 왕자가 국방부 장관을 겸한 부 왕세제로 임명되었다. 이 때 무함마드 빈 살만은 아버지 살만 부왕세제의 개인 고문이 되었다.

2015년 1월 살만 왕 체제하의 내각 개편에서 무함마드 빈 살만은 국방부 장관, 왕의 특별 고문, 왕실법정 수장, 새로 신설된 경제개발이사회 의장으로 임명되었다. 그는 2015년 4월 29일 무함마드 빈 나이프를 뒤이어 부 왕세자 겸 제2부총리로 임명되었다.

국내외적인 지명도가 약하고 나이가 젊은 부 왕세자 무함마드는 현재 진행 중인 예멘 반정부군에 대한 공격을 승리로 이끌어서 국내외적으로 지도능력을 인정받고 싶어 한다. 사우디의 승리란 예멘의 전임 대통령 살레와 후티의 반정부군 동맹을 격퇴하고, 사우디에 망명해 있는 예멘 정부를 복귀시키는 것이다.

그러나 이것은 쉽지 않아 보인다. 이전 예멘 공화국 수비대 출신의 반군을 지휘하는 전임 대통령 살레와 산악 전투에 능한 후티의 반정부군 동맹은 예멘 주요 지역들을 이미 장악하고 있으며, 미국조차도 오만의 중재로 반정부군과 협상을 하는 것으로 알려졌다.

지난 6월 부 왕세자 무함마드 빈 살만은 사우디 왕국의 이익을 다변화시켜야 한다는 취지에서 러시아를 방문하여 푸틴을 만났다. 이 방문 기간 동안 사우디-러시아 간 '석유협력, 우주협력, 평화적인 원자력협력, 핵 기술 공유 협정 등'이 체결되었다.

사우디 미디어는 그의 러시아 방문을 "리야드와 모스크바 사이에 강력하고, 공개적인 협력 관계를 수립함으로써 사우디 외교 정책사에서 획을 긋는 사건"이라고

환영하였다. 이러한 그의 행보는 친미적인 왕세자 무함마드 빈 나이프와는 차이가 뚜렷한 독립적인 외교정책으로 사우디 국민들의 인기를 얻을 수도 있는 것으로 보인다.

■ 국가방위군 장관 무타입 빈 압둘라

무타입 빈 압둘라는 1952년에 태어났고 압둘라 왕의 둘째 아들이다. 그는 베이루트와 제다에서 교육을 받은 후, 샌드허스트 왕실 군사교육학교를 졸업하였고, 킹 칼리드 군사대학에서 공부했다.

2010년 11월 무타입 빈 압둘라는 아버지 압둘라 왕의 후임으로 국가방위군 사령관으로 임명되었다. 2013년 5월, 그는 국가방위군 사령관에서 신설된 직위인 국가방위군 장관으로 승진했다. 이러한 압둘라왕의 직위 승격 조치는 예상되는 제 3세대 왕위계승에서 무타입 빈 압둘라에게 유리한 위치를 확보해 주려는 전략이었다.

1962년 압둘라 왕자가 국가방위군 사령관으로 임명된 이후, 50년 이상 국가방위군은 그의 확고한 권력기반이었다. 독립적인 지휘 체계를 구축한 국가방위군의 주요임무는 외부의 적과 쿠데타 등 내부의 위협으로부터 사우드 왕가를 보호하는 것이다.

실제로 국가방위군은 1979년 11~12월 주하이만 알 우타이비가 알 사우드왕가의 전복을 목표로 메카 소재 그랜드모스크 점령했을 때, 그리고 1991년 1월 이라크 후세인이 쿠웨이트를 넘어 사우디 동부지역 카프지를 공격했을 때 정규군 이상으로 탁월한 역할을 수행했다.

현재 국가방위군은 하사 등 석유가 풍부한 동부지역, 석유 설비들이 있는 담맘, 수도 리야드, 상업도시 제다 등 왕국 곳곳에 배치되었을 뿐만 아니라, 바레인에도 파견되어 바레인 왕가 보호 작전을 수행하고 있다.

1975년 이후 미국인들이 국가방위군을 훈련시키고 무기를 공급해왔다. 국가방위군 병력은 기동부대 7만 5천 명, 부족부대 2만 5천 명으로 구성된 약 10만 명이다. 이러한 국가방위군은 무타입 빈 압둘라에게 깊은 충성심을 갖고 있다. 누구든 무타입 빈 압둘라에게서 국가방위군 지휘권을 빼앗으려고 시도한다면, 강력한 역풍을 맞을 수도 있다.

VI. 시리아 위기와 석유·가스 파이프라인 지배권
: 구 파이프라인 복구와 신 파이프라인 건설[*]

  유엔은 시리아 위기를 우리시대의 최대 인도주의 비상사태로서 규정했다. 2011년 3월 시리아 내전이 발발한 이후 2014년 8월 말까지 20만 명 가까이 사망하고, 시리아 전체 인구의 절반인 9백 5십만 명 정도가 고향에서 축출되어 난민이 되었다. 유엔 보고서에 따르면, 6백 5십만 명 정도는 시리아 내부에서 난민이 되었고, 3백 만 명 이상이 외국에서 난민이 되었다. 이들은 레바논에 1백 19만 명, 터키에 84만 7천 명, 요르단에 61만 8천 명, 이라크 21만 4천 명, 이집트에 14만 명이 난민 캠프 등에서 생활한다.

  시리아 위기를 설명하면서, 대부분의 세계 주류 미디어들은 전통적인 중동분쟁 설명방식인 종교 또는 종파, 인종간의 분쟁 담론을 채용하거나 특히 이슬람극단주의자들의 활동을 강조한다. 그러나 미국과 미국의 걸프 동맹국들인 카타르와 사우디아라비아 등이 시리아 반정부군을 적극 후원하면서 내전에 개입하는 주요한 이유는 시리아 내부의 민주주의나 종교 혹은 종파 문제 등과는 관련이 없다. 종교 또는 종파, 인종간의 분쟁이라는 널리 퍼진 진부한 전쟁담론은 이 전쟁이 시리아 영토분할을 통하여 이익을 취하고자하는 '외국세력의 개입'에서 비롯된 것이라는 점과, 천연가스 파이프라인 건설을 통한 이란과 카타르 사이의 '가스 판매망 확보투쟁'이라는 사실을 은폐하는 장치다.

  2011년 이후 계속되는 시리아 위기의 중요한 원인 중에 하나는 시리아 대통령 바

---

[*] 이 글은 『중동문제연구』 제14권 1호, 명지대학교 중동문제연구소, 2015, 27~72쪽에 게재되었음.

샤르 아사드의 '4개 바다 전략'이 초래할 수 있는 세계적이고, 지역적인 차원의 정치, 경제적 헤게모니 변화와 관련된 것으로 보인다. 이 정책의 중심에는 시리아를 통과하는 역내 가스 파이프라인들에 대한 지배권이 있다.

2009년, 시리아 대통령 바샤르 아사드는 "석유생산자로서의 시대는 1980년대에 이미 끝났고, 시리아의 미래는 파이프라인 교차로, 에너지 운송허브 역할에 달려있다."고 주장하면서 '4개의 바다 전략'을 선언하였다. 이 '4개 바다 전략'은 '페르시아 걸프, 흑해, 카스피해, 지중해' 사이에 위치한 시리아를 천연가스 운송의 역내 허부로 전환시키는 것이 목표였다. 그는 시리아를 석유와 가스운송의 중심지로 만들려는 조치를 적극 취하기 시작했다.

이러한 바샤르 아사드의 정책은 2000대 초부터 진행된 역내의 파이프라인 건설 사업의 연장선에 있다. 2001년 이집트, 요르단, 시리아, 레바논이 '아랍 가스 파이프라인' 연결망을 건설하기 위한 MOU를 체결하였다. 2005년 7월 이집트와 이스라엘은 '아랍 가스 파이프라인'과 이스라엘을 연결시키는 '아리시(이집트)-아쉬켈론(이스라엘) 파이프라인' 건설 MOU를 체결하였다.

이에 따라 2008년 2월부터 '아리시-아쉬켈론 파이프라인'이 가동되었고, 2009년 10월에는 '아랍 가스 파이프라인'이 이집트(아리시)-요르단-시리아까지 연결되어 가동되었다. 이 파이프라인의 예상경로는 이집트의 아리시-타바-요르단의 아까바-암만-시리아의 다마스쿠스-홈스-레바논, 터키, 유럽으로 이어진다. 아랍 가스 파이프라인 연결망을 통해서 이스라엘이 주변 아랍국가들과 통합되는 상황이 온 것 같다.

게다가 2003년 8월 미국국방부관리는 이스라엘 외무부관리에게 이라크로부터 하이파 소재 정유소까지 석유를 공급할 가능성을 조사하라고 요구하면서, 이스라엘 건국(1948년) 이전에 사용된 키르쿠크-하이파 파이프라인 복구비용 측정을 요구하였다. 이 파이프라인이 복구된다면, 이라크 석유의 약 40%를 생산하는 키르쿠크 지역에서 나오는 석유가 요르단을 경유하여 이스라엘로 운송될 것으로 예상되었다.

이와 같은 아랍국가들, 이스라엘, 미국이 연루된 역내의 석유, 가스 파이프라인 망 건설 움직임에서 사우디와 카타르가 소외되는 것처럼 보였다. 2011년 8월 이후 시리아 내전에서 사우디와 카타르는 시리아 반정부군을 적극 후원하고 있다.

다음 사건은 시리아가 사우디와 카타르의 정치경제적 이해관계와 역내 패권에 도전함으로써, 시리아/사우디-카타르 관계에 반전을 초래한 가장 중요한 예다.

2011년 7월 25일 시리아, 이라크, 이란 석유장관들이 이란에서 회의를 갖고, 100억 달러의 건설비용으로 [이란-이라크-시리아-레바논-지중해]를 통과하여 유럽으로 가는 자칭 '우정의 가스 파이프라인 건설(서구에서는 '이슬람 가스 파이프라인'이라 부름)'을 위한 기본협정을 체결하였다. 시리아 내전이 격화되지 않았다면, 2015년 유럽에 천연가스 공급을 목표로 한 이 파이프라인 건설계획은 2014년 11월 현재 거의 완성단계에 이르렀을 것이다. 그러나 시리아 내전으로 이 사업은 거의 무산된 것으로 보인다.

2011년 시작된 '우정의 가스 파이프라인 건설'은 2009년부터 이미 가동 중인 '아랍 가스 파이프라인'과 함께 시리아를 석유가스 파이프라인의 교차로이자 중심지로 만들 것으로 예상되었다. 게다가 2010년 시리아가 막대한 석유가스 유전을 보유한 것으로 밝혀졌다. 시리아가 새로운 에너지 운송의 중심지로서 8세기 우마이야 칼리파제국의 영광을 회복할 수도 있을 것처럼 보였다. 이것이 사우디가 시리아 반정부군을 후원하는 중요한 이유 중 하나다. 석유와 가스 파이프라인 건설과 통관문제는 시리아 내전을 설명할 수 있는 몇 몇 매우 중요한 요소 중의 하나다.

따라서 필자는 현재 시리아 위기의 중요한 원인 중의 하나가 석유, 가스 파이프라인 망 확보와 관련된 투쟁에 있다고 본다. 이 지역에서 석유 가스 파이프라인 만들기는 새로운 일이 아니며, 1930년대 이후 현재까지 계속되는 사업이다.

20세기에 중동에서 석유 파이프라인이 처음 건설되었을 때, 최종적인 목적지는 유럽과 미국이었으며, 석유 파이프라인은 최소한 선박운송료의 40% 이하로 상대적으로 매우 싼 운송비용이 드는 경로였다. 21세기 건설을 추진 중인 가스 파이프라인의 최종 목표지 역시 유럽시장을 겨냥한 것이며, 선박 운송비와는 비교 안 될 정도의 저렴한 비용이 드는 것으로 알려졌다.

현재 진행 중인 시리아 내전 기간에도 역내국가들은 20세기 중반에 건설되어 사용되던 '20세기에 건설된 구 파이프라인 복구문제와 21세기 새로운 파이프라인 건설문제'를 동시에 계속 논의하였다. 따라서 '시리아 위기와 석유와 가스 파이프라인

망의 지배권 관계'를 파악하기 위해서는 '20세기에 건설된 석유 파이프라인들과 21세기의 가스 파이프라인 망'들을 함께 분석할 필요가 있다.

■ 20세기 석유회사들의 석유 파이프라인 건설

1. 이라크 석유회사(the Iraq Petroleum Company, IPC)의 파이프라인

1) 이라크 석유회사와 키르쿠크-하이파·트리폴리 파이프라인

오스만 제국의 영역이었던 메소포타미아지역은 19세기 후반부터 석유매장 가능성이 제기되었다. 초기에 독일제국은행 등 독일회사들과 영국회사들이 이 문제를 놓고 경쟁한 결과, 1911년 영국회사인 아프리카와 동양 채굴회사(African and Eastern Concession Ltd)가 창설되었다. 이 회사가 1912년에 이름을 터키 석유회사(The Turkish Petroleum Company)로 변경하였다.

1925년 터키 석유회사는 영국 위임통치하(1920.11.11~1947.10.26)의 이라크정부로부터 메소포타미아 지역에 대한 석유탐사권을 획득하고, 사용료를 지불하기로 약속했다. 그러나 이 회사는 영국의 이라크 위임통치가 끝날 때까지 이라크 정부에게 사용료를 지불하지 않았다.[11] 1927년 10월에 키르쿠크 유전에서 석유채굴을 시작하였다.

1929년에 터키 석유회사는 이라크 석유회사(the Iraq Petroleum Company, IPC)로 개명하였다.[12] 스탠다드 석유회사(Standard Oil Company, 미국-1870년 창설), 앵글로-페르시아 석유회사(Anglo-Persian Oil Company, 영국-1908년 창설), 로얄 더치 쉘(Royal Dutch Shell, 영국-1907년 창설), 프랑스 석유회사(Compagnie Francaise des Petroles, 프랑스-1924년 창설)가 IPC 주식을 각각 23.75%를 소유하였으며, 투자회사인 굴벤키니안(Gulbenkinian)에 5%를 소유하였다.

1934년에 키르쿠크 유전에서 생산된 석유를 운송하기 위하여, 최초로 파이프라인 시스템이 완성되었다.

이 파이프라인 시스템은 1단계로 키르쿠크로부터 하디싸(Haditha)까지 운영되는 2개의 12인치 파이프라인으로 구성되었다.

2단계로 하디싸에서 이 두개의 파이프라인은 방향을 달리해서 분리되었다. 하나

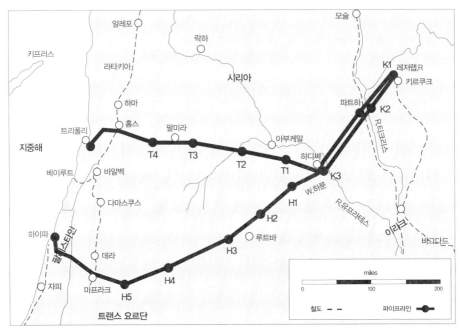

• 1934년 키르쿠크-하이파 · 트리폴리 파이프라인

는 하디싸로부터 프랑스 위임통치 지역인 시리아를 거쳐 레바논의 트리폴리로 가는 파이프라인이고, 다른 하나는 하디싸로부터 영국의 위임통치 지역인 요르단을 거쳐 하이파로 가는 파이프라인이었다.

이렇게 하디싸로부터 두 방향으로 파이프라인이 갈라진 것은 IPC 주주들의 이해관계가 충돌하기 때문이었다. 프랑스 석유회사는 프랑스 통치지역인 시리아와 레바논을 통과하는 파이프라인을 선호하였고, 앵글로-페르시아 석유회사는 영국이 통치하는 요르단과 팔레스타인을 통과하는 파이프라인을 선호하였다. 양 측의 이해관계를 충족시키기 위하여, 이 파이프라인 시스템이 하디싸에서 레바논의 트리폴리와 팔레스타인의 하이파로 가는 두 개의 파이프라인으로 갈라졌다.

각 파이프라인은 연간 2백 만 톤을 원유를 운송할 수 있었다. 하디싸에서 레바논의 트리폴리로 가는 파이프라인은 856km(532마일)이었고, 하디싸에서 하이파로 가는 파이프라인은 1,000km$^{(620마일)}$ 이었다. 제2차 세계대전 발발에도 불구하고, 1939년 12월에 정제소가 작동하기 시작했고, 이라크 석유가 이 파이프라인을 통해서 운송되어 수출하기 시작하였다.

이 파이프라인의 길이가 길어서 발생되는 유속의 저항은 필요한 간격으로 세워진 석유 펌프장에 의해서 보강되었다.

이 파이프라인의 원유운송은 K1 펌프장에서 출발했다. K문자는 키르쿠크 도시 이름에서 따온 것이다. K2 펌프장은 키르쿠크와 하디싸 사이에 있고, K3 펌프장은 하디싸에 있다.

하디싸와 트리폴리 사이에 있는 파이프라인에 있는 최초의 펌프장은 T1이다. T문자는 이 파이프라인의 종착지인 트리폴리시의 이름에서 따온 것이다. 시리아 내에서의 첫 번째 펌프장은 T2다. 팔미라 근처에 T3 펌프장이 있고, 팔미라와 홈스 사이에 T4 펌프장이 있다.

하디싸와 하이파 사이의 파이프라인의 펌프장은 H1, H2, H3, H4, H5라 불린다. H는 이 파이프라인의 종착지인 하이파 도시 이름에서 따온 것이다.

2) 키르쿠크−하이파 파이프라인
: 제2차 세계대전 동안 영국군과 미군에게 연료 공급

2003년 8월 미국은 이스라엘에게 이라크 북부에 위치한 키르쿠크로부터 이스라엘 항구 하이파로 가는 영국 위임통치 시절에 건설된 석유 파이프라인을 복구하려는 계획을 제안하였다.

IPC가 1932~1934년 키르쿠크−하이파 원유 파이프라인을 건설하였다. 이 키르쿠크−하이파 원유 파이프라인은 이라크 북쪽에 위치한 키르쿠크 유전지대로부터 요르단을 통과하여 하이파로 가는 원유 파이프라인이다. 이 파이프라인은 1935~1948년까지 사용되었다. 원유가 이 파이프라인을 완전히 통과하는 데는 약 10일 걸렸고, 하이파에 도착한 원유는 하이파 정제소에서 정유되어 탱크에 저장해서 선박으로 유럽으로 운송되었다.

당시 이 파이프라인이 통과한 대부분의 지역은 국제연맹이 승인한 영국의 위임통치지역에 있었다. 키르쿠크-하이파 원유 파이프라인은 키르쿠크 유전에서 지중해안으로 원유를 운송하는 두 개의 파이프라인 중 하나였다. 키르쿠크에서 출발한 파이프라인은 하디싸에서 두 개로 갈라져서, 하나는 영국 위임통치 지역인 하이파로, 다른 하나는 프랑스 위임통치지역인 트리폴리로 원유를 운송하는 선이다. IPC 내 프랑스회사(Compagnie Française des Pétroles)가 이 파이프라인이 프랑스 위임통치 지역을 가로지르기를 원해서 건설되었다.

영국정부는 키르쿠크-하이파 파이프라인과 하이파 정제소를 전략적으로 중요한 것으로 간주하였고, 실제로 제2차 세계대전 동안에 지중해에서 영국군과 미군이 사용하는 연료의 대부분을 공급하였다. 따라서 제2차 세계대전 과정에서 이라크 석유 공급선 문제는 매우 중요하였다.

키르쿠크-하이파 파이프라인은 팔레스타인-아랍인들의 시온주의자들에 대항하는 대반란 동안(1936~1939, Arab revolt in Palestine)에 팔레스타인-아랍인들의 공격 표적이 되었고, 오르데 윈게이트(Orde Wingate) 소장이 이끄는 영국-유대 합동특수부대(British-Jewish Special Night Squads)의 주요한 목표 중 하나는 아랍인들의 공격에 대항하여 이 파이프라인을 보호하는 것이었다. 1945년 영국의 팔레스타인 정책에 반대하던 극단주의 유대 무장단체인 이르군(the Irgun)도 이 파이프라인을 표적으로 삼았다. 1948년 이라크 정부가 키르쿠크-하이파 파이프라인을 통한 원유 공급 중단을 선언하면서, 이 파이프라인의 작동이 공식적으로 중단되었다.

2003년 미국이 주도하여 이라크 북부에 위치한 키르쿠크로부터 이스라엘 항구 하이파로 가는 석유 파이프라인을 재건하려는 계획이 나왔다. 2003년 8월 미국방부의 요구에 따른 이스라엘 국가 기반시설부(National Infrastructure Ministry) 조사결과 키르쿠크와 하이파 사이의 직경 42인치 파이프라인의 건설에 1km당 40만 달러의 비용이 든다고 밝혔다. 이스라엘 국가 기반시설부 장관인 요세프 파리츠키(Yosef Paritzky)는 2003년 8월 24일 하이파 항구는 이라크 석유의 매력적인 도착지이며, 이 문제를 9월에 미국과 의논할 계획이라고 밝혔다. 그는 이 계획이 요르단의 동의를 필요로 하고, 요르단은 파이프라인 통관세를 받을 것이라고 덧붙였다.

현재 이라크 키르쿠크의 석유는 터키를 경유해서 시리아 국경 근처 작은 지중해 항구 세이한으로 이송되고 있다. 터키가 거두어들이는 키르쿠크-세이한 파이프라인 석유 통관세는 터키세입의 주요한 원천이다. 이스라엘의 키르쿠크-모술-하이파 파이프라인 가능성에 대한 대답으로 터키는 이스라엘에게 새로운 파이프라인 건설 움직임은 터키-이스라엘 관계에 심각한 타격을 줄 것이라고 경고했다. 키르쿠크-모술-하이파 파이프라인이 가동된다면, 그것은 키르쿠르-세이한 파이프라인을 대체하면서 터키에게 막대한 경제적 손실을 줄 것이다.

3) 키르쿠크-시리아(바니야스)-레바논(트리폴리) 파이프라인과 대안 파이프라인들 : 키르쿠크-걸프연안(루마일라), 키르쿠크-터키(세이한) 파이프라인

2003년 미국이 이라크-레바논-시리아간 파이프라인을 공습해서 파괴한 이후, 이 파이프라인 복구에 대한 논의가 계속되었다.

최초로 1934년 IPC가 하디싸로부터 프랑스 위임통치 지역인 시리아를 거쳐 레바논의 트리폴리로 가는 파이프라인을 완공하였다. 1946년 IPC는 키르쿠크 유전의 생산량을 증가시키기 위하여, 새로운 두 개의 16인치 파이프라인 건설을 시작하였다. 이 파이프라인들은 앞서 건설된 12인치 파이프라인들과 평행선으로 가동되었고, 똑같은 펌프장을 사용하였다. 그런데 1948년 아랍-이스라엘 전쟁 결과, 하이파로 가는 새로운 파이프라인은 요르단에서 끝났고, 트리폴리로 가는 16인치 파이프라인은 1948년에 완공되었다. T2 펌프장의 용량은 16인치 파이프라인에 걸맞게 증대되었다.

1950년 새롭게 30~32인치 IPC 파이프라인 건설이 1950년에 시작되어, 1952년에 완료되었다. 이 파이프라인은 홈스까지 앞서 건설된 12인치, 16인치 파이프라인과 평행으로 건설되었다. 홈스 이후에는 1952년 파이프라인이 시리아 항구 바니야스로 이어졌다. 이 작은 항구인 바니야스는 중요한 원유 터미널로 변형되었다.

1952년 키르쿠크-바니야스 파이프라인 개통으로, T2 펌프장은 전성기를 맞이하였다.

T2는 단지 펌프장만이 아니라, 운영하고 유지하는 직원들을 위한 작은 마을이 있는 복합단지였다. T2는 술집, 실외 수영장, 직원들 수송을 위하여 두 개의 활주로를 가진 자체 비행장을 갖추었다.

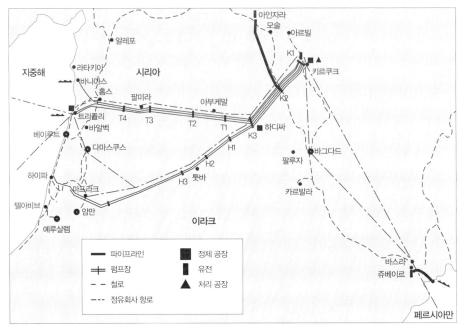

• 1952년 석유 파이프라인

1956년 7월 26일, 이집트가 수에즈운하를 국유화하였고, 1956년 10월 31일, 영국과 프랑스가 수에즈 운하지대 침공을 시작하였다.[13] 영국-프랑스의 공격에 대한 보복으로, 1956년 11월 3일 시리아인들이 이집트와 연대를 표시하기 위하여 시리아 IPC 파이프라인을 파괴하였다. IPC의 주요한 주주들은 영국인들과 프랑스인들이었고, IPC 석유생산은 영국과 프랑스에게 필수적으로 중요했다.

그 당시에, 수에즈 운하는 이미 침몰한 선박에 의해서 막혀있었다. 이것은 수에즈 운하를 통과하는 하루 당 150만 배럴의 석유 운송을 중단시켰고, 시리아인들이 IPC 파이프라인을 파괴함으로써 하루 당 140만 배럴 운송 또한 중단되었다. 이것은 유럽에서 석유 부족을 초래했고, 결과적으로 영국과 프랑스가 수에즈 운하 지대에서 철수한 주요한 이유들 중 하나였다. T2의 발전소와 펌프장은 심각하게 파괴되었다. IPC는 폭발된 건물들의 폐허 옆에 새로운 펌프장을 건설하였다.

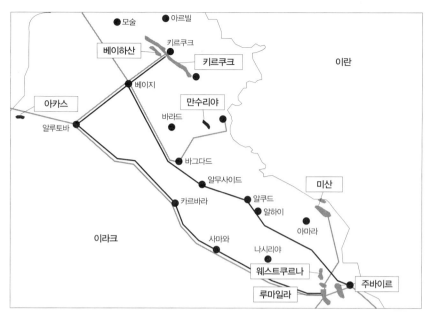

• 1970년 키르쿠크–루마일라 파이프라인

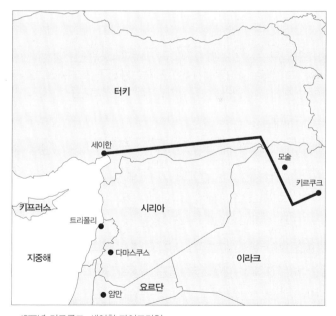

• 1975년 키르쿠크–세이한 파이프라인

1976년 키르쿠크-바니야스 파이프라인의 용량을 증가시키기 위하여, T2, T3, T4 펌프장에 두 개의 EC EM85 가스 터빈을 설치하면서 현대화되었다. 1948년 키르쿠크-하이파로 가는 파이프라인이 폐쇄된 이후, 키르쿠크 유전으로부터 나오는 원유를 수출할 수 있는 유일한 방법은 시리아 IPC 파이프라인을 통과하는 것이다. 이제 이라크 석유 수출에서 파이프라인 통과지역인 시리아에 전적으로 의존하게 되었다.

키르쿠크-바니야스 파이프라인에 대한 대안으로, 1970년 이라크는 키르쿠크와 페르시아 걸프 연안 루마일라(Rumaila) 유전 사이에 전략적인 파이프라인을 건설했다. 키르쿠크-루마일라 파이프라인은 키르쿠크로부터 나오는 석유를 페르시아 걸프에 있는 석유터미널로 운송하거나, 루마일라로부터 나오는 석유를 지중해에 있는 바니야스 석유 터미널로 운송할 수 있도록 할 것이다. 따라서 이 파이프라인은 이라크를 시리아에 덜 의존적이 되도록 만드는 것이었다.

같은 해인 1970년 원유운송 문제에서 시리아로부터 독립하기 위하여, 이라크는 키르쿠크에서 터키 항구 세이한(Ceyhan)으로 가는 파이프라인, 970km(600마일)을 건설을 논의하기 시작하였다.

1973년 이라크와 터키는 키르쿠크-세이한 파이프라인 건설에 합의하였다. 길이가 1,048km인 이 파이프라인은 1973년에 건설이 시작되어, 1975년에 완성되었다. 이 파이프라인은 1983년과 1987년에 확장되어 하루당 175만 배럴을 운송했다. 최근 키르쿠크-세이한 파이프라인은 이라크 원유 수출의 최대 경로로 알려졌다.

4) 이라크와 시리아의 IPC 재산 국유화

1972년 이라크는 IPC 재산을 국유화하면서 시리아를 부추겼고, 같은 해 시리아도 시리아에 있는 IPC 재산들 12인치, 16인치 그리고 30/32인치 파이프라인들과 T2, T3, T4 그리고 바니야스 석유터미널을 국유화하였다. 같은 해 IPC를 대체하는 국영 시리아 석유회사(The Syria Company for Oil Transport, SCOT)가 이 파이프라인 시스템을 운영하도록 설립되었다. 이후, 시리아가 운송가격 2배 인상을 요구하면서, 이라크-시리아 사이에서 운송가격을 포함한 파이프라인 운영에 관한 긴장이 높아졌다.[14]

1976년 운송가격 분쟁으로 이라크는 키르쿠크-바니야스 파이프라인을 통하여 석유를 보내는 것을 중단하였다. 이 파이프라인을 통한 석유 공급은 1979년 2월에 재개되었다. 그러나 1980년 9월 이라크 사담 후세인의 이란 침공이후 다시 중단되었다. 1981년 3월 이라크는 다시 한 번 이 파이프라인을 통해서 시리아로 석유 운송을 재개하였다. 그러나 시리아는 이란과 거래를 결정하였고 상당히 많은 원유를 수입하기 위하여 이란과 거래하기로 결정하였다. 1982년 키르쿠크-바니야스 파이프라인은 폐쇄되었다.

2003년 미국은 키르쿠크-바니야스 파이프라인을 공습하여 파괴하였다. 2007년 러시아 국영 가즈프롬(Gazprom)의 계열사인 스트로이트랜스가즈(Stroytransgaz)가 이라크 석유장관과 이라크 북부 석유회사(North Oil Company)와 키르쿠크-바니야스 수출 파이프라인 복구 논의를 시작하였다. 2008년에 파이프라인 시스템의 조건에 대한 기술적인 문제와 복구 작업 수행을 위한 기간을 토론하는 양 측의 대표들과 협상이 계속되었다. 이들은 키르쿠크-바니야스 파이프라인 복구에 스트로이트랜스가즈가 참가하기로 합의하고, 해당 의정서를 체결하였다. 그런데 2009년 12월 이라크정부는 파이프라인 수리하는 결정을 연기하였다. 당시 스트로이트랜스가즈의 최고경영자인 알렉산더 라자노이(Alexander Ryazanov)는 그의 회사가 '얼마 전'에 이라크 내각에 파이프라인 복구계획을 제출했으나 '이라크의 정치적인 상황' 때문에 결정되지 못했다고 밝혔다.

다음 해인 2010년 9월 시리아와 이라크는 북부 이라크 키르쿠크 근처 유전지대에서 시작해서 지중해에서 시리아 항구 바니야스에서 끝나는 원유 파이프라인 두 개를 건설하기로 협정을 체결하였다. 이라크 정부 대변인 알리 알 다바그(Ali al-Dabbagh)가 "하루당 150만 배럴(1.5 MMbbl/d) 용량을 가진 큰 파이프라인이 중질유를 운송하기 위해서 건설되고, 125만 배럴(1.25 MMbbl/d) 용량을 가진 작은 파이프라인이 경질유 운송을 위해서 건설될 것"이라고 밝혔다.

그런데 2011년 2월, 시리아와 이라크 관리들은 키르쿠크-바니야스 파이프라인 복구를 논의하기 위해서 만났다. 양국은 펌프장과 파이프라인의 상태를 조사하기 위하여 이라크 대표와 시리아 기술자들을 파견하기로 합의하였다.

이와 같이 이 파이프라인을 복구할 것인지, 새로 건설할 것인지, 누가 건설과 복구의 주도권을 가질 것인지에 대한 매우 의견이 매우 분분하다. 현재 시리아와 이라크의 내전으로 인해서 이 파이프라인이 언제 새로 건설될 것인지, 혹은 복구될 것이지, 누가 이 사업에 대한 주도권을 갖게 될 것인지는 매우 불확실하다.

2. 아라비아 · 아메리카 석유회사(ARAMCO)의 아라비아횡단 파이프라인
: 사우디아라비아-요르단-시리아-레바논(Trans-Arabian Pipeline)

1950년부터 가동을 시작한 아라비아횡단(탭) 파이프라인(The Trans-Arabian Pipeline, Tap)은 사우디아라비아 동부 가와르 유전 인근에 위치한 압까이끄(Abqaiq)로부터 요르단, 시리아를 거쳐 레바논의 시돈 터미널에 이르는 경로다. 이 파이프라인은 최고 전성기에 아람코가 생산하는 사우디 원유의 30%를 운송하였다.[15] 2014년 현재도 탭 라인은 여전히 페르시아 걸프지역의 원유를 유럽과 미국으로 수출하는 잠재적인 수출로 경로로 존재한다. 탭라인을 통한 원유 운송비용은 수에즈 운하를 통과하는 탱크선박 비용의 40% 이하로 예상된다.

2005년 초, 요르단 정부는 석유 부족을 충족시키기 위한 전략적 선택으로 탭라인의 복구를 고려하였다. 요르단 지역의 탭 라인의 복구비용은 1~3억 달러로 예상되었다.

1946년 아라비아 아메리카 석유 회사(the Arabian American Oil Company, ARAMCO)가 사우디아 동부 압까이끄로부터 지중해안에 위치한 하이파로 원유를 수송하기 위해서 탭 파이프라인 건설을 시작하였다.

원래 제2차 세계대전 동안에 구상된, 이 파이프라인은 사우디아라비아와 요르단을 통과하여 북서쪽으로 나가는 거대한 원형 경로를 따르는 것이었고, 당시 영국의 위임통치 팔레스타인 영역이었던 하이파에 마지막 종착지를 두었다.

그러나 1947년 11월 29일 유엔의 팔레스타인 분할안과 함께 파이프라인이 남부 레바논으로 결국 방향을 틀었다. 1948년 하이파는 새로운 국가 이스라엘의 영역이 되었다. 1천마일 이상이 되는 탭라인의 경로는 시리아쪽으로 변경되었고, 레바논의 시돈 남쪽으로 수마일 떨어진 곳에 서부 종점이 위치했다. 탭 라인은 길이가

1,214km(754마일), 폭이 30인치(76mm)였다. 이 파이프라인은 건설 당시 세계 최대 파이프라인 시스템이었다.

탭라인 건설은 스탠다드 오일 뉴저지(Standard Oil of New Jersey)와 소코니 버큠(Socony Vacuum)이 소컬(SOCAL)과 텍사코(Texaco)가 참가함으로써 아람코에 새로운 자본을 유입시킴으로써 앞당겨졌다. 제2차 세계대전 이후, 강철도 부족했고, 미국정부가 강철 분배를 통제했다. 따라서 탭라인의 건설을 촉진시킨 중요한 요소 중 다른 하나는 미국 대통령 해리 트루만 행정부의 강철 공급을 통한 지원이었다. 미 행정부는 중동 석유를 마샬 플랜(서유럽 경제 부흥계획) 성공을 위해서 결정적인 것으로 간주했다.

탭라인이 건설은 세계에서 가장 큰 민간건설 프로젝트였다. 건설 최고점에서, 1만 6천 명 이상을 고용하였다. 사우디아라비아내 4개의 주요한 펌프장이 위치한 까이수마(Qaysumah), 라프하(Rafha), 바다나(Badana), 투라이프(Turayf)에는 소도시가 건설되었

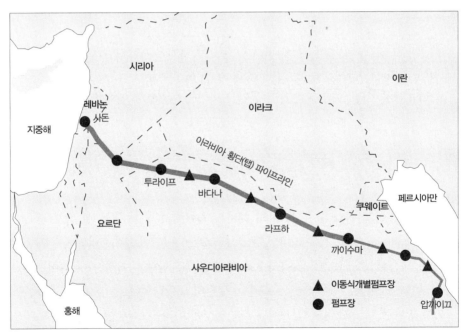

• 1950년 탭 파이프라인

다. 최초 용량은 하루 당 32만 배럴이었다. 1957년에 보조 펌프장이 건설되어서 용량을 하루 당 45만 배럴로 늘렸다.

탭 라인은 원유를 수출할 수 있는 아람코의 능력을 증대시켰고, 운송비를 절감시켰다. 사우디아라비아 정부는 탭라인 수익의 50%를 요구하였다. 아람코는 이익 분배 협정에서 운송비가 포함되지 않았다고 주장하였고, 탭 라인은 아람코 제휴 기업이 아니고 독립기업이라고 주장하였다. 수년 동안의 협상 이후, 1963년 아람코는 사우디아라비아에게 라스 탄누라(Ra's Tannurah)와 시돈에서의 가격 차이를 계산하고, 비용을 공제한 이후 차액의 절반을 지불하기로 합의하였다. 이 협정은 1953년으로 소급 적용되었고, 사우디 정부는 후불로 9천 3백만 달러를 받았다.

탭라인과 역내의 다른 파이프라인들은 운송비를 절감하고 석유 수출량을 늘렸을 뿐만아니라 페르시아 걸프나 수에즈 운하를 통과하는 선박에 대한 대안을 제공하였다. 그러나 파이프라인은 안전 문제를 가지고 있다.

1949년 시리아 의회가 처음에 탭 파이프라인 골란고원에 대한 통과를 반대하였고, 같은 해 골란고원에 대한 '통관권을 확보'하기 위하여 CIA가 시리아 쿠데타를 후원하였다. 이 쿠데타 성공 이후, 시리아 의회는 탭 라인의 골란 고원통과를 승인하였다. 1950년 탭 파이프라인을 통한 석유운송이 시작되었다.

1956년 10월 아랍-이스라엘 전쟁 동안 시리아는 이집트에 연대를 표시하면서 24시간 동안 탭라인을 통과하는 석유통과를 정지시켰다.

1967년 이스라엘이 골란고원을 점령하면서, 탭 파이프라인 중 골란고원을 통과하는 부분이 이스라엘의 점령 하에 들어갔다. 점령이후 이스라엘은 이 파이프라인이 계속해서 작동하도록 허락하였다.

그러나 사우디아라비아와 시리아와 레바논 사이에서 몇 년 동안 통관 요금에 대한 논쟁이 계속된 이후, 시돈 터미널 등에서 1970년, 1973년 파이프라인이 무장공격을 받아 파손되었다. 통관요금 분쟁으로 1976년 요르단을 넘어서는 이 파이프라인은 시리아와 레바논 부문에서 석유 운송이 완전히 중단되었다.

이렇게 아랍 역내의 정치, 경제적인 불안정성에 따라 공급과 중단이 반복되다가, 1990년에 걸프전에서 요르단이 이라크를 지지하는 데 대한 보복으로 사우디가 이

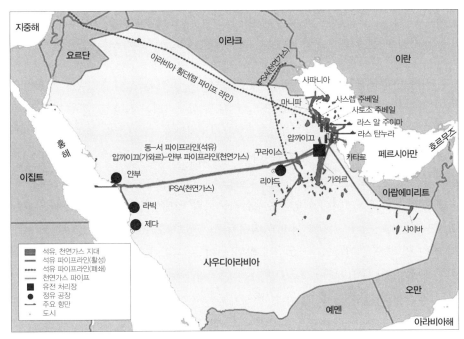

• 사우디아라비아 석유 · 가스 파이프라인

파이프라인을 잘라버림으로써 작동이 완전히 중단되었다.

사우디아라비아는 탭라인에 너무 심하게 의존하는 전략적 부담에서 부분적으로 벗어나기 위하여, 1981년 동부 가와르 유전지대로부터 홍해의 얀부(서쪽)로 가는 750마일의 원유 파이프라인을 건설하였다.

1980년 9월~1988년 8월 이라크-이란 전쟁동안, 이라크가 사우디아라비아를 통해서 석유를 수출할 수 있도록 이라크의 남부 유전으로부터 나오는 돌출부에 연결된 평행라인이 건설되었다. 1990년 이라크의 쿠웨이트 침공 이후, 이 라인은 UN의 제재로 폐쇄되었다. 사우디인들은 2001년에 이 파이프라인에 대한 소유권을 장악하였다. 사우디아라비아 내에 위치한 석유 파이프라인들은 최고 하루 당 최대 5백만 배럴을 운송할 수 있다. 탭라인이 복구된다면, 사우디아라비아의 에너지수출 유동성이 크게 증대될 수 있다.

■ 시리아 바샤르 아사드의 '4개 바다 전략'과 21세기 가스 파이프라인

1. 바샤르 아사드의 '4개 바다전략' : 에너지 통관 지역 허브구축

시리아는 중동전역을 가로지르는 새로운 에너지 동맹을 수립함으로써, 경제적으로 곤궁한 시리아를 역내의 지도적인 국가로 부상시키려는 목표를 세웠다. 이를 성취하기 위하여, 시리아 대통령 바샤르 아사드는 지중해, 카스피해, 흑해와 페르시아 걸프를 에너지 네트워크로 연결시키려는 '4개 바다 전략(the Four Seas Strategy)'을 내세웠다.

2009년, 아사드는 시리아의 석유생산자로서의 시대(1980년대)는 오래전에 지나갔고, 미래는 통관지역 확보에 시리아 에너지 부문의 미래가 있다고 주장하면서 '4개의 바다 전략'을 선언하였다. 이 '4개 바다 전략'은 시리아는 페르시아 걸프와 흑해, 카스피해, 지중해 사이에서 석유·가스 운송의 역내 허부로 전환시키는 것이 목표였다. 그는 시리아를 잠재적인 운송의 중심지로 만들려는 조치를 취하기 시작했고, 그의 4개 바다 전략이 실현될 것 같았다. 이 전략은 시리아를 페르시아 걸프, 흑해, 카스피해, 지중해 사이에서 석유와 가스 수송을 위한 통상의 허브로 만드는 것이었다.

시리아가 유럽과 페르시아 걸프와 카스피해 연안의 주요한 석유 생산지역 사이에 위치했으므로, 석유가 통관하는 지역 허브, 시리아라는 개념은 새로운 것이 아니다. 1950년대부터 1975년까지 시리아 정부는 세입의 상당 부분을 이라크로부터 시리아 지중해안으로 가는 IPC 파이프라인의 통관요금에 의존했다. 1966년 이후, 통관료가 지속적으로 인상되었다. 1970년대 초에, 이 파이프라인으로부터 나오는 세입은 직접세보다 더 많았고, 정부 예산의 가장 중요한 원천 중의 하나였다. 통관 수익은 1974년에 최고점에 달해서 6억 8백만 시리아 파운드(LS) 1975년에는 5억 7천 5백만 시리아 파운드였다.

그러나 1976년 시리아가 통관가격을 배럴당 약 2배 인상된 0.45달러를 요구하면서, 같은 해 4월 가격 논쟁으로 이라크가 통관협정을 취소하고, 시리아에 대한 석유 공급을 중단하였다.[16] 1979년 2월, 이라크와 시리아가 배럴 당 0.35달러로 통관료를 정하는 새로운 협정을 체결하였다. 그런데 1980년 9월 이란-이라크 전쟁발발로 이라크가 원유 수출 증대를 통하여 전쟁 비용을 마련할 필요성이 있었고, 시리아는 더욱 높은 통관료를 요구하였다. 1982년 4월, 시리아는 이란과 석유 구입 협정을 체결한 이후 이라크 석유 파이프라인을 폐쇄하였다.

2009년 바사르 알 아사드는 '4개 바다 전략'을 통해서 1970년대 초와 비슷하게 통관료가 정부 예산의 상당부분을 차지하도록 시리아 에너지 부분을 위치시키려고 했다.

석유와 가스의 통관 중심지로서의 역할은 시리아 에너지 부문의 최상의 미래 시나리오다. 2014년 현재 유럽 시장을 겨냥하여 시리아를 통과하는 주요한 초국가적인 가스 파이프라인들은 이미 존재한다.

2003년 미국이 이라크를 침공한 이후 작동이 중지된 이라크 키르쿠르-바니야스 파이프라인, 1976년 통관료 분쟁으로 시리아와 레바논 지역에서 중단된 사우디 동부 압까이끄-레바논의 시돈에 이르는 탭 파이프라인이 있다. 2009년에는 아랍 가스 파이프라인(Arab Gas Pipeline, AGP)이 이집트로부터 요르단을 거쳐 시리아로 연결되었다.

2010년 후반에, 아사드 정부는 이라크와 아카스(Akkas)와 키르쿠크 유전으로부터 가스와 석유를 운송하기 위한 두개의 가스와 석유 파이프라인 건설을 위하여 이라크와 양해각서를 체결하였다. 이 두개의 파이프라인은 지중해 연안 시리아 항구인 바니야스로 가는 것이었다.

2011년 7월에, 이란 관리들은 시리아, 이라크, 이란 사이의 100억 달러의 가스 파이프라인 거래를 발표하였다. 이 파이프라인은 세계 최대 이란 남부 파르스 가스 유전으로부터 이라크를 경유하여 시리아로 가스를 운송할 것이다. 게다가 아랍 가스 파이프라인이 시리아 알레포로부터 남부 터키 도시 킬리스(Kilis)로 확장될 계획이 있었다. 이후에 이 파이프라인은 터키와 유럽을 연결하기로 예정된 나부코 파이프라인과 연결될 수도 있다.

이와 같이 시리아는 중동에서 유럽으로 가는 중심 경로에 위치한다. 어떤 가능성 있는 가스 파이프라인들이 이 경로를 지날 수 있다. 이란, 이라크, 카타르로부터 유럽으로 가는 가스 파이프라인들은 유럽 가스 시장에서 러시아 국영 가즈프롬의 지배적인 지위에 경쟁할 것이다.[17]

시리아는 약 6,300km 정도의 석유/가스 파이프라인을 가진 역내의 핵심적인 에너지 통상로의 허브가 될 수도 있다. 그러나 2011년 발발한 내전이 바샤르 아사드의 '4개 바다 전략'을 좌절시킨 것으로 보인다. 이라크와 시리아의 불안정성이 계속된다면, 언제 기존 파이프라인들이 복구 혹은 재가동될 것인지, 언제 새로운 두 개의 파이프라인들 건설이 시작될 것인지 알 수 없다.

2. 아랍 가스 파이프라인
: 이집트-시리아-레바논-이라크, 이스라엘과 이라크 연결망

2001년 초에, 이집트, 요르단, 시리아, 레바논이 아랍 가스 파이프라인 연결망을 건설하기 위한 양해각서를 체결하였다. 이 파이프라인의 예상 경로는 이집트의 아리시-타바-요르단의 아까바-암만-시리아의 다마스쿠스-홈스-레바논, 터키, 유럽으로 이어진다.

2004년 9월, 이집트, 요르단, 시리아, 레바논이 아랍 가스 파이프라인과 이라크의 가스망을 연결하는 데 동의하고, 아랍 가스 파이프라인을 통해서 이라크에게 유럽으로 가스를 수출할 수 있도록 허락하였다. 국제전문가가 이라크와 아랍 가스망을 연결시키는 최상의 경로를 연구하도록 하였다.

더욱이 2005년 7월, 이집트는 이스라엘과도 가스 파이프라인 건설을 위한 양해각서를 체결하였다. 이것은 팔레스타인 가자를 우회하는 수중 경로로 아리시-아쉬켈론으로 이어진다.

이러한 아랍 가스 파이프라인은 전략적으로 아랍 국가들을 넘어서 이스라엘과의 협력 프로젝트를 향한 탁월한 모델로 간주될 수 있다. 이것은 이집트, 요르단, 시리아, 이라크, 이스라엘 사이의 전략적이고 경제적인 동맹이고, 미래에는 아프리카, 아시아, 유럽을 잇는 중요한 교량이 될 수도 있다. 여기서 주목해야할 점은 이 가스 파이프라인 망이 이스라엘과 이리그를 포함한 반면, 사우디아라비아와 카타르를 포함하지 않았다는 사실이다.

이 파이프라인은 육로를 통해서 이집트의 천연가스를 요르단, 시리아, 레바논으

로, 수중 파이프라인을 통해서 이스라엘로 수출한다. 이집트, 요르단, 시리아를 거쳐 터키국경까지 확장되는 파이프라인의 총 길이는 1,200km이며, 건설비용은 총 12억 달러로 예상된다.

이 파이프라인의 첫 번째 구역은 이집트의 아리시로부터 요르단의 아까바로 연결된다. 이것은 세 부분이 있다. 첫 번째 부분은 250km는 육로로 아리시에서 홍해의 타바로 연결되고, 아리시에는 압축소가 있고, 타바에 있는 계량기가 있다.

• 2009년 이집트-이스라엘-요르단-시리아 가스 파이프라인 연결
(출처 : https://commons.wikimedia.org/wiki/File:Arab_Gas_Pipeline.svg)

두 번째 부분은 타바로부터 아까바까지 15km 해저 통로다. 계량기를 포함하는 세 번째 부분은 연안에서 아까바 화력발전소로 연결되는 1km다. 2억 2천만 달러의 비용이 든 아리시-아까바 부분은 2003년 7월에 완성되었다. 이 파이프라인의 직경은 910mm(36인치)이고, 연간 110억m³ 천연가스를 운반할 수 있다.

이 사업을 위한 합작회사들은 이집트 국영가스회사(Egyptian Natural Gas Holding Company, EGAS), 페트로제트(PETROGET), 이집트 가스회사(the Egyptian Natural Gas Company, GASCO), 석유 및 공정 기술 산업(Engineering for the Petroleum and Process Industries, ENPPI) 등이다. 이 구간의 공사를 위하여 아랍 펀드(The Arab Fund)가 21%, 쿠웨이트가 38%(20~35년 분할 상환), 동부 가스회사(East Gas Company)가 41%(3년 내 상환) 자금 제공을 한 것으로 알려졌다.

이 파이프라인의 두 번째 구역은 요르단의 아까바로부터 암만을 통과하여 시리아

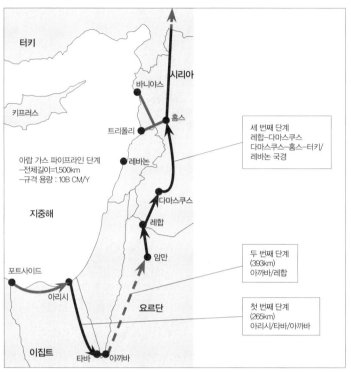

• 아랍 가스 파이프라인 단계별 건설(출처 : Jordanian Gas Transmission Pipeline Project :
  Phase 2 of Arab Gas Pipeline Project, Eng. Marwan AL－Baka'in, Damascus, 19th 2008)

국경으로부터 24km 떨어진 요르단 내 레합(El Rehab)으로 확장된다. 이 부분의 길이
는 393km이고, 건설비용은 2억 5천만 달러였다. 이 부분은 2005년에 완성되었다.

  이 파이프라인의 세 번째 구역은 요르단의 레합-시리아의 홈스(Homs)로 연결되는
총 길이 319km다. 90km는 요르단-시리아 국경에서 데이르 알리(Deir Ali) 발전소로 연
결되어 있다. 이곳에서 부터 파이프라인은 다마스쿠스를 경유하여 홈스 근처 알 라
얀(Al Rayan) 가스 압축 시설로 연결된다. 이 구역에는 4개의 보내고/빛는 시설, 12개
의 밸브시설, 11억m³ 용량을 가진 1개의 계량시설이 있고, 티시린(Tishreen) 발전소와
데이르 알리(Deir Ali) 발전소에 공급한다. 시리아 석유회사(Syrian Petroleum Company)와 세
계 최대의 천연가스 추출회사인 러시아 국영 가즈프롬 자회사인 스트로이트랜스가

즈가 세 번째 구역을 건설하였으며, 2008년 2월에 완성되었다.

시리아의 홈스-지중해연안 연결은 알 라얀 가스 압축시설로부터 시리아내 바니야스 항구와 32km 떨어진 레바논의 트리폴리로 연결된다. 2009년 9월 2일 이집트, 시리아, 레바논 사이에서 가스공급을 시작하는 협정이 체결되었고, 2009년 9월 8일 가스 공급 시험가동이 시작되었다. 정상적인 가스 공급은 2009년 10월 19일 시작되었고, 가스는 트리폴리 인근 데이르 암마르 발전소로 운반되었다. 이후 시리아의 바니야스 항구로부터 키프러스, 터키, 기타 유럽 국가들로 연결될 것이다.

이 파이프라인으로 인해서, 레바논은 총 에너지 비용을 연간 2억 4천만 달러 절감할 수 있다.

2005년 7월 이집트는 이스라엘과 이스라엘 전기 회사가 사용하는 천연가스를 연간 17억m³를 2006년 10월부터 15년간 공급하기로 양해각서를 체결하였다. 이 합의로 건설된 아리시-아쉬켈론 파이프라인은 팔레스타인 가자지역을 우회하여 아랍 가스 파이프라인과 이스라엘을 연결하는 87km의 해저 파이프라인이다.

이 라인은 공식적으로 아랍 가스 파이프라인의 일부가 아니지만, 이집트에서 출발하는 똑같은 아랍 파이프라인과 연결되었다. 아리시-아쉬켈론 파이프라인은 동지중해 가스회사(the East Mediterranean Gas Company, EMG)가 건설하고 운영한다. 동지중해 가스회사는 동지중해 가스 파이프라인 회사(Mediterranean Gas Pipeline Ltd, 28%), 이스라엘의 메르하브(the Israeli company Merhav, 25%), PTT(25%), EMI-EGI LP(12%), 이집트 석유회사(Egyptian General Petroleum Corporation, 10%)의 합작회사다. 2008년 2월 아리시-아쉬켈론 파이프라인은 1억 8천만~5억 5천만 달러의 비용(정확한 비용은 논쟁 중)으로 가동되기 시작하였다. 2005년 계약상으로는 1억 8천만 달러였으나, 동지중해 가스회사는 5억 5천만 달러의 비용으로 건설되었다고 주장한다.

이후, 연간 가스 공급량이 21억m³까지 증대되었고, 2018년까지 공급하기로 변경되었다. 게다가, 2009년 후반에, 동지중해 가스회사는 이 파이프라인을 통하여 연간 20억m³를 이스라엘 내에 있는 민영 발전소들과 다양한 산업 시설에 공급하는 계약을 체결하였고, 다른 잠재적인 구매자들과의 협상이 계속되고 있다. 2010년에, 이 파이프라인은 이스라엘에서 소비되는 천연가스의 거의 50%를 공급하고 있었으며, 나머지 50%는 국내 자원으로부터 공급되었다. 이 파이프라인의 전체 용량은 연간 90억m³이고, 양국 사이의 협정들이 연간 75억m³ 정도까지 구매를 위한 기본 틀을 제공한다. 이것은 이스라엘을 이집트의 가장 중요한 천연가스 수출 시장의 하나로 만들었다.

2010년에 일부 이집트 활동가들이 통상적인 시장가격과 비교하여 매우 낮은 가격과 모호한 계약으로, 이스라엘에 가스를 보내는 것을 중단시키도록 정부 당국에 반대하는 합법적 규정들을 만들도록 요구하였다. 그러나 이 요구는 알려지지 않은 이유로 무바라크 정권에 의해서 거부당했다. 호스니 무바라크는 이스라엘과 긴밀한 유대관계를 유지하였고, 비판자들은 무바라크가 이스라엘에게 천연가스를 시장가격 이하로 공급하였다고 주장한다. 2011년, 무바라크를 축출시킨 이집트 혁명이후, 많은 이집트인들은 낮은 가격으로 이스라엘에게 가스를 공급하는 것을 중단하도록 요구하였다. 2011년 이후 이 파이프라인이 5번 폭파되었고, 현재 가스 공급은 중단되었다.

2006년 이집트, 시리아, 요르단, 터키, 레바논, 루마니아가 시리아를 통과하여 터키 국경으로 가는 아랍가스 파이프라인을 확장하는 협정을 체결하였다. 이곳으로부터, 이 파이프라인이 계획된 나부코(Nabucco) 파이프라인과 연결되어 유럽으로 가스를 운송할 것으로 계획되었다. 터키는 아랍가스 파이프라인으로부터 연간 20~40억m³ 구입할 것으로 예상했다. 2008년 터키와 시리아는 시리아의 알레포-터키의 킬리스(Kilis)를 잇는 63km의 파이프라인을 건설하기 위한 협정을 체결하였다. 이것은 아

• 2010년 이란-시리아, 카타르-터키 파이프라인 계획

랍가스 파이프라인의 시리아-터키 연결선 중 처음 부분이다. 스트로이트랜스가스가 이 부분의 건설을 위하여 7천 1백만 달러 계약을 체결하였다. 그러나 이 계약은 2009년 초에 무효로 되었다.

2011년 이집트 대중 시위 발발 이후, 카이로 중앙정부에 의한 무시와 차별에 대한 시나이 거주 베두인들의 불만으로 수행된 테러 공격으로, 2012년 3월 이스라엘과 요르단에 대한 가스공급이 중단되었다.

2013년 봄, 이 파이프라인은 다시 가동되기 시작했다. 그러나 이집트에서 지속적인 천연가스의 부족으로 인해서, 이스라엘로의 가스 공급은 무제한 중단되고, 요르단으로의 가스공급만 재개되었다. 그러나 공급 비율은 계약한 양보다 적었다.

3. 가스 파이프라인 통관 논쟁
    : 카타르-사우디-요르단-터키 VS 이란-이라크-시리아

2011년 3월 이후 시리아에서 진행되는 최악의 인도주의적인 위기의 중심에는 세계 최대의 가스 유전으로 알려진 이란의 남부 파르스 유전과 카타르 북부 돔 유전지대에서 생산되는 천연가스 판매망 확보 경쟁이 있다. 그 판매망의 중심지에 시리아가 위치한다.

카타르가 2011년 이후 시리아반군을 적극 후원하면서 시리아분쟁에 깊이 개입해 온 주요한 이유는 바로 천연 가스 판매망 확보를 위한 투쟁이다.

2009년 카타르는 천연가스 판매를 위해서 시리아의 아사드 정부에게 [카타르-사우디-요르단-시리아-터키]를 통과하여 유럽으로 가는 가스 파이프라인 건설하자고 제안했다. 이 계획은 미국의 사전 승인을 받은 것으로 알려졌다. 그러나 아사드 대통령은 이러한 카타르의 제안을 거부하였다.

대신에 아사드는 2010년 이란과 가스 파이프라인 건설협상을 시작하였다. 그 결과 2011년 7월 25일 시리아, 이라크, 이란 석유장관들이 이란에서 회의를 갖고, 100억 달러의 건설비용으로 [이란-이라크-시리아-레바논-지중해]를 통과하여 유럽으로 가는 가스 파이프라인 건설을 위한 기본협정을 체결하였다. 이 협상과정에서 이

라크는 하루 당 2천 5백만~3천만㎥, 시리아는 하루 당 2천만~2천 5백만㎥의 이란 가스를 구입하는 협정을 체결하였다.

이 가스 파이프라인은 이란 해역의 남부 파르스로부터 [이란-이라크-시리아-레바논-지중해]를 가로질러 유럽에 남부 파르스에서 생산되는 가스를 공급하기로 되어있다. 이 파이프라인은 길이가 5,600km이고 직경이 142cm이며, 시리아의 다마스쿠스에 정제소와 관련 기반시설을 건설하기로 예정되었다. 이 계획에 따르면, 이란은 2015년부터 유럽에 가스를 공급할 것이다.

그런데 2012년 11월 미국무부 대변인 빅토리아 눌랜드는 [이란-이라크-시리아] 가스 파이프라인 건설이 시작되었다는 보고를 묵살하면서, 이 가스 파이프라인 건설계획이 결코 실현될 수 없다고 다음과 주장하였다. "워싱턴은 [이란-이라크-시리아] 파이프라인 건설에 관한 유사한 보고들을, 6번, 7번 혹은 10번, 15번 받은 적이 있다. 이 파이프라인은 결코 실현되지 못할 것이다."

이로써 미국은 이란에서 생산되는 천연가스 파이프라인 건설과 운영을 통하여 [이란-이라크-시리아]가 하나의 협력체가 되는 것을 결코 묵과할 수 없다는 것을 분명히 밝혔다.

더욱이 2011년 이후 시리아 내전에서 사우디와 카타르가 지원하는 반군의 공격으로 아사드 대통령의 영향력이 급격하게 줄어들면서, 시리아와 이란이 주도하는 [이란-이라크-시리아-레바논-지중해] 파이프라인 건설은 거의 무산된 것으로 보인다.

그렇다면, 사우디는 카타르의 가스 파이프라인 건설에 협조할까?

최근 카타르는 미국시장을 겨냥해서 천연가스 액화기지와 천연가스 선박시설 등에 많은 투자를 하고 정비해왔다. 그러나 미국에서 쉘가스가 대량생산되면서 카타르 사업이 직격탄을 맞은 것으로 알려졌다. 따라서 카타르는 새로운 가스시장을 개척할 긴박한 필요성에 직면하였다. 이것이 카타르가 유럽시장을 겨냥한 가스 파이프라인 통로를 확보하기 위하여 시리아반군을 적극 지원하는 주요한 이유다. 카타르는 유럽을 겨냥한 가스 파이프라인 건설에 사활을 걸고 있는 것처럼 보인다.

그렇다면, 궁극적으로 카타르와 터키가 주도하는 [카타르-사우디-요르단-시리아-터키] 파이프라인이 건설될 것인가?

2013년 8월 사우디정보장관 반다르왕자는 러시아를 방문하여 푸틴대통령에게 '시리아 아사드 대통령에 대한 지지를 중단하라'고 요청하면서, "시리아에서 아사드 이후에 어떤 정권이 출현하던지 간에, 새로운 정권은 완전히 사우디의 수중에 있을 것이다. 그 정권은 어떤 걸프국가(이란뿐만 아니라 카타르)에게도 시리아를 통과해서 유럽 으로 가스를 운반하는 협정을 체결하거나, 러시아가스 수출과 경쟁하도록 허락하지 않을 것이다."고 제안했다.

그러나 푸틴대통령은 '유럽가스 수출에 대한 러시아 독점권을 보장하겠다는 반다 르왕자의 제안을 거절하면서, 시리아 아사드 정부에 대한 확고한 지지'를 표명하였 다. 이번 반다르왕자와 푸틴대통령과 회동은 미국과 몇몇 유럽국가들의 사전협조를 얻은 것으로 알려졌다.

반다르왕자가 푸틴대통령에게 유럽으로의 가스수출에 대한 러시아 독점권을 제 안한 사실로 미루어볼 때, 카타르를 출발하여 유럽으로 가는 [카타르-사우디-요르 단-시리아-터키] 가스관건설 문제에 사우디가 진심으로 협력하고 있었는지는 상당 히 의심스럽다. 푸틴대통령과 만난 자리에서 반다르왕자는 이집트를 비롯한 역내문 제에서 카타르와 터키가 무슬림형제단을 지원함으로써 사우디와 경쟁구도를 유지하 는 것에 대하여 도를 넘어섰다고 격하게 비난하였다. 동시에 그는 푸틴에게 이집 트에서 무슬림형제단의 무르시 대통령을 축출한 군부정권을 지지하기 위한 사우디 와 러시아의 공조체제 구축을 제안하기도하였다.

이러한 반다르 왕자의 행보는 시리아가 얼마나 중요한 지정학적 위치를 차지하 고 있는 지역인지를 말해준다. 2009년 카타르는 시리아를 통과하는 가스 파이프라 인 건설을 제안했다가 시리아 아사드 대통령에게 면전에서 거부당하는 굴욕을 당했 다. 2013년 사우디는 아사드정부를 축출시키기 위하여 러시아에게 협력을 요청했다 가 푸틴대통령으로부터 직격탄을 맞았다. 2011년 이후 시리아에서 반정부군의 주도 권을 놓고, 카타르와 사우디는 서로 일진일퇴하였다. 게다가 미국은 시리아와 이집 트를 비롯한 역내 패권경쟁에서 사우디와 카타르를 저울질하는 것처럼 보인다.

■ 전망 : 새로운 가스 수출동맹 창출?

2009년과 2010년 미국회사인 노블에너지(Noble Energy)가 이스라엘 하이파 항구 서쪽 50마일 해상에서 타마르와 레비아탄 가스유전을 발견하였다. 이 두 유전은 최근 10년간 발견된 유전들 중 가장 대규모 가스유전으로 평가되고 있다. 현재 레반트 유역에 대규모 가스 매장 가능성이 제기되면서 가스탐사가 계속되고 있다. 이와 함께 이스라엘, 레바논, 시리아, 키프러스, 터키 사이에서 유전지대를 중심으로 심각한 영유권분쟁이 발생할 여지가 있다. 이스라엘과 레바논 사이에서는 이미 해상경계 분쟁이 발생하였다.

타마르와 레비아탄 유전개발은 이스라엘 역사상 최대의 기반시설 프로젝트가 될 것으로 알려졌다. 미국회사인 노블에너지는 이 두 유전의 최대 소유주로서 타마르 유전의 36%, 레비아탄 유전의 39.66%를 소유하고 있는 것으로 알려졌다. 2013년 6월 23일 이스라엘 정부는 이 유전들 보유량의 40% 이상을 액화천연가스(LNG) 형태로 수출하기로 결정하였다. 타마르 유전은 2013년에 이미 생산을 시작하였고, 레비아탄 유전은 2016~2017년에 생산을 시작할 계획이다.

계속되는 시리아 분쟁으로 인해 아사드 대통령의 영향력이 급격하게 줄어들면서, 아사드와 이란이 주도하는

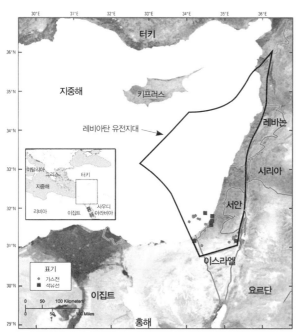

• 레비아탄 유전지대

[이란-이라크-시리아-레바논-지중해] 파이프라인 건설은 이미 무산된 것으로 보인다. 그렇다면, 궁극적으로 카타르와 터키가 주도하는 [카타르-사우디-요르단-시리아-터키] 파이프라인이 건설될 것인가? 미국회사가 최대 지분을 가진 이스라엘에서 생산되는 가스도 미국의 긴밀한 동맹들인 카타르와 터키가 주도하는 파이프라인을 타고(적은 운송비로) 유럽에 수출될 것인가? 최대 가스시장인 유럽을 목표로, 과연 [카타르-터키-이스라엘]은 새로운 가스 수출동맹을 창출해 낼 것인가?

그런데 노블에너지 대표인 찰스 데이비슨은 "현재 레반트유역 가스유전 발견은 시작에 불과하다. 앞으로 더 큰 유전발견으로 우리는 역내 게임 체인저가 아니라 세계 체인저가 될 것"이라고 소리를 높였다.

그렇다면, 최종적으로 이 파이프라인 지배권 분쟁에서 누가 이익을 볼 것인가? 이러한 파이프라인들은 페르시아 걸프로부터 유럽으로 가도록 계획되어 있다. 이 파이프라인은 러시아에 대한 유럽의 가스 의존을 다변화하고, 축소시킬 것이다. 두개의 주요한 파이프라인이 에너지가 부족한 유럽으로 천연가스를 운송하기 위하여 최근 몇 년 동안 구상되었다. 이것은 유럽 에너지시장에 대한 러시아의 지배권을 축소시키기 위한 대안이다.

첫째, '우정의 파이프라인(이슬람 파이프라인)'으로 불리는 이란-이라크-시리아 라인이 있다. 이 파이프라인은 동쪽에서 서쪽으로, 이란에서 출발하여 이라크를 거쳐 시리아와 레바논으로 유럽을 향해서 가며, 총 길이는 3,480마일이다. 2003년 미국의 이라크 공습으로 파괴된 키르쿠크-시리아(바니야스)-레바논(트리폴리)라인을 활용하여 '우정의 파이프라인을' 건설할 수 있다.

둘째, 유럽으로 가는 두 번째 대안 파이프라인이 있다. 이것은 카타르-터키라인이다. 이 라인은 좀 더 북쪽으로 가는 파이프라인이고, 카타르, 사우디아라비아, 요르단, 시리아를 거쳐 터키로 간다. 이 파이프라인은 1990년 걸프전 이후 가동이 중단된 사우디아라비아-요르단-시리아-레바논(탭) 파이프라인을 활용하여 건설될 수 있을 것이다.

유럽 연합, 미국, 이스라엘은 카타르-터키 라인을 찬성하는 것으로 알려졌다. 이스라엘은 이 라인과 연결하여 이익을 볼 수도 있다고 예측한다. 그러므로 시리아 내전에서 정부 반대파에 연루된 많은 국가들은 시리아를 통과하는 카타르로부터 터키로 나가는 가스 파이프라인 건설이 자신들의 이익과 관련된 것으로 간주한다. 시리아 내전에 관련된 각 국가들은 가스 공급과 관련하여 각자의 이익에 기반을 두고 행동한다.

그런데 2011년 7월 시리아 아사드 정부는 카타르-터키 라인을 거부하고, 우정의 파이프라인, 이란-이라크-시리아 라인을 선택하였다. 시리아는 유럽으로 가는 천연가스 파이프라인 이 관통하는 핵심 국가다. 이것이 시리아 내전의 주요한 원천이며, 카타르, 사우디아라비아, 터키, 이스라엘, 유럽 연합이 시리아의 아사드 정부를 전복시키기를 원하는 주요한 이유다.

마지막으로, 최근 이스라엘과 레반트 지역에서의 가스전 발견은 역내 에너지 확보와 판매망 구축에서 또 하나의 핵심 변수로 등장했다. 게다가 2014년 5월 이스라엘은 이집트를 통해서 가스를 수출하기로 이집트와 협정을 체결한 것으로 알려졌다. 이를 통해서 이집트는 이스라엘로부터 상당한 통관료를 받게 될 것이다(Al Jazeera 2014. 08 May). 현재 이스라엘 가스전 개발에서 주도적인 역할을 하고 있는 노블에너지 대표인 찰스 데이비슨의 주장대로, 노블에너지와 이스라엘이 가스 파이프라인 구축과 역내 에너지 패권경쟁에서 결정자로서 역할을 할 가능성이 있다.

제2장
역내 패권 경쟁

Ⅰ. 사우디와 이집트 패권경쟁 : 사우디-이스라엘 협력

■ 아랍대의 · 이슬람 · 정치이념을 넘어서는 이스라엘-사우디 협력

2015년 4월 15일, 미국 정보 분석가 로버트 패리가 내 놓은 정보에 따르면, 사우디인들은 이스라엘에게 적어도 지난 2년 6개월 동안 160억 달러를 제공했다. 이 자금은 제 3의 아랍국가를 통해서 이스라엘 개발기금구좌로 들어갔으며, 서안지역에서 이스라엘 정착촌을 건설하는 등 팔레스타인인들의 주권을 박탈하는 용도로 사용되는 것으로 알려졌다.

2014년 5월 26일, 정보부장(1979~2001)과 주미대사(2005~2007)를 지낸 투르키 알 파이잘 사우디 왕자는 이스라엘군 정보부장(1970~2010)을 지낸 아모스 야들린을 만난 자리에서, "아랍인들은 이미 루비콘 강을 건넜고, 더 이상 이스라엘인들과 싸우기를 원하지 않는다. 이스라엘은 핵무기, 미사일, 잠수함을 갖고 있다. 아랍인들은 미치지 않았다. 아랍인들은 이스라엘과 전쟁이 아니라 평화를 추구한다."고 강조했다.

이렇게 우호적인 사우디-이스라엘 관계를 이끌어낸 결정적인 계기는 1967년 이스라엘의 시나이, 서안과 가자에 대한 공격과 점령이다. 소위 3차 중동전쟁으로 불리는 이 사건에서 6월 5일부터 10일까지 6일 동안 이스라엘인 7백~1천명, 이집트인 1만~1만 5천명, 요르단인 6천 명 정도 사망했다.

1967년 이스라엘의 이집트공격은 중동 역내 정치 판도를 근본적으로 변화시키면서 이집트 나세르의 극적인 몰락과 사우디왕가의 부상을 초래함으로써, 아랍세계의 탁월한 지도자를 세속주의 · 공화주의 · 혁명적인 이집트로부터 이슬람교 · 절대왕정 · 보수적인 사우디로 교체시켰다. 결국 유대교와 공화주의를 내건 이스라엘이 이슬람교와 절대왕정을 내건 사우디에게 역내 패권을 선물한 동업자인 셈이다. 이후 미국의 후원을 받는 사우디는 석유자원에서 나오는 막대한 수익과 이슬람교를 활용하여 역 내외 영향력을 강화시켰다.

■ 세속적인 공화국 창설 도미노를 막아라 : 이집트 나세르/사우디 패권경쟁

1952년 이집트 가말 압둘 나세르는 '자유 장교단' 쿠데타를 주도하여 왕정을 붕괴시킨 뒤 '이집트공화국'을 창설하고, 역내로 영향력을 급속히 확장하면서, 1958년 2월 시리아와 연합하여 '아랍연합 공화국'을 창설하였다. 이 사건은 이집트와 사우디관계의 극적인 전환점이었고, 사우디 역내정책의 목표는 나세르의 세속적인 공화국 창설 돌풍을 저지하는 것으로 전환되었다.

이를 위해서 1958년 2월 사우드왕(재위 : 1953~1964)은 시리아 정보부장 압델 하미드 알 사라지에게 190만 파운드의 뇌물을 제공함으로써 '아랍연합 공화국'을 창설 축하하기 위해 시리아를 방문 중인 나세르 암살을 시도하였다. 이 사건이 실패하면서, 아랍세계에서 나세르의 명성은 더욱 고양되었다. 그런데 1961년 9월 사우드왕이 후원한 시리아 군부쿠데타가 성공하면서, 시리아가 '아랍연합 공화국'에서 탈퇴하였다.

다른 한편 나세르 역내 영향력 강화에 맞서서, 역내경쟁자였던 사우디왕가/하심 왕가(이라크와 요르단 통치)가 관계개선을 모색하였다. 이 과정에서 사우드왕은 1957년 처음으로 바그다드로 이라크 왕 파이잘 2세를 방문하였다. 그런데 다음해 1958년 7

월 이라크 하심왕가가 군부쿠데타로 전복되면서, 파이잘 2세를 비롯한 주요 왕가 구성원 대부분이 참혹하게 살해되고, '이라크공화국'이 창건됨으로써, 사우디왕가와 하심왕가 사이의 관계 개선시도가 중단되었다. 4년 후인 1962년 이집트가 예멘해방운동을 후원하자, 사우드왕과 요르단 후세인왕은 같은 해 8월 30일 알 타이프 협정을 체결함으로써, 이집트에 대항하는 사우디-하심가 협력체제를 창출하였다.

소련이 후원하는 나세르 통치하의 이집트는 비동맹운동·범 아랍주의·세속주의·공화주의를 대표하였다. 대조적으로 미국이 후원하는 사우디는 이슬람·절대왕정 체제를 유지하면서 미국을 비롯한 서방정부와 전반적으로 긴밀한 협력관계를 유지했다.

■ 사우디 왕권을 위협하는 내부 반대파들의 활동

나세르의 영향력은 사우디 내부도 강타했다. 1958년 미국회사인 아람코에서 일하는 나세르 알 사이드는 '아라비아반도 민중 연합'을 조직하고 '사우드 왕에게 보내는 메시지'를 공표하였다. 이 메시지의 내용은 "노동자 임금인상, 파업과 시위의 자유, 다흐란의 미군기지 폐쇄, 노예제도 폐지, 언론과 양심의 자유, 도둑의 손목절단과 같은 처벌 행위 금지, 시아파의 자유와 평등권, 모든 정치범 석방, 알 셰이크 가문의 영향력 축소, 공공도덕 협회 해체, 미국 정보기관 활동 금지 등"으로 사우디도 나세르의 강력한 영향을 받았음을 보여준다.

이러한 분위기에 편승하여 사우디왕가 내부에서도 나세르를 강력하게 지지하는 움직임이 있었다. 1958년 사우디아라비아 창건자인 이븐 사우드의 20번째 아들인 탈랄왕자(사우디 대부호 알리드 왕자의 아버지)는 이집트의 '자유 장교단'을 모방하여 '자유 왕자단'을 조직하고, 입헌군주제 등을 포함한 광범위한 정치개혁을 제안했다. 그는 자유주의 엘리트들과 중산계층 상인들의 지지를 받으면서 1960년 9월 입헌군주제 개혁초안을 사우드왕에게 제출하였다. 그러나 사우드왕은 지나치게 급진적이라는 이유로 탈랄왕자 제안을 거부하였다.

한걸음 더 나아가 1962년 10월 23일 탈랄왕자는 나세르를 공개적으로 지지하면서 '아랍해방전선'을 조직하고 '전선의 목소리'라는 제목으로 다음과 같은 개혁 프로그램을 제시하였다.

<전선의 목소리>
민주적인 입헌정부, 선출된 정부 기구, 사상 · 언론 · 집회의 자유, 정치단체와 노동조합 설립 권리, 파업과 시위 조직 권리, 정부기구의 근본적인 혁신, 교육 개발, 문맹 퇴치와 남녀 평등에 토대를 둔 여성교육 도입, 국가의 산업화, 농민들에게 경작되지 않는 토지분배, 사우디에 유리하도록 석유협정 개정, 석유채굴과 가공을 위한 국영회사 창설, 아랍통합 독려, 제국주의자들과 군사기지 반대투쟁, 적극적인 중립정책과 평화공존 추구, 전 세계 모든 국가들과 외교 · 경제관계 수립

이로 인하여 '자유왕자단'/울라마들과 합세한 '보수적인 왕자'들 사이에서 권력투쟁이 발생하였다. 이 때 그랜드 무프티 무함마드 알 셰이크가 '자유왕자단'의 개혁요구를 반대하는 파트와를 내놓았다. 결국 1964년 2월 탈랄왕자는 사우디 국내외 정책에 대한 비난을 철회하고, '자유 왕자단'을 해체하였다.

1962년 3명의 사우디 비행기 조종사가 왕당파를 지지하는 사우디정부에 항의하며 카이로로 탈출하였다. 즉시 사우디 정부는 장교들과 조종사들의 비행기 사용을 금지하였다.

1953년 이븐 사우드 사망이후, 사우드왕과 파이잘 왕세제 간의 권력 투쟁으로 왕가 내부는 분열되어 있었다. 1964년 10월 파이잘 왕세제와 동맹인 압둘라왕자(왕 재위 : 2005~2015.01)가 이끄는 국가방위군이 사우드왕의 궁궐을 포위하여 퇴위압력을 가하였고, 결국 사우드왕은 파이잘 왕세제에게 양위를 하였다. 퇴위한 왕 사우드는 이집트에서 나세르의 보호를 받고 있었다. 그는 나세르의 도움으로 왕좌에 복귀하려고 시도하면서, 파이잘 왕(재위 : 1964~1975)을 '제국주의의 대리인이며 아랍 형제들에게 맞서는 식민주의자들의 동맹'이라고 비난하였다.

이러한 사건들은 나세르의 역내 영향력이 얼마나 막강했는지를 입증하면서, 외부에서 강력한 동력이 주어진다면, 왕가내부의 권력투쟁과 함께 절대왕정체제에 도전하는 사우디내부 정치세력들이 활성화될 수 있음을 말해준다.

■ 예멘 내전과 사우디 위기 : 이스라엘의 이집트 공격 → 사우디 구원

1962~1967년 6월까지 예멘 왕당파와 공화주의자들 사이의 투쟁은 사우디와 이집트의 대리전이었다. 나세르는 1962년 1월부터 예멘 해방운동을 지원하기 시작하였다.

1962년 9월 나세르가 지원한 '자유 장교단' 쿠데타가 성공함으로써 '예멘 아랍공화국'이 창설되었다. 이후 나세르가 후원하는 공화파정부군과 사우디-요르단이 후원하는 왕당파 반정부군 사이에 예멘내전이 발발하였다.

이 전쟁을 통해 나세르는 아덴 및 남부예멘에서 영국을 축출하고, 궁극적으로 사우디왕국 혁명을 통해 우호적인 정권을 창출함으로써, 석유자원의 보고인 걸프지역에서 서방의 입지를 약화시키고, 이집트의 역내 영향력을 강화하고자 하였다.

예멘에 주둔한 이집트 군대는 1963년 2만 명, 1964년 4만 명, 1965년 5만 5천 명으로 점차 증가하면서 사우디안보를 크게 위협하였다. 1965년 후반 나세르는 사우디와 이집트의 협상이 확실한 결과를 도출하지 못한다면, 침공의 근거지를 무력으로 제거할 것이라고 공언하였다.

1967년 7만 명 정도의 이집트군대가 예멘에서 작전 중이었다. 이제 예멘내전 판도를 결정할 정도의 군대를 보유한 이집트는 북예멘을 넘어서 사우디 남서부에 일격을 가할 태세였다. 1967년 2월 나세르는 "필요하다면, 이집트는 앞으로 20년 동안 예멘에 머물 것"이라고 밝혔다.

게다가 1967년 4월 나세르의 보호를 받던 퇴임한 왕 사우드는 예멘을 방문하였고, 예멘 대통령 살랄은 그를 '사우디아라비아의 합법적인 왕'이라고 환영하였다.

그런데 뜻밖에 1967년 6월 5일 이스라엘이 갑자기 이집트를 공격한 결과 이집트가 대패하면서, 사우디는 이집트공격과 점령이라는 무시무시한 악몽에서 극적으로 벗어났다. 결국 이스라엘 공격 일주일 6월 12일까지, 이집트는 예멘으로부터 군대 1만 5천 명, 탱크 150대, 모든 중포병 부대를 철수하였다. 8월 31일 나세르 대통령과 파이잘 왕은 카르툼에서 개최된 아랍 정상회담에서 예멘 평화협정을 체결하였다. 10월 10일까지 이집트 군대가 예멘에서 전부 철수하였다. 이로써 보수적인 왕국을

대체하는 공화국창설이라는 돌풍을 몰고 왔던 나세르의 역내 영향력은 극적으로 소진되었다.

1967년 이스라엘의 이집트공격은 아랍대의를 내걸고 역내 정치변동을 이끌던 나세르를 몰락시키고, 대신에 막대한 석유자원을 보유한 보수적인 사우디왕가의 역내 영향력을 강화시켰다.

주목할 만한 사실은 2014년 5월 "아랍인들이 이미 루비콘 강을 건넜고, 더 이상 이스라엘과 싸우기를 원하지 않는다."고 주장한 투르키 알 파이잘 왕자가 1967년 6월 이집트 나세르의 공격으로 위기에 처했던 파이잘 왕의 아들이라는 것이다.

II. 사우디와 카타르의 역내 리더십 경쟁과 협력[*]

사우디아라비아는 러시아에 다음으로 세계 2위의 석유생산국으로서 세계 총 생산량의 약 13%를 생산했다. 카타르는 세계 최대 천연가스 수출국으로서, 천연가스 매장량에서 러시아, 이란에 이어 세계 3위를 차지하며 전 세계 매장량의 14%를 보유하고 있다.

카타르는 막대한 천연 가스 개발로 25만 명의 자국민들이 9만 달러 이상의 연간 1인당 국민소득을 자랑하는 세계에서 가장 부유한 국가 중의 하나다. 반면 석유부국으로 알려진 사우디아라비아는 증대되는 석유세입에도 불구하고, 전체 주민, 1천 9백만 명 중 25%가 빈곤선 이하에서 생활하며, 매우 높은 청년실업률을 기록하고 있다.[18]

아랍세계 전반에 커다란 정치적인 지각변동이 발생하면서, 작지만 부유한 국가 카타르가 이슬람 최고 성지 메카와 메디나 수호자를 자처하는 사우디아라비아와 패권경쟁에 돌입하였다. 2011년 이후, 튀니지, 이집트, 시리아의 급격한 정치변동에서

---

* 이 글은 『중동문제연구』 제13권 2호, 명지대학교 중동문제연구소, 2014, 31~77쪽에 게재되었음.

사우디와 카타르는 서로 다른 경쟁하는 파벌들을 지원해 왔다.

특히 이집트에서 카타르는 사우디와 동맹이었던 호스니 무바라크를 대체한 무슬림형제단 소속 무함마드 무르시를 지원하였으며, 사우디는 지난 해 7월 무함마드 무르시를 축출시킨 군부쿠데타 세력을 후원했다. 사우디는 이 군부쿠데타를 공개적으로 지지함으로써 사우디정권과 수 십 년간 불안정한 공존을 해온 무슬림형제단과 카타르를 사실상 적으로 전환시켰다. 이제 카타르는 걸프왕정의 안보를 위협한다는 사우디의 비난을 받으면서, 언젠가 걸프왕정에 도전할 수도 있는 반대파 무슬림형제단의 후원자가 되었다.

2012년 10월 카이로에서 출판된 주간지 알 아흐람(AL-AHRAM)은 "사우디아라비아와 카타르가 대상 국가에 따라 때로는 함께, 때로는 서로 다르게 이슬람을 내세운 서로 다른 정당들에게 정치 자금을 제공하면서, 수니 이슬람 세계의 주도권에 대한 경쟁이 불붙고 있다. 카타르와 사우디아라비아는 이집트와 튀니지에서 서로 다른 파벌들을 후원함으로써, 전환기의 아랍 세계에서 경쟁자가 되었다."고 분석하였다.

이 글은 2011년 이후, 중동의 중요한 정치변화를 전망하기 위하여, 중동의 정치적인 지각변동을 유인하는 사우디와 카타르의 리더십 경쟁과 협력을 와하비즘, 무슬림형제단, 역내정치의 측면에서 동질성과 차이를 비교 분석한다. 먼저, 사우디의 완고한 '석유 와하비즘'과 카타르의 유연한 '가스 와하비즘'의 차이를 분석한다. 다음으로, 초국가적인 강력한 네트워크를 자랑하는 무슬림형제단과 두 왕가 사이의 관계를 비교 분석한다. 마지막으로 이 글은 최근 급격한 정치변동 과정에서 발생한 사우디와 카타르의 역내 정책을 분석하고 전망한다.

■ 완고한 '석유 와하비즘'과 유연한 '가스 와하비즘'

1. 완고한 '석유 와하비즘'

1932년에 창설된 사우디아라비아 왕국은 최대 이슬람 성지인 메카와 메디나의 수호자를 자처한다. 사우드 왕가는 1925년 메카와 메디나를 포함하는 히자즈 지역을 통치하던 예언자 무함마드의 후손으로 알려진 샤리프 하심가문을 축출하고, 대체하면서 명실상부하게 아랍과 이슬람세계에서 주요한 행위자가 되는 계기를 마련하였다.

샤리프 하심가문은 10세기부터 20세기 초까지 메카와 메디나를 통치하였다. 메카의 샤리프는 바그다드, 카이로, 이스탄불에 있는 주요한 이슬람 제국의 통치자들과 동맹을 형성하였고, 종교 전문가들로서 재판하고 설교하며 수피교단을 이끌기도 했으며, 수피 교단이 메카와 메디나에서 번영하였다. 샤리프 후세인(1908~1924)과 그의 아들들은 사피(Shafi'i) 수니파였다. 중요한 것은 메디나와 메카의 샤리프 가문에서도 시아 공동체가 존재했다는 사실이며, 많은 시아 저술가들은 메카와 메디나의 샤리프들이었다.

그런데 사우디아라비아 왕국이 국가 창설과 운영의 이념으로 채택한 와하비즘은 수피들과 시아파를 비롯한 다른 무슬림들을 우상숭배자 혹은 다신교도 등으로 낙인찍고, 이들이 중요시 여기는 무슬림 성인들의 무덤 등 이슬람 문화 유적들을 파괴하는 근거를 제공하면서, 샤리프 하심 가문의 역사적인 흔적을 일소하고, 사우디아라비아 왕국 건설과 강화를 위한 강력한 민족주의 이념으로 적극 활용되었다.

그런데 최근 몇 년 동안 사우디아라비아 정부는 메카 순례객들을 충분히 수용하기 위한 시설을 확보한다는 명분으로 그랜드 모스크 확장사업과 최고급 쇼핑몰, 최고급 시계탑 호텔 건물을 포함하는 초고층 복합빌딩 단지 건설 사업을 강력하게 추진하고 있다. 이러한 사우디 당국의 메카 관광인프라 구축 사업과 부동산 개발 프로젝트로 인해 '예언자 무함마드 생가 일소 : 와하비들이 1924년 무함마드 생가 파괴→소시장→메카인들의 저항→1951년 도서관 건립→파괴, 무함마드의 부인, 카디자의 집→공중 화장실 건설, 오스만 제국의 요새→복합 건물 건설, 예언자 동료들 이름 새긴 기둥→모스크 확장' 등으로 1천 년 이상 존재해 온 이슬람 문화유적 대부분이 파괴되었다.

이러한 상황에 대하여 메카 태생의 유명한 이슬람 건축 전문가인 사미 안가위(Sami Angawi)는 "이러한 사우디아라비아 정부의 개발정책은 이슬람 성지라는 메카의 본질과 정면으로 충돌한다. 메카와 메디나는 역사적으로 거의 끝났다. 여러분들은 메카와 메디나에서 초고층 빌딩 이외에 어떤 것도 보지 못할 것이다."고 주장한다. 그는 사우디아라비아 정부의 메카와 메디나 개발 정책에 반대하면서 현재 메카를 떠나 현재 이집트에 머물고 있다. 런던에서 발행되는 인디펜던트지는 2011년 9월 24일자에서 "메카 소재 1천년 이상 된 건물의 95%가 지난 20년 동안에 파괴되었다."고 밝히고 있다. 현재 진행되는 이슬람 성지 메카와 메디나 소재 모스크들 확장 공사는 파흐드 왕이 1988년에 시작하였다.

사우드 왕가는 20세기 초 영국으로부터 독립한 사우디아라비아 왕국을 창설한 이후,[19] 종교제도를 정비하고, 와하비 성직자들에게 주요한 종교 교육과 사법권 등을 제도적으로 부여함으로써, 와하비들을 국가를 운영하는 하나의 기둥으로 삼았다. 사우디아라비아 왕국의 창건자인 압둘 아지즈는 1953년 왕령으로 내각을 조직하고, 그랜드 무프티 직위 창설하면서 와하비즘의 창설자인 무함마드 압둘 와합의 후손으로 알려진 무함마드 알 셰이크(Muhammad ibn Ibrahim Al ash-Sheikh)를 초대 그랜드 무프티로 임명하였다. 그는 세계 최대 비정부 기구중의 하나인 세계 무슬림연맹(Muslim World League, Rabita al-Alam al-Islami)을 창설하는 등 1969년 사망할 때까지 그랜드 무프티 직위를 유지하면서, 사우디 종교정책을 총괄했다.

1962년 사우디 왕세자 파이잘이 걸프지역 왕정체제를 위협하며 아랍세계 전역에서 강력한 영향력을 행사하던 이집트 나세르 대통령의 아랍민족주의에 맞서기 위하여 세계 무슬림연맹 창설을 기획한 것으로 알려졌다. 세계 무슬림연맹은 무함마드 알 셰이크를 비롯한 와하비 분파가 주도하여 1962년 22개 국가의 종교 인사들로 메카에서 창설되었으며, 창설초기부터 무슬림형제단과 협력하여 영향력을 확장해 온 것으로 알려졌다. 파이잘 왕세자는 이집트로부터 추방된 무슬림형제단을 세계 무슬림연맹, 사우디의 관료기구, 교육기구 내에서 적극 고용하면서 세속적이며 사회주의적인 아랍민족주의에 맞서서 영향력을 강화하였다.

다음 〈표 1〉은 사우디에서 그랜드 무프티, 사법부장관, 이슬람부장관 등 종교전반을 지배하는 가문이 무함마드 압둘 와합의 후손으로 알려진 알 셰이크 가문임을 밝혀준다.

표 1 _ 알 셰이크 가문의 제도권 종교지배

○1953~1969 : 그랜드 무프티 무함마드 알 셰이크 : 1950~1960년대 사우디 종교정책 전반 지배 : 이집트 대통령 나세르의 아랍민족주의에 맞서기 위하여 세계 무슬림연맹(Muslim World League) 창설
○1975~1990 : 사법부장관 이브라힘 빈 알 셰이크 : 무함마드 알 셰이크의 장남
○1992~2009 : 사법부장관 압둘라 빈 알 셰이크 : 무함마드 알 셰이크의 아들
○1993~1999 : 그랜드 무프티 압둘 아지즈 빈 바즈 : 무함마드 알 셰이크의 제자
○1996~현재 : 이슬람부장관 살레 빈 압둘 아지즈 알 셰이크
○1999~현재 : 그랜드무프티 압둘아지즈 알 셰이크

파이잘(재위 : 1964~1975)이 왕위에 오른 후, 1969년 그랜드 무프티 무함마드 알 셰이크가 사망하자 이 직위를 폐지하고, 새로 창설된 사법부로 그랜드 무프티의 역할을 이양하면서, 1992년까지 23년간 사우디아라비아 왕국에는 그랜드 무프티가 존재하지 않았다. 파이잘 왕이 그랜드 무프티 직위를 폐지한 것은 국가제도 창설시기에 15년 이상 종교계를 장악한 무함마드 알 셰이크 가문을 약화시키려고 시도한 것으로 평가된다.

그러나 1975년 파이잘 왕이 사망한 이후, 무함마드 알 셰이크의 두 아들들, 이브라힘 빈 알 셰이크(Ibrahim ibn Muhammad Al ash-Sheikh, 재임 : 1975~1990)와 압둘라 빈 알 셰이크(Abdullah ibn Muhammad Al ash-Sheikh, 재임 : 1992~2009)가 사법부 장관에 임명됨으로써, 사법부 내에서도 여전히 알 셰이크 가문의 영향력이 막강하다는 것을 알 수 있다.

1990년 이라크가 쿠웨이트를 침공하고, 사우디 영토를 위협하는 걸프전이 발발하면서, 이라크를 공격하기 위하여 미군이 사우디에 주둔하자, 미군주둔에 반대하고, 정치개혁을 요구하는 청원과 시위가 사우디 내에서 확산되었다. 이에 대응하여 1993년 파흐드 왕(재위 : 1982~2005)은 그랜드 무프티 직위를 부활시키고, 초대 무프티 무함마드 빈 알 셰이크의 제자였던 압둘 아지즈 빈 바즈(Abdul Aziz bin Abdullah bin Baz)를 2대 그랜드 무프티로 임명하였다. 1993년 그랜드 무프티 직위가 부활된 것은 알 샤흐와 등 무슬림형제단이 왕에게 입헌군주제 요구 등을 포함하는 정치개혁 청원과 3만 명에 이르는 거리시위 등을 조직하는 상황에서 사우드왕가는 무슬림형제단에 대한 대항마 필요성에서 비롯된 것으로 보인다. 압둘 아지즈 빈 바즈는 걸프전 동안에 미군 주둔을 허용하는 파트와를 내리는 등 사우디 왕가의 정책을 적극 추인하면서, 1999년 5월 사망할 때까지 이 직위를 유지하였다.

압둘 아지즈 빈 바즈 사망이후, 1999년 6월 파흐드 왕은 압둘 아지즈 알 셰이크(Abdul-Aziz ibn Abdullah Al Shaykh)를 3대 그랜드 무프티에 임명함으로써, 그랜드 무프티 직위가 다시 알 셰이크 가문으로 되돌아왔다.

게다가 1993년 파흐드 왕은 사우디아라비아 국내외의 이슬람과 관련된 문제들을 관리하기 위하여 이슬람부(Ministry of Islamic Affairs, Endowments, Da'wah and Guidance)를 신설하였고, 1996년 이후 2014년 현재까지 알 셰이크 가문의 살레 빈 압둘 아지즈 알 셰이크(Saleh bin Abdul-Aziz Al ash-Sheikh)가 이슬람부장관이다. 1990년대 걸프전 이후, 사우디아라비아 왕국 내에서 알 셰이크 가문으로 대표되는 와하비 세력이 강화되어왔음을 알 수 있다.

2. 유연한 '가스 와하비즘'

2011년 12월에 카타르 수도 도하에서 문을 연 그랜드 모스크는 18세기 중반 와하비즘을 창시한 무함마드 압둘 와합의 이름을 따서 '무함마드 이븐 압둘 와합'으로 명명되었다. 이 모스크는 동시에 1만 2천 명을 수용할 수 있는 카타르 최대 모스크다. 이 모스크 개소식에서 통치자인 셰이크 하마드는 "이슬람의 메시지와 가르침을 전 세계에 전파하기 위하여 헌신할 것이며, 세계무슬림 국가는 시대의 발전에 보조를 맞추면서 무함마드 압둘 와합의 가르침을 재건할 필요가 있다."고 말함으로써 와하비즘의 준수를 재확인하였다.

카타르의 종교적 특성은 이웃인 사우디아라비아와 마찬가지로 한발리 와하비 분파에 속하며 카타르 국적자들 대부분은 보수적인 와하비 이슬람 분파에 속한다. 카타르 통치자인 싸니가문은 아라비아 중부 나즈드 게브린 오아시스(Gebrin oasis) 출신으로 와하비즘의 창설자, '무함마드 이븐 압둘 와합' 부족, 즉 타밈 부족에 속하는 것으로 알려졌다. 와하비 국가로서의 카타르의 입장은 현대 국가 창설자인 셰이크 자심(Sheikh Jassim bin Mohammed Al Thani, 1825~1913)에 의해서 확고하게 세워졌다. 이것은 카타르 국가 창설의 신성한 토대였다.

그러나 1995년 하마드 빈 칼리파 알 싸니(재위 : 1995~2013)가 아버지인 칼리파 빈 하마드 알 싸니(재위 : 1972~1995)를 무혈 쿠데타로 퇴위시키고 권력을 장악한 이후 카타르는 다음과 같은 점진적인 자유화, 개방화 정책을 실행해왔다. 1996년 알 자지라 방송국 개통, 1999년 지방자치 선거에서 여성 참정권 부여, 2003년 이슬람법원 폐지하고 일반 법원으로 통합,[20] 2004년 영구적인 성문헌법 제정, 2008년 로마 가톨릭 교회 개소하는 등이 그것이다. 게다가 2010년에는 카타르가 2022년 FIFA 월드컵 주최국으로 선발되었다. 역사상 FIFA 월드컵은 중동 국가에서 개최된 적이 없다. 이러한 카타르의 개방적인 자유화 정책은 보수적인 와하비즘의 이미지와 부합하지 않는 것으로 보인다.

카타르의 강력한 이웃인 사우디아라비아는 순수 이슬람 회복을 주창하는 와하비즘을 활용하여 역사적으로 강력하게 존재해 온 반대파들, 수피와 시아파 등을 우상숭배자 혹은 다신교도들로 낙인찍고, 사우디의 종교와 정치의 장에서 배제시켰다. 그러나 초 미니국가 카타르에는 통치가문과 경쟁할만한 토착의 종교학자 집단이나, 이념적으로 배제해야할 강력한 내부 반대파가 존재하지 않았다.[21] 오히려 카타르 정권에게 두려운 것은 외부에 존재하는 강력한 와하비 형제국가 사우디아라비아 왕국이었다.

따라서 카타르인들은 와하비즘을 통치이념이자 정권위협으로 생각한다. 한편으로 그것은 싸니가문의 통치권을 합법화시키는 도구이면서, 다른 한편으로는 사우디아라비아가 지배권을 주장할 수 있는 잠재적인 장애물이기도하다. 카타르는 자체 성직자 제도를 만들기보다는 사우디의 와하비 성직자들에게 의존해 왔다. 이런 측면에서, 만약 카타르가 와하비가 주도하는 성직자제도를 마련한다면, 그것은 카타르 내에서 사우디의 영향력을 강화하는 통로가 될 것이고, 카타르 정권에 대한 사우디의 위협을 강화시킬 수 있다.

이러한 이유로, 1971년 9월 영국으로부터 독립한 국가를 창설한 알 싸니 카타르 왕가는[22] 제도적 차원에서 와하비즘을 후원하거나, 학교 교육을 통해서 가르치거나, 정부 내에서 와하비 종교학자들에게 공식적인 직위를 주지 않았다. 신생 독립국가인 카타르가 국가제도를 정비하는 과정에서 와하비즘을 고무시킨다면, 불가피하게 선제적으로 종교 교육과정 등을 개발하고, 종교와 사법제도를 비롯한 국가운영에 참여하고 있는 사우디 와하비 학자들의 도움을 받을 수밖에 없는 상황이었다. 알싸니 왕가는 사우디 와하비들의 카타르 유입이 불가피하게 사우디아라비아에게 카타르 리더십을 종속시킬 가능성을 우려한 것으로 보인다.

다른 한편으로, 카타르는 와하비즘이 우상숭배자 혹은 다신교도 등으로 낙인찍은 시아파 이란과도 우호적인 협력관계를 유지하고 있다. 세계에서 가장 큰 가스 유전을 이란과 공유한 카타르가 이란과의 원만한 관계를 원하는 것은 충분히 이해될 수 있다. 2007년 12월 카타르는 도하에서 개최된 28차 GCC(6개 걸프왕국 : 사우디아라비아, 쿠웨이트, 바레인, 카타르, UAE, 오만) 수뇌회담에 이란대통령 마흐무드 아마디네자드를 특별히 초대하였고, 그는 GCC 회의에 참석한 최초의 이란 대통령이 되었다.

또 흥미로운 사실 하나는 축출된 이집트 대통령 무바라크가 2010년 11월에 카타르를 방문해서, 양국 간의 의견 차이를 조율했다는 사실이다. 이집트는 1996년 이후 쿠데타로 권력을 장악한 카타르 하마드 국왕과 냉담한 관계를 유지하였으며, 알자지라는 이집트 무바라크의 통치에 대해서 매우 비판적이었다. 무바라크는 카타르 방문 2개월 이후 권좌에서 축출되었고, 그 대신 카타르가 후원하는 무슬림형제단이 권력을 장악하였다.

게다가 카타르는 유대교를 국가종교로 내세운 이스라엘과 1996년부터 무역관계를 수립하면서, 걸프 아랍 왕국들 중에서 최초로 이스라엘의 무역사무소를 갖게 되었다. 이후 카타르와 이스라엘은 협력관계를 유지해오고 있다. 카타르는 이스라엘, 레바논, 하마스, 헤즈볼라, 미국, 이란, 사우디아라비아 등 경쟁적인 세력들 사이에서 자유롭고, 독립적인 외교정책을 실행하고 있다. 이스라엘의 팔레스타인 정책을 강력하게 비난하기도 하지만, 이스라엘에 가스를 팔고, 유대인 이주 정책을 조용히 후원하기도 한다.

이를 통해 볼 때, 카타르는 정치 이념, 종교, 종파의 경계를 넘어 동시에 경쟁적인 세력들 사이에서 누구와도 협력할 수 있는 매우 실용적이고 유연한 외교정책을 펴면서 역내에서 영향력 확장을 시도하는 것으로 보인다.

■ 무슬림형제단과 사우디/카타르

1. 초국가적인 무슬림형제단 조직

1996년 사우디는 카타르의 반 쿠데타에 개입하는 등 카타르와 사우디는 갈등과 화해를 반복해왔다. 19세기 후반 이후 바레인과 카타르 관계는 주바라와 하와르섬 등에 관한 영토분쟁에 연루되었으며, 끝내는 2001년 국제사법재판소가 주바라를 카타르 영토로, 하와르 섬들을 바레인의 영토로 결정한 국경획정 판결을 받아야만했다. 카타르가 UAE 알 이슬라흐(무슬림형제단)를 후원하는 문제와 관련하여 UAE와 카타르 관계는 일진일퇴하고 있다. 2011년 아랍 민주화 운동 이후, 사우드왕가와 카타르 싸니왕가는 다시 갈등을 빚고 있다.

이렇게 되풀이되는 주변 국가들과 카타르와의 분쟁은 2014년 3월초 사우디, UAE, 바레인이 카타르 주재 자국 대사들을 각각 소환하는 강력한 항의조치를 취하면서 분명해졌다.

이번 문제의 근원은 카타르 싸니왕가의 무슬림형제단 후원이다. 그렇다면, 사우드왕가는 왜 무슬림형제단을 적대시하고, 싸니왕가는 무슬림형제단을 왜 지원하는가?

2012년 11월 무슬림형제단 부의장 무함마드 알 사이드 하비브(Dr. Mohamed El-Sayed Habib)는 다음 〈표 2〉와 같이 무슬림 형제단이 정치개혁을 추구한다고 주장한다.

표 2 _ 무슬림형제단의 정치 개혁

○무슬림형제단은 정치개혁이 다른 모든 종류의 개혁으로 가는 진실 되고 자연적인 관문이라고 믿는다.
○정치적 다원론, 평화적 정권 교체, 국민이 모든 권력의 원천이라는 사실을 인정하는 민주주의 수용
○비상상태의 종결, 정당창설 권리를 포함하는 대중자유 회복(모든 정치적 성향 허용)
○언론의 자유, 비판과 사상의 자유, 평화적 시위의 자유, 집회의 자유
○모든 특별 법정 해체, 모든 특별법 폐지, 사법부 독립
○시민사회조직의 기능을 제한하는 모든 장애물 제거

초 미니국가 카타르는 역내에서 영향력을 강화하기 위하여 정치개혁을 내세우는 국제조직 무슬림형제단을 후원하면서, 카타르의 이익을 대변하는 유용한 도구로 활

용하고 있다. 다음 〈표 3〉은 1928년 이집트에서 하산 알 반나가 창설한 무슬림형제단 조직이 국가들 사이의 경계를 넘나들며, 국가에 따라서 합법적인 정당으로 혹은 불법적인 정치(금지)단체로 다양한 활동을 하면서, 강력한 역내 네트워크를 확보한 초국가적인 단체임을 드러낸다.

표 3 _ 무슬림형제단 네트워크

슈라위원회		무슬림형제단 목표를 성취하기 위한 일반 정책, 프로그램, 결의안 만들기	
사무국	이집트, 카이로	사무총장	
		하산 알 반나(1928~1949), 하산 알 후다이비(1949~1972), 우마르 알 틸미사니(1972~1986), 무함마드 아부 알 나스르(1986~1996), 무스타파 마시후르(1996~2002), 마문 알 후다이비(2002~2004), 무함마드 마흐디 아케프(2004~2010), 무함마드 바디예(2010~현재) ; 사형선고(2014.4.28)	
각 국가 지부	창설연도	정부와의 관계, 무슬림형제단 연계단체	
이집트	1928	금지	하산 알 반나가 무슬림형제단 창설, 금지(1953), 합법화(2011), 금지(2013.12.25), 자유정의당
카타르	1961		무슬림형제단 해체결정(1999), 무슬림형제단 추방(2014.4.25)
사우디	1954		금지(2014.3.7), 알 사흐와
UAE	1970s		금지(2014.3.13), 알 이슬라흐
시리아	1937		금지(1963), 팔레스타인 하마스 다마스쿠스 사무실 개소(2001)와 폐쇄(2012), 금지(2013.10.21)
러시아			금지(2003.2.12)
팔레스타인	1935		무슬림형제단 창설(1935), 하마스(1988)
레바논	1964		자마 이슬라미야
요르단	1942		이슬람 행동전선
이라크	1960		금지(1961), 재출현(2003), 이라크 이슬람당
예멘			알 이슬라흐
쿠웨이트			이슬람 입헌운동
바레인			알 이슬라흐
터키			정의 발전당(2001)
리비아	1949		정의 발전당(2012)
튀니지	1981		안 나흐다
모로코	1967		인민민주주의 입헌운동(1967), 정의 발전당(1998)
알제리	1990년대 초		하마스, 이슬람구국전선(FIS)

수단	1949	수단 무슬림형제단
소말리아	1978	알 이슬라흐
모리타니아	1970년대	이슬람협회
인도네시아		인도네시아 번영정의당, 유스프 알 까르다위와 확고한 관계
미국	1963	1952년 이집트 자유장교단 혁명 이후, 미국은 사회주의자들에 대한 대항마로서 무슬림형제단과 우호적인 관계수립.[23] 무슬림학생 연합 창립(1963), 무슬림형제단은 미국에서 가장 잘 조직된 이슬람 공동체&수 백 개의 모스크와 벤처 기업 운영. 미국은 무슬림형제단과 공식외교 체널 가동 선언(2011.6.29)
영국		무슬림형제단 대표부 창립(1996), 영국 총리 데비드 카메룬은 영국 내 무슬림형제단 조사 지시(2014.4.1)

인구나 영토적인 측면에서 초미니 국가인 카타르가 역내에서 사우디에 대응되는 강력한 영향력을 확보하기 위해서, 이러한 무슬림형제단의 국제적인 네트워크는 상당히 유용한 도구라고 볼 수 있다. 그러나 경우에 따라서는 강력한 무슬림형제단의 네트워크가 카타르 왕가를 압도할 수도 있다. 이러한 카타르 왕가의 우려를 불식시키기 위하여 카타르 무슬림형제단은 1999년 선제적으로 스스로 해체하기로 결정한 것으로 보인다.

2014년 3월 사우디아라비아와 UAE는 무슬림형제단을 테러리스트 단체로 규정하였다. 이어서 4월 17일 GCC 외무장관들은 카타르에 남아있는 무슬림형제단도 제거하기로 합의하였다. 이 합의에 따라, 4월 25일 카타르는 무슬림형제단 수 십 명을 리비아로 추방한 것으로 알려졌다. 카타르 통치자뿐만 아니라 사우디 통치자에게도 무슬림형제단의 국제적인 네트워크는 양날의 칼로 작용할 수 있다.

2. 무슬림형제단과 알 사우드왕가

2014년 3월 7일 사우디아라비아는 무슬림형제단을 테러리스트 조직으로 규정했다. 이것은 사우디아라비아가 다국적 이슬람 운동에 대하여 반대하는 강력한 의지를 표명한 것이며, 과거의 입장과는 완전히 다르다. 아랍에미리트는 2011년부터 무슬림형제단에 대한 반대 입장을 솔직하게 표명하였으나, 사우디 정부는 무슬림형제단에 대한 명백한 입장표명을 유보해왔다. 그렇다면, 사우디의 입장이 변한 이유는 무엇인가?

사우디아라비아가 무슬림형제단과 항상 문제가 있었던 것은 아니었다. 사우디왕국은 이슬람국가라고 내세우고 있으며, 강력한 종교 기구를 갖고 있다. 1950년대에, 사우디아라비아는 이집트, 시리아와 그 밖의 지역에서 탄압받던 수 천 명의 무슬림형제단원들에게 피난처를 제공했다. 무슬림형제단은 사우디 사회와 사우드 정부에 깊이 뿌리내렸고, 핵심적인 정부 내각에서 주도적인 역할을 했다. 무슬림형제단의 영향력은 사우디 이슬람의 정치화로 이끌었다. 이 때 발흥한 알 사흐와로 알려진 사우디 이슬람주의 운동은 다양한 무슬림형제단의 영향력과 이념으로 점차 성장했다. 1990년대 이전까지 알 사흐와 운동을 포함한 무슬림형제단은 사우디왕가의 후원을 받으면서 왕가와 긴밀한 관계를 유지했다. 이러한 알 사흐와와 연대한 소규모 단체 중 하나가 '사우디 무슬림형제단'이라고 이름 붙였으나, 모체 조직과 독립해서 기능했고, 그 회원들은 카이로 사무국에 충성을 서약도 하지 않았다.

그러나 1990년대 걸프전을 계기로, 이라크의 쿠웨이트 침공과 미국이 주도하는 전쟁에서 사우디 정부와 무슬림형제단 사이에 처음으로 긴장과 갈등을 창출하였다. 몇 몇 무슬림형제단 지부들이 공개적으로 파흐드 왕이 요청한 사우디아라비아에 미군 주둔을 비난하였다. 알 사흐와는 왕에게 직접 공개편지를 보내는 것을 비롯하여 급진적인 정치개혁들을 요구하는 자체 국내활동을 시작하였다. 1994년부터 1995년까지 사우디정부는 이 활동을 분쇄하였으나, 무슬림형제단에 대한 깊은 분노가 잠재해 있었다. 무슬림형제단은 이러한 선행된 적이 없는 이견에 대한 책임이 있다. 정부가 무슬림형제단과 알 사흐와 사이에 직접적인 관계를 알게 된 명백한 표시로, 알 사흐와는 스스로 활동들을 축소시키는 조치를 취하고, 움 알 쿠라 대학(Umm al-Qura university)에서 가르치던 사이드 쿠틉의 형제인 무함마드 쿠틉(Muhammad Qutb, 1919~2014.4.4)과 같은 몇몇 탁월한 무슬림형제단 인물들을 제명하였다. 2002년 내무장관 나이프왕자는 알 사흐와에 대해서 매우 화가 나서, 공개적으로 무슬림형제단을 '왕국내의 모든 악의 근원'이라고 공개적으로 비난하였다.

그러나 이후 몇 년 지나서, 사우디왕가와 알 사흐와의 관계가 일부 정상화되었다. 알 사흐와는 사우디의 종교적, 사회적 영역으로 재통합되었다. 그 대가로, 알 사흐와 지도자들은 정부의 모든 비난을 피했다. 이것은 정부 측에서 더욱 친절한 입장의 결과만은 아니었다. 공식적인 종교기구의 그랜드 무프티(재위 : 1993~1999) 압둘아지즈 이븐 바즈(Abdul Aziz bin Abdullah bin Baz, 1910~1999)와 같은 영향력 있는 종교 지도자가 사망한 이후, 사우디왕가는 아라비아반도에 있는 알 카에다와 같은 지하드 단체들을 견제하기 위한 대항마로써 알 사흐와를 필요로 했다. 이에 따라, 알 사흐와 운동가 살만 아우다(Salman al-Awda)는 1994년 9월부터 5년간 투옥되었다가 1999년부터 활동을 재개하였다. 이에 따라 무슬림형제단과 왕가의 관계는 개선되었고, 중단되었던 관계들이 재수립되었다.

그러나 2011년 아랍봉기는 알 사흐와와 사우디 왕가 사이의 화해에 도전했다. 알 사흐와는 2011년 2월 기회를 잡고 새로운 정치적 입장을 만들기 위하여, 몇 번의 청원을 시도하였다. 살만 아우다를 포함한 수 십 명의 알 사흐와 회원들이 "제도와 권리의 국가를 향하여" 청원을 내놓았다. 특히, 살만 아우다는 2013년 3월 압둘라 왕에게 공개서한을 보낸 이후, 정권에 대해서 여전히 비판적인 입장을 취하고 있다.

그러나 알 사흐와 지도자들 중 누구도 2011년 3월 11일 소위 '분노의 날' 대중시위 요구를 지지하지는 않았다. 압둘라 왕은 정권에 대항하는 시위 등의 도전들을 예방하기 위하여 알 사흐와를 포함한 종교단체들에게 수백억 달러의 보조금을 제공한다. 그럼에도 불구하고, 알 사흐와 운동은 역내에서 일고 있는 변화 움직임을 후원하는 것처럼 보임으로써, 정권의 두려움을 각성시키면서, 동시에 대중적인 인기를 누리고 있다.

이슬람주의 정부들이 이집트와 튀니지에서 권력을 장악했을 때, 사우디 정권은 알 사흐와를 포함한 사우디 내 이슬람주의자들이 훨씬 더 대담해질 것이라고 두려워하였다. 가장 큰 아랍 국가이며 사우디아라비아와 인간적 경제적 유대가 긴밀한 이집트에서의 상황은 특히 사우디 정권을 더욱 불안정하게 만들었다.

이집트 대통령 무함마드 무르시는 사우디 왕국의 두려움을 진정시킬 필요성을 매우 잘 알고, 이집트 경제에 대한 사우디아라비아의 지원을 얻기 위하여, 2012년 7월 12일 그의 첫 번째 공식 방문지로 사우디아라비아 제다를 방문하였다. 그러나 이것은 무슬림형제단에 대한 사우디아라비아의 불신을 해소하기에 충분하지 않았다. 게다가 무르시는 이란과의 '건설적인 관계'를 수립하기 위하여 2012년 8월에 테헤란을 방문하였다. 무르시는 1979년 이슬람혁명 이후 이란을 방문한 첫 번째 이집트대통령이었다. 그는 이란 대통령 아마디네자드를 카이로로 초청했다. 이 사건은 상황을 악화시켰다. 사우디 왕가에서는 무슬림형제단이 사우디아라비아와 이란 사이에서 선택을 해야 한다면, 이란을 선택할 것이라고 확신하는 것처럼 보였다. 이러한 상황에서 사우디아라비아는 2013년 7월 3일 발발한 무르시를 축출한 이집트 군부쿠데타를 지지하였다.

이 사건은 사우디 왕가를 국내에서 더욱 힘들게 만들었다. 2013년 여름 동안. 모든 알 사흐와 주요 인사들이 이 쿠데타와 사우디 정부가 쿠데타를 지지한 것을 비난하는 청원과 성명을 내놓았다. 2013년 8월 8일, 56명의 셰이크들이 "합법적으로 선출된 대통령의 축출과 국민들의 의지를 위반한 것"을 비난하였고, 그들 중의 일부는 사우디 무슬림 형제단과 연계된 것으로 알려졌다. 그들은 "우리는 이 쿠데타에 반대를 표명하며, 이 쿠데타를 승인한 일부 국가들이 취한 방향에 놀랐다. 이것은 이슬람법이 금지한 죄이며, 공격이다. 이집트가 혼란과 내전 상태로 간다면, 모든 사람들에게 부정적인 결과가 있을 것이다."고 덧붙였다.

2013년 8월 14일 카이로 대량학살 이후, 이집트 보건부는 578명의 시민들과 46명의 경찰이 사망하고, 3천 5백 명 이상이 부상당하였다고 발표하였으나, 무슬림형제단은 2천 6백 명 이상이 사망했다고 발표하였다. 수 천 명의 사우디인들은 자신들의 트위터 대문사진을 라바 상징(Rabaa sign)으로 교체하면서, 쿠데타를 반대하는 시위를 지지하는 무슬림형제단과 연대를 표시하였다.

사우디왕가는 이러한 상황을 매우 두려워하면서, 새로운 이집트 정부에 대한 지원을 증대시키기로 결정하였고, 수 십 억 달러를 지원하였다. 반면에, 자국 내에서 알 사흐와를 약화시키려는 활동을 시작하였다. 그것은 사우디 대학에서 무슬림형제단을 제거하려는 전국적인 계획으로 기획

• 라바 상징

되었다. 먼저, 모든 무슬림형제단 책들이 리야드 서점에서 판매가 금지되었고, 알 아우다의 집회가 최근에 몇 번 취소되었다. 게다가 2014년 2월 4일에 강력한 조치로 다음과 같은 왕령이 선포되었다. "지금부터 지방, 지역, 국제적인 수준에서 극단주의자 혹은 테러리스트로 분류되는 지식인 단체나 종교적 단체에 소속되거나, 그들을 지지하거나, 어떠한 방법으로든지 그들의 이념이나 방법에 동조하는 사람들, 그들에게 재정적인, 도덕적인 지원을 하는 사람들, 말로 혹은 저술로 그들의 행위를 조장하거나, 타인들이 그렇게 하도록 선동하는 사람들은 최소 3년 이상 20년 이하의 징역형을 받을 것이다."

이 왕령은 다음과 같은 중요한 결과를 낳는다. 첫째로, 무슬림형제단을 테러리스트로 지목한 이집트의 조치를 지지한다. 둘째, 무슬림형제단에 대한 어떠한 표현도 금지한다. 셋째, 알 사흐와와 연대한 소규모 단체들을 위협한다. 2014년 3월 7일 사우디 내무장관 무함마드 빈 나이프가 밝힌 테러리스트 목록은 무슬림형제단을 포함시켰다.

사우디 정부가 2014년 3월 5일 카타르 대사를 소환한 조치도 무슬림형제단에 대한 반대에서 비롯된 것이다. 사우디는 당분간 이러한 반 무슬림형제단 입장을 철회할 것 같지 않다. 그러나 사우디정부의 이러한 조치들이 쉽게 성공할 것 같지는 않다.

다음에서는 초국가적인 네트워크를 확보하고 있는 무슬림형제단의 사우디 내 분파인 알 사흐와운동의 발전과정을 살펴봄으로써, 이 운동과 사우드왕가의 관계뿐만 아니라 이 운동의 정치적 성향과 향배를 전망할 수 있다.

알 사흐와운동의 토대는 1950~1960년대에 이집트 나세르 사회주의혁명 이후, 이집트, 시리아, 이라크 등 사회주의운동이 활성화된 국가에서 탄압을 받던 무슬림형제단원들이 사우디아라비아로 이주하면서 마련되었다.

1970~1980년대에 사우디 정부는 사회주의 운동에 맞서는 세력으로 알 사흐와운동을 비롯한 이슬람 운동을 활성화시켰고, 알 사흐와운동은 대학을 비롯한 교육기관를 통해서 '살라피-와하비 신학과 무슬림형제단의 이념'을 결합하여 이슬람 개혁주의 운동으로 모습을 드러냈다.

1991년 걸프전 이전까지, 알 사흐와운동은 사우디 왕가와 공식적인 사우디 종교기구들을 전 세계의 참된 이슬람 대표로 간주함으로써, 사우디왕가와 중요한 이념적인 동맹관계를 창출하였다.

그러나 1991년 걸프전에서, 알 사흐와운동은 사우디아라비아-미국 군사동맹을 비난하고, 정부 정책에 대한 반대를 분명히 하였다. 1991년 5월 알 사흐와운동가들은 400명 이상이 서명한 자문위원회 창설과 입법제도의 근대화 등 정치제도 개혁을 요구하는 〈12항의 요구사항(Letter of Demands)〉을 정부에 제출하였다. 이 사건은 사우디 정치판을 뒤흔들었다. 이 때 알 사흐와운동은 한꺼번에 3만여 명의 사우디 시민들이 참가한 시위를 주도함으로써 대중적인 역량을 과시하였으며, 이 과정에서 1994년에 셰이크 살만 아우다를 포함한 다수의 알 사흐와운동 지도자들이 수감되면서, 알 사흐와운동은 정부에 대한 강력한 비판적인 세력이 되었다.

살만 아우다는 5년 동안의 수감생활을 마친 뒤, 1999년에 복귀하여 왕국에서 대중매체에서 매우 인기 있는 설교자가 되었으며, 사우디 정권의 보호아래 활동하면서, 사법기구를 장악한 보수적인 살라피-와하비 울라마들과 경쟁관계에 있다.

이러한 알 사흐와의 역사는 그 자체가 전략적 행위자라는 것을 보여주며, 유리한 변화의 기회를 맞이한다면, 정치구조변화의 중심에 설 것으로 보인다.

2013년 3월 알 사흐와운동 소속으로 대중적인 인기를 누리는 MBC TV 종교 프로그램 설교자 셰이크 살만 알 아우다는 "국민들은 소망, 요구, 권리를 가지고 있으며, 자신들의 권리가 박탈당하는 것에 침묵하지 않을 것이다. 국민들이 희망을 잃는다면, 무엇을 하겠는가?"라고 주장했다. 그는 다른 종교들과도 평화와 공존을 추구하며, 오사마 빈 라덴의 9.11 공격에 대해서 강력하게 비난하고, 인기 있는 인터넷 웹사이트 Islam Today를 운영하면서 대중적인 다양한 문제들을 다루고 있다.

그는 정치이념의 경계를 넘어서, 2013년 3월 9일 선동과 외국 미디어에 부정확한 정보를 제공한 혐의로 10년 형을 선고받은 자유주의 인권운동가인 무함마드 빈 파흐드 알 카타니(Mohammad Fahd Al Qah'tani)와 압둘라 알 하마드(Abdullah Al Hamed)의 석방을 요구하면서 자유주의자들과 연대를 모색하는 것으로 보인다.[24] 무함마드 빈 파흐드 알 카타니와 압둘라 알 하마드는 정부의 인권탄압을 비난하고, 입헌군주제와 선거제도의 도입을 요구하는 활동을 하였다.

2013년 3월 16일 셰이크 살만 아우다는 정치범 석방과 정치제도개혁을 요구하는 〈사우디 국민들에게 보내는 서한(An Open Letter to the Saudi People)〉을 발표했다.

2011년 2월 셰이크 살만 아우다를 포함하는 1,550명이 〈제도와 권리의 국가를 향하여(Toward a State of Institution and Rights)〉 청원을 제출하였다. 이 청원은 완전한 입법권을 가진 국민의회 선출, 왕과 총리 직위 분리 등을 포함하며, 보수적인 일부 고위급 이슬람 성직자들도 포함되었다. 이것은 셰이크 살만 아우다와 알 사흐와운동의 범위와 영향력을 드러낸다.

이러한 사우디 국내 정치변동에 영향력을 행사하는 알 사흐와운동의 영향력에 대한 사우디 왕가의 두려움이 2013년 이집트 정치변동에 적극 개입해서, 무슬림형제단 출신의 무르시 대통령을 축출시킨 군부 쿠데타를 적극 지원한 이유다.

3. 무슬림형제단과 알 싸니왕가

알 싸니 왕가는 1950년대 중반부터 카타르의 교육제도를 수립하는 과정에서 가장 위협적인 이웃이며 와하비 형제국인 사우디 의존을 피하기 위하여, 사우디왕국 넘어 먼 거리에 위치한 이집트 무슬림형제단원들을 중용한 것으로 보인다.

1954년 무슬림형제단원인 압둘 바이 사끄르(Abdul-Badi Saqr)가 이집트로부터 카타르로 와서 교육부 운영자가 되었고, 이후 카이로에 기반을 둔 탁월한 종교 셰이크에 의해서 추천을 받아 카타르 국립 도서관을 운영하였다. 또 그의 지도 아래, 무슬림형제단 선생들이 카타르의 교육제도를 확립시켰다. 셰이크 칼리파 빈 하마드 알 싸니(재위 : 1972~1995)가 1956~1957년까지 교육부장관이었을 때, 교육부내에서 증대되는 무슬림형제단의 지배에 대하여 우려하였다.

그는 무슬림형제단원인 사끄르를 해고하고, 아랍 민족주의자 시리아인 압둘라흐만 알 삼라(Abdulrahman al-Samrah)로 대체시켰다. 그러나 압둘 라흐만 알 삼라는 범 아랍주의자들을 축출시키는데 열중했던 영국주재원의 압력으로 1년 이상 버티지 못하였다. 통치자 칼리파가 무슬림형제단이나 범 아랍 사상가의 지배를 피하기 위하여 노력하였으나, 그는 여전히 카이로로 출신의 중요한 새로운 인물들을 중용하였다. 따라서 당시 카타르 통치자에게 무슬림형제단과의 협력은 국가 운영을 위해서 불가피한 선택이었음을 알 수 있다.

1960년 카타르 교육부 내 이슬람학 수장인 압둘라 빈 투르키 알 수바이(Abdullah bin Tukri al-Subai)가 알 아즈하르 대학에서 선생들과 사상가들을 모집해갔다. 아흐마드 알 아살(Ahmed al-Assal)이 1960년에 카타르에 왔고, 학교에서 가르쳤고, 모스크에서 강의하고, 무슬림형제단을 조직하였다. 이집트무슬림형제단 창시자인 하산 알 반나와 긴밀한 관계였던 압델 모아즈 알 사타르(Abdel-Moaz al-Sattar)가 1960년대 초에 카타르로 와서 학교 감독관이자 교육부에서 이슬람학 수장이되었고, 초기 카타르 교육제도를 위하여 여러 가지 교재를 공동 저술하였다. 케말 나지(Kemal Naji)가 1964년부터 1979년까지 교육부 수장, 출판위원회 수장을 포함하는 다양한 역할을 하였으며, 교육부의 외국 문화 관계 고문이었다.

셰이크 유스프 알 까르다위(Yousef al Qaradawi)는 1961년 이집트에서 카타르로 왔다. 처음에 그는 종교기구를 개조하여 운영하였고, 그 후 카타르 대학에서 샤리아대학을 설립하여 학장이 되었다. 오늘날 그는 가장 영향력 있고 유명한 무슬림형제단 지식인들 중의 한 명으로 널리 알려져 있다. 1990년대 중반 이후, 알 자지라 방송에서 그의 토크 쇼인 '샤리아와 삶(Sharia and Life)'으로 그는 광범위한 청중들을 확보하였다.

무슬림형제단이 카타르 교육제도 형성 초기에 중요한 역할을 했음에도 불구하고, 현재 카타르 국내 정치에서 직접적인 영향을 거의 찾아볼 수 없다. 대신에 무슬림형제단은 외부로 나아갈 수 있는 기회를 잡으려고 노력하였고, 유스프 알 까르다위는 1996년에 설립된 알 자지라 TV를 통해서 카타르를 넘어서 역내로 영향력을 확장하게 되었다.

이와 같은 카타르의 정책은 와하비즘보다 역내에서 상대적으로 폭넓은 조직을 확보하고 있는 무슬림형제단을 활용해서 역내의 입지를 강화시켰다. 현재 국제 무슬림형제단을 움직이는 조직의 중심에는 카타르가 있으며, 이것은 2011년 이후 진행된 아랍 봉기 동안에 입증되었다.

그러나 무슬림형제단에 대한 카타르의 후원은 생각되는 것만큼 그렇게 대단하지는 않다. 사우디아라비아 왕국으로부터 독립된 어떤 종교·교육 제도를 만들지 않은 채, 이집트 무슬림형제단이 이미 만든 제도를 손쉽게 활용하려는 구조적인 필요성에서 무슬림형제단과 협력하였다.

이러한 근본적인 한계로 인해서, 카타르 국내에서 무슬림형제단은 거의 영향력을 발휘하지 못한다. 1999년 카타르 무슬림형제단 헌장은 카타르 무슬림형제단 조직을 스스로 해체하기로 결정하였다.

현재에도 1960년대에 까르다위가 설립한 종교학교들이 남아있기는 하지만, 이 종교학교들은 종교지도자 양성소가 아니며, 학생들은 대부분 여성들이고, 졸업한 이후에는 대부분 종교학교 교사나 종교기구 직원들이 된다. 2008~2009년 사이에 단지 257명 정도의 학생들이 종교학교들에 출석했으며, 이들 대부분은 카타르 국적자들이 아니었다. 카타르 정치에서 제도적으로 종교적인 영향력은 거의 없다. 카타르에는 그랜드 무프티 직위가 없고, 이슬람 업무부도 1993년에 비로소 창설되었다.

2003년 카타르 무슬림형제단이 완전히 해체된 이후, 2004년 유스프 알 카르다위는 국제무슬림학자연합(International Union of Muslim Scholars, IUMS)을 창설하여 의장을 맡으면서 국제사회에서 활동을 강화하였다. 2004년 7월 11일 그는 자신이 역시 의장을 맡고 있는 파트와와 연구 유럽위원회(the European Council for Fatwa and Research, ECFR) 회의 참석을 위해 런던을 방문하였을 때, IUMS를 결성하였다.

영국에서 추방생활을 하던 라시드 간누시(Rachid Ghannouchi)는 IUMS 부의장을 맡았다. 라시드 간누시는 튀니지 엔나흐다당(무슬림형제단) 창설자이자 당수이며, ECFR 회원이고, 1972년에 사우디에서 창설된 세계무슬림청년회(WAMY) 창설멤버이기도하다. WAMY는 무슬림형제단과 매우 긴밀하게 연결된 조직이며, 전 세계에 와하비즘을 전파하는 기구이기도하다.[25] 이러한 라시드 간누시의 이력으로 볼 때, 무슬림형제단 조직과 와하비 조직 사이에는 경쟁과 협력관계가 공존한다는 것을 알 수 있다.

라시드 간누시 이외에도, IUMS 소속의 영향력 있는 회원들 중에는 다음과 같은 인물들이 포함되었다. 이집트의 사프와트 헤가지(Safwat Hegazi), 수단 무슬림형제단 지도자인 이삼 알 바시르(Isam al-Bashir), 미국 무슬림형제단 지도자인 자말 바다위(Jamal

Badawi), 팔레스타인 이슬람 지하드 지도자인 바시르 나피(Basheer Nafi), 요르단 무슬림 형제단원 이삭 파르한(Isaq Farhan), 전임 미국 무슬림형제단원 살라 술탄(Salah Sultan), 가자의 하마스 총리인 이스마일 하니야(Ismail Haniyeh), 영국무슬림형제단원-하마스 무함마드 사왈하(Mohammad Sawalha) 등이다.

■ 사우디와 카타르의 역내 정책

카타르 왕 하마드 빈 칼리파 알 싸니는 무슬림 형제단과 제휴한 정당들이 선거에서 승리한 직후, 2012년 1월 튀니지, 8월 이집트를 방문하였으며, 10월에는 하마스가 통치하는 팔레스타인 가자 지역을 방문하였다. 카타르가 적극 지원하는 무슬림 형제단이 활력을 얻음으로써 카타르가 사우디아라비아를 제치고 부상할 수 있는 기회가 될 수도 있었다. 그 결과 아랍 지역에서 '이슬람 보수주의의 보루'라는 사우디아라비아의 역할을 위협하는 것처럼 보였다.

카타르는 리비아 반란군을 지원했으며, 이집트, 튀니지, 그리고 예멘에서 권위주의적인 통치자를 몰아낸 혁명을 후원했다. 카타르 국영 알자지라가 국경을 넘어 이 시위들을 집중 보도함으로써, 세계적인 인기를 누리면서 독재자들을 축출하는데 공헌했다는 사실은 의심의 여지가 없다.

반면, 사우디아라비아는 튀니지 시민 혁명으로 축출되어 20년의 징역형을 선고받은 독재자 벤 알리를 보호하고 있다. 이집트 시민혁명으로 축출된 독재자 무바라크는 사우디 왕가의 확고한 동맹이었으며, 사우디 왕 압달라는 미국 대통령 오바마에게 무바라크를 끝까지 지원하라고 충고했다.

그러나 걸프 지역에 민주주의가 도래한다면, 사우디아라비아와 카타르는 더 이상 경쟁자가 아니다. 바레인 민주화 시위에 대항하여 사우디아라비아가 주도하는 진압작전에 카타르도 참가하였다. 아랍시민 혁명을 생중계 하다시피 하던 알 자지라도 바레인의 사태에 대해서는 침묵하였다. 결국 사우디아라비아와 카타르는 걸프 왕국 내의 민주화시위에 대해서는 절대 반대하는 입장을 공유한다.

1. 튀니지 무슬림 형제단과 세속주의자

튀니지 민주화 운동 과정에서 카타르와 사우디는 이슬람주의자와 세속주의자 정당들에게 각각 재정지원을 함으로써, 튀니지 현실 정치에 강력한 영향력을 행사하였다.

2012년 1월 카타르 왕 하마드는 튀니지 무슬림 형제단과 제휴한 알 나흐다당의 선거(2011.10) 승리를 축하하기 위하여 튀니지를 방문하였다. 알 나흐다당은 유스프 알 까르다위가 이끄는 세계 무슬림형제단(the Global Muslim Brotherhood)의 후원을 받았고, 카타르는 알 나흐다당이 튀니지 선거에서 승리하도록 수백만 달러를 지원하였다고 알려졌다. 알 나흐다당은 총 217석 중 89석(41%)을 획득함으로써 튀니지의 정치를 좌우하게 되었다. 현재 튀니지의 외교 정책을 주도하는 외무장관 라피끄 압드 살람은 카타르 알 자지라 연구소의 연구원이었으며, 그의 장인 라시드 알 간누시는 알 나흐다당의 창설자이며 당수다.

사우디아라비아는 라시드 알 간누시의 입국을 사우디 입국을 불허한 반면, 2011년 3월에 창설된 세속주의 정당 알 아리다 차비아당을 지원한 것으로 알려졌다. 알 아리다 차비아당은 10월 선거에서 217석 중 26석(12%)을 장악함으로써 제3당으로 발전하였다. 이 당을 창설한 무함마드 하치미 알 하미디는 런던에서 사우디아라비아가 후원하는 위성 TV 회사를 운영하는 사업가이며, 축출된 독재자 벤 알리와도 긴밀한 관계가 있는 것으로 알려졌다. 이러한 정황들은 튀니지 선거에서 카타르와 사우디아라비아가 정치와 종교 이념을 넘어서서 정치 패권을 놓고 경쟁 관계였다는 것을 반증한다.

2. 이집트의 무슬림 형제단과 살라피

이집트 민주화 운동과정에서 사우디와 카타르는 서로 다른 이슬람주의자들을 지원한 것으로 알려졌다. 사우디는 살라피들과 제휴한 알 누르당을, 카타르는 무슬림 형제단과 제휴한 자유정의 당을 지원하였다. 그 결과, 2011년 12월~2012년 1월에 실시된 의회 선거에서 이슬람주의자들이 압도적인 승리를 거두었다.

무슬림형제단과 제휴한 자유정의당이 총 508석 중 235석(37.5%)을 획득함으로서 제1당이 되었다. 살라피들과 제휴한 알 누르당은 123석(27.8%)을 획득함으로써 제2 당이 되었다. 자유 정의당은 민주화 시위 동안에 카타르로부터 1억 달러를 후원받 았고, 알 누르당은 사우디아라비아에서 활동하는 살라피와 와하비 조직들로부터 재 정지원을 받은 것으로 알려졌다. 반면 자유주의자들을 포함한 세속주의자들은 외부 세계로부터 지원을 받지 못했다.

이집트 의회 선거에서 보듯이, 카타르와 사우디아라비아의 지역 패권 경쟁에 따 라 무슬림 형제단과 살라피 사이의 경쟁이 탄력을 받고 있다. 무슬림형제단과 제휴 한 온건한 이슬람주의자들의 정치 세력화에 맞서서, 사우디아라비아는 무슬림형제 단의 경쟁자인 살라피들을 지원해왔다.

2012년 8월 카타르 국왕 하마드는 무슬림 형제단 소속 무르시 대통령 취임 이후, 걸프 지도자로서는 처음으로 이집트를 방문하였다. 이 때 카타르 왕 하마드는 악화 된 경제 상황을 개선하기 위하여 20억 달러를 이집트 중앙은행에 예치하기로 약속 하였다. 이것은 카타르가 무르시 대통령 당선을 위해서 커다란 영향력을 행사하였 다는 것을 의미한다.

그런데 2013년 7월 3일 카타르가 후원했던 이집트 대통령 무르시가 군부 쿠데타 로 축출되면서 카타르/사우디 지역패권 경쟁에서 사우디가 잠정적으로 승리하였다. 이집트군부 쿠데타 발발 일주일전인 6월 25일에, 이집트 무슬림형제단의 권력 장악 을 적극 지원했던 61세로 비교적 젊고 건강한 카타르 왕 하마드(재위 : 1995.6.27~2013.6. 25)가 아들 타밈에게 권력을 이양하였다. 이로써, 적극적인 후원자를 잃은 이집트를 비롯한 아랍세계의 무슬림형제단이 동력을 상실하고, 사우디가 후원하는 세력들이 힘을 얻었다.

3. 팔레스타인과 요르단에서 사우디/카타르

서안을 통치하는 팔레스타인 자치정부와 가자를 통치하는 하마스는 경쟁관계에 있다. 카타르-이집트가 후원하는 하마스와 사우디아라비아-요르단이 후원하는 자 치정부의 구도로 팔레스타인 정치구도로 재편되었다.

2012년 10월 카타르 통치자 하마드는 무슬림 형제단 분파인 하마스가 통치하는 가자를 방문하였다. 그는 "가자가 확고하게 존재하는 것은 전 아랍세계의 자존심이며, 전 아랍 세계와 이슬람 국가들은 팔레스타인인들의 대의를 강력하게 지지해야 한다. 팔레스타인의 대의를 지지하는 이집트 정부에게 감사하다."고 밝혔다. 이것은 하마드가 이집트 무슬림 형제단과 팔레스타인 하마스의 연대 필요성을 강조하면서, 팔레스타인 대표로서 하마스의 위상을 높이는 것으로 해석된다. 하마드는 2008~2009년 이스라엘의 공격으로 파괴된 주택과 기반시설 건설비용으로 가자에 4억 달러를 지원하기로 약속하였다.

요르단 왕 압달라는 팔레스타인의 유엔 옵저버 국가 지위 획득을 축하하고 자치정부 수반 마흐무드 압바스의 정책을 후원하기 위하여 2012년 12월 서안을 방문하였다. 압달라 왕의 서안 방문은 팔레스타인 자치정부의 대표성과 위상을 제고하면서, 두 달 전에 있었던 카타르 왕 하마드의 가자 방문을 상쇄하는 효과를 발휘한 것으로 보인다.

사우디아라비아는 계속된 민주화시위로 위기에 몰린 요르단 왕 압달라를 돕기 위하여 8억 달러의 기부금을 약속하고, 2012년 11월 28일 우선 2억 5천만 달러를 곧 요르단 중앙은행에 입금하기로 했다. 11월부터 요르단 정부는 그동안 거리 시위를 주도해온 무슬림 형제단과 이 단체의 분파인 이슬람 행동전선(IAF)을 일제 단속하고 체포하였다. 이러한 요르단의 정책은 무슬림형제단의 가장 큰 후원자인 카타르와 불화를 일으켰다.

4. 시리아 내전에서 사우디/카타르

시리아 인권 관측소(Syrian Observatory for Human Rights)에 따르면, 2011년부터 2014년 3월 말까지 시리아 내전으로 인한 사망자는 14만 6천 명이 넘는 것으로 집게 되었다. 2014년 4월 18일에는 시민 50명을 포함해서, 200명 이상 사망했다.[26] 다음 〈표 4〉는 2011년 3월부터 2013년 10월까지 시리아 내전이 점차 격화되고 있다는 것을 보여준다.

현재 시리아 정부군 편에는 러시아, 이란, 헤즈볼라, 팔레스타인 인민해방전선, 팔레스타인 해방군, 이라크 시아 민병대 등이 협력하고 있다.

표 4 _ 시리아 내전 사망자

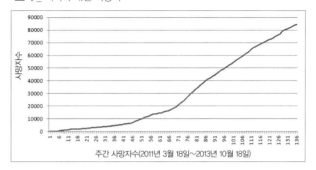

주간 사망자수(2011년 3월 18일~2013년 10월 18일)

정부군에 맞서는 반군은 거칠게 세 편으로 분류된다. 이들은 정치적으로나 이념적으로 통합될 가능성은 거의 없을 뿐만 아니라 통제 지역을 놓고 서로 분쟁한다. 시리아 국민연합(Syrian National Coalition), 무자헤딘(Mujahideen), 쿠르드 최고 위원회(Kurdish Supreme Committee)가 그들이다.

현재 국제적으로 가장 인정받고 있는 시리아 국민연합은 2012년 11월 카타르에서 창설되었다. 걸프 지역의 6개 아랍 왕국들(사우디아라비아, 카타르, 쿠웨이트, 바레인, 아랍에미리트, 오만), 아랍 연맹(알제리, 이라크, 레바논을 제외), 미국, 유럽 연합, 터키 등은 시리아 국민연합을 아사드 정부를 대체하는 시리아인들의 대표로 인정하였다. 2013년 3월 19일 시리아 국민연합은 임시 정부 총리로 카타르가 후원하는 무슬림 형제단 출신의 가산 히토(Ghassan Hitto, 임기 : 18 March 2013~14 September 2013)를 선출하였다. 그러나 그는 이집트 쿠데타 성공 이후 사우디가 후원하는 아흐마드 투마 알 카데르(Ahmad Tu'mah al-Khader)로 대체되었다. 다음 〈표 5〉는 시리아 국민연합의 권력교체가 이집트 군부 쿠데타 등 역내 정치변동 시기와 맞물려 있다는 것을 드러낸다.

표 5 _ 국민연합 수반과 총리

국민연합 수반		
무아스 알 카팁	2012.11.11~2013.04.22	카타르 유스프 알 까르다위 지지
게오르게 사브라	2013.04.22~2013.07.06	그리스 정교도, 사회주의자
아흐마드 자르바	2013.07.06~현재 2014.01.05 재선	이라크, 시리아, 사우디 지역에 분파가 있는 사마르부족27) 지도자
국민연합 총리		
가산 히토	2013.03.18~2013.09.14	쿠르드족, 미국시민권자, 무슬림형제단
아흐마드 투마 알 카데르	2013.09.14~	국민연합 내 13개 내각 부처 창설

알카에다 등 지하드주의자들로 구성된 무자헤딘은 사우디 종교인들의 도움을 받는 것으로 알려졌다.

2012년 7월 쿠르드 민족주의자들이 창설한 쿠르드 최고 위원회는 이라크 쿠르드인들의 적극적인 도움을 받는 것으로 알려졌다.

전투 현장에서 세 편은 다시 각 무장단체를 이끄는 조직들로 더욱 세분화되고, 내부적으로 세력들 간의 권력 투쟁이 존재한다.

흔히 시리아 내전과 관련하여 미디어들은 시리아 거주민들을 수니파, 시아파, 알라위파, 기독교도, 무슬림 형제단, 알카에다, 쿠르드족, 튀르크족, 팔레스타인인 등 종교나 종파 혹은 종족에 따라 구분하면서, 시리아 내부 사회가 내전으로 치달을 수 있는 충돌하는 정체성을 가진 집단들이 존재해왔다고 설명한다. 실제로, 시리아 내부에는 이러한 집단들이 존재하며, 시리아 정부가 일부 집단들을 편향적으로 지원하고 다른 집단들에 대해서는 차별하는 정책을 펴온 것은 사실이다.

그러나 같은 종교나 종족 집단으로 분류되는 사람들이 획일적으로 시리아 정부군이나 반정부군편에 서있는 것도 아니고, 시리아 정부의 차별적인 정책이 결정적으로 내전을 확대 강화시키는 것은 아니다. 다음의 팔레스타인인들의 예가 그것을 증명한다.

현재 무슬림 형제단과 제휴하고 있는 팔레스타인 하마스 무장대원들이 다마스쿠스 동부 지역에서 반군인 시리아 국민연합과 연대한 자유 시리아군(Free Syrian Army)을 훈련시키고 있는 것으로 알려졌다.

하마스 지도자 칼리드 마샬은 1999년부터 시리아 정부의 전폭적인 지원을 받으면서, 다마스쿠스에서 하마스 사무실을 운영하다가, 2011년 12월 시리아 위기가 고조되면서 다마스쿠스 소재 사무실을 폐쇄하고 시리아 반군을 지원하는 카타르로 이주하였다. 이러한 칼리드 마샬의 행보는 튀니지, 이집트 등에서 이미 카타르가 지원하는 무슬림 형제단 세력들이 정권을 장악한 사실과 무관하지 않은 것으로 판단된다.

반면, 세속적인 팔레스타인인들이 이끄는 정치 단체인 팔레스타인 인민해방전선과 팔레스타인 해방군은 시리아 정부군에 합류한 것으로 알려졌다.

2013년 5월 2일, 점령된 팔레스타인(Occupied Palestine) 보도에 따르면, 시리아 내전 발발 이후 시리아에 거주하는 1,267명의 팔레스타인 난민들이 사망하였다고 한다. 현재 팔레스타인인들은 정부군과 반정부군 양 편에 모두 연루되어 있으며, 가장 많은 외국 민간인 사망자를 기록하고 있다.

이러한 사실은 시리아 내전이 시리아 정부의 특정 종파나 종족에 대한 차별적인 정책을 넘어서서 역내 강국들의 개입과 지원이 중요한 동력이었음을 밝혀준다. 특히 이 내전에서는 카타르가 적극 지원하는 무슬림형제단 세력이 시리아 국민연합에서 힘을 발휘하는 것으로 보인다.

그런데 사우디아라비아, 아랍에미리트, 쿠웨이트, 요르단 왕국 내의 무슬림 형제단 분파들은 각 왕가에 대한 비판 수위를 높이면서 권력 공유를 의미하는 정치 개혁을 강력하게 요구한다. 따라서 무슬림 형제단이 시리아에서 권력을 장악할 경우, 그것은 특히 사우디아라비아와 요르단 왕국에게는 국내 정치 불안을 극대화시키는 강력한 요소로 작용할 수 있다. 이러한 역내 아랍 국가들의 복잡한 국내 상황이 시리아 내전을 장기화시키고 격화시키는 중요한 요인이다.

■ 역내 상황은 더욱 복잡해질 것

2014년 3월 초 사우디는 카타르가 사우디의 이집트정책을 비판하는 무슬림형제단 소속 성직자 유수프 알 카르다위에게 할당한 범 아랍 위성 방송인 알 자지라 정규 방송시간을 취소하라고 요구하면서, 카타르가 무슬림형제단을 지원함으로써 걸프왕정 체제에 대해서 무책임한 위협을 가하고 있다고 비난하였다.

이 사건 직후 3월 5일 사우디는 UAE, 바레인과 함께 각각 카타르주재 대사를 소환하면서 "카타르가 무슬림형제단을 계속 지원함으로써 지난 해 11월 GCC 국가들이 합의한 공동안보협정을 위반하였다. 카타르를 설득하여 공동안보협정을 존중하고, 무슬림형제단에 대한 지원을 철회하고, 아랍세계와 걸프왕국들 내 정부 반대파 지원을 중단시키려고 했으나, 끝내 실패했다."고 밝혔다.

이 공동안보협정은 "모든 회원국들이 역내 문제에 직접 혹은 간접적인 간섭을 하지 않아야하며, 역내의 안정과 안보를 위협하는 어떤 조직이나 개인, 적대적인 미디어를 지원해서는 안 된다."고 명시하고 있다. 사실 이 공동안보협정은 사우디가 주도해서 카타르를 겨냥한 것으로, 무슬림형제단과 알 자지라 방송에 대한 지원을 중단시키기 위한 것이었다.

카타르 주재 대사 소환 2틀 후, 사우디는 공식적으로 무슬림형제단을 '테러리스트 단체'로 규정하였고, 무함마드 빈 나이프 사우디 내무장관은 무슬림형제단을 '테러리스트 단체'라고 부르면서, "다른 국가들과 다른 국가의 지도자들을 모욕하는 사람들과, 국내외에서 안보나 안정을 위협할 목적의 회의나 모임에 참가하는 사람들은 법에 의해서 처벌 받을 것"이라고 밝혔다. 사우디를 뒤따라, 13일 UAE 역시 무슬림형제단을 '테러리스트 단체'로 규정하였다. 무슬림형제단의 본향인 이집트는 이미 작년 12월 25일 무슬림형제단을 '테러리스트 단체'로 규정했고, 사우디의 이번 조치를 환영한다고 공식적으로 밝혔다.

이에 답하여, 11일 카타르 외무장관 칼리드 알 아티야(Khalid bin Mohamed Al Attiyah)는 "카타르의 독립적인 외교정책은 협상의 대상이 아니다. 사우디, UAE, 바레인의 최근 요구는 GCC 국가들 안보와 아무 관련이 없는 것이고, 국제적인 문제들에 대한 명백한 견해 차이에서 비롯된 것이다. 우리는 스스로의 견해를 가지고, 스스로 결정한다."고 밝힘으로써, 카타르는 무슬림형제단 지원을 중단하라는 사우디의 요구를 공개적으로 거부하였다.

그러나 카타르는 4월 17일 사우디가 주도하여 카타르에서 무슬림형제단을 제거하기로 한 GCC 리야드 합의를 실행하기 위하여, 4월 25일 수 십 명의 무슬림형제단 지도자들을 추방하였다. 이들은 리비아로 들어간 것으로 알려졌다.

역사적으로 무슬림형제단은 사우디를 비롯한 걸프왕국들의 지원을 받아서 현재의 지지기반을 마련하고 정치세력화 하였다. 무슬림형제단은 1928년 이집트에서 창설된 이후, 현재까지 80년 이상 역내에서 교육사업과 빈민구제 사업 등을 비롯한 적극적인 사회사업활동을 해왔다. 1950년대 이집트 나세르 사회주의혁명이 성공하고, 아랍세계 전역에서 사회주의자들이 강력한 정치세력으로 등장하면서 보수적인 왕국들을 위협하였다. 이 때 걸프왕국들은 위협적인 사회주의자들에 대한 대항마로 이집트 나세르 정부가 축출한 무슬림형제단을 지목하고, 이들을 위한 피난처이자 보루 역할을 자청했다. 이때부터 역사적으로 무슬림형제단은 사회주의에 대항하여 보수적인 걸프왕정체제와 긴밀한 협력관계를 유지하고, 사우디를 비롯한 걸프왕국들내에서 낙후되었던 교육과 전문직 등의 분야에서 주로 활동하면서, 주민들에 대한 영향력을 확보하고 지지기반을 확대해 왔다.

그런데 1991년 이라크의 쿠웨이트 침공을 계기로 사우디왕정과 무슬림형제단 사이의 관계에서 균열이 가시화 되었다. 사우디왕가는 이라크의 공격 위협을 두려워하면서, 미군에게 군사기지를 제공하는 등 미국-사우디 군사동맹을 노골적으로 강화하였다. 이에 무슬림형제단과 연계된 정치세력인 '알 사흐와' 운동이 미국-사우디 군사동맹을 강력하게 비난하고, 입법제도의 근대화를 비롯한 정치개혁을 요구하면서 사우디정부정책에 강력히 반대하는 목소리를 내기 시작하였다. 더욱이 2011 아랍의 봄 시위가 진행되면서, 사우디에서는 '알 사흐와' 운동이, UAE에서는 '알 이슬라흐' 운동이 강력한 정부 반대파로서 그 모습을 대중들에게 각인시키면서 입헌군주제로의 개혁을 비롯한 각 왕국 내의 정치개혁 운동을 주도하고 있다. 사우디와 UAE가 역내에서 무슬림형제단을 '테러리스트 단체'로 규정한 가장 근본적인 이유는 위협적인 내부 정치개혁운동 세력을 제압하려는 시도와 밀접하게 관계된 것으로 보인다.

이와 같이 사우디와 UAE는 정치개혁을 주도하는 무슬림형제단 연계 세력들을 제압하고 구질서를 유지하려고 한다. 이에 대한 가시적이고 직접적인 도전세력은 카타르다. 이제 구질서에 도전하는 무슬림형제단을 매개로 아랍세계의 새로운 질서 구축을 꿈꾸는 카타르도, 구질서를 유지하려는 사우디도 물러서기 매우 힘든 상황에 도달한 것으로 보인다.

역사적으로 사우디는 1996년 카타르에서 무혈쿠데타로 아버지를 퇴위시키고 왕위에 오른 하마드 빈 칼리파를 축출시키려는 역 쿠데타를 후원하였으나 실패한 경험이 있다. 그런데 건강하고 비교적 젊은 61세의 하마드 빈 칼리파 카타르 국왕은 2013년 6월 25일 사우디가 후원한 이집트 군부쿠데타 발생 불과 일주일 전에 갑자기 아들 타밈에게 스스로 양위하고 물러났다. 이 사건 이후 계속된 이집트 쿠데타와 시리아 내전 등에서 드러난 사우디와 카타르 역내 리더십 경쟁에서 사우디가 일단은 승리한 것으로 보인다. 그러나 계속되는 역내 불안정성을 고려해 볼 때, 사우디와 카타르 경쟁은 국내문제, 역내문제, 강대국들이 개입된 국제적인 이해관계 등과 맞물려서 일진일퇴를 거듭할 것으로 예상된다.

이러한 혼돈 상황에서 가장 중요한 외부 행위자인 미국의 정책이 커다란 변수로 작용할 가능성이 있다. 사우디를 비롯한 걸프왕국들 청설 초기에 가장 중요한 외부 행위자였던 영국의 정책을 상기함으로써, 현재 미국의 정책을 전망할 수 있다. 20세기 초 영국은 아라비아반도와 걸프지역 각 토후들에게 서로 다른 약속을 하면서 경쟁을 부추겼고, 결국은 역내에서 상대적으로 약한 토후세력들을 후원하면서 현재까지 유지되는 불안정한 정치구조를 창출하였다. 수 십 년 동안 두 왕국과 긴밀한 우방인 미국도 공식적으로는 사우디나 카타르 중 어느 편도 적극 지지하지 않을 것이다. 따라서 걸프 역내의 정치상황은 더 복잡해질 것으로 보인다.

Ⅲ. 아랍에미리트와 카타르의 경쟁 : 리비아 내전

■ 아랍에미리트(아부다비)와 카타르가 서로 다른 파벌 지원

2011년 카다피 정권이 붕괴되면서, 곧바로 리비아는 대혼란 속으로 빠져들었다. 다양한 무장단체들이 난립하면서, 석유와 가스가 풍부하게 매장된 리비아 영토에 대한 통제권을 주장했다. 결국 리비아는 석유 가스 매장지와 파이프라인 통제권을 중심으로 서부의 트리폴리 정부와 동부의 투브루크 정부로 나뉘어 권력 투쟁을 하고 있으며, 충돌하는 이해관계를 가진 외부 행위자들, 특히 아랍에미리트와 카타르가 깊숙이 개입한 전쟁터가 되었다.

현재 리비아에는 이슬람주의자가 중심이 되어 트리폴리를 통치하는 '새 일반 국민회의 정부(the government of the New General National Congress)'와 투브루크를 통치하며, 국제적으로 인정받은 '대표자들 정부(the government of the House of Representatives)'가 권력

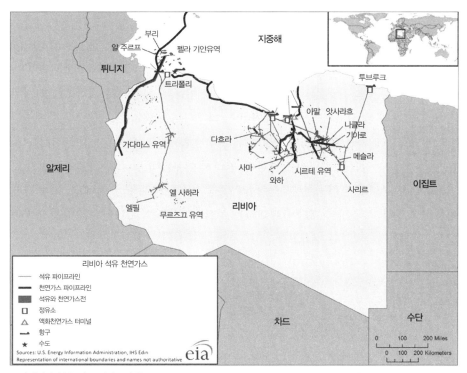

• 리비아의 석유 가스 파이프라인 (https://www.eia.gov/beta/international/analysis.cfm?iso=LBY)

투쟁을 하고 있다. 트리폴리의 '새 일반 국민회의 정부'는 터키, 수단, 카타르의 후원을 받고 있으며, 투브루크의 '대표자들 정부'는 러시아, 이집트, 아랍에미리트의 후원을 받는 것으로 알려졌다.

2015년 5월 캠프 데이비드에서 개최된 미국-걸프 협력기구(GCC) 국가들 정상 회담에서, 오바마 대통령은 아랍에미리트 지도자와 카타르 지도자에게 리비아에서 포괄적인 정치적 해결을 선호한다고 밝혔다. 걸프 아랍 관리들은 계속된 평화 과정을 공개적으로 비난하지 않고, 시리아, 이라크, 예멘, 시리아 등 역내 분쟁에서 군사적인 해결책은 있을 수 없다고 합의하였다.[28]

그러나 이 정상회담이후, 아랍에미리트와 카타르는 리비아에서 각각의 협력 파벌들을 후원하면서 권력 투쟁을 계속하고 있다. 리비아는 카타르와 아랍에미리트(아부다비)가 상호 경쟁적인 파벌을 지원하는 전쟁터일 뿐만 아니라, 아부다비와 카타르 둘 다에게 매우 커다란 이권이 걸려있다.

카타르가 후원하는 이슬람주의자 무슬림 형제단이 리비아를 비롯한 중동 국가들에서 부상하고 있다. 무슬림 형제단은 아부다비가 주도하는 아랍에미리트의 정치 경제 질서에 대한 잠재적인 불안 요인이다. 아부다비 당국자들은 무슬림 형제단의 아랍에미리트 분파인 알 이슬라흐를 아부다비가 주도하는 아랍에미리트 정치 질서를 전복시킬 수 있는 단체로서 생각한다. 따라서 아부다비 당국자들은 자국 내의 알 이슬라흐를 강력하게 탄압할뿐만 아니라, 중동 전역에서 무슬림 형제단 제휴 단체들을 반대한다. 무슬림 형제단에 반대하는 아랍에미리트는 2014년 7월 이후 트리폴리를 장악한 이슬람주의자들을 테러리스트라고 주장하는 투브루크의 '대표자들 정부'를 강력하게 지지한다.

2014년 7월 선거에서 무슬림 형제단이 패배한 후에, 무슬림 형제단이 이끄는 연합 리비아 돈(Libya Dawn)이 수도 트리폴리를 장악하였다. 리비아 돈 전사들이 '새 일반 국민회의 정부'를 창립하고, 유엔승인을 받은 '대표자들 정부'를 이집트 근처 지중해안을 따라 위치한 투브루크로 축출하였다. 평화를 중재하려는 유엔의 노력에도 불구하고, 트리폴리에 기반을 둔 정부와 투브루크에 기반을 둔 두 개의 리비아 정부들은 계속 충돌하고 있다. 이 두 정부들에 대한 카타르와 아랍에미리트의 지원이 리비아 분쟁을 장기화시키고, 격화시킨다.

아랍에미리트와 카타르는 카다피 반군들에 대한 후원자들로서 리비아 봉기에서 중심적인 역할을 했다. 이 두 걸프 국가들은 이 거대한 지정학적인 투쟁에서 경쟁자로서 출현하였다. 러시아, 이집트와 함께 아랍에미리트는 투브루크에 기반을 둔 정부를 후원한다. 터키, 수단과 함께 카타르는 트리폴리에서 이슬람주의자가 이끄는 정부를 후원한다. 이러한 리비아에서 아랍에미리트와 카타르의 대리전은 걸프 협력 기구(GCC) 내에 심각한 분열이 존재한다는 분명한 예다. 이들이 카다피 이후의 리비아 정치질서 수립에 커다란 영향력을 발휘하고 있다.[29]

■ 무슬림 형제단을 두려워하는 아랍에미리트(아부다비)

무슬림 형제단은 민주적인 기구들을 육성하고, 중동 역내 전역에서 사회정의를 지지해 왔다. 당연히, 걸프왕국들은 정부 반대파에게 기회를 줄 수도 있는 각 국내의 반정부 활동 가능성 때문에 무슬림 형제단의 활동을 매우 두려워한다.

리비아에서 에미리트-카타르 경쟁은 걸프 왕국들 내의 민감한 정치적 문제들과 긴밀하게 연결되어 있다. 특히, 걸프왕국의 통치가문들은 무슬림형제단과 같은 이슬람주의자 운동 부상에 어떻게 대응할 것인가에 대하여 노심초사한다.

무슬림 형제단의 다양한 분파들이 2011년 아랍봉기 이후 선거를 통해서 권력을 장악했다. 2011년 6월 12일 터키의 정의 발전당(Justice and Development Party), 2011년 10월 23일 튀니지의 엔나흐다당(Ennahda), 2011년 11월 28일-2012년 1월 11일 이집트의 자유정의당(Freedom and Justice) 등이 선거에서 승리한 것이 분명한 예다. 이러한 정치적 상황에 대해서 아랍에미리트와 카타르는 각각 다르게 반응했다.

아랍에미리트는 국내외에서 확고하게 반 무슬림 형제단 정책을 견지한다. 2011년 이후, 아부다비는 무슬림 형제단에 맞서기 위하여 특히 이집트와 리비아에 상당한 재원을 투자하고 있으며, 자국 내 무슬림 형제단 분파인 아 이슬라흐를 강력하게 탄압한다. 카타르는 아랍 역 내에서 활동하는 무슬림 형제단 분파들을 후원함으로써, 카타르의 지정학적인 영향력을 확장하고 강화하기 위한 수단으로 무슬림 형제단 분파들을 활용한다. 그러나 카타르 역시 자국 내에서는 무슬림 형제단의 활동에 대한 두려움으로, 무슬림 형제단 활동을 금지시키는 이중적인 정책을 취하고 있다.

■ 카타르가 후원하는 무슬림 형제단 세력을 반드시 제압하라

2014년 8월 아랍에미리트 비행기가 이집트 기지로부터 트리폴리에 대한 통제권을 장악하려는 이슬람주의 무장 단체를 공격하였다. 이 공격은 아랍에미리트가 국제적인 승인 없이 외국을 공격한 최초의 사건이었지만, 무슬림 형제단 리비아 돈의 트리폴리 장악을 저지하지 못하였다.

2015년 11월, 뉴욕 타임지는 카타르가 후원하는 이슬람 무장단체를 약화시키기 위한 시도로 아랍에미리트의 선박이 리비아 무장단체에게 무기를 공급하였다고 폭로하였다. 또 아랍에미리트는 평화협상 중재자로 유엔이 리비아에 파견한 특사 베르나르디노 레온(Bernardino León, 특사재임 : 2014.9.1~2015.11.1)에게 높은 급료를 받는 에미리트 외교 아카데미(the Emirates Diplomatic Academy, EDA) 총 책임자 직위를 제안하였다. 레온이 유엔 리비아 특사 직위에서 물러나자마자 2015년 11월 4일, 약속대로 아랍에미리트는 그를 에미리트 외교 아카데미의 총 책임자로 임명하였다.[30] 이 사건은 유엔이 실제로 리비아 사태 해결을 위한 노력을 하는지 의구심을 갖게 하며, 카타르에게 리비아에 대한 주도권을 절대로 빼앗길 수 없다는 아랍에미리트의 확고한 의지를 드러내는 것이다.

IV. 사우디와 시리아 : 동맹이냐? 적이냐?*

■ 무엇이 문제인가?

• 2009년 10월 7일 압둘라왕의 다마스쿠스 방문
(출처 : http://content.time.com/time/world/article/0,8599,1929072,00.html)

2010년 3월 현재 시리아에 최대 자본투자 국가는 사우디였다. 2009년부터 2010년까지 사우디의 압둘라왕과 시리아의 바샤르 아사드 대통령은 매우 우호적인 관계를 유지해 왔다. 그렇다면, 2011년 중반에 갑자기 시리아-사우디 관계가 악화되며

* 이 글(102~121쪽)은 2014년 정부(교육과학기술부)의 재원으로 한국연구재단 신흥지역 연구지원 사업으로 수행된 연구임(NRF-2014S1A2A3038348).

서, 사우디가 시리아 반정부군을 지원하는 이유는 무엇인가?

사우디 압둘라왕은 아랍지도자로서는 처음으로 2011년 8월 반정부 시위대에 대한 아사드 정부의 대응방법을 거세게 비난하였다. 결국 2012년 2월 사우디는 다마스쿠스 소재 사우디대사관을 폐쇄하고, 리야드주재 시리아대사를 추방함으로써 외교관계를 단절하였다.

이러한 사우디-시리아 사이의 급격한 관계 변화는 새로운 일이 아니며, 국가창설 초기부터 현재까지 국내외의 정치-경제 환경의 변화에 따라 일진일퇴를 거듭했다. 다음은 국가 창설 초기부터 오늘날까지 사우디-시리아의 관계를 통시적으로 검토함으로써, 사우디-시리아 관계에 대한 올바른 전망을 제시할 것이다.

■ 국가창설 초기-1980년대 : 협력→경쟁→협력

사우디아라비아 왕국 창설(1932) 초기에 사우디왕가의 역내정책은 두 경쟁자들, 이집트 통치자 무함마드 알리 왕가와 요르단-이라크 통치자 하심왕가를 견제하는 것이었다. 1932년 이집트와 하심왕가(요르단과 이라크 통치)는 북부 사우디지역 경계에서 사우드왕가에 대항하는 이븐 리파다흐의 반란을 후원하였다. 게다가 하심왕가는 대시리아(시리아, 레바논, 팔레스타인 일부)를 장악하려는 야심찬 정책을 갖고 있었다.

이 때 사우드왕가 정책은 시리아공화국(1930~1958)의 독립을 지원하며, 역내 경쟁자인 하심가와 국제연맹 위임통치국인 프랑스의 영향력을 축출하는 것이었다.

이 과정에서 사우디는 1950년 사우디-시리아 무역협정을 통하여 6백만 달러를 지원하였다. 사우디는 시리아를 역내 협력자로 간주하였고, 사우디왕국-시리아공화국 관계는 비교적 원만하였다.

그런데 1950년대부터 1960년대 냉전시대에 시리아와 이집트에서 쿠데타로 인한 군부의 집권과 사회주의 정책 등으로 소련-이집트-시리아 동맹관계가 수립되고, 1958년 2월 나세르 대통령(재임 : 1956~1970)이 이끄는 이집트와 시리아 대통령 쿠와틀리(재임 : 1943~1949, 1955~1958)가 '아랍연합공화국(대통령 : 나세르, 재임 : 1958~1961)'을 창설함으로써, 사우디와 시리아 관계는 악화되었다. 결국 1961년 9월 사우디는 시리아 군

• 1958년 2월 이집트 대통령 나세르와 시리아 대통령 쿠와틀리의 '아랍연합공화국' 창설협정
(출처 : https://en.wikipedia.org/wiki/United_Arab_Republic#/media/File:NasserQuwatliUAR.jpg)

부쿠데타를 후원하여 '아랍연합공화국'을 해체하였다. 그러나 1963년 강력한 사회주의자 바쓰당이 다시 시리아 정권을 장악하면서, 사우디와 시리아관계는 한층 악화되었다. 세계적인 냉전 체제하에서 미국의 동맹인 사우디와 소련의 동맹인 시리아는 서로 경쟁자였다.

그러나 중동에서 냉전체제의 한 축을 담당했던 이집트 대통령 나세르가 사망한 2개월 후, 1970년 11월 쿠데타로 권력을 장악한 하페즈 아사드(현 대통령 바샤르의 아버지, 1970~2000.6)는 사우디와의 관계개선을 위해 노력했다. 1971년 말에, 사우디 파이잘 왕(재위 : 1964~1975)은 시리아에게 2억 달러의 경제 원조를 제의하였고, 1972년 4월에 양국은 경제 원조를 포함하는 경제무역 협정을 체결하였다. 1973년 8월 하페즈 아사드는 리야드를 방문하였고, 답방으로 1974년 사우디 파이잘 왕은 다마스쿠스를 방문하였다. 1981년 12월 22일 하페즈 아사드는 리야드를 다시 방문하였으며, 1982년 왕위에 오른 파흐드(재위 : 1982~2005)와 재임기간 내내 비교적 우호적인 관계를 유지해온 것으로 알려졌다.

이와 같이 현실 정치영역에서 아사드정권이 사우디의 와하비파가 반대하는 알라위파라는 것은 사우디에게 문제가 되지 않았다. 사우디에게 문제가 되는 것은 시리아 정권이 사우디의 역내 패권을 위협할 수 있는지 여부다.

■ 1990년 걸프전-2010년 : 미국-쿠웨이트-사우디-시리아 동맹

1990~1995년 사이에 시리아 수출품의 구매력은 50% 감소하였다. 석유수출 국가에서 대부분 노동자로 일하는 시리아노동자들의 송금은 1979년에는 9억 1백만 달

러였으나, 1990년에는 3억 7천 5백만 달러로 줄어들어서 시리아 경제가 매우 어려웠다.

이런 상황에서 1990년 8월 이라크 사담 후세인이 쿠웨이트를 침공하고, 사우디를 공격하였다. 이 때 미국은 사담 후세인을 타격하기 위하여 국제연대를 조직하였다. 시리아는 사우디를 방어하고, 쿠웨이트를 해방시킨다는 명분을 내세운 이 국제연대에 참가하였다. 그 대가로, 시리아는 쿠웨이트와 사우디로부터 거의 22~26억 달러 원조를 받은 것으로 알려졌다. 이 원조는 당시 막대한 재정난에 시달리던 시리아에 커다란 도움을 주었다.

한 걸음 더 나아가 1991년 2월 사우디-시리아 사이에 공동 경제 위원회가 창설되어 양국 사이의 경제 협력을 촉진시켰다. 이와 함께 아사드 정부는 1991년 5월 투자법을 만들어, 외국인 투자를 자극하는 시리아 경제자유화 정책을 추진하였다. 이 때 대부분의 투자자들은 걸프왕국들이었다. 이러한 정책에 따라 1990년대 초 시리아는 7% 이상 경제성장을 성취하였다.

시리아정부는 소련이 해체되자 곧이어 미국동맹으로 들어가면서 경제위기를 타개하였고, 아사드 정부가 사회주의 성향의 정치이념이나 알라위파라는 종교-종파이념을 초월하여 최대한 정권의 이익을 추구하는 실용적인 정치 행위자라는 것을 드러냈다.

2000년 10월 아버지 하페즈 아사드(재임 : 1971.3~2000.6)를 이어 대통령이 된 바샤르 알 아사드(재임 : 2000.7~현재)는 사우디를 방문하여 파흐드 왕을 만났다. 이것은 이집트 방문에 이은 두 번째 국가 방문이었으며, 이란 방문보다 앞섰다. 이것은 바샤르가 아버지의 뒤를 이어 사우디와 우호적인 관계를 유지하려고 노력했음을 말해준다.

2009년 9월 바샤르 아사드는 리야드를 방문하였다. 한 달 뒤인 2009년 10월 사우디 압둘라왕(재위 : 2005~현재)은 다마스쿠스로 바샤르 아사드를 답방하였다. 2010년 1월 바샤르 아사드가 사우디를 재차 방문하였다.

2010년 3월 사우디 상공회의소 사무총장인 파흐드 알 술탄은 다마스쿠스에서 개최된 '11차 시리아-사우디 공동 위원회 및 비즈니스 포럼'에서 사우디아라비아와 시리아 간의 경제협력자로서의 중요성을 다음과 같이 강조하였다. "사우디는 시리아에 10억 달러를 투자함으로써 가장 큰 투자자다. 시리아는 5억 9천 8백만 달러의 투자로 사우디에서 21번째 투자자다. 시리아는 사우디에 총 18억 달러의 가치가 있는 631개의 프로젝트와 연루되어 있다." 이 포럼에서 시리아-사우디 비즈니스 위원회장인 오마르 사우라는 시리아에서의 사우디 빈라덴 그룹의 경험과 성공담을 예로 들면서, 시리아에서 예상되는 투자 분위기로 인하여 사우디 투자자들과 사업가들에게 기획된 프로젝트에 투자하도록 촉구하였다.

1990년 걸프전 이후 사우디-시리아 관계는 본고에서 생략한 2005년 사우디 국적 자이며, 레바논 전임 총리였던 라피끄 하리리 암살사건 및 2006년 이스라엘-헤즈볼라 전쟁과 관련된 단기적인 일진일퇴가 있었지만, 대체로 매우 우호적이었다.

■ 사우디의 역내 패권에 도전한 시리아 : 위기에 처한 아사드 정권

그런데 2011년 이후 사우디가 반정부군을 후원하고, 사우디-시리아 관계가 급격하게 악화된 원인은 무엇인가? 다음 사건은 시리아가 사우디의 정치경제적 이해관계와 역내 패권에 도전함으로써, 사우디-시리아 관계에 반전을 초래한 가장 중요한 예다.

2011년 7월 25일 시리아, 이라크, 이란 석유장관들이 이란에서 회의를 갖고, 100억 달러의 건설비용으로 [이란-이라크-시리아-레바논-지중해]를 통과하여 유럽으로 가는 자칭 '우정의 가스 파이프라인 건설(서구에서는 '이슬람 가스 파이프라인'이라 부름)'을 위한 기본협정을 체결하였다. 시리아 내전이 격화되지 않았다면, 2015년 유럽에 천연가스 공급을 목표로 한 이 파이프라인 건설계획은 2014년 11월 현재 거의 완성단계에 이르렀을 것이다. 그러나 시리아 내전으로 이 사업은 거의 무산된 것으로 보인다.

2011년 시작된 '우정의 가스 파이프라인 건설'은 2009년부터 이미 가동 중인 '아랍 가스 파이프라인[이집트-요르단-시리아-레바논]'과 함께 시리아를 석유가스 파이프라인의 교차로이자 중심지로 만들 것으로 예상되었다. 게다가 2010년 시리아가 막대한 석유가스 유전을 보유한 것으로 밝혀졌다. 이제 시리아는 아랍연합 공화국 (1958~1961) 못지않게 사우디의 역내 패권을 위협하는 막강한 정치 경제 행위자로 등

장할 것 같았다. 이것이 사우디가 시리아 반정부군을 후원하는 중요한 이유 중 하나다.

Ⅴ. 사우디와 이란 : 긴장이냐, 협력이냐?

■ '긴장이냐, 협력이냐' 선택의 기준은 ?

이란 대통령 하산 로하니는 2014년 12월 10일_(수) 세계 석유 가격의 가파른 하락은 '배신'의 결과라며, 생산 감축을 반대한 역내 경쟁자 사우디를 비난했다. 이란과 사우디는 석유가격을 둘러싸고 냉전체제에 돌입하였다.

사우디의 저유가정책은 시리아를 비롯한 역내의 급격한 정치변동에서 이란의 영향력을 억제하기 위한 수단이다. 이란은 시리아정부군을 후원하고 있으며, 사우디는 반정부군을 후원해왔다.

역사적으로 사우디/이란은 역내의 급격한 정치변동에 따라 '긴장과 협력'을 전략적으로 선택해왔다. 그 선택 기준의 정권유지와 강화다. 따라서 심각한 긴장시기에도, 사우디/이란은 상호 치명적인 손상을 입힐 수 있는 양국 간 전쟁상태에는 돌입하지 않았다.

■ 사우디/이란의 관계

사우디왕국은 사우드왕가 세습체제를 유지한다. 1979년 4월 이슬람혁명으로 창설된 이란 이슬람공화국도 혁명초기에 형성된 지도부가 바꾸지 않고 현재까지 연속성을 유지해 왔다.

강경파로 알려진 이란 최고지도자 하메네이는, 전설적인 이슬람혁명 지도자 호메이니 사후 현재까지, 최고지도자 직위를 유지하고 있다. 매우 온건한 정치인으로 알려진 현재 대통령 로하니 조차도 이슬람 혁명이후 현재까지 권력의 핵심에 있었다.

로하니는 1980~1988년까지 국방위원회위원장, 1989~2005년까지 최고국가안전보장회의 사무총장을 지냈다.

이러한 사우디/이란지도부는 역내 급격한 정치변동에 따라 '긴장과 협력을 전략적'으로 선택해 왔다. 사우디/이란은 이라크/이란 전쟁기간(1980년대) 동안은 긴장을 유지해왔다. 그러나 이라크가 쿠웨이트와 사우디를 공격한 1990년 이후부터, 사우디와 이란은 이란 핵개발문제 등에서 단기적인 일진일퇴가 있었지만, 최근 시리아 내전 발발 이전까지는 대체로 협력관계를 유지해왔다.

표 6 _ 사우디왕국/이란 이슬람공화국 관계

사우디/ 이란관계	이란 지도부			사우디 왕&총리	
	재임기간	대통령	최고지도자	재위기간	
긴장	1980~1981	세야드 바니사르	루홀라 호메이니	1975~1982	칼리드 이븐 사우드
	1981~1981	무함마드 라자이			
	1981~1989	알리 하메네이			
협력	1989~1997	하시미 라프산자니	알리 하메네이	1982~2005	파흐드 이븐 사우드
	1997~2005	무함마드 하타미			
	2005~2013.08	마흐무드 아마디네자드		2005~2015	압둘라 이븐 사우드
긴장	2013.08~현재	하산 로하니		2015~현재	살만 이븐 사우드

■ 1980년대 사우디/이란 긴장관계 : 사우디의 이라크 전쟁 지원

1980년대는 사우디/이란 상호관계에서 최고로 긴장된 시기였다. 1979년 4월 이란 이슬람혁명의 성공은 사우디를 포함한 이웃 아랍 걸프왕국들에게 심각한 정치적 불안정성을 유발했다. 특히 사우디 동부지역에서는 1979년 11월, 1980년 2월 시아파가 주도하는 폭동이 발생했고, 게다가 수니파 살라피 급진주의자들이 사우드 왕가의 전복을 요구하면서, 메카의 그랜드 모스크를 1979년 11월 20일부터 12월 4일까지 2주일 정도 점령하였다. 이처럼 왕정을 전복시킨 이란 이슬람혁명의 영향력은 시아파에게만 국한된 것이 아니었다.

이란 이슬람혁명의 열기가 걸프지역으로 확산되는 가운데, 사회주의자 바쓰당이

통치하는 이라크도 예외는 아닌 듯이 보였다. 1980년 9월 이라크 대통령 사담 후세인(재임 : 1979.7~2003.4)이 이란을 전격 침공함으로써, 결국 이란 이슬람혁명의 역내 확산을 차단시킨 이라크-이란 전쟁(1980.9.22~1988.8.20)이 시작되었다.

이라크-이란 전쟁에서 사우디는 정치적으로, 경제적으로 이라크를 지원하였다. 사담 후세인은 "사우디가 이라크정부에게 300억 달러를 빌려주었고, 군사용으로 사우디 공항과 항구를 사용하도록 허락하였다."고 밝혔다. 게다가 사우디는 중립지역에서 이라크정부에게 매일 28만 배럴의 석유를 팔았다.

1980년대 중반 사우디는 이란 석유세입을 타격할 목적으로 석유 생산량을 확대함으로써, 국제 석유가격을 떨어뜨렸다. 게다가 노르웨이, 영국, 미국과 같은 새로운 석유 생산자들이 출현하였고, 세계 석유수요 감소로 세계 석유가격이 하락하였으며, OPEC의 점유율은 50%에서 29%로 떨어졌다.

사우디의 이란 석유세입 타격정책이 성공함으로써, 이란은 경제적 정치적으로 고립되었고, 사우디는 석유부로부터 나오는 기부금으로 무슬림 세계, 특히 아랍 세계에서 가장 영향력 있는 행위자가 되었다.

■ 1990년대 사우디/이란 화해 : 이라크의 쿠웨이트 · 사우디 침공

1988년 8월 특별한 성과 없이 끝난 8년간의 이라크/이란 전쟁에서 사담 후세인은 막대한 전쟁부채를 떠안게 되었다. 1990년 8월 사담 후세인이 쿠웨이트를 침공하여 합병한 주요한 동기 중 하나는 이라크/이란 전쟁 부채 등으로 인한 '경제적인 압박'이 주요한 원인이었다.

이라크/이란 전쟁에서 이라크의 주요한 후원자였던 사우디와 쿠웨이트는 사담 후세인이 요구하는 전쟁 빚, 약 500억 달러 탕감을 거부하였다. 게다가 1980년대 중반이후 사우디의 저유가 정책으로 석유가격은 13~19달러에 불과했다. 이러한 사우디의 저유가 정책은 이라크를 더욱 곤경으로 몰아넣었다.

경제적인 압박을 타개하기 위하여, 마침내 1990년 8월 2일 사담 후세인은 군대 15만 명과 2천대의 탱크로 쿠웨이트를 공격하였다. 8월 6일 이라크는 쿠웨이트를

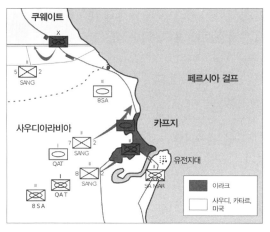

• 1991년 1월 29일~2월 1일 카프지 전투(https://en.wikipedia.org/wiki/Battle_of_Khafji#/media/File:Battle_of_Khafji_1991.svg)

합병함으로써 OPEC 생산량의 20%와, 세계 석유 매장량의 25%를 통제할 수 있었다. 이로써 사담 후세인은 페르시아 걸프에서 가장 우세한 패권자가 될 것 같았다.

더욱이 이라크가 사우디 주요 유전지대인 동부지역 내 '알 하사(사우디 원유의 60% 생산)까지 깊숙이 쳐들어 올 것'이라는 정보가 바그다드에서 나왔다. 이 때, 사우디 파흐드왕은 미국에 군사적인 도움을 요청하였다. 이에 따라 1991년 1월 17일 미국은 40만 명의 군대를 사우디에 파병하였고, 미국과 영국 전투기들이 이라크 군대를 폭격하기 시작했다. 이 전투 과정에서 이라크가 사우디국경을 넘어 주요 유전지대인 동부지역 카프지를 공격하여 1991년 1월 29일~2월 1일까지 이틀간 점령하였다. 카프지 전투는 이 전쟁에서 최고 정점이었다. 2월 23일 지상작전이 시작되었고, 2월 27일 이라크가 패배함으로써 100시간 만에 종결되었다. 이 전쟁에서 지역 강국 이라크는 이란을 대체하면서 사우디를 비롯한 걸프왕국들의 안보와 통합에 대한 커다란 위협세력임을 과시하였다.

이 상황에서 사우디와 걸프왕국들은 이란을 이라크에 대한 대항마로서 적극 수용하였다. 동시에 사우디는 이라크를 두려워하였고, 이란과의 협상에 적극 나섰다. 파흐드왕은 이란에게 "개인적으로 이라크가 이란을 침공하는 것을 만류하기 위하여 노력했고, 이라크/이란 전쟁 기간 동안에 사우디가 이라크에 협력한 행위를 일탈"이라고 주장했다. 사우디 지도부는 "이라크/이란 전쟁에서 사우디의 이라크지원은 이란침공을 겨냥한 것이 아니었다. 우리는 대안이 없었다. 우리는 스스로 보호해만 했다."고 덧붙였다. 이란보다도 사우디가 더욱 적극적으로 '사우디/이란 관계개선'을 원한 것으로 보인다.

이와 같이 이란과의 관계 개선을 위하여 사우디는 8년 전쟁 동안에 이라크 정부에 대한 막대한 지원을 합리화시키려고 노력했다. 게다가 사우디는 1980년대 초반에 반정부 시위를 빌미로 추방하였던 동부지역 시아파 이슬람지도자들을 귀환시켰다.

이에 답하여, 이란의 외무 장관은 이라크의 쿠웨이트 합병을 비난하는 성명을 발표하였다. 이 비난에서, "이라크의 쿠웨이트 합병 조치는 한 국가가 자신의 운명을 결정할 권리를 위반하는 것"이라고 주장했다.

이와 같이 새로 부상한 '치명적인 공동의 적' 이라크에 맞서, 이란과 사우디는 상호관계를 발전시켰다. 이라크의 쿠웨이트와 사우디 침공은 이란과 사우디 사이에서 긴장완화를 초래했고, 이란 지도자들은 "내 적의 적은 내 친구다"라는 슬로건을 따르기 시작했다. 따라서 이 걸프위기 종식 직후, 사우디/이란은 관계를 정상화하였다. 마침내 2001년 사우디/이란은 안보협력 협정을 체결하였다. 이 협정은 2001년 4월 18일 테헤란에서, 이란 내무장관 호자톨레슬람와 사우디 내무장관 나이프 왕자 사이에서 체결되었다. 이 협정은 양국 역사상 전례가 없는 사건이었다. 이러한 두 국가의 관계는 시리아내전 발발 직전까지 대체로 유지되었다.

■ 사우디/이란 긴장관계 복귀

그런데 시리아 내전을 기점으로 사우디/이란은 다시 긴장상태에 돌입하였다. 2014년 10월 14일 사우디외무장관 사우드 빈 파이잘은 "이란은 시리아에서 오래된 점령 세력이다. 만약 이란이 문제해결을 원한다면, 시리아로부터 군대를 철수해야하며, 똑 같은 원칙이 예멘과 이라크에도 적용된다."고 주장했다. 이에 대응하여, 이란 외무차관 호세인 아미르 압둘라히안은 바레인에서의 사우디 역할을 비난했다.

사우디왕국/이란 이슬람공화국은 1979년 이란 이슬람혁명 성공이후 1980년대까지 긴장관계를 선택하였고, 1990년 이라크가 쿠웨이트와 사우디 침공이후 2011년 시리아 내전 발발 이전까지는 비교적 원만한 협력관계를 선택했다. 현재 시리아지역 지배권을 놓고 사우디/이란은 다시 맞서고 있다.

Ⅵ. 사우디 왕가와 미국의 군사동맹[*]

■ 석유판매와 무기구입 급증

사우디아라비아는 중동에서 가장 큰 미국의 무역 상대국이다. 2011년 미국 국제무역부(U.S. International Trade Administration)에 따르면, 사우디아라비아의 미국수출은 475억 달러였고, 무기를 제외한 미국의 사우디아라비아 수출은 138억 달러였다. 미국-사우디 무역의 대부분은 사우디아라비아로부터 석유의 수입과 미국의 무기, 기계, 자동차 수출로 인한 것이다.

2012년 사우디아라비아는 세계 최대의 석유생산 국가였고, 석유수출 총량 중 16%를 미국으로 수출했으며, 이것은 미국 총수입량 중 13%를 차지했다. 더욱이 미국은 사우디아라비아가 통제하는 OPEC 국가들로부터 총수입량 중 40%를 수입했다.[31] 결국 사우디아라비아는 미국 총 석유수입량 중 40%(순 수입량 중 55%)에 대한 영향력을 행사하는 것이다. 따라서 미국의 석유시장에 대한 사우디아라비아의 영향력은 매우 크다.

게다가 막대한 석유수익을 가진 사우디는 미국의 최대 무기판매 시장이다. 다음 표에서 보는 바와 같이 2008~2011년 사우디는 전 세계 대상 미국 무기판매의 40.35%를 차지했으며, 중동국가들에 대한 미국 무기판매는 전 세계판매 대비 81.40%를 차지했다.

구체적으로 2010년에 전 세계를 대상으로 한 미국의 총 무기판매 계약 총액은 214억 달러(전 세계 무기거래 총액 445억 달러)였으나, 2011년에는 약 663억 달러(전 세계 무기거래 총액 약 853억 달러)로 급증하였다. 2011년 미국 무기판매가 전년도 대비 3배 이상 증가함으로써 미국 무기 수출 역사상 최고 판매액을 기록했으며, 2011년 미국 무기판매액은 전 세계 무기 판매액의 77.7%를 차지했다.

----

* 이 글은 『한국이슬람학회논총』 제24-2호, 한국이슬람학회, 2014, 296~307쪽에 게재되었음.

표 7 _ 2008~2011년 미국의 무기판매 협정 (단위 : 백만US$)

중동	91,974 (81.40%)	사우디	45,600	40.35(%)
		UAE	14,300	12.65(%)
		이집트	7,400	6.54(%)
		이스라엘	5,900	5.22(%)
		이라크	4,800	4.24(%)
		기타	13,974	12.36(%)
아프리카	296			0.26(%)
라틴아메리카	2,590			2.29(%)
아시아	18,127			16.04(%)
전체	112,987			100.00(%)
이 통계는 미국 군사원조 프로그램, 국제 군사교육 · 훈련 프로그램과 관련된 무기판매는 제외				

이러한 2011년 미국 무기 판매 급증에는 사우디가 커다란 기여를 했다. 2011년에 사우디는 337억 달러 무기수입 계약을 체결함으로써, 세계 1위의 무기수입국이 되었으며, 이중 미국과 334억 달러(99%) 수입 계약을 체결하였다. 이로써 미국이 전 세계를 대상으로 한 무기판매에서 사우디아라비아가 차지하는 비중은 50%를 넘어섰다. 이 액수는 2010년에 미국이 전 세계에 무기를 판매한 총 액 214억 달러보다도 120억 달러 정도 많다. 2011년 아랍민주화시위(아랍의 봄)가 격화되면서, 사우디아라비아에 대한 미국의 무기판매가 급증했다는 것을 주목할 필요가 있다.

그런데 위 통계 숫자는 미국 군사원조 프로그램(US. Military Assistance Program) 및 국제 군사교육과 훈련 프로그램(US. International Military Education and Training)과 관련된 무기판매는 제외된 것이다. 즉, 다음 절에서 밝힐 '사우디 왕국정규군(Royal Saudi Forces, RSF)'을 훈련시키는 '미군 훈련사절단(US Military Training Mission, US MTM)'과 '사우디 국가방위군(Saudi Arabian National Guard, SANG)'을 훈련시키는 '사우디 국가방위군 현대화 프로그램(the Program Manager–SANG Modernization Program)'과 관련된 미국의 사우디 무기판매(+α)는 이 통계에 포함되지 않았다. 따라서 미국의 사우디 무기판매 총량은 위에서 밝힌 수치를 훨씬 넘을 가능성이 있고, 필자가 접할 수 있는 통계에서는 드러나지 않는다.

2010년 10월 미 국무부는 의회에 미국 역사상 최대 규모인 600억 달러가 넘는 F-15전투기 수십 대, 헬리콥터 및 관련 장비와 서비스를 사우디아라비아에 판매할 계획을 보고하였다. 이 무기판매에 대한 의회 승인을 얻기 위하여, 2010년 11월 16일 국무장관 힐러리 클린턴과 국방장관 로버트 게이트가 의회 외무부 분과 의장이 었던 하워드 베르만에게 다음과 같은 편지를 보냈다.

〈무기판매에 관하여 국무장관과 국방장관이 의회 보낸 편지〉
1. 이번 무기판매는 걸프 지역에서 미국의 전략과 외교정책 분야 이익 증진
2. 이번 무기판매는 사우디-미국 간 긴밀한 안보협력관계를 유지한 60년 전통을 잇는 것. 60년 동안, 미국-사우디 안보협력은 중동 지역에서 제일 중요한 안보 축
3. 이번 무기 판매는 사우디 군과 미군의 연동성 강화, 사우디의 대테러 능력 향상, 역내 불안정성을 포함하는 이란의 위협에 대처하기 위한 것

현재 이 무기판매 계획에 따라, 미국-사우디는 계약을 체결하는 중이다. 결국, 미국-사우디 관계를 유지하는 핵심 기둥은 '석유지배와 무기판매'로 볼 수 있으며, '무기판매'는 '사우디 왕국 보호'를 의미하는 '걸프지역 안보 확보'라는 명분으로 합리화된다. 최근 아랍 민주화시위는 '사우디 절대왕정 체제를 위협'하는 것으로 '사우디 왕국 안보의 필요성'으로 직결되며, 이러한 안보의 필요성은 '미국 무기 시장의 확대'를 이끌어 냈다. 이로써 아랍민주화 시위와 사우디 체제 불안정성을 통한 최대의 경제적 수혜자는 '사우디 왕국의 안보를 책임지는 미국'인 셈이다.

■ 미군사교육 프로그램/사우디 정규군, 국가방위군 : 수다이리파와 압둘라 왕

〈사우디-미국 군사 기술 교육 협력〉
미국은 '사우디 왕국정규군', '사우디 국가방위군', '내무부'에게 각각 무기와 장비, 군사기술과 훈련 지원
ㅇ 1953년부터 '미군 훈련사절단'이 '사우디 왕국정규군' 지원
ㅇ 1973년부터 '사우디 국가방위군현대화 프로그램 관리소'가 '사우디 국가방위군' 지원
ㅇ 2008년부터 '미국-사우디 기술협력 협정'으로 '사우디 내무부' 지원

'국방부'와 '내무부'는 1962년부터 현재까지 수다이리파가 장악하고 있으며, '사우디 국가방위군'은 1963년부터 현재까지 2005년에 왕위에 오른 압둘라가 장악하고 있다.

미국은 이러한 사우디 왕가 내 경쟁적인 군대를 각각 현대장비 갖춘 군대로서 기능하도록 무기와 장비를 지원했을 뿐만 아니라, 체계적으로 군사기술을 훈련시키면서 경쟁적인 관계를 유지하도록 만들었다.

• 2015년 사우디 왕국 방위 체제

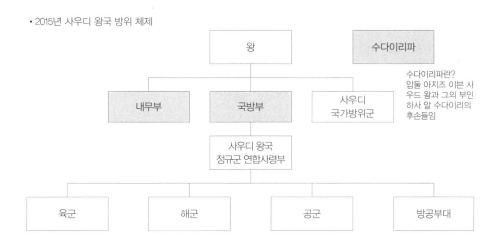

2011년 IHS 제인 센티넬 국가위험평가(IHS Jane's Sentinel Country Risk Assessments)에 따르면, '사우디 왕국정규군'은 총 12만 4천 5백 명으로, 육군 7만 5천 명, 해군 1만 5천 5백 명, 공군 1만 8천 명, 방공부대 1만 6천 명으로 구성된다. '사우디 국가방위군'은 총 10만 명으로, 기동부대 7만 5천 명, 예비군(부족 부대) 2만 5천 명으로 구성된다.

'사우디 왕국정규군'은 주로 국방부 장관의 지휘를 받는다. 2011년 10월에 사망한 수다이리파 출신의 왕세제 술탄이 1962년부터 2011년까지 국방부(국방항공부) 장관으로서 사우디 왕국정규군을 지휘했고, 그의 친형제인 압둘 라흐만이 1978~2011년 11월까지 국방부(국방항공부) 차관을 지냈고, 술탄의 큰 아들인 칼리드가 2001년에 국방부(국방항공부) 군대업무 차관보로 임명되었다. 술탄의 뒤를 이어 2011년 11월에 수다이리파 살만이 국방부장관에 임명되었으며, 왕령으로 국방항공부를 국방부와 항공부로 분리시켰다. 이것은 국방부장관이 운영할 수 있는 자금이 줄어들었다는 것을 의미한다. 국방부장관은 수백억 달러의 무기구입 자금을 운영함으로써 주요한 무기 수입국인 미국과의 관계를 공고히 할 수 있다.

1982년 왕위에 올라 수다이리 파벌을 강화시킨 파흐드가 1962~1975년까지 내무부장관으로서 '내무부'를 지휘하였고, 파흐드의 친동생인 나이프가 1975~2012년까지 장기간 내무부 장관을 역임하였으며, 2012년 나이프 사망 이후, 나이프의 아들인 무함마드가 내무부 장관으로서 '내무부'를 지휘하고 있다. 내무부도 역시 미국과 독자적으로 치안유지를 위한 협정을 체결하고 갱신함으로써 미국과의 관계를 강화한다.

반면, 압둘라가 지휘하는 '사우디 국가방위군'은 사우디 왕국 방위체제 내에서 수다이리파의 지배권에 대한 평형추 역할을 해왔다. '사우디 국가방위군'은 1963년부터 2010년까지 압둘라 국가방위군사령관의 지휘를 받았다. 압둘라는 2005년 왕위에 오른 이후에도 5년 동안 이 직위를 유지했다. 2010년부터는 압둘라 왕의 아들인 무타입이 '사우디 국가방위군'을 지휘한다. 2013년 5월 27일, 왕 압둘라는 무타입의 국가방위군사령관 직위를 국가방위군장관이라는 새로운 직위로 격상시켰다. 무타입 왕자의 직위 격상은 왕령에 의한 것이며, 정부의 더 많은 예산 배정과 지원을 받는다. 이러한 조치는 왕위계승 문제에 직면한 시점에서 왕가 내에서 무타입의 역할을 강화하기 위한 것이었다.

1. '사우디 왕국정규군' 훈련과 '미군 훈련사절단'

1951년 사우디 왕국과 미국은 상호 방위 협정(a mutual defense agreement)을 체결하였다. 이 협정의 후속 조치로, 사우디 왕국과 미국은 1953년에 사우디 왕국에 영구 주둔하는 '미군 훈련사절단'을 창설하고, 사우디 왕국 군대에게 무기 사용법과 다른 보안 장비 서비스를 훈련시키는데 동의하였다. 미국 공병대는 사우디 왕국에서 군대시설 건설을 도왔다. 이 협정은 장기적인 안보협력 관계로 이끄는 토대가 되었다.

〈미군 훈련사절단〉
1. 미군과 사우디 국방항공부의 주요한 연락 기구
2. '미군 훈련사절단'의 지휘관은 사우디아라비아 파견 미 국방부 대표가 맡음
3. 사우디 왕국과 미국 사이의 전략적 동반자 관계를 유지시키고 강화시킴
4. 사우디 군대를 훈련시키고, 자문하고, 안보지원
5. '미군 훈련사절단' 안에는 6개의 사단이 있으며, 각 사단은 다음과 같은 담당 부문이 있음 : 공동 자문 사단→국방 항공부 담당, 육군 사단→사우디 육군 담당, 해군 사단→사우디 해군 담당, 공군 사단→사우디 공군 담당, 해병대 사단→사우디 해병대 담당, 방공사단→사우디 방공사단 담당

'미군 훈련사절단'은 1953년 6월 27일에 공식적으로 창설되었으며, 사우디-미국 사이의 군사적인 관계의 근본적인 부분으로 존재한다. 미국 군사 훈련 사절단은 미국 정부와 사우디아라비아 왕국 사이에서 무기, 군사 장비, 국방서비스, 군사 훈련 등 포괄적인 판매와 관련된 안보 지원조직이다.

'미군 훈련사절단'은 합동 훈련단이고, 미국 중앙사령부(CENTCOM)의 명령을 받아 임무를 수행한다. 미국 중앙 사령부는 플로리다 공군 기지에 본부를 두었다. '미국 군사 훈련사절단'의 사령관은 사우디아라비아 주재 고위급 미국 국방부 대표로서 임명되었고, 사우디 내 다른 국방부 기구들을 조직할 수 있는 권위를 부여받았다. '미군 훈련사절단'의 사령관은 사우디아라비아 주재 미국 대사의 일반적인 지휘아래서 업무를 수행한다.

2. '사우디 국가방위군'과 '사우디 국가방위군 현대화 프로그램'

1973년 '사우디 국가방위군' 사령관 압둘라와 주 사우디 미국대사는 '사우디 국가방위군 현대화 프로그램 관리소(the Office of the Program Manager–Saudi Arabian National Guard Modernization Program, OPM–SANG)' 창립 협정을 체결하였다. 이 프로그램 관리소의 임무는 '사우디 국가방위군'을 현대화시키고, 미국의 이익과 사우디아라비아와 필수적인(vital) 관계를 강화시키기 위한 것이다. 이 프로그램 관리소는 미 육군 휘하에 있는 미군물자사령부(the U.S. Army Materiel Command)의 지휘를 받는다.

　　'사우디 국가방위군 현대화 프로그램 관리소'는 1975년 2월 사설 미국 회사인 비넬회사(Vinnell Corp)와 7천 7백만 달러 수주 계약을 체결하면서, 비넬 회사에게 '사우디 국가방위군 현대화 프로그램' 중 훈련 부문을 위탁하였다. 1980년대까지는 비넬 회사가 1천 명 이상의 베트남 참전 용사들을 고용하여 독점적으로 '사우디 국가방위군'을 재조직하고 훈련시켰다.

　　1990년대 '사우디 국가방위군'은 걸프전과 사막의 폭풍작전을 잘 수행함으로써, 내부 안보뿐만 아니라 왕국 전체의 방어에서 없어서는 안 될 존재라는 것을 증명하였다. 1998년에 비넬회사와 체결한 5년 계약은 8억 3천 1백만 달러였으며, 280명의 미국 정부 직원과 1,400명의 비넬 회사 직원을 포함하였다. 이 프로그램은 필요하다면, '사우디 국가방위군'을 기동력을 갖춘 고강도의 특수작전 부대로 변화시킬 수 있도록 고안되었다.

　　'사우디 국가방위군'은 '사우디 국가방위군 현대화 프로그램 관리소'와 리야드 본부 건물을 공유한다. 이 건물은 사우디 정부와 미국 정부 사이의 중요한 연결 고리이며, 1995년에 11월 13일에는 '사우디 국가방위군 현대화 프로그램'에 반대하는 알카에다의 공격을 받아 미국인 5명이 사망하였다. 2003년 5월에는 리야드에서 비넬 회사를 겨냥한 한 알카에다의 공격으로 비넬 회사 직원 9명이 사망하였다. 알카에다는 '사우디 국가방위군'과 비넬 회사의 협력관계를 반대한다.

3. '사우디 내무부'와 '미국-사우디 기술협력 협정'

1) 2008년 '미국-사우디 기술협력 협정'

'미국-사우디 기술협력 협정(TECHNICAL COOPERATION AGREEMENT BETWEEN THE UNITED STATES OF AMERICA AND THE KINGDOM OF SAUDI ARABIA)'은 2008년 5월 16일 미국무장관 콘돌리자 라이스와 사우디 내무장관 나이프 빈 압둘 아지즈가 체결한 협정이다.

이 협정은 중요한 기반 시설 보호, 치안 유지, 국경 보호, 민방위 능력, 해안 수비, 해상 수비 능력을 향상시키기 위하여, 미국의 전문 지식, 조언, 기술과 자원을 사우디아라비아 왕국으로 전수하기 위한 것이다.

〈미국-사우디 기술협력 협정〉
1. 미국은 사우디아라비아의 중요한 기간 시설 보호, 치안, 국경 보호, 민방위 능력, 해안과 해상 수비능력을 향상시키기 위해서 기술 원조를 포함하는 물자 및 용역을 사우디아라비아 내무부에 판매. 차후에 각 프로젝트 협정에서 제공되는 기술 원조는 조언, 훈련, 장비 등을 포함.
2. 사우디가 미국에 미리 예치한 기금에 대한 미국의 모든 지원은 차후에 각 프로젝트 협정에 따라 수행될 것임. 사우디는 개별 프로젝트 협정에 따라 미국이 사용한 비용, 제공한 장비와 서비스에 대한 모든 비용을 지불. 단 미국정부가 직접 고용한 직원들에 대한 모든 비용을 미국이 지급.
3. 미국 재무부에 사우디가 달러 지출 계좌 개설. 사우디는 지출 개설 계좌에 합의한 프로젝트에 대하여 미국이 요구한 기금 예치. 미국은 합의한 금액을 이 계좌에서 인출. 이 협정 종료 시, 이 계좌에서 모든 비용이 지불되고 남은 기금이 있으면, 그 기금은 사우디로 반환됨.
4. 프로그램을 발전시키고 감독할 〈기반시설과 국경안보 공동위원회〉 창설.
5. 사우디는 물자 및 서비스 결과로서 발생할 수도 있는 미국, 미국 고용인, 하청업자들에 반대하는 요구를 하지 않음.
6. 미국이 제공하는 지원은 미국법과 규정에 따름.
7. 이 협정의 유효 기간은 5년임.

이와 같은 '미국-사우디 기술협력 협정'은 근본적으로 훈련과 사우디의 기반시설, 국경, 특히 석유 기반시설을 등에 대하여 미국으로부터 직접 도움을 얻기 위한 협정이다. 이 협정의 일부로, 사우디인들은 미국이 훈련시키는 준군사 조직을 포함하는 3만 5천 명의 군대를 발전시키고 있다. 다른 방위 협정들과는 달리, [미국-사우디 기술협력협정]은 모든 자금을 미리 예치하는 특별 은행계좌개설을 포함한다.

2) 2013년 '미국-사우디 기술협력 협정' 갱신

2013년 1월 16일 무함마드 빈 나이프 내무장관이 미국을 방문하여 힐러리 클린턴과 회동에서, 2008년 조지 W. 부시 시대에 체결된 '미국-사우디 기술협력 협정'을 갱신하였다. 2013년 7월 현재 국무부 웹사이트에 2008년 체결된 '미국-사우디 기술협력 협정'은 게시되었으나, 2013년에 갱신된 내용은 공개되지 않았다.

'미국-사우디 기술협력 협정'에 따라, 미국은 사우디의 중요한 기반 시설과 국경 보호를 지원하려는 노력을 계속하고 있다. 〈기반시설과 국경보호 공동위원회〉는 미국의 국무부, 에너지부, 국방부와 사우디 파트너들과 업무 수행을 위한 협력기구로 역할을 계속하고 있다.

■ 석유 공급자와 무기 구매자의 한계

현재 사우디아라비아 왕국의 창설자 압둘아지즈 이븐 사우드의 아들들과 그의 손자들이 이 왕국의 정치권력과 군대를 장악하고 있다. 특히 수다이리파와 압둘라 왕파가 정치와 군대의 주요 직위를 독점적으로 양분하고 있다. 역내 국가들의 급격한 정치변동과 함께 이러한 권력 구조의 변화를 요구하는 개혁의 목소리가 높아지고 있다. 그러나 왕이 총리를 겸임하고, 왕세제가 제1부총리를 겸임하는 사우디 정치제도에서, 왕가가 스스로 권력을 내놓는 것을 의미하는 실제적인 개혁 조치를 취할 가능성은 없으며, 왕가에 대항하는 반대파를 활성화시킬 수 있는 구심점이 될 만한 내부세력이나 외부 후원자도 아직은 없다.

예상되는 사우디 왕국의 가장 큰 정치적 불안은 수다이리파와 압둘라 왕 파 사이에서 왕위계승권을 놓고 발생하는 권력 투쟁에서 시작될 것처럼 보인다. 이러한 상황에 대비해서 압둘라왕은 아들들의 권력을 강화시키는 반면 수다이리파 왕자들을 요직에서 물러나게 하고 있다. 2010년 압둘라 왕은 둘째 아들 무타입을 국가방위군 장관으로 승격시킴으로써 국가방위군을 장악력을 강화하였고, 2011년에는 셋째아들 압둘아지즈가 외무차관에 임명되면서 외무부장관 사우드 빈 파이잘을 대신해서 업무를 보고 있다. 2013년에는 나즈란을 통치하던 여섯 째 아들 미샬에게 메카통치권을 줌으로써 최고 이슬람성지를 장악하였다. 가장 최근인 2014년 5월 14일 일곱째 아들인 투르키를 사우드가문 구성원 대부분이 거주하는 수도 리야드의 통치자로 임명함으로써 사우드가문 구성원들의 활동을 감시하는 역할을 할 수 있도록 하였다. 반면, 2014년 4월 15일, 5월 14일에 수다이리파 고 술탄왕세제의 두 아들, 반다르와 살만이 차례로 요직에서 물러난 것을 주목할 필요가 있다.

이러한 상황에서 80년 된 동맹인 미국은 수다이리파 편에도 압둘라왕 편에도 설 수 없는 매우 곤란한 입장에 처할 것으로 예상된다. 게다가 최근에는 미국과 이란의 화해 분위기가 사우디와 미국 사이에 긴장을 불러일으키고 있다. 이러한 긴장이 사우디와 이스라엘의 협력관계를 유인하고 있다는 뉴스가 보도되었고, 사우디는 이스라엘이 이란을 공격할 경우, 이스라엘 공군에게 사우디 영공 통과를 허용 등 필요한 모든 협력을 하겠다고 밝혔다.

사우디아라비아의 정치적 불안은 미국을 비롯한 전 세계 석유공급에 막대한 차질을 불러일으켜서 세계 경제에 치명타를 입힐 수도 있다. 국제 에너지 기구(International Energy Agency) 발표에 따르면, 2011년 사우디아라비아는 전 세계 석유 생산량의 12.9%를 생산해서 1위를 차지했고, 러시아 12.7%, 미국 8.6%, 이란이 5.4%, 중국 5.1%로 5위를 차지했다. 사우디왕국에서 급격한 정치 변동으로 인해서 석유 수급에 차질이 발생한다면, 미국은 그 대안을 찾게 될 것이다.

지난 80년 동안 미국은 사우디 왕가의 절대적인 후원자였다. 미국과 사우디관계는 초창기부터 석유로 엮인 관계다. 사우디 왕가는 1931년 미국 사업가 찰스 크레인을 초청하여 사우디왕국의 석유 탐사를 시작하면서 미국과 협력관계를 맺기 시작하였고, 1933년에는 미국 스탠더드 석유 회사에게 60년 동안의 독점적인 석유 채굴권을 주었다. 1951년에 사우디-미국 상호 방위협정을 체결하면서 군사동맹관계로 발전되었다. 더욱이 1973년 이후, 미국이 사우디 국가방위군 현대화 프로그램을 주도하면서, 미국-사우디 군사동맹관계는 더욱 강화되었고, 석유 판매 대금의 많은 부분이 미국 무기 구입에 사용되었다. 미국에게 중요한 것은 사우디왕가 그 자체가 아니라 석유수급과 무기판매 문제.

제3장
국내 정치개혁 요구

Ⅰ. 사우디아라비아의 정치개혁운동과 새로운 정치지도[*]

1990년 걸프전 이후 2014년 현재까지 지속적으로 사우디아라비아 당국이 정치개혁을 요구하는 반체제인사들을 정치범으로 구금하고 있다는 것은 널리 알려진 사실이다. 그런데 사우디 내무부는 정치범이 단 한 명도 존재하지 않는다고 발표한 반면, 영국에 본부를 둔 이슬람 인권위원회(Islamic Human Rights Commission)는 사우디아라비아에 3만 명 정도의 정치범이 존재한다고 발표하였다. 2011년 이후, 아랍전역에서 정치개혁을 요구하는 아랍의 봄 시위가 진행되면서, 사우디아라비아 곳곳의 도시들에서도 정치범석방과 정치개혁을 요구하는 시위와 농성이 발생하였다. 이에 대항하여 사우디 보안대는 2012년 8월 19일 알 하이르(al-Ha'ir) 감옥 수감자들 시위대에게 실탄을 발사하였으며, 정치개혁을 강력하게 요구하는 시아파 중심지인 동부지역 시위대에게도 실탄을 발사하여 2011년 11월부터 2013년 6월까지 18명의 사망사가 발

* 이 글은 『중동연구』 제33권 1호, 한국외국어대학교 중동연구소, 2014, 53~84쪽에 게재되었음.

생하였다.

현재 사우디 왕국은 18세기 중반에 출현한 무함마드 이븐 압둘 와합의 이슬람해석(와하비즘)을 토대로 중동에서 가장 권위주의적인 정치체제를 유지하고 있으며, 역내 다른 국가들에 비해 상대적으로 안정적이었다. 사우디 왕국이 안정적이었던 중요한 이유 중의 하나는 사우디 사회 내에 사우디왕가에 대항하여 반대파를 활성화시킬 수 있는 구심점이 될 만한 강력한 내부세력이 존재하지 않고, 적극적인 외부후원자도 없었다는 데 있다. 이러한 상황은 사우디왕가의 전통적인 분할통치 전략에서 비롯되었다. 예를 들면, 1990년대 강력한 정부 반대파로 부상하던 사흐와 운동(Al-Sahwa, 이슬람각성 운동) 활동가들을 탄압 수감하면서, 동시에 사흐와 운동 대응세력으로 부상할 가능성이 있는 추방시켰던 시아파들을 귀환시켜 사우디왕국 내에서 입지를 만들어 준 것이 바로 종파 사이의 분할을 이용한 통치방식의 대표적인 예다.

사우디왕가는 분할 통치전략의 일환으로, 종교기구를 장악한 살라피-와하비, 사흐와 운동과 같은 온건한 이슬람주의자, 알카에다와 같은 급진 이슬람주의자, 입헌군주제 개혁을 요구하는 온건한 시아파, 사우디왕국 타도를 내세우는 급진적인 시아파, 자유주의자들 사이의 이념적인 논쟁들을 활용하거나 부채질하고, 때로는 탄압함으로써 분절적인 환경을 활성화시켰다. 그러나 현재 이러한 사우디왕국의 전통적인 분할통치전략이 권위주의적인 정권을 유지하는데 더 이상 유효할 것 같지 않다.

2011년 이후 역내의 정치변동과 더불어, 사우디 왕국 내에서도 사흐와 운동, 자유주의자들, 시아파 개혁가들이 정부에게 '인권보장, 입헌군주제, 의회 선거'라는 공통의 개혁을 요구하고 있다. 특히 역사적으로 사흐와 운동가들과 시아파 개혁가들은 국내외의 정치적인 상황 변화에 따라서 각각 전략적으로 사우디왕가와의 관계 설정을 실용적으로 변경했다. 현재 이들 개혁세력들은 모두 사우디왕국이 불가피한 변화의 임계점에 도달했다고 판단하고 있으며, 무수한 희생을 수반하는 혁명적인 변화 대신에 온건한 정치제도개혁을 요구하고 있다. 현재 사흐와 운동(수니파)뿐만 아니라, 자유주의자들, 시아파 등도 '헌법제정, 입헌군주제, 삼권분립'을 포함한 정치제도 개혁요구를 폭 넓게 제기하고 있다.

그런데 2013년 4월 이러한 개혁요구에 반대하여, 사우디아라비아의 와하비 성직자이며, 그랜드 무프티인 셰이크 압둘 아지즈 알 셰이크(직위 : 1999~현재)는[32] 개혁을 요구하는 무슬림형제단과 연계된 사흐와 운동에게 경고하였다. 이것은 무슬림형제단에 대한 비난인 동시에 사흐와 운동 소속 셰이크 살만 알 아우다(Salman al-Awda)의 정치개혁과 정치범 석방요청에 대한 대답이다.

■ 와하비즘 : 결속과 배제의 정치학

1. 사우디왕국의 정체성 만들기

와하비즘은 권위주의적인 사우디왕가의 정권을 창출하고 유지시키는 핵심적인 종교-정치이념으로 작동해왔다. 사우디아라비아는 와하비의 해석(와하비즘)에 따른 종교법에 토대를 둔 사법제도를 운영하고, 교육제도에서 시아파와 수피를 비롯한 다른 이슬람 분파들의 종교적 가르침은 배제된다. 또 시아파들은 정부고위직에서 배제되며, 시아파 다수 지역에서도 학교장이 될 수 없다. 이러한 시아파에 대한 차별정책은 종교적인 문제를 넘어서 국내외적인 정치적인 지배권 문제와 연관된 것으로 보인다. 특히, 시아파 배제의 정치학은 역내에서 이란의 영향력을 격퇴하고, 사우디왕국 내에서 정부에 대한 저항운동을 무력화시키는 두 가지 수준에서 작동하고 있다. 이렇게 와하비즘의 보수적이고 반-시아적인 종교 전통은 내부의 반체제 인사와 외부의 적에게 대항하는 효과적인 정책이다.

역사적으로 중부지역 우야이나(Uyaynah) 출신의 한발리법학파 가문에 속했던 압둘 와합(Muhammad ibn Abdul-Wahhab, 1703~1792)과 리야드 인근 디리야(Diriyah) 오아시스 정착촌의 촌장이던 이븐 사우드(Muhammad bin Saud, ?~1765)가 압둘 와합의 이슬람 해석(와하비즘)을 토대로 강력한 종교 · 정치 동맹을 결성함으로써 아라비아반도 중부지역을 중심으로 제1사우디 왕국(1744~1818)을 건설하였다.[33] 이 중부지역에 기반을 둔 압둘 와합-이븐 사우드 동맹은 오늘날 사우디아라비아왕국(제3왕국) 건설의 토대가 되었다.

이 동맹에 이념적인 기반을 제공하는 압둘 와합의 이슬람해석은 동부, 서부, 남부,

북부 지방에 기반을 둔 압둘 와합의 해석을 따르지 않는 시아파와 수피들뿐만 아니라 소수파 수니 무슬림들조차 우상숭배자 혹은 다신교도 등으로 낙인찍고, 이들이 중요시 여기는 무슬림 성인들의 무덤을 비롯한 이슬람 문화 유적들을 파괴하는 근거를 제공하였다. 이러한 다른 이슬람 분파들에 대한 배제논리는 오스만 제국의 통치영역을 공격하여 사우디왕가의 지배영역을 확장하는 공세적인 정책을 강화시키면서, 사우디아라비아 왕국 건설을 위한 강력한 민족주의 이념으로 적극 활용되었다.

이러한 와하비즘을 비난하면서, 터키 이스탄불의 수피교단(Waqf Ikhlas)은 2001년 『영국스파이의 고백과 이슬람에 대항하는 영국의 증오(CONFESSIONS of A BRITISH SPY and British Enmity Against Islam)』를 발행하였다. 이 저술은 "이슬람과 싸우기 위하여 런던에서 설립된 영연방부(A Ministry of the Commonwealth)가 파견한 기독교 선교사 헴퍼(Hempher)가 바스라에서 압둘 와합을 만나 수 년 동안 그를 교육시켰고, 그 결과 1738년에 와하비 분파가 출현하였다. 헴퍼는 이집트, 이라크, 히자즈, 이스탄불 등에서 스파이 활동했다."고 밝혔다. 이 저술을 액면 그대로 믿을 수는 없으나, 와하비가 금지한 수피교단의 와하비에 대한 견해를 대표한다고 볼 수 있으며, 오스만 제국을 이념적으로 해체시키기 위한 영제국의 정책이라는 측면에서 본다면, 가능한 일이기도 하다.

압둘 와합은 나즈드 오아시스 정착촌의 탐밈 부족(Banu Tamim) 출신이었다. 그의 가문은 종교학자들을 배출하였으나 부유하지는 않았다. 그는 메카, 메디나(히자즈), 바그다드, 바스라, 다마스쿠스, 꿈(이란), 아프가니스탄, 인도 등을 여행하면서 종교 공부를 한 이후, 순수 이슬람을 회복한다는 기치를 내세운 새로운 사상을 전파하기 시작하였다. 그는 이슬람 정화를 목표로 유일신 사상을 강조하였고, 신과 인간 사이의 모든 형태의 중재를 비난하였고, 종교세인 자카트 납부를 강조하면서, 이러한 원칙을 따르지 않는 사람들에 대한 성전을 주장하였다.

그는 오아시스 정착민들뿐만 아니라 유목민들과 히자즈, 이라크, 시리아 지역을 여행하는 동안에 만났던 무슬림들 사이에서 만연해 있던 성인 숭배, 성인 무덤 방문, 성인들에 대한 참배를 명백한 이단 행위로 규정하면서, 이러한 행위들이 불신, 신성모독, 다신교로 이끈다고 주장하고 신의 유일성이 엄격하게 지켜져야 한다고 선언하였다. 동부지역을 통치하는 칼리드 부족장뿐만 아니라 중부지역 지역 부족 지도자들도 이러한 그의 사상에 대하여 분개했고, 그 결과 그는 고향인 우야이나로부터 추방되어 사우드 가문이 통치하는 디리야 오아시스 정착촌에 가서 정착하였다. 디리야 정착촌장인 이븐 사우드는 압둘 와합을 수용하여 보호하였다. 1744년이 둘은 처음 만났을 때 다음과 같은 약속을 한 것으로 알려져 있다.

이븐 사우드는 압둘 와합에게 다음과 같이 말했다. "이 오아시스는 당신의 것입니다. 당신의 적들을 두려워하지 마십시오. 신의 이름으로, 모든 나즈드인들이 당신을 추방시키기를 요구한다할지라도, 우리는 결코 동의하지 않을 것입니다."

압둘 와합은 이에 답하여, "당신은 정착촌의 수장이고 현명한 사람입니다. 나는 당신이 나에게 불신자들에 대한 지하드를 수행하겠다고 서약하기를 원합니다. 그 대신에, 당신은 무슬림 공동체의 지도자인 이맘이 될 것이고, 나는 종교 문제에서 지도자가 될 것입니다."

이 이야기에 따르면, 이븐 사우드 통치자는 비무슬림들과 개혁 사상에 따르지 않는 무슬림들에 대항하는 압둘 와합의 전쟁 요구를 지지하였다. 그 대신 이븐 사우드 통치자는 무슬림 공동체의 정치지도자로 인정을 받았고, 무함마드 압둘 와합은 종교해석에 대한 지배권을 보장받았다. 압둘 와합의 이슬람 개혁 사상은 이븐 사우드가 주도하는 통치영역 확장을 위한 전쟁을 합법화시켜주었고, 이븐 사우드는 이슬람 정화를 내세운 압둘 와합의 종교적 열광주의를 후원하였다.

이러한 역사적인 압둘 와합-이븐 사우드 동맹을 기반으로 압둘 아지즈 빈 압둘라흐만 이븐 사우드(재위 : 1902~1953)는 20세기 초에 아라비아 반도에 거주하던 다양한 부족들을 공격해서 통합함으로써 사우디아라비아 왕국(제3사우디 왕국, 1932~현재)을 재건하였다. 사우디아라비아 왕국이 건설되기 이전, 아라비아 반도 대부분은 부족 중심으로 분할 통치를 하고, 다양한 이슬람 분파들이 공존하고 있었으며, 오스만 제국은 명목상 아라비아반도 대부분에 대한 종주권을 행사하였다.

그는 1912년에 살라피 울라마(이슬람 학자)의 승인을 얻어서 정복 사업을 도와줄 와하비 군대 조직인 이크완(Ikhwan, brothers)을 창설하였다. 같은 해에 그는 유목 베두인들을 정복지에 정착시키기 위하여 농민 경찰대를 조직하였고, 베두인 부족들을 해체시켜서 이크완에 충성하도록 만들었다. 이크완을 기반으로 1913년에 입둘 아지즈 이븐 사우드는 동부지역을 사우드왕가의 통치 영역으로 합병하였다. 베두인들로 구성된 이크완은 압둘 아지즈 이븐 사우드의 주요 군사조직이었으며, 그를 아라비아 반도의 통치자로 세우는데 핵심적인 역할을 하였다. 이 군사조직은 이슬람 정화와 통합에 헌신한다고 선언하였다. 와하비 이크완은 사실상 압둘 아지즈 이븐 사우드의 군대였으며, 사우디아라비아 왕국을 건설하는데 중추적인 역할을 하였다.

2. 탄압받는 소수 이슬람 분파들

압둘 아지즈 이븐 사우드는 1913~1926년 사이에 리야드 주변의 나즈드지역과 하사를 포함한 동부지역, 샤마르(라시드)왕국, 아시르, 히자즈왕국 등을 차례로 정복하였다. 1927~1932년에 그는 중부지역(샤마르왕국)과 서부지역(히자즈왕국)을 정복하였고, 1932년에는 동부지역의 하사와 카티프를 합병하면서 사우디아라비아를 창설하였으며, 2014년 현재 그의 아들들이 그가 정복한 지역에 대한 통치권을 행사하고 있다. 이와 함께 이 지역에 거주하던 수피, 수니, 시아 등 다양한 분파의 무슬림들이 사우디 왕국내로 들어왔다.

2014년 현재 정부가 지지하는 공식 분파인 한발리파(와하비)는 중부지역에서 지배적이다. 정부의 공식적인 종교기구를 운영하는 무프티와 판사들은 모두 한발리파에서 선발

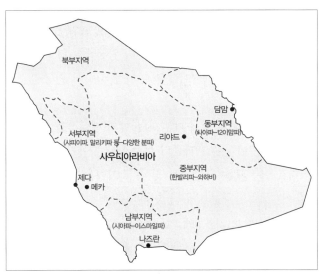

• 2014년 사우디 주요 이슬람분파 지도

되며, 한발리파만이 메카와 메디나 모스크에서 기도를 인도할 수 있다. 수니 소수파에 속하는 샤피이학파, 말리키학파와 하나피학파는 사우디아라비아 서부지역에서 지배적이다. 샤피이학파는 수 십 년 전까지 왕국 내에서 수적으로 다수파였다.는 사실을 주목할 필요가 있다. 시아 12이맘파는 동부지역에서 지배적이다. 남부지역에서는 시아 이스마일파, 시아 자이디파가 지배적이다.

2002년 현재 사우디왕국에는 정부가 건설한 37,850개의 모스크들이 존재하며, 미국을 포함하여 전 세계에 1,600개 이상의 모스크 건설에 사우디 정부가 재정지원을 한 것으로 알려졌다. 사우디정부가 왕국 내 대부분의 모스크를 건설하며, 시민들이 건설한 모스크들이라 할지라도 정부가 통제한다. 이러한 국내외 모스크 건설과 지원은 사우디왕가가 그 지역 무슬림들에게 영향력을 발휘할 수 있는 근거를 제공한다. 반면, 사우디 왕가는 12이맘파, 이스마일파, 자이디파 등에게 새로운 모스크 건설을 허락하지 않는다. 따라서 현존하는 시아 소수파들의 모스크들은 대부분 오스만 제국시기에 건설된 것들이거나 언제든지 파괴될 수 있는 불법 건축물들이다. 수니 소수파인 샤피이학파나 말리키학파들만을 위한 모스크는 없으며, 수니 모스크에서의 모든 설교는 이슬람 업무부(the ministry of Islamic affairs)의 감시를 받는다.

그러나 정부의 탄압정책에도 불구하고, 위의 〈2014년 사우디 주요 이슬람분파 지도〉에서 보는 것처럼, 현재도 사우디 왕국에는 다양한 이슬람 분파들이 여전히 강력하게 존재한다. 이들은 이슬람 분파들 사이의 평등권을 주장하면서 와하비의 독점권에 도전한다.

특히 정부주도의 교육 개방화와 함께 폐쇄적인 와하비즘이 설 자리를 잃어가면서 다양한 소수 이슬람 분파들의 목소리가 높아지고 있다. 2012년 사우디 정부가 파견한 미국유학생들이 7만 1천 명이다. 이것은 세계에서 인구대비 최고의 미국유학생 비율이다. 이 숫자는 사우디 총 해외 유학생 13만 명 중 절반 이상을 차지한다. 사우디는 약 2천만 명(국적자)에 이르는 인구대비 세계 최고 비율을 기록하는 미국 유학생 파견국가다. 사우디 교육 개방화는 와하비즘의 뿌리를 흔들고 있다.

다음 장에서 분석하는 사우디 왕국내의 정치개혁 요구들은 와하비즘이 국내정치에서도 유효기간이 만료되었음을 알리고 있다.

■ 사흐와 운동 : 전략적 행위자

최근 사우디왕국에서는 수니개혁파가 주도하는 사흐와 운동이 활력을 얻어가고 있다. 이 운동은 와하비의 종교 문화적 관점과 무슬림형제단의 현실 정치이념을 합성한 이슬람주의자 단체로, 현실 정치적인 성향은 이집트의 무슬림형제단과 비슷하다.

현재 사우디왕국에서 사흐와 운동은 수 십 만 명의 조직원을 확보하고 있으며, 가장 활동적이며 크고 훌륭하게 조직된 비정부기구다. 지난 2005년 지방자치 선거에서도 사흐와 운동의 후원을 받은 사람들이 다수 득표를 한 것으로 드러났다.

1. 셰이크 살만 알 아우다의 정치개혁 요구

2013년 3월, 사흐와 운동 소속으로 대중적인 인기를 누리는 MBC TV 종교 프로그램 설교자 셰이크 살만 알 아우다는 "국민들은 소망, 요구, 권리를 가지고 있으며, 자신들의 권리가 박탈당하는 것에 침묵하지 않을 것이다. 국민들이 희망을 잃는다면, 무엇을 하겠는가?"라고 주장했다. 그는 다른 종교들과도 평화와 공존을 추구하며, 오사마 빈 라덴의 9.11 공격에 대해서 강력하게 비난하고, 인기 있는 인터넷 웹사이트 이슬람 투데이(Islam Today)를 운영하면서 다양한 대중적인 문제들을 다루고 있다.

2013년 3월 16일 셰이크 살만 아우다는 정치개혁을 주장하면서, 다음의 〈표 8〉을 발표했다.

표 8 _ 사우디 국민들에게 보내는 서한 (An Open Letter to the Saudi People)

1. 사우디아라비아에서 증대되는 긴장은 '부패, 실업, 주택부족, 취약한 보건과 교육 서비스, 정치개혁 부족'의 결과임.
2. 사우디아라비아 국민들은 세계 다른 나라의 국민들과 똑같이 포부, 요구사항, 권리가 있음. 이러한 것들이 지속적으로 부정당하면, 영원히 침묵하지 않을 것임.
3. 정부는 정치범 석방과 시민사회를 보호해야함.
4. 시민의 권리는 합법적이고 양도될 수 없음.
5. 안보를 내세운 해결책은 상황을 악화시키고, 개혁으로 가는 길을 막을 것이며, 이 나라를 무장충돌이 난무하는 불구덩이 속으로 밀어 넣는 급격한 변화를 초래할 것임.
6. 현재 상황을 유지하는 것은 불가능함. 정치제도의 개혁은 필수불가결하고, 그 시기는 너무 늦지 않아야 함.

이와 함께 그는 정치이념의 경계를 넘어서, 2013년 3월 9일 선동과 외국 미디어에 부정확한 정보를 제공한 혐의로 10년 형을 선고받은 자유주의 인권운동가인 무함마드 빈 파흐드 알 카타니(Mohammad Fahd Al Qah'tani)와 압둘라 알 하마드(Abdullah Al Hamad)의[34] 석방을 요구하면서 자유주의자들과 연대를 모색하였다. 무함마드 빈 파흐드 알 카타니와 압둘라 알 하마드는 정부의 인권탄압을 비난하고, 입헌군주제와 선거제도의 도입을 요구하는 활동을 하였다.

2. 사흐와 운동과 사우디정부의 협력과 갈등

2011년 2월 셰이크 살만 아우다를 포함하는 1,550명이 다음 〈표 9〉의 청원을 제출하였다. 이 청원에서는 공적인 영역에서 여성의 활동을 조장하는 압둘라 왕의 정치개혁에 열정적으로 반대했던 고위급 이슬람 성직자들도 포함되었다. 이것은 셰이크 살만 아우다와 사흐와 운동의 범위와 영향력을 드러낸다.

표 9 _ 제도와 권리의 국가를 향하여 (Toward a State of Institution and Rights)

1. 완전한 입법권을 가진 선출된 국민의회	4. 행정상의 부패종결
2. 왕과 총리 직위 분리(현재는 국왕이 총리 겸직)	5. 언론의 자유
3. 정치범 석방	6. 활동가들의 여행 금지 철회

2013년 현재 사흐와 운동이 주도적으로 반정부 시위나 운동을 시작할 것 같지는 않다. 그러나 왕위계승 등과 결부되어 결정적인 변화시기가 도래한다면, 2011년 튀니지와 이집트의 무슬림형제단이 시위 중간에 적극 개입함으로써 정권장악에 성공한 것처럼, 사우디의 사흐와 운동도 정권장악을 위해 정치변화에 적극 개입할 수 있다.

사흐와 운동 연구자인 스테판 라크루와(Stéphane Lacroix)는 "사우디아라비아에서 대규모 시위가 목격되지 않는 현실적인 이유는 사우디 정부가 사흐와 운동을 효과적으로 다루고 있기 때문이다. 사흐와 운동은 강력한 이슬람주의자 네트워크를 가지고 있으며, 현재 상대적으로 약한 인물들이 와하비 종교기구를 이끌고 있다."고 주장한다. 그는 현재 사우디 왕국의 정치적 위기상황에서 사우디 정부와 사흐와 운동 간의 눈에 보이지 않는 유기적이고 긴밀한 전략적 협력관계가 있음을 강조한다.[35]

다음에서 사흐와 운동의 발전과정을 살펴봄으로써, 이 운동과 왕가의 관계뿐만 아니라 이 운동의 정치적 성향과 향배를 전망할 수 있다.

사흐와 운동의 토대는 1950~1960년대에 이집트 나세르 사회주의 혁명 이후, 이집트, 시리아, 이라크 등 사회주의 운동이 활성화된 국가에서 탄압을 받던 무슬림형제단원들이 사우디 왕국으로 이주하면서 마련되었다. 1970~1980년대에 사우디 정부는 사회주의 운동에 맞서는 세력으로 사흐와 운동을 비롯한 이슬람운동을 활성화시켰고, 사흐와 운동은 대학을 비롯한 교육기관를 통해서 '살라피-와하비 신학과 무슬림형제단의 이념'을 결합하여 이슬람 개혁주의운동으로 모습을 드러냈다. 1991년 걸프전 이전까지, 사흐와 운동은 사우디 왕국과 공식적인 사우디 종교기구가 전세계의 참된 이슬람을 대표하는 것으로 간주함으로써, 사우디 왕국과 중요한 이념적인 동맹관계를 창출하였다.

그러나 1991년 걸프전에서, 사흐와 운동은 사우디-미국 군사동맹을 비난하고 정부 정책에 대한 반대를 분명히 하였다. 1991년 5월 사흐와 운동가들은 400명 이상이 서명한 자문위원회 창설과 입법제도의 근대화 등 정치제도개혁을 요구하는 〈12항의 요구사항(Letter of Demands)〉를 정부에 제출하였다. 이 사건은 사우디 정치판을 뒤흔들었다. 이 때 사흐와 운동은 한꺼번에 3만여 명의 사우디 시민들이 참가한 시위를 주도함으로써 대중적인 역량을 과시하였으며, 이 과정에서 1994년 셰이크 살만 아우다를 포함한 다수의 사흐와 운동 지도자들이 수감되면서 사흐와 운동은 정부에 대한 강력한 비판세력이 되었다.

그러나 살만 아우다는 5년 동안의 수감생활을 마친 뒤, 1999년에 복귀하여 사우디 대중매체에서 매우 인기 있는 설교자가 되었으며, 사우디 정부의 보호아래 활동하면서 사법기구를 장악한 보수적인 살라피-와하비 울라마들과 경쟁관계에 있다. 이러한 사흐와 운동의 역사는 그 자체가 전략적 행위자라는 것을 보여주며, 유리한 변화의 기회를 맞이한다면 정치구조 변화의 중심에 설 것이다.

■ 시아파의 정치개혁운동 : 다원적인 국가추구

시아파 시민들은 사우디 사회 내에서 상당한 종교적, 정치적, 사회적 차별대우를 받고 있다. 1970년대와 1980년대에, 이 상황은 유혈 거리 시위를 유발하였고, 시아들은 이슬람 혁명을 요구하였다. 사우디 시아들은 매우 온건한 입장을 표명함에도 불구하고, 이러한 사건들은 이라크 시아의 정치적인 해방, 이란 시아의 발흥이 사우디 시아들에게 가져온 영향에 관한 많은 추측들을 낳는다. 사우디 시아들은 사우디 국가로부터 독립투쟁을 할 정도로 그들의 정치적 요구를 더 강력하게 밀어부쳐서 정부에 압력을 가할 정도로 충분한 용기가 있는가?

레오 가튼(Leo Kwarten)은 이러한 질문에 동의하지 않는다. 그는 "사우디 시아들은 정치적 선택에 대한 한계를 분명히 인식하고 있고 무엇보다도 먼저 정부와 대화를 통해서 자신들의 상황을 개선시키려고 노력하며, 다른 도외시된 소수와 자유주의자들과 연대하여 사우디 왕국이 더욱 다원적인 국가로 변화하기를 희망한다."고 주장한다.

동부지역 시아 지도자들의 견해를 분석해 볼 때, 레오 가튼의 주장은 설득력이 있다. 예를 들면, 동부지역(카티프)에서 시아파 지도자 셰이크 무함마드 하산 알 하비브(Mohammed Hassan al Habib)는 "동부지역 시아파 운동은 군주제를 유지하는 민주적인 개혁을 추구한다. 우리는 의회에 실제적인 권력을 줄 필요가 있다. 정부는 정당 설립, 언론과 집회의 자유를 허락해야한다. 우리는 군주체제를 붕괴시키거나 제거하기를 원하지 않는다. 사우디아라비아의 다른 지역에서 수니들도 개혁을 요구한다. 우리는 종파에 관해서 상관하지 않는 개혁가들과 함께 일한다. 우리는 오직 개혁을 추구하며, 수니와 시아가 함께 이 목표를 추구할 것이다."라고 주장하였다.

시아파는 사우디 전체 인구의 10~15% 정도를 구성하며, 주로 유전 지대 걸프 연안의 동부와 예멘 인근인 남부에 거주한다. 그런데 시아 지도자들은 압도적으로 많은 수니파 국가 안에 거주하는 소수자인 시아파들, 즉 '수니파/시아파'라는 도식으로 사우디 사회를 단순화시키는 것을 거부한다. 이들은 와하비즘이 공식적인 종교 영역에서 지배적임에도 불구하고 사우디 인구의 25%에 불과한 교리이며, 나머지 주민들은 수니 이슬람 분파들인 말리키파, 하나피파, 샤피이파와, 시아 이슬람 분파들인 12이맘파, 이스마일파, 자이드파에 속하며, 다수의 수피 공동체들이 있다고 지적한다. 이들은 사우디 사회는 특정 이슬람 사상과 분파를 넘어서서 오직 시민권과 보편적인 평등권에 토대를 둘 때 안정을 찾을 수 있다고 주장한다.[36]

1. 자파르 알 사얍의 종파 다양성 관리 요구

2013년 2월 24일 동부 지역 시아파 밀집 지역인 카티프 시의회 의장이며 인권운동가인 자파르 알 사얍(Jafar Alshayeb)은 〈사우디아라비아 내 종파 다양성 관리(Governance of Sectarian Diversity in Saudi Arabia)〉라는 정치개혁안을 제시하였다.

이 정치개혁안은 사우디아라비아는 다양하고 풍부한 역사와 문화적 특징을 갖는 여러 지역으로 구성되어 있으며, 각 지역은 인접한 다른 국가들과 긴밀한 역사와 문화적 관계를 갖고 있고, 오랜 역사와 전통만큼이나 수많은 이슬람 분파들이 존재해 왔다고 주장한다. 이 개혁안은 서로 다른 분파들 사이에서 상호 작용, 조화, 지적인 다양성을 위한 환경이 만들어져야했으나, 한발리파(살라피-와하비)가 왕국의 공식적인 교리로 채택되어 왕국내의 모든 종교 기구와 사법 및 교육 기구를 장악하면서 배타적인 종교 문화가 강화되었다고 지적하였다.

이 정치개혁안이 제시한 다음의 〈표 10〉에 따르면, 현재 사우디아라비아에는 7개의 주요 이슬람 분파들이 존재한다. 수니 이슬람 분파들로 말리키파, 샤피이파, 하나피파, 한발리파(살라피-와하비), 시아 이슬람 분파들로 자이드파, 12이맘파, 이스마일파 등이 역사적으로 관련이 있는 4개 지역에 각각 분포돼 있다. 특히 사우디아라비아 밖의 중요한 종교적 중심지들은 인접한 사우디아라비아 각 지역에 영향을 끼쳤다.

자파르 알 사얍은 "이러한 환경에서 사우디 왕국은 종교적 관용과 종파적인 다양성의 모범이 될 수도 있었으나, 법이 조정력을 발휘하지 못하고, 강경파들에게 재량권을 줌으로써 종교적 극단주의와 광신주의를 확산시켰다."고 주장했다.

그는 이제 모든 파벌들 사이에서 상호존중의 증진과 시민권에 토대를 둔 공존원칙을 제도화해야한다고 주장하면서, 이러한 정책이 사우디아라비아 내의 종파적 긴장을 낮출 것이라고 내다봤다.

표 10 _ 자파르 알 사얍의 분파지도

1. 중앙지역(나즈드) : 한발리파(구성원 : 수백만) 집중. 한발리파 대부분은 살라피–와하비의 이슬람 해석을 따름
   → 사우디 국가 공식 교리의 중심부. 이곳 주민들은 사법부, 종교 교육 분야에서 고위관료로 임명됨.
2. 서부 지역(히자즈) : 주민 다수는 샤피이파(구성원 : 수백만), 말리키파와 수피들임. 120이맘파와 다른 시아 무슬
   림들도 소수 존재 → 다양성, 다원론, 개방성을 가지며, 다른 종파들과 긴밀한 유대 관계를 강조하는 알 아즈
   하르의 종교 노선과 비슷함. 이집트와 북 아프리카 종교 학자들과 긴밀한 관계를 유지함.
3. 남부 지역(아시르, 나즈란, 자잔) : 주민 대다수는 이스마일파(구성원 : 50만)임. 샤피이파와 한발리파가 소수
   존재 → 예멘의 자이드파와 샤피이파 이맘들과 긴밀한 관계임.
4. 동부 지역(카티프, 하사, 현대 도시들 다수) : 주민 다수는 120이맘파(구성원 : 150~180만)임. 말리키파, 샤피이
   파, 한발리파가 소수 존재 → 이란, 이라크, 아랍 걸프 지역의 종교 중심지들과 긴밀한 관계임.

※ 한발리파를 제외한 소수파들은 메카 소재 그랜드 모스크, 메디나 소재 예언자 모스크에서 설교 금지.
왕국의 각 지역에 이슬람 분파별 구성원들에 대한 정확한 통계 숫자는 없음. 괄호 안의 구성원 수는 다양한 자료
들을 토대로 한 추정치임.

2. 셰이크 하산 알 사파르의 국민통합요구

사우디아라비아에서 가장 탁월한 시아파 지도자들 중의 한 사람인 셰이크 하산
알 사파르(Sheikh Hassan Al Saffar, 1958~)는 국민통합 증진과 종파들 사이의 화해를 위하
여 중요한 역할을 한다. 2009년 요르단 '왕립 이슬람 전략 센터(The Royal Islamic Strategic
Studies Center)'와 미국 조지타운 대학의 '무슬림-기독교인 상호 이해를 위한 알 왈리
드 빈 탈랄 왕자 센터(Prince Al-Waleed Bin Talal Center for Muslim-Christian Understanding)'가 공
동으로 발행한 보고서는 셰이크 하산 알 사파르를 세계에서 가장 영향력 있는 무슬
림 지도자 500명 안에 포함시켰다.

2013년 3월 22일(금) 설교에서 셰이크 하산 알 사파르는 "개혁요청으로 국민들이
통합되는 시점에서, 많은 정부는 가장 먼저 국민들 사이를 이간질시키고, 종파분열
에 불을 붙이기 위하여 '스파이망 폭로'라는 충격적 이슈를 사용한다. 주민들의 침
묵은 끝났다. 그들은 더 이상 의사결정 과정에 참가하지 못하거나, 진정한 대표 없
이, 부패와 싸우지 않고, 재판 없이 투옥되는 어둠속에 남이있는 상황을 더 이상 받
아들이지 않을 것이다"라고 주장했다.

2013년 4월 4일(목)에 있었던 셰이크 하산 알 사파르를 지지하는 동부지역 시아파

시위는 주목할 만하다. 이 시위는 종파와 정치이념의 경계를 넘어, 2013년 3월 9일에 10년 이상의 징역형을 받고 투옥된 수니파 인권 운동가인 무함마드 파흐드 알 카흐타니와 압둘라 알 하마드의 사진을 들고 이들의 석방을 요구하였다. 이것은 시아파 문제나 시아파 인물들에 대해서 집중되었던 이전 시위 모습과 달라진 점이었다.

• 셰이크 하산 알 사파르

2013년 4월 8일 170명의 시아파 지도자들은 "스파이 혐의가 있는 시아들을 일제히 검거했다."는 내무부 장관 무함마드의 발표를 거부하는 성명서를 냈다. 이 성명서는 "정부가 이란에게 정보를 제공한 스파이 혐의로 16명의 시아파를 체포한 것은 국가가 통제하는 미디어에서 반(反)시아 감정을 유발시켜서 국민들이 개혁 열망으로 통합되는 것을 막고 분열시키기 위한 정부의 술책"이라고 주장했다.

셰이크 하산 알 사파르는 "사우디아라비아에서 시아파의 권리를 무시하는 것은 정치개혁이 부재한 커다란 문제의 일부다. 이것은 시아파의 문제일 뿐만 아니라 국가 전체의 문제다. 민주주의와 인권존중을 포함한 정치개혁을 통해서 시아파 문제 또한 해결될 것이다. 우리 시아파의 전략은 사우디 사회에 완전히 참가하는 것이고, 수니파와 다른 종교인들에게 마음을 터놓는 것이다. 우리 시아파 문제들을 정부와 왕자들에게 제기할 것이다. 시아파 해방은 종파의 차이를 넘어서 정치개혁을 열망하는 사우디 시민들의 권리에서 비롯된다."라고 주장했다. 그는 사우디아라비아 시아 문제를 종파분쟁으로 돌리는 것은 현실적인 해결책인 정치개혁 논의를 무산시키는 것이라고 강조한다.

이러한 셰이크 하산 알 사파르의 정치관련 담론은 지난 30년 동안 다음과 같이 극적으로 변해왔다.

셰이크 하산 알 사파르는 1979년 동부지역 시아파 봉기 직후 창립된 '아라비아 반도 이슬람 혁명 조직(the Organization for the Islamic Revolution in the Arab Peninsula, OIR)'의 지도자였으며, 이란의 혁명으로부터 깊이 영향을 받았다. 이 때, 셰이크 하산 알 사파르는 '사우디 정권을 압제자이자 식민주의자'라고 규정하고, "이슬람의 가르침을 위반한 정권과는 협상이 불가능하다."고 주장하면서, 이슬람 혁명이 모든 무슬림들의 종교적 의무라고 선언한 호메이니의 말을 되풀이하였다.

그러나 1980년대 해외추방기간 동안, 그는 OIR의 혁명적인 방법이 실행되기 어렵다는 것을 깨닫고, 1990년대 초에는 사우디 정권에 맞서기보다는 대화를 하는 쪽으로 노선을 변경하였다. 그는 '아라비아반도 이슬람 혁명조직'을 개편하여 '시아 이슬람 개혁운동(Shi'a Islamic Reform Movement)'으로 명칭을 변경하고 시아파와 사우디왕국의 관계개선을 위하여 노력하였다.

특히 1990~1991년 이라크의 쿠웨이트 침공 때, 이 단체는 사담 후세인이 사우디 시아파에게 요청한 봉기를 거부하면서 사우디 왕국에 충성심을 보여주었다. 이 사건은 사우디 왕국과 셰이크 하산 알 파르가 협력으로 돌아서는 극적인 변화의 계기가 되었다. 그 대가로 1993년에 파흐드 왕은 특사를 내려서 추방상태에 있던 시아파 지도자들이 귀환하도록 허락하고, 셰이크 하산 알 사파르를 비롯한 시아파 지도자들은 사우디 왕국과 협력을 추구하면서 혁명적 국제주의로부터 민주주의, 인권, 시민사회 등을 내세우는 비폭력적인 수단에 의한 개혁주의로 변화하였다.

■ 최초의 정당 이슬람 움마당 창설시도

2011년 2월 아랍의 봄에 대한 반향으로 온건한 이슬람주의를 내세우며, 절대왕정을 거부하는 사우디 왕국 최초의 정당인 이슬람 움마당(Umma Islamic Party) 창설을 시도하였다. 이슬람주의자, 인권 운동가, 대학교수들, 정치인, 사업가들이 주도하는 이 정당은 10명의 위원회로 운영되며, 여성지위 개선을 포함하는 개혁에 관한 대화를 시작할 것을 왕에게 요구하면서 2월 9일 압둘라 왕에게 정당승인을 요청하였다. 그러나 2011년 2월 16일 사우디 당국은 이 정당 창립자들을 체포하여 수감하는 것으로 대답하였다.

이 정당의 창설자 중 한 명인 셰이크 무함마드 빈 가님 알 카흐타니(Mohammed bin Ghanim al Qahtani)는 "국민의회 의원들을 선출할 권리와 모든 정치적 권리를 결정할 법률제정을 요구한다. 우리는 합법적으로 정치적 권리를 행사하고 있으며, 체포를 정당화시킬 범죄를 저지르지 않았다. 이러한 체포는 국민들이 의견을 자유롭게 표현하고, 정치모임을 개최하고, 입법자들을 선출할 권리에 토대를 둔 진정한 정치개혁을 열망하는 사우디인들 사이에서 정치적 긴장을 증대시킬 것이다."라고 주장했다.

이와 관련하여, 2011년 2월 18일 정치개혁을 요구하는 압둘라 왕의 이복동생인 탈랄 왕자는 "개혁조치를 취하지 않으면, 대중봉기가 사우디아라비아를 휩쓸 것이며, 대중봉기를 피하기 위하여 개혁과정을 수립해야한다."고 주장했다.

■ 자유주의자들의 정치개혁 프로그램

사우디 왕국에는 개혁성향의 자유주의자 엘리트 집단이 소수파로 존재한다. 불행하게도 이들의 영향력은 충분하지 않으며, 대부분이 되풀이해서 박해를 받거나 투옥된다. 사흐와 운동가들이나 시아파 운동가들과 비교한다면, 자유주의자들이 가장 구체적이고 분명한 개혁안을 제시한다. '헌법제정, 삼권분립, 국민의회선거, 입헌 군주제, 평등권, 인권수호, 여권신장'을 포함하는 이들의 개혁내용은 사흐와 운동이나 시아파 개혁운동들에도 나타난다.

2011년 2월 27일(일) 사우디 당국은 금요 설교에서 입헌군주제와 시아의 동등한 권리를 요구하던 시아 성직자를 체포하였다가 즉시 석방하였다. 이 사건은 〈제도와 권리의 국가를 향하여〉, 〈젊은이들〉, 〈국가 개혁 선언〉 등 민주화와 입헌군주제를 향한 세 건의 정치개혁 청원들이 제기되는 가운데 발생했다. 이 청원들에는 2천 명 이상의 사우디인들이 서명한 것으로 알려졌으나, 사우디 정부는 이 서명자들을 체포하지 않고, 이 서명을 추진한 웹사이트를 차단한 것으로 알려졌다. 거의 동시에 발생한 일련의 사건들은 개혁주도 세력들이 종파와 정치이념의 차이를 넘어서 공통의 개혁안을 토대로 연대할 가능성이 있다는 것을 의미한다.

2011년 2월 23일 젊은 저널리스트들이 추진하여 40여 명이 서명한 압둘라 왕에게 보내는 소위 〈젊은이들(Youth)〉라 불리는 청원은 '의회선거, 삼권 분립, 통치기본법 수정, 기본적인 행정법 제정' 등을 요구하였다.

　내용상 가장 주목할 만한 청원은 2011년 2월 28일 주요한 자유주의적인 개혁가들이 주도한 다음의 〈표 11〉이다.

표 11 _ 국가 개혁 선언 (Declaration of National Reform)

1. 헌법 제정 : '통치기본법'을 헌법으로 발전시킬 것. 헌법은 '국민이 권력의 원천임을 인정. 입법권, 사법권, 행정권 분립, 개인과 시민의 자유와 평등 보장, 인권 보장, 언론의 자유 보장, 정치 단체와 전문가 단체 설립 권리' 등을 포함할 것
2. 법치의 원리 : 모든 정부 관리들과 시민들에게 평등권 적용. 공공 자원의 부도덕하거나 불법적인 사용 금지
3. 보편적인 참정권 : 지방 자치와 의회 구성을 위한 보편적인 참정권 채택. 여성에게 선거권과 피선거권 부여
4. 중앙 행정과 지방 행정 분리 : 행정 분권화 원칙과 효율적인 지방 통치를 위하여 필요한 권력을 지방 행정부에 이양
5. 사법부 독립 : 사법부 밖에서 유사한 행위를 하는 모든 기구의 역할 종식과 사법부 독립 원칙 정립. 정부가 서명한 모든 국제 인권 헌장과 협정 준수
6. 시민 사회제도와 기구 발전 촉진
7. 여권신장을 위한 법률적 제도적 조치
8. 국민 통합과 종파적, 부족적, 지역적, 인종적 차별 금지법 제정과 사우디 사회내의 다문화주의와 다양성을 존중하는 국민통합 전략 실행
9. 인권 수호를 위한 자율적 시민단체 설립
10. 실업, 주택, 생활수준 향상
11. 행정부 부패와 권력 남용 방지를 위한 제도적 장치 마련
12. 국가의 생산 기반 확장, 경제 다변화, 고용 기회 창출, 민간 부문 확장

　이 청원에는 330명 이상의 사람들이 서명하였으며, 세 개의 청원들 중 가장 구체적인 개혁안을 포함하였다. 이 청원은 "지방자치 선거, 국회의원 선거, 인권보호와 완전한 권력분립을 포함하도록 '통치기본법' 수정, 독립된 시민사회, 선출된 지방정부, 입헌군주제" 등을 제시하면서 국가제도의 점진적인 개혁을 요구하였다.

■ 새로운 정치지도 전망

　사우디왕가는 한편으로 2011년 이후 발생한 역내 정치개혁요구의 성공 가능성을 매우 두려워하며, 다른 한편으로 왕국내의 빗발치는 정치개혁 요구를 무산시키기

위하여 튀니지, 이집트, 리비아, 예멘, 바레인, 시리아 등 역내정치변동에 적극 개입하였다.

2011년 4월 22일 아부다비(UAE) 왕세제 무함마드 빈 자이드는 사우디 왕 압둘라를 만난 자리에서 만약 GCC 왕국들(사우디아라비아, 쿠웨이트, 바레인, 카타르, UAE, 오만)이[37] 아랍세계를 휩쓰는 대중 봉기의 물결을 미연에 방지하기 위하여 선제적인 정책을 강구하지 않는다면, 이 왕국들은 하나도 살아남지 못할 것이라고 경고하였다. 3주 후에 리야드에서 긴급 GCC 왕국 수뇌회담이 열렸고, 그는 GCC 왕국의 모든 수뇌들에게 똑 같은 메시지를 전달하였다. 카타르는 그의 메시지에 무관심했고, 나머지 다섯 국가는 수용했다. 무함마드 빈 자이드와 사우디 정보장관인 반다르 빈 술탄은 역내에서 아랍의 봄 현상에 맞설 효과적인 계획을 제시할 업무를 맡았다. 요르단의 압둘라 2세가 이 업무에 동참한 반면, 카타르는 이와 관련한 모임에서 제외되었다.

민주화를 요구하는 '아랍의 봄'의 결과 세속적 독재정권의 붕괴되면서 튀니지와 이집트에서는 무슬림형제단과 연계된 정당들이 권력을 장악하였다. 튀니지와 이집트 선거에서 카타르가 무슬림형제단과 연계된 정당들을 후원하였고, 사우디는 더욱 보수적인 와하비-살라피들과 연계된 정당들 혹은 세속주의자들을 후원하였다. 튀니지와 이집트 선거에서 무슬림형제단과 와하비-살라피 및 세속주의자들은 경쟁자였다. 2012년 10월 카이로에서 출판된 주간지 알 아흐람(AL-AHRAM)은 "카타르와 사우디아라비아는 이집트와 튀니지에서 서로 다른 파벌들을 후원함으로써, 전환기의 아랍 세계에서 경쟁자가 되었다."고 분석했다.

그러나 리비아, 시리아 내전에서 카타르와 사우디는 함께 반정부군 편에 섰고, 바레인에서는 왕가를 보호하기 위하여 GCC 군대(Peninsula Shield Force)를 파견하여 시위를 진압하는데 한편이었다. 세부적으로 본다면, 시리아 반군 내에서 카타르와 사우디는 다시 경쟁자들이고, 사우디아라비아가 주도한 바레인 군대파견에서 카타르는 소극적으로 참가하였다. 이와 같이 사우디아라비아와 카타르가 대상 국가에 따라 때로는 함께, 때로는 서로 다르게 행동하면서, 아랍세계 주도권 경쟁이 격화되었다.

2013년 7월 3일 사우디가 후원한 군부쿠데타가 카타르가 후원했던 이집트대통령 무르시를 축출하면서 카타르/사우디 지역패권 경쟁에서 사우디아라비아가 잠정적으로 승리하였다. 이집트군부 쿠데타 발발 일주일전인 6월 25일에, 이집트 무슬림형제단의 권력 장악을 적극 지원했던 61세로 비교적 젊고 건강한 카타르 왕 하마드(재위 : 1995.6.27~2013.6.25)가 아들 타밈에게 권력을 이양하였다. 이로써, 적극적인 후원자를 잃은 이집트를 비롯한 아랍세계의 무슬림형제단이 동력을 상실하고, 사우디아라비아가 후원하는 세력들이 힘을 얻었다. 그동안 사우디아라비아, 아랍에미리트, 쿠웨이트, 요르단, 팔레스타인 자치정부 등은 자국 내 정부 반대파인 무슬림형제단의 정치개혁 요구를 경계하면서, 때로는 이들을 체포하는 등 탄압해왔으나 카타르는 무슬림형제단을 후원했다.

그러나 최근 사우디의 역내정책에 대하여 비판적인 베이루드 아메리칸 대학 (American University of Beirut) 정치학 교수인 힐랄 카샨(Hilal Khashan)은 2014년 1월에 출판된『실패한 반다르 빈 술탄의 시리아 개입(Bandar bin Sultan's Botched Syrian Intervention)』에서 "이집트에서 무슬림 형제단을 축출시킨 군부쿠데타의 성공이 사우디의 역내 권력 약화를 뒤집기에는 너무 약하고, 너무 늦었다. 이러한 사우디의 약화는 실패한 시리아에 대한 개입에서 완전히 드러난다. 이것은 가장 유명한 외교관이었던 반다르 빈 술탄 왕자가 이끌었다."고 주장했다.

실제로, 2011년부터 2013년까지 사우디는 시리아로 반다르 빈 술탄이 이끄는 2~3만 명의 전사들을 파견하였고, 이들 중 3천 여 명의 사우디 국적자들이 사망한 것으로 보도되었다. 이러한 시리아사태 개입 실패와 관련하여 압둘라 왕과 반다르 왕자 사이에 불화가 생겼으며, 2014년 1월 현재 반다르 왕자는 미국에서 요양 중인 것으로 알려졌다. 이 반다르 왕자가 이끄는 시리아 지하드주의자들은 사우디아라비아 창건자인 이븐 사우드가 1911~1927년에 동맹을 맺어 정복전쟁을 수행했던 이크완 와하비의 본래 사명을 되찾으려는 것처럼 보였다. 그러나 결국 시리아 군사개입을 통한 사우디왕가의 역내패권 강화노력과 국내에서 정치개혁을 요구하는 반대파를 무력화시킬 수 있는 통치권 강화노력은 둘 다 실패한 것으로 보인다.

게다가 현재 미국은 시리아사태가 협상을 통해서 해결되기를 바라며, 사우디왕국과 적대적인 관계를 구축하고 있는 이란과는 핵문제를 통한 협상을 추구하고 있다. 이렇게 변화된 미국의 중동정책을 미루어 볼 때, 사우디에 대한 미국의 정책이 무조건적인 사우디왕가 보호보다는 내부정치개혁운동을 선호하는 합리적인 방향으로 선회할 가능성이 크다. 이에 따라, 특별한 대안이 없는 사우디왕가는 최소한의 지배권을 유지하기 위하여서라도 미국의 정책을 따라 왕국내부의 다양한 정치개혁운동과 타협점을 모색할 것이다. 그 결과 사우디왕국의 다원적이며 다양한 사회모습을 반영한 새로운 정치지도가 만들어질 가능성이 크다.

Ⅱ. 요르단 정치제도 개혁요구와 의회제도[*]

■ 정치제도 개혁 요구

2011년 3월 4일, 금요 예배이후 4천 명 이상의 요르단인들이 하원해산과 진정한 정치 개혁을 촉구하면서 거리 시위에 나섰다. 철통같은 보안 경계 태세 속에, 암만 중심지 그랜드 후세이니 모스크에서 시위가 시작되었고, 이슬람 정당인 IAF(the Islamic Action Front)와[38] 좌파인 대중 통합당(the Popular Unity Party), 노동조합 구성원들이 참가하였다. 이들은 1월 14일 튀니지 혁명이 성공한 이후 매주 금요일 거리 시위를 하고 있다. 시위자들은 "국민들은 정치 제도의 개혁을 원하며, 선거를 통한 정부 구성과 하원 해산을 원한다."고 외쳤다. 현재 시위자들이 원하는 것은 인구 비례에 따른 의석 배분에 기초를 둔 의회제도 확립과 영국과 같은 입헌군주제 확립, 영국 총리제도와 같은 완전한 권위를 행사하는 총리 선출 제도를 확립하기 위하여 선거법 개정을 원한다.

요르단은 공식적으로 1952년 1월 8일에 공포된 헌법에 토대를 둔 입헌 군주국이다. 요르단 정치의 핵심은 의회제도와 군주제다.[39] 총리가 정부를 대표하며, 1992년 이후 다당 제도를 유지하고 있다. 계속되는 거리 시위에 응답하여 압둘라 요르단

---

* 이 글은『한국중동학회논총』제28-1호, 한국중동학회, 2007 · 2008, 101~128쪽에 게재된 것을 수정, 보완한 것임.

왕은 2011년 2월 1일에 팔레스타인 출신의 경제 전문가인 총리 사미르 리파이(Samir Rifai)를[40] 동안 부족 출신의 안보 전문가인 마루프 바키트(Marouf Bakhit)로[41] 교체시키면서, '진실된 정치 개혁 과정'을 시작할 수 있는 더욱 민주적인 새 정부를 구성하도록 요구하였다. 목요일(3월 3일)에 바키트 정부는 의회 신임 투표에서 가결되었고 국민 대화를 계속하고 재빠른 정치·경제 개혁을 실행하겠다고 강조하였다. IAF 사무총장인 함자 만수르(Hamzah Mansour)는 총리 교체와 관련하여 "우리는 새로운 이름을 원하는 것이 아니라, 완전히 새로운 과정(New Process)을 원한다."고 밝혔다. 그는 정부가 구성되는 방식과, 입법권자들이 선출되는 방식, 세금 문제들에서 진실 된 개혁을 요구했다. 총리 교체 이후에도 개혁을 요구하는 시위는 계속되고 있다.

현재 요르단 왕은 사실상 행정, 사법, 입법부를 독점적으로 장악하고 있다. 오직 왕만이 총리와 내각 장관들을 독단적으로 지명하고 면직시키고, 의회를 해산시키고 국가 정책을 수립할 수 있다. 왕이 총리를 포함하는 정부 고위 관리들을 임명하는 것은 의회 승인을 필요로 하지 않으며, 왕은 헌법 조항에 따라 장관들을 통해서 행정권을 행사한다. 실제로 1944년 총리제도 도입 이후 2011년까지, 왕은 총리를 29개 가문 출신들로 62번 교체하였다. 이 과정에서 1년 이하의 총리직을 유지한 사람이 41명이다. 이런 상황에서는 특정 가문 출신의 총리가 국정에 관한 어떤 구체적인 계획을 하고 실행할 시간적인 여유가 현실적으로 없었던 것으로 보인다. 이것은 하심 왕가가 얼마나 독단적으로 국정 운영을 해왔는지를 단적으로 보여주는 예다. 또 전국을 12지역으로 구분하여 모든 지방 행정관들을 왕이 임명함으로써 지방 행정에 대한 완전한 통제권도 갖는다. 헌법에 따르면 사법부는 독립되어 있지만, 왕이 판사를 임명하고 승진, 해임시키는 고등 사법 위원회의 모든 위원들을 임명함으로써 사법부를 완전히 장악한다. 2010년 11월 선거로 구성된 의회는 왕이 지명하는 55명의 상원과 국민이 선출한 120명의 하원으로 구성된다. 의회는 헌법에 의해서 권력이 부여되고 내각이 제안한 법률을 승인, 기부 또는 수정하지만, 의회의 반대에 부딪힐 수 있는 법률 수정과 제정은 의회가 회기 중이 아닐 때 이루어진다. 이 사안은 다음 회기에 의회에 제출되어야함에도 불구하고, 때때로 의회의 승인과 관계없이 실행된다. 때문에 현재 요르단에서는 제도적으로 왕을 견제할 수 있는 세력은 거의 존재하지 않는다.

그런데 1992년 정당 설립 자유화 조치 직후 정치 이념을 내세운 정당들이 폭발적으로 창설된 이후, 주로 팔레스타인 출신들로 구성되는 IAF는 하심왕가의 정책, 특히 1994년에 체결된 이스라엘과의 평화 협상 철회를 주장하는 등 요르단 정계에서 왕의 정책 결정에 반대하는 야당 세력으로 제도권에 등장하였다. 의회 선거를 통한 이들의 정치 세력화는 하심 왕가를 위협할 가능성이 있었다. 1990년대 이후 이슬람주의자들은 정치세력화하면서 정치제도 개혁을 요구를 계속해 왔다. 압둘라 왕은 2009년 11월에 회기 중에 의회를 해산하였다. IAF는 2010년 11월에 실시된 의회 선거를 거부하였다. 현재 IAF 등 야권이 주장하는 개혁 대상의 핵심에는 선거 제도가 자리 잡고 있다.

■ 정당구조의 변화
: 1950년대 사회주의자 다수에서 1990년대 이슬람주의자로

2011년 현재 요르단 시민 6백 50만 명이며, 이들 중 79% 정도는 도시거주자들이다. 종교로 구분한다면, 요르단 시민들의 95% 무슬림이고, 80%는 수니파로 전국에 걸쳐 거주한다. 15% 정도는 시아파로 주로 동부에 살고 있으며, 소수의 드루즈와 바하이들이 있다. 요르단 시민의 4% 정도를 차지하는 기독교인들은 그리스 정교를 비롯한 로마 가톨릭 등 17개 이상의 교파에 속해 있다. 기독교인들의 대다수는 팔레스타인 출신들이고, 나머지는 아르메니아인과 체르케스인들이다.[42]

출신 지역으로 구분한다면, 요르단 시민의 70%는 팔레스타인인들이고, 이들 대다수는 난민으로서의 지위를 유지하고 있다. 팔레스타인-요르단인들이 요르단 주민의 절대다수를 차지하는 상황에서 요르단 왕가는 때때로 국내외적으로 통치권을 위협받았다. 이에 대처하여 요르단 왕가는 1948년 전쟁 이전부터 요르단강 동안에 거주해 온 요르단인들에게 정치적 특권을 부여하는 동안 부족주의를 작동시켜왔다.

1950년대에 사회주의자들과 범 아랍 야당들이 대중들 특히, 팔레스타인인들의 강력한 지지를 받았다. 바쓰당, 공산당, 민족 사회주의자 당 등은 범 아랍주의 등 아랍

의 대의를 지지하는 좌파 정당이었고, 이들 좌파에 대항하여 사미르 알 리파이(Samir al-Ritai)와 타피끄 아불 후다 등 동안 출신의 왕당파 정치가들이 이끄는 아랍 입헌당 공동체/민족당들이 활동하였다. 1952년 1월 제정된 헌법은 정당을 설립하고 정당에 가입할 시민의 권리를 규정하고 있다.[43] 그러나 마르크스주의자 정당들이 1953년 반공법에 의해서 금지되고, 1957년 군법이 선포되면서 모든 정당 활동이 금지되었다. 정당 활동을 하는 자들은 비밀경찰에 의해서 체포되었고, 고발 없이 감금될 수 있었다. 왕당파들은 1950년, 1951년 선거에서 의석의 20% 정도를 획득하였고, 마르크스주의자 정당 활동이 금지된 이후인 1954년에는 40% 이상의 의석을 획득하였다. 왕당파들은 정치 이념, 즉 경제적, 정치적 프로그램을 제시하지 않고, 단지 부족과 가족의 연대에 의지하였고 동안 민족주의를 제창하면서 하심왕정을 지지하였다.

이렇게 1950년대 요르단 정치는 사회주의자들과 왕당파들이 주도했다. 주요한 동안출신이 지도부를 장악한 무슬림 형제단과 서안 출신이 지도부를 장악한 이슬람 해방당(Hizb al-Tahrir Islami) 등 이슬람주의자들은 사회주의자들과 왕당파들에 비해서 모두 상대적으로 취약한 지지 기반을 갖고 있었다. 이 때 요르단 왕정은 사회주의자들과 왕당파를 포함하여 모든 정당 활동을 금지시키고 동안 출신의 이슬람주의자들이 주도하는 무슬림 형제단의 활동만을 허용하였다.

1950년대 정당별 하원 의회 의석 획득 분포를 보여주는 〈표 12〉는 당시 어느 세력이 요르단 정치에서 패권을 장악할 가능성이 있었는지를 말해 준다.

1980년대까지 무슬림 형제단은 요르단에서 가장 최초로 가장 잘 조직된 이슬람주의자 조직이며, 하심왕가의 하위 협력자로서 모스크와 학교 등을 통해서 광범위한 영향력을 행사해왔다. 무슬림 형제단은 정부의 정책 결정에 대하여 '이슬람의 원칙들, 대중 동원, 종교적 사법적 권위' 등을 사용하며, 이들의 파트와는 무슬림 대중들이 정부 정책을 판단하는데 커다란 영향력을 발휘한다. 이 단체는 이슬람의 가치들을 강조하면서, 의료 사업, 교육 사업, 가난한 이들과 고아들을 위한 사업을 운영함으로써 요르단 사회 전반, 특히 난민 캠프를 중심으로 팔레스타인-요르단인들에게 영향력을 확대한다.

표 12 _ 1950년대 정당별 의회 하원 의석 분포[44]

정당		선거 연도별 의석수(비율%)			
		1950	1951	1954	1956
사회주의자	바쓰당	2(5%)	3(7.5%)	0	2(5%)
	공산당	2(5%)	2(5%)	2(5%)	
	민족 사회주의자 당	10(25%)	11(27.5%)	1(2.5)	12(30%)
	민족 전선				3(7.5%)
왕당파	아랍 입헌당	8(20%)	9(22.5%)	17(42.5%)	8(20%)
	공동체/민족당	2(5%)	1(2.5%)	0	0
이슬람주의자	무슬림 형제당			4(10%)	4(10%)
	이슬람 해방당			1(2.5%)	1(2.5%)
무소속		16(40%)	14(35%)	15(37.5%)	10(25%)
		40	40	40	40

이집트 아랍 공화국, 시리아 아랍 공화국 등 공화국을 표방한 중동 국가들에서는 무슬림 형제단이 정부와 지속적으로 불화를 일으켜온 반면, 요르단 하심 왕국의 무슬림 형제단은 왕가와 우호적인 협력관계를 유지해왔다. 무슬림 형제단은 반공법이 실행된 1953년부터 1992년 정치 자유화가 이루어질 때까지 활동이 금지되지 않았을 뿐만 아니라 전국 규모로 조직을 활성화시켰다. 이 때 요르단 왕가는 무슬림 형제단을 정당으로서가 아니라 이슬람 단체(an Islamic Society)로서 활동하도록 허락함으로써 왕가와 무슬림 형제단은 긴밀하게 상호 협력하였다.

〈표 13〉은 1989년 이후 선거에서는 사회주의 정당들의 의석 비율이 현저하게 줄어들면서 이슬람주의자들과 가문과 부족에 토대를 둔 무소속 후보들이 두드러지게 약진했다는 것을 보여준다.

1989년 IAF가 장악한 의석수는 1956년 민족 사회주의자 당이 획득했던 의석수와 일치한다. 이 두 당은 당대에 각각 의회 의석의 30%를 장악함으로써 의회내에서 단독 블록으로는 가장 큰 정당이었으며, 민족-사회주의와 이슬람주의를 내세움으로써 당대에 가장 강력한 정치 이념을 대변하였다.

표 13 _ 1989년 이후 정당별 의회 하원 의석 분포[45]

정당	선거 연도별 획득 의석 수(비율%)					
	1989	1993	1997	2003	2007	2010(11월)
IAF	23(30%)	16(20%)	거부	17(15%)	6(5.4%)	거부
하시드	1(1.25%)	1(1.25%)	거부			
민주 인민 연합	1(1.25%)	0		0		
사회민주당	1(1.25%)	1(1.25%)				
바쓰당	1(1.25%)	1(1.25%)				
야까타당	1(1.25%)	2(2.5%)				
무스타끄발당	3(3.8%)	1(1.25%)				
요르단 민족 동맹	3(3.8%)	4(5%)				
아흐다당	0	3(3.75)				
고향땅 당	0	2(2.5%)				
무소속	46(57.4%)	49(61.25%)		87(79%)	98(94.6)	
여성할당				6	6	
합계	80	80	80	110	110	120

■ 이슬람주의자의 정치 세력화

1989년 11월 이전 의회의원 선거는 1967년 4월에 있었고, 이 때 선출된 의원들이 1989년 선거 때까지 활동했다. 1970년에 후세인은 이스라엘이 요르단강 서안을 점령했기 때문에 선거를 연기한다고 밝히면서, 1967년에 선출된 의원들은 새로운 선거가 이루어질 때까지 계속해서 그 직분을 유지한다는 법령을 선포하였다. 1974년 아랍 정상 회담에서 PLO가 팔레스타인인들의 단독 대표라는 결정은 요르단강 서안의 정치적 관계에 때문에 요르단에게 문제를 야기하였다. 이 결정에 대한 대답으로, 1974년 11월에 후세인은 요르단강 서안을 대표하는 의원들의 수가 1/2을 차지하는 하원을 해산했다. 이후 1976년에 신거를 시도했으나 서안을 신거에 포함시킬 것인가 여부 때문에 PLO와 문제가 발생했고, 후세인은 같은 해 2월 서안 소속의원들을 포함하는 해산된 의회를 소집하여 새로운 의회 선거를 무기한 연기하기로 결정하였다. 1978년부터 1984년까지 의회가 중지되었고, 입법부의 권한은 행정부로 귀속되었으며, 이 기간 동안 임명된 국민 자문회의(the National Consultative Council, NCC)가 창설되어 행정부에 조언하였다. 1984년 정부는 의회 정치로 복귀를 선언했고, 옛 의회를 다시 소집했다. 이 의회가 1989년 선거에서 새로운 의회가 구성될 때까지 작동하였다.

1967년 선거 중지 이후 처음 실시된 1989년 의회 선거에서 이슬람주의자들이 총 80개의 의석 중 38석을 획득하면서 가장 큰 정치세력으로 급부상하였다. 또 정부에 반대하는 좌파 등을 비롯한 민족주의자들이 13석을 확보하였다. 이것은 요르단 역사상 일종의 선거 혁명이었고, 기득권 세력들을 위협하는 정치적인 지각 변동을 초래할만한 사건이었다. 왕정에 좀더 우호적이라고 생각되는 요르단강 동안 출신 시민들에게 더 많은 의석을 배분한 선거구 조작에도 불구하고, 이슬람주의자들이 대단히 선전한 결과였다. 이 선거에서 후보들은 정당과의 공식적인 제휴 없이 출마하였으나 그들의 소속 정당은 대부분 널리 알려졌다. 1989년 선거에서는 투표자 1인당 각 선거구에 할당된 의석 수 만큼의 투표를 할 수 있었기 때문에, 무슬림 형제단은 무소속의 이슬람주의자들 뿐만 아니라 좌파와 기독교인 후보들과도 동맹하였다. 이러한 동맹을 만드는 기술과 연대 투표 명부가 무슬림 형제단을 승리로 이끌었다.

1989년 선거에서, 당선 확률을 높이기 위해서 해당 지역구에서 후보들은 연합하였고 후보들 공동 명부, 즉 무슬림, 기독교인, 체르케스인 등의 명부를 만들었다. 예를 들면, 기독교인들이 1석을 할당받은 지역구에서는 무슬림들은 특정한 기독교인 후보와 동맹하였고 그 지지자들에게 무슬림 형제단이 지지하는 기독교인 후보에게도 투표하도록 지시하였다. 이런 방식으로 무슬림 형제단은 기독교도와의 동맹을 통해서 다수의 의석을 확보할 수 있었다. 때문에 유권자들은 자신들이 좋아하는 부족이나 정당 후보들을 다양하게 선택할 수 있었기 때문에 무슬림 형제단 등은 다수의 의석을 확보할 수 있었다. IAF를 조직하여 강력한 야당 정치 세력으로 변신한 무슬림 형제단은 정부와 차별화된 정책, 특히 팔레스타인 문제에 관하여 이슬람에 호소함으로써 대중의 지지를 결집하였다. 이제 하심 왕가는 이슬람주의자들을 약화시킬 방안을 찾게 되었다.

■ 정치이념을 압도한 부족주의

1991년 좌파와 이슬람주의자 정당에 대한 금지가 해제되었고, 1992년 정당법(the Political Parties Law No. 32 of 1992)이 다당제 민주주의로의 복귀를 가능하게 하였다. 이 법 아래서 정당들이 창설되고 활동하였다. 내무 장관으로부터 정당허가를 받기 위해서는 최소한 50명의 당원들을 확보하고 헌법과 다당제의 이상을 존중 하는 등의 규정을 준수해야했다. 1992년 법의 선포로, 정당 구성이 폭발적으로 이루어졌다.[46] 1993년 선거제도가 대폭 변경되었고, 이 새로운 제도 아래서는 투표자 1인당, 1투표만을 행사하도록 규정하였다. 이 때 후세인 왕은 많은 시민들이 정치 이념보다는 부족의 유대를 따라서 주어진 단 1투표를 행사할 것이라고 예상했다.

1인 1투표제 아래서 유권자들은 무슬림, 체르케스인 혹은 기독교인 중의 한 후보에게만 투표도록 함으로써 선택의 폭을 제한하였다. 이러한 선거제도에서 부족들, 이슬람주의자들, 팔레스타인에 기원을 둔 요르단인, 좌파 민족주의자들이 상호 경쟁하였다. 이 선거에서 중요한 요소는 이념과 정치적 제휴가 아니라 부족과 지역적 연대였다. 이것은 선거 결과에 선거 과정에서 드러났다. 다양한 양상의 선거전이 있었다. 베두인 지역에서 선거를 위한 현수막 등은 거의 존재하지 않았다. 반면 암만이나 자르까 같은 도시 지역에서는 수많은 현수막이 존재하였다. 이것은 베두인 지역의 선거는 정치 이념 보다는 거의 독점적으로 부족에 토대를 두었고, 선거 운동은 후보 개인의 집과 개인적인 통로로 이루어졌다. 반면 암만의 선거 운동은 대형 슈퍼마켓 등에서 전자 디지털 홍보를 통해서 이루어졌다.

정부는 광범하게 선거에 개입하면서, 후보들이 조직하는 공중 정치 모임을 금지하였다. 이 조치는 후보들의 선거 운동을 개인 집이나 선거 사무실로 제한시켰고, 후보들이 한 개 이상의 선거 사무실을 운영할 수도 없도록 했다. 정부는 신문에 선거관련 기사를 쓰는 것을 포함하여 공무원들의 선거 활동을 금지하였으며, 무슬림 형제난을 지지하는 공무원들을 해당 지역구에서 다른 지역구로 전보 발령시켰다. 왕은 선거 전날 '평화를 위한 선택'을 강조하면서, 커다란 목소리, 화려한 슬로건, 번지르르한 말 등에 매혹되지 않도록 주의할 것을 당부하였다. 이러한 왕의 연설은 무슬림 형제단의 인기를 좌절시키려는 시도였다.

1989년 선거 캠페인은 부패 척결, 민주화, 책임지는 정부 수립, 고용 기회 확충, 외부 원조의존 종결, 국가 채무 줄이기, 아랍 예루살렘의 완전한 해방, 아랍 통합 등의 주제를 포함했다. 1993년 선거에서 이슬람주의자들은 대부분 평화 과정과 민족 통합, 팔레스타인의 완전한 해방을 주장하였다. 반면 베두인 후보들은 도로, 학교, 병원, 고용, 교육을 강화시키는 등의 지역 상황을 개선시키는데 집중하였다.

암만의 제1, 2선거구는 두 개의 난민 캠프를 포함하며 팔레스타인 다수가 거주하는 지역이다. 이 지역의 후보들은 이스라엘-팔레스타인 협정, 경제 발전, 비효율적인 공공 서비스, 공유지 거주자들에 대한 도시 계획 등을 포함하는 팔레스타인 노동계층의 이익을 대변하였다. 이와 대조적으로 보수적인 가계들이 거주하며 공업지역인 암만의 제4선거구에서 후보자들은 그들의 선거구민의 경제적 이해관계에 집중하였다. 예를 들면, 압드 알-라흐만 알 카타나(Abd al-Rahman al Qatarna)의 선거 현수막은 이라크에 대항하는 UN의 통상 금지 정책을 제거하는 것이었다. 이 선거구의 상품들은 주로 이라크 시장을 겨냥한 것이었기 때문이다.

1인 1투표 선거제도 아래서 극적인 변화는 이념이 아니라 가계, 부족, 팔레스타인 기원이냐 요르단 기원이냐에 집중되었다. 부족 구성원들을 지지하는 광고는 각종 신문들을 가득 메웠고, 그들 출신 고향의 후보들을 후원할 목적으로 가족 모임이 대규모로 이루어졌다. 정당들은 부족의 투표를 확보하기 위하여, 강력한 부족의 후원을 내세웠다. IAF는 암만의 제5선거구에서 부족의 지도자인 사라마 알-아사프(Salama al-Assaf)를 내세웠고, 자르까에서는 바니 하산(Bani Hassan) 부족 출신의 바산 우무스(Bassan 'Umush)를 내세웠다. 자라시 지역구인 라이문(Raymun)에서는 백만 장자인 이사 알-라이무니('Isa al-Raymuni)에 대항하여 술레이만 알-라이무니(Sulayman al-Raymuni)를 후원하였다. 라이문(Raymun)은 3,000명의 주민으로 구성된 마을이며, 이중 1,000명이 유권자였다. 그러나 IAF는 람타(Ramtha), 바니 키나나(Bani Kinana), 북부와 중부 베두인 지역구에서는 단 한 명의 후보도 내지 못하였다. 이 곳들은 부족의 정체성이 후보를 선택하는데 압도적으로 우세한 지역이었기 때문이었다.

IAF와 좌파들이 당 명부를 만들고 그 후보들을 추천하였음에도 불구하고, 중도파 정당들은 후보들을 추천하지 않았고 그 후보들이 무소속으로 출마하도록 허락하였다. 예를 들면, 압드 알-하디 마잘리('Abd al-Hadi Majali)는 아흐드('Ahd)당의 총재였고, 라우프 알-라완다(Ra'uf al-Rawabda)는 야까자(Yaqaza)당의 총재였으나 이들을 각각 그들 부족의 대표로 출마하면서 각 당의 프로그램이나 제휴에 대한 논쟁을 피했다. 후보들을 정당원으로 추천하지 않음으로써, 이 정당들은 정치적인 제휴에 관한 대중들의 두려움을 피해갔다. 이러한 두려움은 정당들이 금지되고, 군법과 긴급조치가 실행되면서 정치적 탄압이 가해진 1950년대로 거슬러 올라간다. 부족주의가 우세한 선거에서 비정치적인 부족의 투표를 획득하는 것은 이 정당들에게 안전판이 되었다.

부족의 연대에 대한 수용은 동안 기원의 요르단인들로 제한된 것은 아니었다. 많은 팔레스타인 기원의 요르단인들도 팔레스타인에 있는 고향 출신들에게 투표하였다. 예를 들면, 암만의 제2선거구에서 팔레스타인 후보는 헤브론 출신들을 대표하여 출마하였고, 자르까에서 파야드 자라르(Fayad Jarrar)는 제닌 가계의 지지를 얻기 위해서 노력하였다.

선거법에서의 변화는 부족들이 조직되는 방법에 영향을 끼쳤다. 선거에서 성공하기 위해서 부족들은 현대적인 정치 기술들을 고안해야만 했다. 많은 부족들은 자신들을 대표하는 한 명의 후보를 민주적으로 이의없이 선출해야만했다. 그러나 항상 그러했던 것은 아니었다. 후와야타트(Huwaytat) 부족의 자지(Jazi) 분파, 바니 사크르(Bani Sakhr) 부족의 파야이즈(Fayiz)와 자반(Zaban) 분파들과 마잘리(Majali) 부족 등과 같이 일부 부족들은 단일 후보를 내세우는데 실패했다. 이들 부족들은 유권자들이 분열됨으로 인해서, 의석을 획득할 가능성이 줄어들었다.

새로운 선거 방법은 동안 출신의 요르단인들과 팔레스타인 출신의 요르단인들 사이를 양극화시켰다. 이 양극화는 후보들이 득표하는 방법을 치밀하게 계산하도록 만들었다. 이념보다 부족의 우위는 정당들이 유권자들을 분열시키면서 부족 집단으로 분열시키도록 이끌었다. 암만의 제5선거구에서는, IAF가 유권자들을 부족 집단으로 분열시키는 것처럼 보였다. 예를 들면, 팔레스타인 후보들 중의 2명인, 무함마드 아부 파리스(Muhammad Abu Faris)와 후만 사이드(Humam Sa'id)가 팔레스타인 유권자들에게 전념하도록 고무시킨 반면, 요르단 가계의 지도자인 살라마 알-아사프(Salama Al-

'Assaf)는 동안 유권자들의 표를 얻도록 유도하였다.

자유주의자인 투잔 파이잘(Tujan Faysal)은 암만의 다섯 번째 선거구에서 세 번째 선거구로 옮겼다. 왜냐하면, 다섯 번째 선거구는 부족이나 이슬람주의자들이 이전 선거에서 당선되었기 때문이다.

이 수정안은 매우 물의를 일으켰다. 비판자들은 이 수정안이 왕에게 충성을 다하는 전통적인 보수 세력들과 부족 후보들에게 유리하게 작용하여 이념 정당 후보들을 누르기 위하여 고안되었다고 주장하였다. 이러한 분석을 입증이라도 하듯 1993년 선거에서는 비 이념적 부족 대표들이 압도적인 승리를 거두었다. 이 선거에서 이슬람 행동 전선은 16석, 좌파와 민족주의자들은 7석을 확보하였고, 부족에 토대를 둔 후보들이 49석을 획득하였다. 이번 선거에서 승리한 후보들은 그들의 부족이나 부족 동맹의 후원을 확보한 사람들이었다. 후보의 출신 부족의 크기, 고위 관직에 접근할 수 있는 부족의 능력, 부족의 재정적인 능력 등의 요소들이 결과에 영향을 끼쳤다. 예를 들면, 바니 키나나(Bani Kinana) 구역의 우바다트('Ubaydat) 부족에는 10,000명의 유권자들이 있었고, 말카위 가계(Malkawi Family)와 같은 작은 가계들에는 약 3,000명 정도의 유권자들이 있었다. 당연히 우바다트 부족의 탈랄 우바다트(Talal 'Ubaydat)가 당선되었다. 많은 경우에, 가장 규모가 큰 부족의 전통적인 수장들이 부족 조직을 이어간다는 믿음에서 승리를 거머쥐었다. 이러한 부족 조직은 부족의 지도자에게 투표하도록 동맹 부족들이 후원함으로써 젊은 사람들이 선거에서 성공적으로 경쟁할 수 있는 기회를 사실상 박탈하였다. 하디드(Hadid) 부족과 바니 사크르의 부족의 파이즈 분파(the Fayiz of the Bani Sakhr)의 경우처럼, 젊은 후보들이 부족의 연장자들에 대항해 출마하였으나 패배하였다.

1993년 정치 이념이나 문제들보다 부족의 정체성이나 기원에 초점을 맞추는 선거로의 변화는 IAF에게 불리하게 작용하였다. 예를 들면, 요르단인 혈통의 강력한 IAF 후보인 압드 알 라티프 아라비야트('Abd al-Latif Arabiyat)는 바까 지역에서 재선에 실패하였다. 왜냐하면, 바까 난민촌 주민들이 팔레스타인 출신의 후보에게 투표를 했기 때문이다. 바까 난민촌에는 22,800명의 유권자들이 있었고, 이번 선거에서는 3명이 입후보하였다. 이것은 IAF가 자체 당원들 이외의 사람들의 지지에 더 이상 의존할 수 없다는 것을 증명했다. 1993년 투표자들은 1989년 투표자들보다 더욱 현실적이 되었고, 무슬림 형제단 기원의 IAF가 의회에 들어간 1989년 이후에는 종교에 기원을 둔 저항 운동 단체가 아니라 다른 정당들과 마찬가지로 하나의 정당이 되었다.

이 상황에서 다른 정당들은 약화되어갔다. 좌파들은 좌파 혹은 민족주의자들과의 연합에 실패했고, 진보적인 사회주의자들은 같은 좌파의 바쓰 당에 반대해서 출마했다. 좌파들 내부 경쟁은 부족 후보들과 IAF 후보들에게 유리하게 작용하였다. 좌파들은 자유화 이후 새로운 현실에 적응하지 못했다. 새로운 현실은 이념적인 선전이나 과거의 인기에 의존하기 보다는 일반 유권자의 수준에서 대중 동원을 요구한다. 결국 유권자들은 정당 보다는 씨족과 개인적인 유대 관계에 토대를 두고 투표했다.

부족에 기반한 선거들은 요르단 사회의 양극화를 극대화시켰다. 암만의 제3선거구에서 경계가 분명하게 그어졌다. 팔레스타인 기원의 요르단인들은 서안 나블루스 출신의 타히르 알-마스리(Tahir al-Masri)에게 투표하였고, 동안 기원의 요르단인들은 동안 알-솔트(al-Salt) 출신의 알리 아부 알-라깁('Ali Abu al-Raghib)에게 투표하였다.

동안 기원의 요르단인들의 투표는 자신들의 이익이 팔레스타인 문제에 대한 미래의 해결 과정, 즉 평화 협정과정에서 정치적, 경제적으로 밀려날까 두려워하는데서 기인한 것이었다. 많은 동안 기원 요르단인들은 이스라엘-팔레스타인 협정이 요르단을 위한 외국의 재정 원조와 투자를 감소시킬 것이고 부동산 시장의 침체, 은행업의 침체, 이스라엘의 통제와 보다 강력해진 경쟁에서 상품을 거래할 수 있는 요르단의 능력에 손상을 끼칠 것이라고 판단하였다. 때문에, 그들은 진정한 '요르단의 이익'을 수호해야한다고 생각하였다. 요르단 중앙은행 총재인, 무함마드 나블시(Muhammad Nabulsi)는 팔레스타인인들이 자신들의 은행을 세우고 통화를 발행하려는 시도는 결국 요르단에게 해를 끼칠 것이며, 특히 무역과 투자 영역에서 그렇다고 주장하였다.

몇 몇 후보들은 부족적, 지역적, 종교적인 측면에서 자신들을 표현하였다. 그러나 그들은 부족적이고 민족주의적인 선거 제도에서 성공할 수 없었다. 예를 들면, 파리스 알 나블시(Faris al Nabulsi)는 의회에서 진보적이고 부패에 대항하는 그의 입장 때문에 커다란 지지를 받았으나 재선에 실패하였다. 유권자들이 이념보다는 부족적인 정체성에 대한 주장들을 원했을 때, 그는 분명한 정체성을 제시하지 않았기 때문이었다.

결론적으로 이 선거에서 정치 이념보다는 부족주의가 유권자들에게 강력하게 영향을 끼쳤다. 50명의 정당 활동가들, 국회의원들과 후보들은 유권자 등록 과정과 투표용지 수집과정, 투표 집게 과정에서 불법 행위가 있었고 선거가 불공정하고 자유롭지 못했다고 주장하였다. 게다가 이르비드에서 2,000명 주민들이 선거 결과에 불복하고, 선거 취소를 주장하면서 평화 행진을 조직하였다.[47]

■ 부족 세력의 연대 강화

공식적인 정당들과 제휴하지 않은 후보들이 1997년 의회 선거에서 대승을 거두었다. 압도적으로 부족들이 거주하는 시골 지역들은 높은 투표율을 보여주었다. 반면에 좀 더 도시화된 지역들은 선거에 무관심했고, 특히 팔레스타인 출신들이 90%이상 거주하는 암만과 자르까 지역의 선거 무관심 정도가 심했다. 전체 투표율은 유권자들의 44%였다.[48] 예를 들면, 타필라에서는 등록된 유권자의 72%가 투표한 반면, 암만 2지구에서는 등록된 유권자의 26%가, 암만 근처의 자르까에서는 등록된 유권자들 중 29%만이 투표에 참가했다.[49]

표 14 _ 1989년, 1997년 의회 구역과 의석 배분[50]

행정 구역	1989 의회선거		1997년 의회선거					
	선거구	의석수	인구수	팔후보(%)	등록 유권자 (%)	할당의석		인구대비 예상의석
* 암만	1st	3	318,821	63	23.34	3	18 (체:2, 기:1)	6.1
	2nd	3	517,269	73	20.74	3		9.9
	3rd	5	160,445	32	23.74	5		3.1
	4th	2	197,418	43	28.05	2		3.8
	5th	5	361,850	17	28.05	5		7.0
이르비드	1	14	468.958	15	50.10	9(기:1)		8.9

행정 구역	1989 의회선거		1997년 의회선거					
	선거구	의석수	인구수	팔후보(%)	등록 유권자 (%)	할당의석	인구대비 예상의석
발까	1	8	283,309	17	47.95	8(기:2)	5.4
케락	1	9	165,677	7.5	70.54	9(기:2)	3.2
마안	1	3	58,635	0	67.88	3	1.1
*자르까	1	6	643,323	59	27.51	6(체1,기:1)	12.4
마프라크	1	3	97,649	?	60.56	3	1.9
타필라	1	3	54,525	6	70.94	3	1.1
마다바	1	3	104,062	0	61.81	3(기:1)	2.0
제라시	1	2	124,664	13	64.70	2	2.4
아즐룬	1	3	95,698	2.5	57.94	3(기:1)	1.8
아까바(Aqaba)	1	2	68,773	22	60.78	2	1.3
람타와 바니 키나나	0	0	143,002	12	60.17	3	2.7
쿠라와 북고르	0	0	146,831	7	60.02	2	2.8
중앙 바디아	1	2	44,600	0	59.67	2	0.9
남부 바디아	1	2	49,869	0	70.54	2	1.0
북 바디아	1	2	62,622	0	64.01	2	1.2
전체	19	80	4,164,000	21		80	80

이슬람 행동 전선은 선거제도에 대한 변경을 요구하면서 1997년의 의회 선거 참가를 거부하였고, 1994년 10월 이스라엘과 요르단의 평화 조약을 철회할 것과 미국과의 긴밀한 유대 관계에 반대하였다.[51] 이러한 정부의 대내외 정책을 비난하는 이슬람 행동 전선의 태도는 팔레스타인에 기원을 둔 요르단 시민들의 상당한 지지를 받으면서, 왕가를 위협하기에 충분했다. 이슬람 행동 전선은 선거 거부 이유를 1997년 7월 14일에 다음과 같이 밝혔다.

1. 권력 분립을 강화시키고 입법부에게 입법권과 감독권 등의 안전한 권리와 역할을 부여하기 위한 헌법 개정. 1인 1투표제도의 취소하고 시민들이 진정한 대표를 선출하도록 자유롭고 공정한 선거를 보장하는 현대적인 선거법으로 대체할 것. 표현, 출판, 언론의 자유를 보장하기 위하여 언론 출판 임시법(the Press and Publications

Temporary Law, 1997년 5월에 공포)의 폐지.

2. 정당과 시민 사회 기구들에 대항하는 독단적인 모든 조치들을 중단시키고 그 활동을 확장시키도록 평화로운 반대를 위한 기회를 제공할 것.

3. 다양한 경제 상황들을 처리하고 모든 형태의 부패를 저지하고, '세계은행'의 명령과 '신세계 질서(the New World Order)' 정책에 따르지 말 것.

4. 국민들의 현재와 미래 상황에 긍정적으로 영향을 끼치는 태도를 채택하고 의사 결정 과정에 대중적인 참가를 강화하기 위한 방법으로 자유를 보장하고 침해를 중지할 것.

5. 시온주의자 적들과 관계 정상화를 중지하고 시온주의자들의 모든 침해 행위를 막을 것.

1997년 의회 선거에서 IAF와 이슬람주의자들을 비롯한 좌파들이 선거를 거부하였다. 이번 선거에서 카릴 하다딘(Khalil Haddadin, 암만 3구역 기독교인–바쓰당)과 나지흐 아마린(Nazih Ammarin, 케락의 기독교인)을 비롯한 유명한 야당 인사들이 의석을 획득하였다. 친정부적인 국민 입헌당(the National Constitution Party)은 11석 이상 획득할 것으로 예상되었음에도 불구하고 정당 보다는 부족에 의지해서 오직 2석을 획득하였다.

무슬림 형제단 지도부의 선거 거부는 지지자들의 압력에 의해서 취해진 결정이었다. 따라서 지도부는 이 결정을 번복할 수가 없었고, 몇 몇 이슬람주의자들이 개인적으로 참가하였다. 1997년의 선거 결과는 가장 큰 야당 세력인 이슬람주의자들이 선거 참가를 거부한 상황에서, 부족과의 제휴가 정당과의 제휴를 대체하면서 결정적으로 중요한 역할을 하였다는 것을 보여주었다.

1997년 선거법과 의회 의석 배분은 계획적으로 전통적으로 친 하심가로 알려진 주민들이 거주하는 지역에 유리하게 만들어 졌다. 이슬람주의자들과 사회주의 정당들이 이 선거를 거부했음에도 불구하고, 500명 이상의 후보들이 10월 선거에 참가하였다. 후보 등록에서 불법행위와 속임수가 만연했다. 언론과 선거 운동에 대한 제한은 선거법과 선거법의 실행의 공정성에 관한 토론을 방해했다. 투표율은 대도시 지역들에서는 매우 낮았고, 시골 지역에서는 매우 높았다. 주요 부족과 연대한 후보들이 새로운 의회를 장악하였다. 수정된 선거법은 유권자들이 여러 후보를 뽑는 지역구에서 오직 한 후보에게만 투표하도록 함으로써, 대체로 부족 사회에서, 시민들은 자신들의 가계 구성원들에게 우선 한 표를 행사하고, 그 다음으로 그들의 정치적인 경향에 맞는 후보에게 투표한다. 때문에 수정안은 일부 비 부족의 후보들이 출마할 수 있는 기회를 박탈하였다.

1997년 선거에서는 하원 80석 중 9석은 기독교인들에게, 6석은 베두인들에게, 3석은 체르케스인들에게 할당된 의석이었다. 팔레스타인 출신들이 요르단 전체 인구의 50% 이상을 차지하지만, 정부 내에서 소수를 구성하였다. 팔레스타인 출신들은 24명의 장관 중 7명, 40명의 상원 의원들 중 6명, 80석의 하원 의석 중 11석만을 차지하였다. 선거 제도는 팔레스타인 출신들이 거의 없는 지역들에 더 많은 의석을 할당하였다.

■ 부족세력의 압도적 승리

2001년 압둘라 2세는 의회를 해산하고 선거를 연기하였다. 2001년에 선거가 실시된다면, 이슬람주의자들이 압승할 것이 예상되었다. 야당 의원인, 나지흐 암마린 (Dr. Nazih Ammarin)은 "전문가 연합의 선거는 항상 요르단 여론의 중요한 지표다. 현재 전문가 연합은 이슬람주의자들에 의해서 통제되고 있다." 이슬람주의자들은 요르단과 이스라엘의 평화 협정에 반대하였다. 특히 2000년 9월 팔레스타인 2차 민중 봉기 이후 더욱 강력하게 반대하면서, 요르단 정부에게 이스라엘과의 관계를 단절하도록 요구하였다.

2001년까지 하원은 다당제도 아래서 4년마다 선거로 구성되는 80명이었고 21개의 서거구로 요르단 전역은 21개의 서거구로 나뉘어 있었다. 각 선거구는 2석-9석의 의원들을 선출하였고 19세 이상의 모든 요르단인들에게 투표권이 있었다. 하원 후보 자격은 30세 이상이었다. 2001년 7월 왕의 칙령으로 하원의석은 80명에서 110명으로 늘어났고, 선거구는 21개에서 45개로 세분하여 의석을 재분배하였다. 투표 연령을 19세에서 18세로 낮추었다.

표 15 _ 2003년 의회 구역과 의석 배분

행정 구역	팔레스타인 출신 후보(%)		등록 유권자(%)	선거구수	무슬림	체르케스인	기독교인	전체(의석)
*암만	1st	63	41.91	1	4			23
	2nd	73	40.62	1	4			
	3rd	32	41.85	1	4		1	
	4th	43	51.38	1	3			
	5th	17	32.49	1	2	1		
	6th	0	49.42	1	2	1		
	7th	?	68.93	1	1			
이르비드	15		68.02	9	15	0	1	16
발까	17		70.70	4	8	0	2	10
케락	7.5		82.10	6	8	0	2	10
마안	0		77.74	3	4	0	0	4
*자르까	59		47.96	4	8	1	1	10
마프라크	?		81.76	1	4	0	0	4
타필라	6		82.20	2	4	0	0	4
마다바	0		49.42	2	3	0	1	4
제라시	13		82.54	1	4	0	0	4
아즐룬	2.5		80.37	2	3	0	1	4
아까바	22		63.17	1	2	0	0	2
북바디아	0		84.24	1	3	0	0	3
중앙바디아	0		84.48	1	3	0	0	3
남부바디아	0		79.39	1	3	0	0	3
여성 할당 의석								6[52]
전체				45	92	3	9	110

2003년 요르단 의회(the National Assembly, Majlis al-Umma)는 4년을 임기로 왕이 임명하는 상원(the House of Notables, Majlis al-Ayan) 55명과, 4년마다 선출되는 하원(the House of Representatives, Majlis al-Nuwaab) 110명으로 구성되었다. 2003년 왕의 칙령은 110석 중 6석을 여성의원에게, 9석은 기독교인들에게, 3석은 체르케스인들에게, 9석은 베두인

들에게 할당하였다.[53) 이 선거에서는 정부 견제 세력으로 30명의 후보를 낸 이슬람 행동 전선과 13명의 공동 후보를 내면서 좌파들과 아랍 민족주의자 정당이 연합한 민족 민주 연합(the National Democratic Block)이 있었다. 반면 부족을 대표한 수 십 명의 무소속 후보들과 다수의 보수 세력으로 전임 정부관리, 은퇴한 군 장교, 사업가 등이 친 정부 인사 후보로 나섰다. 이 선거에서 부족 출신 무소속 후보자들과 보수 세력 후보들이 총 의석의 87석을 차지하였고, IAF가 17석을 획득하였다.

이 선거에서 IAF는 선거 사상 최하의 의석 비율을 획득하였고, 좌파와 아랍 민족주의자로 분류되는 세력들은 단 한 석도 얻지 못함으로써 이념 정당들인 야당에게는 최악의 선거가 되었다. 2003년 요르단 투표권자들은 정치 이념보다는 그들의 가족 내지는 부족의 이해관계에 따라 투표하는 경향이 강하였기 때문에, 제일 야당인 IAF가 무소속의 부족주의 세력에게 압도적으로 패배하였다. 이 선거 과정에서 IAF 후보들조차도 IAF의 강령과 이념보다는 부족주의에 호소함으로써, 부족주의의 영향력에서 자유로울 수 없는 것처럼 보였다. 암만, 이르비드, 알자르카, 알 사트와 같은 대도시들을 제외하고는 대부분 부족들이 지역의 정치를 좌우하였다. 때문에 일부 지역에서는 이슬람주의자들이 출마조차하지 못하였다. IAF 소속을 제외하고 선출된 의원 대다수는 정당 소속이 아니었고, 부족의 유대를 토대로 선출되었다.

이 선거에서 선거구 획정은 인구 대비 의석 수 비율에서 매우 불공정하였으며, 동시에 요르단강 서안 출신의 요르단인들이 밀집된 지역의 의석수를 줄일 의도로 고안되었다고 알려져 있다.

약 130만 명의 요르단인들은 2003년 6월 17일에 왕국의 14번째 하원 의원을 선출하기 위하여 투표한 것으로 판명되었다. 무소속 후보들이 의석의 대다수를 휩쓸었다. 540만 명의 요르단 시민들 중 정체 2,325,496명(2,843,483명 유효 투표자 중 81.8% 등록)의 투표 등록자들 가운데 거의 58.8%가 투표하였다. 이 왕국의 탁월한 부족 대표들이 이 나라의 45개 선거구에서 대부분의 의석을 차지하였다. 가장 높은 투표자 수는 케락에서 86%를 기록하였고, 가장 낮은 투표 비율은 암만에서 44.62%를 기록하였다. 예를 들면, 트랜스 요르단 원주민들이 사는 케락은 208,000명의 트랜스 요르단

원주민들이 살고 있으며, 자르까는 암만 동쪽 15km에 위치해 있으며 815,000명의 주민들 중 90%가 팔레스타인 출신이다.[54] IAF는 현재 법이 전체 유권자들에게 불공정하고 의회에서 친 정부적인 다수 의석을 창출하기 위한 것이라고 주장한다. 1993년에 개정된 1인 1투표 선거법은 다수의 도시 팔레스타인 출신의 요르단인들에게 불리하고, 전통적으로 부족적인 동안 출신의 요르단인들에게 유리한 것이다.

IAF 의원들은 이스라엘과의 평화 조약을 철회할 것을 요구하였다. IAF는 요르단에서 가장 잘 조직된 정당이면, 전문직 종사자들의 광범위한 지지를 받고 있다.[55] 2003년 전 요르단인구의 50%를 이상을 차지하는 팔레스타인 출신은 21명의 장관 중 7명, 상원 55석 중 7석, 하원은 110석 중 17석(IAF)을 차지하였고, 요르단 전역에서 지방 통치자는 팔레스타인 출신이 한 명도 없다. 요르단 선거제도는 팔레스타인인들이 거의 없는 지역에 의석을 많이 할당하였다.[56] 또 2003년 선거에서는 1997년 21개 지역구에서 45개 지역구로 분할하였다.

최근 몇 년 사이에 하심 왕가의 중추를 구성하는 동안 베두인 부족들과 전 요르단 인구의 50%를 차지하는 팔레스타인 출신의 요르단인들 사이에서 친 정부파와 반정부 이슬람주의자들 사이의 분할이 심화되었다. 보안대가 반정부 이슬람주의자들을 무장해제 시키려고 시도함으로써, 이슬람주의자들과 정부 사이의 폭력 사태가 2002년 남부 도시 만(Mann)에서 발생하였다.[57]

압둘라 2세는 몇 번에 걸쳐 선거를 연기하였다. 2001년 6월, 왕은 의회를 해산하고 2001년 11월로 예정된 의회 선거를 연기하였고, 이후 2003년 6월 선거 이전까지 서안의 인티파다와 이라크 지역의 긴장을 이유로 2번 더 연기하였다. 그러나 비판자들은 압둘라 2세의 결정은 이스라엘과의 요르단의 평화 조약을 취소시키려고 시도하는 아랍 민족주의자들과 이슬람주의자들이 선거에서 압승을 거둘 수 있다는 두려움에 기인한 것이라고 믿는다. 이슬람 행동전선 지도자는 선거에서 만연한 부정이 있었다고 주장하였다. 그러나 정부는 그 사실을 부정하면서 앞으로 4년 동안 정부와 의회 사이에 협력이 잘 이루어질 것이라고 발표하였다.

2005년 현재 요르단 지방 행정 구역은 12지역으로 나누어져 있다.[58] 지방 정부는 각각 지방자치장과, 214개의 시 의회와 142개의 마을 의회로 구성된다. 12개 지방 자치장은 왕이 임명하고, 하위행정 구역의 장은 내무장관이 임명한다. 2003년 지방 자치법은 지방 정부가 도시나 마을 의회 의원의 1/2를 임명하고, 나머지 1/2를 선거 하도록 수정되었다. 또 지방 정부가 모든 의원회장을 임명하도록 되었다. 2001년에 1999년에 선거된 모든 위원회가 해산되었고, 수정된 법아래서 2003년 7월 선거가 예정되었다. 그러나 최대의 요르단 정당인 IAF는 수정된 법에 대한 항의로 자치 도 시 의회 선거 참가를 거부하였다. 이전의 선거법은 모든 의원을 선출하도록 하였고, 이전의 선거에서는 모든 의원을 선출하였다. 1999년 자치 의회 선거에서 IAF는 주요 자치 도시들내에서 80%의 의석을 획득함으로써 대승을 거둔 경험이 있다.[59]

현재 팔레스타인-요르단인들은 1인 1표 선거제도에 대해서 비판적이다. 이들은 선거 구역이 불공정하게 획정되어 있어 인구 대비 의석을 배분하는 데 매우 불공정 하다고 주장한다. 예를 들면, 팔레스타인-요르단인들이 밀집해서 거주하는 자르까 (Zarqa)와 같은 도시들은 정치적으로 불리하다. 왜냐하면 그들은 왕가에 충성하는 베 두인 부족-요르단인들이 거주하는 훨씬 더 작은 도시들보다 훨씬 더 적은 수의 의 회의원을 선출한다. 기존의 선거제도는 부족들을 위한 것이다. 베두인 지역에서 투 표하는 사람들은 대체로 부족이나 친척 관계에 따라 투표한다. 때문에 이슬람주의 자들을 비롯한 야당 측은 정치 다원주의를 보장할 수 있는 비례대표제에 토대를 둔 새로운 선거법을 요구하고 있다. 따라서 현재 요르단인들의 개혁 논의의 중심에는 선거법이 자리 잡고 있다. 현재 논의 중인 법 개정은 국가적인 차원에서 정당이나 후보를 선출하도록 추가의 투표를 허락할 것이다. 이런 상황에서 통치자는 선거법 개정이 왕가에 충성하는 부족들과 보수주의자들로부터 적대적인 이슬람주의자들과 팔레스타인들 파벌에게 권력을 양도할까 두려워한다.[60] 현재 요르단에서 정당 구실 을 할 수 있도록 잘 조직이 된 것은 이슬람주의자들이다. 자유주의자들과 좌파들은 난립해 있고 그 세력이 미미하다.

■ 개혁요구 반대하는 하심왕가

요르단 왕가는 왕권을 강화시키는 방안으로 부족에 대한 이중적인 정책을 실행해왔다. 실제로는 베두인들을 구역을 할당해서 정착시키면서 그 지역에 중앙에서 관리를 파견하고, 또 상비군으로 흡수하고, 부족법을 폐기하는 등의 정책을 통해서 부족의 사회 경제적 토대를 파괴하고 국민으로 통합해왔다. 그러나 수사적으로는 부족 문화와 규범 등이 국가의 문화와 법 등의 중요한 구성 요소라고 강조하고 있다. 이러한 수사 기법은 결국 왕가에 대한 부족민의 충성심을 유도하고 왕가의 신성 기원을 강조함으로써 왕가의 통치에 대한 영구불변하는 합법성을 창출해내기 위한 것에 불과하다.

특히 왕가는 왕정에 반대하여 공화정을 주장하는 팔레스타인-요르단인들과 1970년대 초반 내전을 치룬 경험이 있다. 또 80년대 이후에 왕가는 강력한 반대파이며 팔레스타인-요르단인들이 주류인 이슬람주의자들의 도전에 직면해 왔다. 이들의 도전에 대한 응답으로 왕가는 수사적으로 부족주의를 활성화시키면서 베두인 부족 출신의 요르단인들에게 힘을 실어주기 위하여 선거제도를 개편하는 조치를 취해왔다. 이것은 왕권을 강화시켜주고, 권력을 왕가로 집중시킬 것이다. 따라서 왕가의 친부족 정책이 지방 분권적인 부족의 시대로 회귀시키는 것과는 관계가 없으며, 오히려 전제적인 왕권을 강화하는 중요한 이념적인 토대를 제공한다.

2011년 2월 압둘라 왕은 계속되는 시위에 대한 대답으로 팔레스타인 가문 출신의 경제전문가인 사미르 리파이 총리를 대체하여 동안 부족 가문 출신의 마루프 바키트를 임명하였다. 바키트는 1964년부터 1999년까지 군인으로 근무하였고, 국가 보안대장, 이스라엘 대사 등을 역임하였으며, 2005년 11월 암만 호텔 테러 사건 직후 총리에 임용되어 2007년 11월까지 테러에 대항하는 요르단의 안보 정책 강조해 온 인물이다. 압둘라 왕의 바키트 총리 임용은 시위대의 개혁 요구를 국가 안보와 정권에 대한 위협으로 간주하여, 시위대의 개혁 요구를 수용할 의지가 없음을 의미하는 것으로 보인다.

Ⅲ. 아랍에미리트 리더십과 알 이슬라흐[*]

아랍의 봄, 민주화 시위가 2010년 12월 튀니지에서 노점상의 분신자살과 함께 시작되어 아랍세계 전역으로 급속도로 확산되면서 튀니지(2011.01.14), 이집트(2011.02.11), 리비아(2011.08.23), 예멘(2012.02.27)의 독재자들이 연쇄적으로 축출되었다. 시리아에서는 여전히 내전이 진행 중이고, 바레인에서도 민주화시위가 진행 중이다.

역내의 강력한 정치변동에 직면한 아랍에미리트 연방정부는 2011년 3월 바레인 민주화시위를 저지하기 위하여 사우디아라비아와 협력하여 군대를 파견하였다. 동시에 아랍에미리트 연방정부는 리비아 독재자 카다피를 축출하는 반군을 후원하였고, 시리아 내전에서는 아사드 정부 전복을 시도하는 반군을 후원하면도 카타르가 후원하는 무슬림형제단과 연계된 반군 후원에는 반대한다.

이와 같이 이념적으로 모순된 아랍에미리트 연방정부 역내 정책의 중심에는 국내 정치개혁요구 분쇄와 정치 불안정성 해소라는 목표가 있다. 아랍에미리트 연방정부는 역내 무슬림 형제단 세력과 아랍에미리트 내에서 정치개혁을 요구하는 강력한 세력인 알 이슬라흐(Al Islah, 개혁)가 연계되어 있다고 판단한다.

국내 정치개혁 요구에 직면한 아랍에미리트 연방정부는 2011년 3월 샤르자, 라스 알 카이마 등 가난한 북부 토후국들의 공익 기반시설 건설에 약 15억 달러를 투자하겠다고 발표하고, 군대 수당을 70% 인상하고, 일부 식품류에 대한 보조금을 도입했다. 이와 함께 정부 당국자들은 인터넷상에서의 개혁 요구 등이 대규모 시위로 발전하는 것을 막기 위하여 시위는 물론이고 정치적인 성격을 띠는 대중 모임을 금지시켰다.

2011년 12월 4일 칼리파 빈 자이드 알 나흐얀(Khalifa bin Zayed Al Nahyan) 대통령은 법령(the decree number. 2/1/7857)을 공포하여 국가 안보를 위협했다는 혐의로 샤르자 토후

* 이 글은 『중동문제연구』 제12권 14호, 명지대학교 중동문제연구소, 2013, 1~31쪽에 게재되었음.

국 출신의 이슬람 법학자이며, 국제 무슬림 연맹 회원(Member of the International Union for Muslim Scholar)인 셰이크 무함마드 압둘 라작 알 세디끄(Sheikh Mohammad Abdul Razak Al-Sediq)를 비롯한 6명의 국적을 취소하는 등 개혁 요구에 대하여 강력한 탄압조치로 응답하였다. 이들 6명은 모두 알 이슬라흐 구성원들이다.

이와 같이 아랍에미리트 연방정부는 정치개혁 운동의 중심에 이집트 무슬림 형제단과 연계된 알 이슬라흐 단체가 있다고 판단하고, 국가 안보를 위협했다는 혐의로 불법 단체로 규정하였다. 알 이슬라흐에 대한 연방 정부의 탄압 조치는 2012년 4월 20일 라스 알 카이마 통치자의 사촌이며, 알 이슬라흐 의장을 맡고 있는 셰이크 술탄 빈 카예드 알 까시미(Sheikh Sultan bin Kayed Al-Qasimi)를 체포한 이후 한층 강화되었다. 2013년 현재 정부는 알 이슬라흐 회원 다수를 포함하여 100명이 넘는 정치범에 대한 재판을 진행하고 있으며, 이 숫자는 100만 명이 채 못 되는 국민 수 대비 정치범 비율로 볼 때, 결코 작은 비중이 아니다.

이와 관련하여, 파이낸셜 타임지는 석유가 풍부한 아부다비와 샤르자와 라스 알 카이마 등 가난한 토후국들 사이의 부의 불균형이 아랍에미리트 전반에 정치적인 긴장상태를 유발하는 잠재적인 화약고라는 분석을 내놓았다.

이 논문은 아부다비와 두바이가 주도하는 아랍에미리트의 리더십의 특성과 샤르자와 라스 알 카이마 등 북부 토후국에 거점을 둔 알 이슬라흐 정치개혁 운동의 양상을 분석함으로써, 아랍에미리트의 정치 변화를 전망하고자한다. 이를 위해서 먼저 19세기 초까지 강력한 해상 세력이었던 샤르자와 라스 알 카이마에 거점을 둔 알 까와심 해상세력이 쇠퇴하고, 아부다비의 알 나흐얀 가문의 리더십이 창출되는 과정을 분석한다. 다음은 현재 아부다비와 두바이가 주도하는 아랍에미리트 연방의 권력구조를 분석함으로써, 지식인들이 제기한 선거개혁을 비롯한 정치구조 개혁 가능성을 전망해 보고자 한다. 마지막으로 2011년 이후 정부에 대한 가장 강력한 반대세력으로 등장한 알 이슬라흐 정치 개혁운동의 특성을 분석함으로써 아랍에미리트의 정치 변화를 전망한다.

■ 아부다비 리더십 창출 : 알 까와심 해상세력 무력화

19세기 초 영국은 '해적 퇴치'라는 미명 하에 호르무즈 해협 인근 라스 알 카이마에 대한 대대적인 군사 작전을 실행함으로써, 해상 세력인 알 까와심 부족 연맹 기지를 초토화시키고, 알 까와심 부족을 무력화 시켰다.

이 사건의 실체는 샤르자 토후국 통치자 셰이크 술탄 무함마드 알 까시미(Sheikh Sultan Muhammad al-Qasimi, 재위 : 1972~현재)의 『걸프에서의 해적 해안 신화(The Myth of Arab Piracy in the Gulf)』를 통해서 드러난다. 술탄 알 까시미 토후는 이 책의 서문에서 "당시 걸프 지역은 항상 평화로운 항로였으며, 해안에 살고 있는 주민들 사이의 연결고리였다. 걸프 지역의 토착 주민들은 정상적인 생활을 하는 평범한 주민들이었다. 1820년 알 까와심 부족을 파괴한 사건은 1956년 수에즈 운하 사건과[61] 다르지 않다."고 주장한다.

영국의 군사 작전 이유는 영국이 걸프 지역으로부터 인도로 가는 통상로를 확보

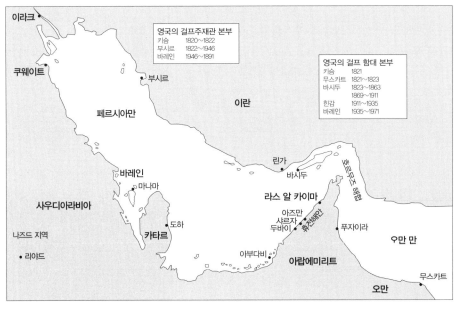

• 19세기 영국의 걸프 지역 지배

하기 위한 것이었고, 알 까와심 부족이 이끄는 상선들은 걸프 지역부터 인도까지 무역 패권을 장악하고 있었기 때문에, 영국의 인도무역에서 알 까와심 부족은 강력한 경쟁자였다.

당시 알 까와심 부족은 걸프연안에서 인도양까지 해상 무역을 지배했다. 알 까와심 부족 연맹의 선단은 큰 상선이 63척, 작은 상선이 669척이었으며 18,760명으로 구성된 승조원들이 있었다. 이 상선들은 약 8천 명의 전투원과 장비를 갖추었고, 유럽 선박들보다 성능이 우수했다고 알려졌다.

이에 영국은 알 까와심 부족을 '해적'으로, 라스 알 카이마 인근 지역을 '해적 해안'으로 명명하고, 이들을 제압하기 위한 군사작전을 시작하였다. 이 작전의 가장 중요한 목표는 라스 알 카이마에 기지를 둔 알 까와심 해상세력을 무력화시키는 것이었다. 1819년 영국 원정대가 호르무즈 해협 인근 라스 알 카이마에서 알 까와심 부족연맹 선박들을 공격하여 대부분 파괴하였고, 1820년 영국과 알 까와심 부족 사이에서 최초의 평화 협정이 체결되었다. 이 전투 이후, 영국은 라스 알 카이마에 함대를 주둔시켰다. 이 사건으로 영국이 알 까와심 부족의 해상 패권을 대체하면서 이 지역에서 지배적인 세력이 되었다. 이 사건 이후, 영국은 '해적 해안'으로 이름 붙였던 걸프지역을 '휴전 해안(Trucial Coast)'으로 개명하였다.

반면, 당시 아부다비 토후들은 해상 무역을 거의 하지 않았으며, 영국의 해상 활동에 도전할만한 대규모 선박을 보유하지도 않았다. 따라서 영국은 아부다비 세력을 '해적'으로 규정하지 않았다. 알 까와심 부족이 걸프 지역에서 패권과 영향력을 상실하면서 알 아인과 알 리와 오아시스 지역에 기반을 둔 아부다비의 바니 야스 부족이 우세하게 되었다. 바니 야스 부족은 알 나흐얀(the Āl Nahyān)의 지도아래, 19세기 중반 이후 이 지역에서 알 까와심 부족을 대체하면서 강력해졌다.

1892년에 아부다비 토후 주도하에 라스 알 카이마, 아즈만, 샤르자, 움 알 콰이완, 두바이 토후들이 차례로 외교권을 영국에게 양도하는 협정을 체결하였다. 영국이 토후들이 통치하는 영역을 '휴전 국가들(the Trucial States 혹은 Trucial Oman)'로 이름 붙였고, 이 토후들은 영국 정부를 이 지역의 공식적인 통치자로 인정하였다. 이 협정에서 토후들은 "영국의 동의 없이는 어떤 국가에게도 영토를 양도하지 않고, 영국 이외의 어떤 다른 국가와도 외교 관계를 수립하지 않겠다."고 약속함으로써, 영국이 걸프 지역을 지배하게 되었다.

그런데 1892년 당시 푸자이라 토후국은 영국의 관심을 받지 못한 채 샤르자 토후국의 통치하에 있었다. 1902년에서야 비로소 푸자이라는 샤르자로부터 독립을 선언하고 영국과 협정을 체결함으로써, 마지막으로 휴전 국가들에 참가한 토후국이 되었다. 이 휴전 국가들은 1971년 12월 2일 영국으로부터 독립할 때까지 영국이 파견한 관리들(British Political Officers or Agents)의 통치하에 있었다. 영국은 주재원을 파견하고, 영국과 협정을 체결한 토후들이 각 지역을 통치하는 간접 분할 통치 방식을 채택하였다.

그런데 아부다비에서 석유가 발견되고, 아부다비 토후가 석유 주도권을 장악하면서 토후들 간의 세력 균형이 결정적으로 변화되었다. 1920년대에 휴전 국가 토후들은 영국과 특별협정을 체결하여, 오직 영국 정부가 승인한 회사들에게만 석유 탐사를 허락하겠다고 약속하였다. 이에 따라 1939년 1월 아부다비 토후 샤크바트 빈 술탄 알 나흐얀(Shakhbut bin Sultan Al Nahyan, 재위 : 1928~1966)은 최초로 아부다비 석유 채굴권 계약을 이라크 석유 회사(Iraq Petroleum Company, IPC)와[62] 체결하였다. 그러나 2차 세계 대전의 발발로 중지되면서 1946년까지 재개되지 못했다. 1950년대 초부터 석유 생산을 위해서 여러 곳을 시추하였으나 실패하고, 1958년에 석유 채굴에 성공하여 1962년부터 수출하기 시작하였다. 석유 수출과 함께 아부다비 토후는 걸프 지역의 강자로 부상하였다.

현재 세계 6위의 석유 매장량을 보유한 것으로 알려진 아부다비는 아랍에미리트 석유 자원의 95%, 가스 자원의 92%를 기록하고 있다. 이에 따라, 아부다비 토후는 석유산업에서 나오는 재원을 기반으로 아랍에미리트 연방을 이끌어가고 있다.

■ 아부나비와 두바이가 주도하는 정치 구조

1. 아랍에미리트 연방과 토후국

헌법 1항에 따르면, 1971년 12월, 독립적, 주권을 갖는 아랍에미리트 연방 임시 헌법이 선포되어 아랍에미리트 연방은 라스 알 카이마를 제외한 6개 토후국 연합으로 창설되었다. 1972년 2월, 연방 최고 위원회(Federal Supreme Council)가 라스 알 카이마 합류를 결정함으로써 7개의 토후국으로 구성되는 현재의 아랍에미리트 연방이 창출되었다. 아랍에미리트 연방은 수도이며 석유가 풍부한 아부다비와 자유무역지대 이며 상업 중심지인 두바이, 더 작고 가난한 샤르자, 라스 알 카이마, 푸자이라, 아즈만, 움 알 콰이완 등 일곱 토후국들로 구성된다.

일곱 토후국들은 각 토후가 통치하며, 각각의 경찰과 과세권을 가진 자치체제로 운영된다. 따라서 영토, 인구, 재원이 풍부한 아부다비와 두바이 토후국들과 샤르

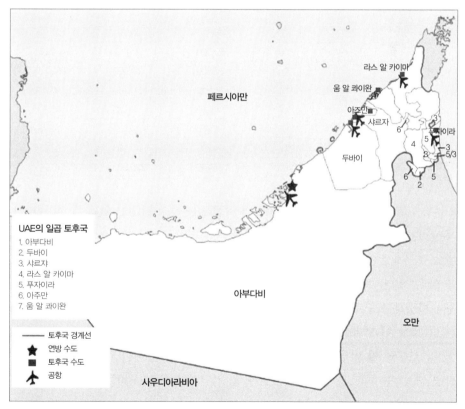

• 아랍에미리트 일곱 토후국

자와 라스 알 카이마를 비롯한 가난한 북부 토후국들 사이의 빈부의 차이는 매우 크다.

다음 〈표 16〉은 현재 각 토후국의 영토와 사회규모를 보여준다. 특히 인구 규모가 1972년 독립 이후 거의 40년 동안 상당히 증대되었음을 볼 수 있다. 또한 최근 샤르자와 라스 알 카이마 등지에서 석유매장 가능성이 제기되고 있는 것을 염두에 둔다면, 앞으로 알 까와심 부족이 통치하는 이 두 토후국들이 새로운 경제세력으로 부상할 가능성도 있다.

표 16 _ 토후국 별 영토와 인구

토후국	영토 (Sq.Miles)	인구-국적자(명)		
		1968	1970	2010
아부다비	26,000	46,500	60,000	404,546
두바이	1,500	59,000	75,000	168,029
샤르자	1,000	31,500	40,000	153,365
라스 알 카이마	650	24,500	30,000	97,529
아즈만	100	4,200	5,500	42,186
움 알 콰이완	300	3,700	4,500	17,482
푸자이라	450	9,700	10,000	64,860
합계	30,000	179,100	225,000	947,997

다음 〈표 17〉은 각 토후국별 국적자와 GDP 비율을 나타내고 있다. 특히 이 표에서는 라스 알 카이마가 호르무즈 해협이라는 전략적이고 지리적 요충지에 위치했음에도 불구하고, 인구대비 GDP 비율에서 가장 가난한 국민들이 거주하는 토후국임을 알 수 있다. 이것이 현재 라스 알 카이마에서 알 이슬라흐 정치개혁운동이 강력하게 발생하는 중요한 이유다.

〈표 17〉에서 보여주는 것처럼, 인구대비 GDP가 아부다비와 두바이에 집중됨으로써, 각 토후국 별 빈부격차가 심하다. 2011년 3월 초 아랍에미리트 연방 정부는 연방을 구성하는 샤르자, 라스 알 카이마 등 가난한 북부 토후국들의 공익 기반시설 건설에 약 15억 달러를 투자한다고 발표했다. 파이낸셜 타임지에 따르면, 전력부족

이 샤르자와 라스알 카이마 경제발전을 저해하며, 더운 여름 동안에 전력공급 중단은 샤르자에서는 큰 혼란을 초래했다.

표 17 _ 아랍에미리트의 토후국별 GDP

토후국	국적자 %	GDP %		
	2010	2000	2005	2008
아부다비	42.7	60.3	59	55.5($1,410억)
두바이	17.7	24.8	28.9	32.3($820억)
샤르자	16.2	8.8	7.4	7.7($196억)
라스 알 카이마	10.3	2.4	1.9	1.7($43억)
아즈만	4.5	1.7	1.2	1.2($30억)
움 알 코이완	1.8	0.6	0.4	0.4($10억)
푸자이라	6.8	1.4	1.2	1.1($27억)
합계	100	100	100	100($2,540억)

다음 〈표 18〉은 아랍에미리트 연방의 정치, 경제, 군사 권력이 아부다비와 두바이 통치자들에게 집중되어 있음을 보여 준다.

표 18 _ 아랍에미리트 연방 통치 권력 구조

토후국	통치자(토후)	통치자의 UAE내 직위	후계자	부 통치자
아부다비	칼리파 빈 자이드 알 나흐얀(2004~)	대통령, 최고 군사령관, 석유 최고 위원회 의장, 연방 최고 위원회 의장	무함마드 빈 자이드 알 나흐얀 : 최고 부군사령관	
두바이	무함마드 빈 라시드 알 막툼(2006~)	부통령&총리&국방부 장관, 연방 최고 위원회 부의장	함단 빈 무함마드 빈 라시드 알 막툼 : UAE 재무부 장관, 두바이 행정 위원회 의장	함단 빈 라시드 알 막툼 : UAE 금융 산업부 장관 막툼 빈 무함마드 알 막툼
샤르자	술탄 빈 무함마드 알 까시미 (1972~)	연방 최고 위원회 위원	술탄 빈 무함마드 빈 술탄 알 까시미(통치자의 먼 친척) : 샤르자 행정 위원회 의장	술탄 빈 무함마드 빈 술탄 알 까시미(왕위 후계자) 아흐마드 빈 술탄 알 까시미 압둘라 빈 살렘 빈 술탄 알 까시미

토후국	통치자(토후)	통치자의 UAE내 직위	후계자	부 통치자
라스 알 카이마	사우드 빈 사끄르 알 까시미(2010~)		무함마드 빈 사우드 사끄르 알 까시미	
푸자이라	하마드 빈 무함마드 알 샤르끼(1974~)		무함마드 빈 하마드 알 샤르끼	하마드 빈 사이프 알 샤르끼
움 알 콰이완	사우드 빈 라시드 알 무알라 (2009~)		라시드 빈 사우드 빈 라시드 알 무알라	압둘라 빈 라시드 알 무알라
아즈만	후마이드 빈 라시드 알 누아이미(1981~)		암마르 빈 후마이드 알 누아이미	나세르 빈 라시드 알 누아이미

2. 아랍에미리트 헌법에 규정된 다섯 개 연방기구

1) 연방 최고 위원회(Federal Supreme Council)

헌법 46항에 따르면, 연방 최고 위원회는 아랍에미리트에서 최고 권위를 가지고 있다. 연방 최고 위원회는 〈표 18〉에서 보여주는 것과 같이 7개 토후국 통치자들로 구성된다. 각 토후국은 이 위원회에서 한 표를 행사한다. 헌법 49항에 따르면, 실제적인 문제들에 대한 결정은 5명 이상의 찬성으로 이루어지지만, 아부다비와 두바이는 거부권을 행사할 수 있다. 결국 모든 결정은 아부다비와 두바이 통치자의 동의를 반드시 얻어야 한다. 연방 최고 위원회는 전반적인 정책 지침을 수립하기 위하여 연간 4회 정기 회의한다.

2) 연방 대통령과 부통령

헌법 51항에 따르면, 연방 최고 위원회는 최고 위원회 구성원들 사이에서 대통령과 부통령을 선출한다. 부통령은 대통령 부재시 대통령을 대신해서 통치권을 행사한다. 대통령과 부통령은 5년 임기이고 같은 직위에 재선될 수 있다.

현재 대통령은 아부다비 통치자인 칼리파 빈 사이드 알 나흐얀(재위 : 2004.11.3~·현재)이다. 그는 연방 최고 위원회 의장, 아랍에미리트군 최고사령관이며, 최고 석유 위원회(Supreme Petroleum Council) 의장직을 겸하고 있다. 부통령은 두바이 통치자인 무함마드 빈 라시드 알 막툼(재위 : 2006.1.5~현재)이다. 그는 연방 최고 위원회 부의장, 총리, 국방부장관을 겸하고 있다.

1971년 12월 아랍에미리트 연방 창설 이후 현재까지, 대통령은 아부다비 통치자, 부통령은 두바이 통치자가 담당해왔다.

3) 연방 내각 위원회(Federal Council of Ministers)

헌법 55항에 따르면, 연방 내각 위원회는 총리, 부총리, 장관들로 구성된다.

표 19 _ 아랍에미리트 내각 위원회

직위	이름
총리&국방부 장관(부통령 겸임)	무함마드 빈 라시드 알 막툼(두바이)
부총리&내무부 장관	사이프 빈 자이드 알 나흐얀(아부다비)
부총리&대통령실 장관	만수르 빈 자이드 알 나흐얀(아부다비)
재무부 장관(두바이 왕세자)	함단 빈무함마드 빈 라시드 알 막툼(두바이)
외무부 장관&국가 미디어 위원회 의장	압둘라 빈 자이드 알 나흐얀(아부다비)
문화&청년 및 사회부 장관	나흐얀 빈 무바라크 알 나흐얀(아부다비)
고등교육 및 과학부 장관	함단 빈 무바라크 알 나흐얀(아부다비)

〈표 19〉와 같이 주요한 각료직 대부분 아부다비와 두바이 통치자 가문이 장악하고 있다.

4) 연방 국민의회(Federal National Council)

헌법 68항에 따르면, 연방 국민의회는 40명으로 구성되며 국정 자문위원회 역할을 한다. 의석수는 아부다비 8석, 두바이 8석, 샤르자 6석, 라스 알 카이마 6석, 아즈만 4석, 움 알 콰이완 4석, 푸자이라 4석으로 배분되었다. 각 토후국은 연방 국민의회 의원 선출 방법을 자유롭게 결정하고, 이들의 임기는 4년이다.

1972~2006년 사이에는 연방 국민의회 의원 40명 전원을 각 토후가 임명하였다. 2006년에는 각 토후국 통치자들이 선발한 선거인단 6,689명이 연방 국민의회 의원

중 과반수인 20명을 선출하였고, 나머지 20명을 통치자들이 각각 할당인원 수만큼 임명하였다.

다음 〈표 20〉이 보여주듯이, 2011년 선거에서도 연방 국민의회 의원 중 절반인 20명이 7개의 토후국에서 선출되었는데, 각 토후국 통치자들이 129,274명을 선거인단으로 선발하였다. 그러나 이 선거인단은 단지 자문역할만 하는 단체를 선출하는 데 거의 관심을 보이지 않았고, 이 중 27.75%만이 실제로 투표하였다.

표 20 _ 2011년 국민의회 선거 결과

7개 토후국	국적자(2010년)	총의석 수(선출의석)	선거인단 수	투표자 수(%)
아부다비	404,546	8(4)	47,444	10,109(27.68)
두바이	168,029	8(4)	37,514	9,268(37.87)
샤르자	153,365	6(3)	13,937	5,890(38.44)
라스 알 카이마	97,529	6(3)	16,850	5,085(39.7)
아즈만	42,186	4(2)	3,920	1,562(37.14)
움 알 콰이완	17,482	4(2)	3,285	1,796(30.23)
푸자이라	64,860	4(2)	6,324	2,167(55.83)
UAE	947,997	40(20)	129,274	35,877(27.75)

5) 연방 사법부(Federal Judiciary)

헌법 96항에 따르면, 연방 최고 법원은 대법원장과 최대 5명의 판사로 구성된다. 이들은 연방 최고위원회의 승인 이후, 대통령 칙령으로 임명된다. 대통령 칙령은 최고 법정의 수, 규정, 절차, 그 구성원들의 근무 환경과 은퇴, 회의 요건 등 여러 가지 조건들을 규정한다.

헌법 5장 104항에 따르면, 각 토후국에 있는 지역 사법당국은 헌법에서 아랍에미리트 연방으로 할당되지 않는 모든 사법적인 문제들에 대한 사법권을 갖는다. 이는 각 토후국이 내부 문제에 대해서는 자치권을 가지고 있다는 것을 의미한다.

■ 알 이슬라흐의 정치 개혁 운동

1. 누가 알 이슬라흐 운동을 주도하는가?

2013년 4월, 미국 근동정책 워싱턴 연구소(The Washington Institute for near East Policy)의 로리 보가르트(Lori Plotkin Boghardt)의 분석에 따르면, 현재 알 이슬라흐는 샤르자, 라스 알 카이마, 아즈만 등 아랍에미리트 북부의 가난한 토후국들에 기반을 두고 있으며, 약 2만 명 정도의 지지자들을 확보하고 있다. 더욱이 알 이슬라흐 운동을 주도하는 인물들은 대부분 이 가난한 토후국들의 통치자 가문 등 영향력 있는 부족에 속해 있는 엘리트들이다.

알 이슬라흐의 뿌리인 아랍에미리트 무슬림 형제단은 1960년 후반에 이집트 무슬림 형제단의 영향으로 자리잡기 시작했다. 사우디인 연구자 압둘라 빈 베자드 알 우타이비(Abdullah bin Bejad Al-Otaibi)에 따르면, 무슬림 형제단은 아랍에미리트 지역에서 1960년대 후반부터 1970년대 중반에 자리를 잡았으며, 초대 지도자는 이즈 알 딘 이브라힘 무스타파(Izz Al-Din Ibrahim Mustafa, 1928~2010)였다. 이집트에서 태생인 이즈 알 딘 이브라힘 무스타파는 이집트, 리비아, 시리아에서 교육과 과학 연구 부문에서 중요한 행정 직위를 역임하고, 카타르 교육부에서 일련의 연구 프로그램을 기획하였으며, 사우디아라비아 리야드 대학에서 탁월한 아랍 문학 교수를 역임하였다. 1968년 이후 그는 아부다비에 정착하여 아랍에미리트 창건자인 셰이크 자이드의 최 측근으로 아랍에미리트 창설과정에서 교육과 문화 종교 분과에서 중요한 역할을 하였고, 알 아인 소재 UAE 대학 부총장을 역임하였으며, 2010년 사망할 때까지 대통령실 문화분과 고문을 지냈다.[63] 이러한 무슬림 형제단 초대 지도자의 이력은 오늘날 주요한 알 이슬라흐 회원들 대부분이 교육받은 엘리트 출신으로 교육 문화 분과에 집중된 이유를 잘 설명해 준다.

아랍에미리트 무슬림형제단 활동가들이 1974년 아랍에미리트에서 개혁과 사회 지도(the Reform and Social Guidance)를 목표로 정부 허가를 받은 비정부 기구 알 이슬라흐를 창설하였다. 이 단체의 창설 초기 20년 동안(1974~1994) 활동들은 주로 스포츠,

문화, 자선사업과 관련된 사회 활동에 관련되었고, 정부와 매우 우호적인 관계를 유지했다.

그런데 1991년 걸프전 이후, 사우디아라비아 이슬람주의 운동가들이 대규모 시위 (한번에 3만 명 동원)와 함께 정치제도개혁 요구 청원을 사우디 정부에 제출하는 등 역내의 심각한 정치 변동이 발생했다. 이러한 역내 정치변동과 함께 아랍에미리트 정부도 1994년 알 이슬라흐 위원회를 해산시키고, 새로운 위원회를 구성하는 등 강력한 탄압조치를 취하면서 알 이슬라흐와 정부 관계가 악화되었다.

아랍에미리트의 유명한 불로거이자, 인권 운동가이며, 아즈만 통치 부족에 속한 칼리파 알 누아이미(Khalifa Al-Nuaimi)는[64] 알 이슬라흐에 관하여 다음과 같이 설명했다. "알 이슬라흐는 조직이 아니다. 알 이슬라흐는 대부분 대학 졸업자들이 그 구성원이며, 그들 중 일부는 이집트에서 공부했고, 하산 알 반나(Hassan Al-Banna)의 사상을 받아들이며, 다른 사람들은 아불 알라 마우두디(Abul Ala Maududi)의 저술들에 충실한 사람들이다."라고 주장했다. 그는 알 이슬라흐가 활동적인 조직이라기보다는 이념을 공유하는 사람들이라고 설명했다. 그는 2012년 7월 16일에 체포되었다.

그런데 또 다른 아랍에미리트의 유명 불로거인, 무함마드 마르주키(Muhammad Marzouki)는 "이 조직이 얼마나 친절하고 자선사업을 하든지 간에, 법으로 금지되어 있다는 것을 모든 사람들이 분명히 알고 있다. 그러므로 일부 구성원들이 체포된 것은 전혀 이상하지 않다. 국가와 정부 고위 관리들이 미리 알 이슬라흐 지도자들에게 법률 위반에 대해서 경고했으나, 그들은 자신들의 행위를 계속했다."고 주장했다.

이 두 불로거들의 주장은 현재 아랍에미리트 내 무슬림 형제단에 관한 논쟁의 대표적인 예이며, 아랍에메리트에서 알 이슬라흐의 특성과 활동 범위와 영향력을 가늠하게 한다.

2. 알 이슬라흐의 연방 국민의회 개혁 요구

아랍에미리트는 사회 경제적으로는 비교적 자유로운 편이지만, 정치민주화를 이끌어내지는 못하였다. 2011년 3월, 교수, 교사, 변호사, 사업가, 전임 연방 국민의회 의원, 인권 운동가, 학생대표 등을 비롯한 각계의 아랍에미리트 지식인들 133명이 연방 국민의회(Federal National Council) 전원에 대한 보통선거와 이와 관련된 헌법 조항 개정을 요구하는 청원을 칼리파 빈 자이드 알 나흐얀 대통령과 연방 최고 위원회(Federal Supreme Council)에게 제출하면서 아랍에미리트 내에서 정치개혁 요구가 확산되었다.

　2011년 3월 3일에 알 이슬라흐와 연계된 일부 아랍에미리트 활동가들과 학계인사들이 아랍의 봄의 확산열기에 응답하여 아랍에미리트 대통령이며, 아부다비 통치자인 칼리파 빈 자이드 알 나흐얀과 연방 최고 위원회(Federal Supreme Council)에게 연방국민의회 개혁을 위하여 모든 국민이 참여하는 보통 선거와 헌법 개정을 요구하였다.

표 21 _ 의회제도 개혁 청원 (2011년 3월 3일)

1. 전 세계의 민주주의 국가들이 실행하는 모든 국민들이 투표에 참가하여 연방 국민의회 의원 전원 선거할 것.
2. 연방 국민의회가 입법권을 비롯한 완전한 권리를 확보하도록 관련 헌법 조항을 개정할 것

　〈표 21〉의 의회제도 개혁 청원에 26명의 대학 교수를 비롯하여 교사, 작가, 법률가, 사업가, 정치인 등의 엘리트들 133명이 서명하였다. 특히, 알 이슬라흐 의장인 술탄 빈 카예드 알 까시미(라스 알 카이마 통치가문), 아랍에미리트 교사협회 부회장 아흐마드 라시드 알 누아이미(Ahmed Rashid Al Nuaimi, 아즈만 통치가문), 전임 아랍에미리트 교사 협회장 살레 압둘 라흐만 무함마드 알 마르주키(Saleh Abdul Rahman Mohammed Al Marzouki) 아랍에미리트 학생 연맹 집행 위원회의장 압둘라 압둘 카디르 알 하즈리(Abdullah Abdul Qadir Al Hajri), 전임 움 알 쾨이완 교육부 부국장 라시드 칼르판 알 오베이드(Rashid Khalfan Al Obeid), 전임 연방 국민의회 의원 3명 압둘 라흐만 하산 알 샴시(Abdul Rahman Hassan Al Shamsi)·압둘라 발한 쉬히(Abdullah Balhan Shehhi)·압둘라 알리 샤르한(Abdullah Ali Al Sharhan), 법률가 협회 사무총장 알리 사이드 킨디(Ali Saeed Al Kindi), 법률가들 권리 연합 위원회 위원장 무함마드 F. 호스니(Mohamed F Hosni), 전임 샤르자 자문 위원회 의장 알리 무함마드 사이드 알 마흐무드(Ali Mohammed Said Al Mahmoud), 전임 샤르자 이슬람 업무부 책임자, 샤르자 정부 자문 위원회 위원 압둘라 압둘아지즈 나

가르 함마디드(Abdullah Abdulaziz Naggar Hammadid), 전임 아랍에미리트 이슬람 업무부 사무총장 하마드 하산 르기트 알 알리(Hamad Hassan Rgit Al Ali), 오베이들 부족 지도자 압둘라 알 오베이들리(Abdullah Al Obaidly) 등 다양한 분야, 단체 및 부족을 대표하는 인물들이 눈에 띈다. 이들 다수가 가난한 토후국들인 샤르자, 라스 알 카이마, 아즈만, 움 알 콰이완 출신의 정치분야, 법률분야, 교육분야, 종교분야 엘리트를 포함한다는 사실을 주목할 필요가 있다.

3. 알 이슬라흐에 대한 아랍에미리트 연방정부 입장

2011년 12월 알 이슬라흐는 6명의 회원들, 샤르자 토후국 출신의 명성있는 이슬람 법학자이며, 국제 무슬림 연맹 회원인 셰이크 무함마드 압둘 라작 알 세디끄 · 창조적인 사상 센터 의장인 알리 후세인 알 함마디(Dr. Ali Hussain Al Hammadig) · 도서관과 정보 전문가인 샤힌 알 호사니(Prof. Shaheen Al-Hosany) · 교육전문가인 후세인 알 자바리(Hussein Munif Al-Jabrit) · 자선사업가인 하산 알 자바리(Hassan Munif Al-Jabr) · 교육학 교수인 이브라힘 하산 알 마르주끼(Ibrahim Hassan Al-Marzouqi)가 국적을 박탈당했다(Al Sakran 2012).

아부다비 토후국과 두바이 토후국이 주도하는 연방정부 입장을 대변하는 살림 무함마드 후마이드(Dr Salim Muhammad Humayd)는 이집트 출신으로 카타르에서 활동하는 무슬림 형제단 소속의 유명한 성직자 셰이크 유수프 알 카르다위(Shaykh Yusuf al-Qaradawi)가 중요한 영향력을 행사하고 있으며, 1960년대부터 걸프 국가들에 반대하는 음모를 꾸민 세계적인 조직으로 이슬람 국가 건설을 꿈꾸며 무장 조직을 가지고 있고 주장한다.

이와 같이 아랍에미리트 연방 정부와 그 지지자들은 알 이슬라흐 활동가들을 체제 전복 세력으로 간주하여 국가 안보 위협이 된다고 주장한다. 정치 불안정성을 두려워하는 에미리트 시민들과 부족 지도자들, 경제 운용자들은 정부의 강경 정책을 지지한다.

이러한 상황에서 2012년 11월 유럽 연합 의회(European Parliament)는「아랍에미리트의 저항세력(Opposition in the United Arab Emirates)」이라는 정책 보고서에서 아랍에미리트에서 가장 강력한 개혁 단체인 알 이슬라흐 활동에 대한 알 이슬라흐 자체의 주장과 에미리트 정부의 입장을 〈표 22〉와 같이 분석하였다.

표 22 _ 알 이슬라흐에 대한 아랍에미리트 연방정부의 입장

	알 이슬라흐의 주장	아랍에미리트 연방 정부의 입장
알 이슬라흐의 목표	− 현실적인 권력을 갖는 선출된 국민의회 창설 − UAE 정치 제도 개혁, 미디어와 사법부를 포함하는 공공 생활의 모든 영역에서 정부 간섭 종결	− 종교적, 문화적 관용에 역행 − 이미 성취한 급속한 경제 사회적 발전에 역행
알 이슬라흐에 대한 기본입장	− 온건한 정치 이슬람의 가치로부터 비롯된 도적을 지도하고, 극단주의를 막아냄 − 1974년에 최초의 NGO로 등록되었고, 폭력을 반대하고 개혁 선호	− 국가에 불충하고, 정치안정위협 − 에미리트 지도부가 부족 사회를 현대 국가로 변형시킴으로써 성취했던 결과들을 위험에 빠뜨림 − 매우 단기간 동안에 다국적 사회 주민들 사이에서 상승효과를 창출함
무슬림 형제단과 알 이슬라흐 관계	− 이집트의 무슬림형제단과 이념 공유 − 외국의 어떤 운동과도 직접적인 연대 없음	− 국제 무슬림 형제단과 재정적으로 정치적으로 연결됨 − 외국에서 조직됨 − 비밀활동을 함
방법	비폭력	무장 분파 존재

알 이슬라흐가 요구하는 아랍에미리트 정치 변동은 아랍에미리트 국내문제뿐만 아니라, 현재 급박하게 돌아가는 이집트, 시리아 문제 등 역내 정치변동과도 깊이 관련된다.

■ 아부다비와 두바이 토후의 리더십 확보 노력

위에서 살펴 본 것처럼, 아랍에미리트 연방 최고 위원회, 대통령과 부통령, 총리를 비롯한 주요 내각, 사법부 요직이 아부다비와 두바이 통치 가문들에게 집중되어 있다. 이러한 상황에서 연방정부구조 개혁과 보통선거를 통한 새로운 의회구성은 아

부다비와 두바이 통치 가문들이 스스로 권력을 내려놓는 것을 의미한다. 따라서 아랍에미리트 통치자들이 정부구조 변화와 선거개혁을 통하여 스스로 정치구조 개혁을 한다는 것은 거의 불가능해 보인다.

그런데 알 이슬라흐가 요구하는 아랍에미리트 선거개혁을 포함하는 정치개혁 운동은 국내 문제뿐만 아니라 현재 급박하게 돌아가는 이집트, 시리아 문제 등 역내의 정치 변동과도 깊이 관련된다. 따라서 아랍에미리트 연방 정부는 역내 무슬림형제단의 정치세력화를 저지하고, 자국에 우호적인 역내 정권을 유지하거나 창출하기 위하여 역내의 정치변동에 적극 개입한다.

2011년 3~6월 아랍에미리트는 정치 개혁을 요구하는 시위에 직면한 바레인의 알 칼리파 정권을 지원하기 위하여 500명의 경찰을 파견하여 바레인에 배치되었던 1,000명의 사우디군대에 합류하도록 하였다. 2013년 5월 아랍에미리트는 사우디아라비아, 쿠웨이트와 카타르와 함께 시위로 인하여 불안정성에 직면한 바레인과 오만을 포함한 아랍 국가들을 돕기 위하여 5백만 달러 지원을 약속하였다.

반면 아랍에미리트는 리비아와 시리아에서는 반란세력을 지원하였다. 리비아에서, 아랍에미리트는 2011년 8월 후반에 무암마르 까다피의 통치를 종식시키기 위하여 그의 반대파를 지원하였다. 이 때, 아랍에미리트는 나토가 이끄는 작전에 참가하기 위하여 미국산 F16 전투기 6대와 미라지 전투기 6대를 파견하였고, 리비아 반란군에게 무기도 보냈다. 2011년 5월에, 아부다비는 까다피 통치하에 있던 도시 대표들을 포함하여 리비아 반체제인사들의 모임을 주최하였다. 2011년 6월, 아랍에미리트는 공식적으로 벵가지에 기반을 둔 임시 국가 위원회를 리비아 국민들의 단독 대표로 인정하고, 재정 지원을 약속하였다. 2012년 3월에, 아랍에미리트는 갓 태어난 새로운 리비아 정부에 58대의 미라지 2000전투기를 양도하였고, 정부와 자선 기구를 통해서 약 1천 3백만 달러 원조를 제공하였다.

시리아에서, 아랍에미리트는 반정부군을 후원하였다. 이것은 전략적으로 중동에서 이란을 약화시키기 위한 것이었다. 2011년 11월에, 아랍 연맹이 시리아 회원자격을 정지시킨 이후, 다마스쿠스의 아랍에미리트 대사관이 공격을 받았다. 2012년 2월에 아랍에미리트는 다른 GCC 국가들과 함께 대사관을 폐쇄하였다. 아랍에미리트는

GCC 동맹국들과 협력하여 2012년 4월 초에 이스탄불에서 시리아 문제에 대한 국제 회의를 개최하고, 시리아 반란군들에게 봉급을 지불하고 무기 등 필요한 용도에 사용하도록 약 1억 달러를 지원하기로 하였다.

그러나 사우디아라비아와 카타르와는 달리, 아랍에미리트는 시리아 반란군들에게 무기를 공급하는 것으로 보도되지 않았다. 아랍에미리트는 카타르나 사우디가 지원하는 시리아 반란군을 지원하지 않는다. 특히, 아랍에미리트는 자국내의 정부 반대파인 알 이슬라흐와 관련되고 카타르가 지원하는 무슬림 형제단과 연계된 시리아 반란군 원조에는 강력하게 반대한다.

특히, 아랍에미리트는 또한 시리아 위기에 미국이 더욱 깊이 개입하기를 원한다. 2013년 6월, 아랍에미리트는 시리아에 관한 아랍 국방부 관리 연합 모임개최를 거부하고, 이 모임이 시리아 문제에 대한 미국의 광범위한 개입 없이는 비생산적이 될 것이라고 주장하였다.

이집트에서, 아랍에미리트는 무바라크 이후 아랍에미리트 정부에 우호적인 정권을 창출하기 위한 시도로 사우디아라비아와 협력하였다. 아랍에미리트는 2012년 무슬림형제단 지도자인 무함마드 무르시가 대통령으로 선출된 것을 불안하게 생각했고, 2013년 7월 초에 군부가 무르시를 축출한 것을 지지하였다. 무르시 축출 직후, 아랍에미리트는 이집트 군부가 이끄는 정부를 재정적으로 안정화시키기 위하여, 사우디가 주도하는 전체 120억(사우디 50억 달러, 쿠웨이트 40억 달러) 달러 일괄 지원 중 30억 달러를 약속하였다.

이렇게 아랍에미리트 연방정부는 역내 정치 불안정에 재정적으로, 때로는 무력을 동원해서 적극 개입함으로써 자국 정부에 우호적인 정권을 창출하기 위해서 노력한다. 한 걸음 더 나아가 때로는 미국의 적극적인 개입을 요구하는 에미리트 연방정부의 정책은 알 이슬라흐 등 정치반대파의 정치개혁 운동 등 국내 정치 불한 요소를 제거하고, 미국의 후원을 통해서 아부다비와 두바이 토후들의 리더십을 영속적으로 확보하기 위한 것이다.

Ⅳ. 바레인 알 칼리파 왕가의 리더십과 의회제도*

아랍의 봄 발발 이후, 바레인은 걸프왕국들 중에서 가장 커다란 화약고이며, 걸프 지역의 전면적인 정치변동을 촉발시키는 지렛대가 될 수 있다. 2011년 2월 14일 '분노의 날' 이후 바레인 수도 마나마 거리 시위대는 1만 5천 명에 이르렀다. 2011년 초에 시위대는 주로 'No Sunni, No Shia, Just Bahraini'라는 현수막을 앞세우고 시위를 이끌면서, 2001년 하마드 왕이 약속한 '국민행동헌장(Bahrain National Action Charter) 실행을 요구하였다. 그런데 2014년 현재 바레인 시위대들은 좀 더 급진적으로 변하면서 "WE Demand A Civil State, No to tyranny, Demanding Democracy, We won't abandon Our Right, Free all the Students"라고 쓰인 배너를 앞세우며 거리시위를 조직하고 있다.

2010년 인구 통계로 바레인 전체 주민은 123만 명 정도, 국민은 57만 명 정도이며, 수니 칼리파 왕가가 국민의 약 70%를 구성하는 시아 다수파를 지배하는 국가로 알려졌다. 세부적으로는 친정부 시아파와 수니파, 반정부 시아파와 수니파, 자유주의 및 사회주의 등 다양한 정치 이념을 가진 시아파와 수니파들이 공존한다. 이러한 환경은 바레인이 수니파와 시아파라는 이원적인 종파의 경계를 넘어서 다양한 정치 이념들이 평화롭게 공존하는 다원적이고, 민주적인 정치사회로 발전 가능성을 열어 놓고 있다.[65]

그러나 2011년 2월 14일, '분노의 날' 이후 시위에 대하여, 바레인 정부는 '이란과 연계된 혁명적인 시아파들이 바레인정부 전복을 시도한다.'고 주장하면서 시아파와 수니파 간의 대결구도로 몰아가고 시위대에 대한 강경탄압을 가하고 있다. 2011년 2월 이후 2014년 3월까지 바레인에서는 시위 도중 시민들과 보안대의 충돌로 80명 이상의 시민들과 경찰 13명이 사망하였다.

....

* 이 글은『한국중동학회논총』제35권 1호, 한국중동학회, 2014.6, 19~54쪽에 게재되었음.

이러한 바레인 위기는 정치권력을 공유하는 방향으로 새로운 정치체제를 세우려고 하는 시민들과 절대적인 정치권력을 유지하려고 하는 알 칼리파 왕가 사이의 투쟁이다.

시아파가 주도하는 가장 큰 합법적 정부반대파인 알 와파끄(Al Wefaq, National Islamic Society, 2001년 창설)는 '입헌군주제 수립'을 목표로 개혁운동을 주도한다. 구체적으로 알 와파끄는 '인구 비례에 따른 공정한 선거구 획정, 완전한 입법권을 가진 선출된 의회제도, 의원내각제, 사법부의 독립, 경찰·보안대·내무부·사법부 등 각 정부부처에서 시아파 채용' 등의 개혁을 요구한다.

시아 정부반대파뿐만 아니라 수니 정부반대파도 이 위기가 알 칼리파 왕가를 중심으로 한 수니 소수파가 바레인 국민의 2/3 이상을 구성하는 시아 다수파를 통치하는 과정에서 시아파에 대한 정치적 권리와 경제적 기회 분배를 불균형하게 부과한데서 비롯되었다고 주장한다.

2011년 6월 바레인 특별 군사 법정은, 같은 해 3월 거리시위를 주도하여 체포된 21명에게 이란의 시아 정부와 공모한 정부 전복 혐의를 적용하여, 8명에게 종신형, 나머지에게는 15년 형에 처하고, 정부반대파 수니 지도자 이브라힘 샤리프(Ibrahim Sharif)를 상대적으로 약한 5년 형에 처했다.

이브라힘 샤리프는 바레인에서 가장 큰 좌파 정당인 와드(WAAD, NDAS, National Democratic Action Society, 2001년 창설) 지도자다.[66] 그는 수니 무슬림임에도 불구하고, 시아 정부반대파들과 마찬가지로 알 칼리파 정부의 외국인 수니파 무슬림 보안대원 고용 정책을 다음과 같이 강력하게 비난한다. "지난 10년 동안 약 6만 명의 외국인 수니 무슬림들이 바레인 국적을 취득했다. 이 사실은 정부가 외부자들로부터 충성을 받기를 원한다는 것을 의미한다. 알 칼리파 왕가의 사회적 기반은 취약하다. 취약한 사회적 기반을 넓히기 위하여 알 칼리파 왕가는 지지자들을 수입해야만 한다."고 주장하면서 정부의 정책을 비난하였다. 실제로 파키스탄, 요르단, 시리아, 예멘에서 수니파 이민자들이 바레인 국가 보안대로 채용되면서 매우 쉽게 바레인 국적을 취득하는 것으로 알려졌다.

2014년 3월 3일 바레인 수도 마나마 근처 다이흐(Daih) 마을에서 시아파들이 시위 도중 폭탄 공격으로 3명의 경찰관이 사망하고 한 명이 부상당했다. 사망한 경찰들 중 무함마드 아르슬란(Muhammad Arslan)은 파키스탄 출신의 바레인 국적자이며, 타리끄 알 사히(Tariq Al-Shahi)는 라스 알 카이마 토후국(UAE) 출신으로 2011년 3월 UAE가 파견한 500명의 경찰들 중 한 명이다. 시위대들은 바레인 보안대와 외국인들이 공동작전으로 바레인 시위대를 진압하는 강경책을 펼치고 있다고 비난한다.

UAE 경찰 타리끄 알 사히가 사망하면서 바레인으로 파견된 걸프 연합군(The Gulf Wave Force) 중 최초로 사망자가 나왔다. 2011년 3월 격화되는 바레인 민중봉기를 진압하기 위하여 조직된 걸프 연합군은 주로 1,000명의 사우디국가방위군과 500명의 UAE경찰로 구성되었다. 이러한 주변 왕국들의 무력개입은 바레인 민중봉기가 역내로 급격히 파급되면서 자국의 정치적인 불안정성을 확산 강화시킬까봐 선제적인 조치를 취한 것으로 풀이된다.

최근 2014년 3월 3일 폭탄 공격과 관련하여 25명의 혐의자들이 체포되었다. 다음 날, 이 사건과 관련하여 바레인 내각은 세 단체들 '2월 14일 연합(The February 14 Coalition), 아스타르 여단(Ashtar Brigades), 저항 여단(Resistance Brigade)'을 테러리스트 조직들로 규정하면서, 이 단체들과 제휴하고 있는 단체들까지 테러리스트 조직으로 규정하였다.

2월 14일 연합은 페이스 북, 트위터 등 소셜 네트워크에서 활동을 통해서 2011년 2월 14일 '분노의 날' 봉기 등을 조직한 고등학생 등 익명의 청년들이 회원들로 구성되며, 수니와 시아 등 특정 종파에 소속되지 않은 것으로 알려졌다. 2월 14일 연합은 알 칼리파 정권에 반대하며, '알 칼리파 정권을 유지시키는 수단을 정부가 경찰과 보안대로 고용한 외국 용병들이라고 판단하고 이들의 철수를 강력하게 요구'하는 성명(February 14 Youth Coalition Final Warning to The Mercenaries Hired by Al-Khalifa Regime)을 내놓았다. 아스타르 여단은 강경 시아파 조직으로 알려졌다. 그러나 저항 여단에 대해서는 알려진 것이 거의 없다.

바레인은 위 세 단체들을 '테러리스트' 조직으로 규정한 다음 날, 사우디, UAE와 함께 카타르의 수니파 무슬림형제단 후원에 대한 불만을 표시하면서, 3국 모두 카타르 주재 대사들을 각각 소환하였다. 그 후속 조치로, 3월 7일 사우디, 3월 13일 UAE가 카타르의 후원을 받는 무슬림형제단을 '테러리스트 단체'로 규정하였다. 그러나 사우디와 UAE와는 달리, 바레인 무슬림형제단은 친정부파다. 왕가의 일원인 이사 빈 무함마드 알 칼리파(Isa bin Mahammed al Khalifa)가 '무슬림형제단' 제휴단체 '알 이슬라흐'의 의장이고, '알 이슬라흐' 정치분과는 친정부 정당인 '알 멘바르(Al Menbar, NITA, National Islamic Tribune Association)'로 알려졌다. 따라서 바레인 정부는 '무슬림 형제단'을 '테러리스트 단체'로 규정하지 않았다.[67]

위에서 밝힌 여러 사실들은 현재 바레인과 걸프 역내에서의 위기가 수니와 시아파 간의 종파 분쟁에서 비롯되는 것은 아니라는 것을 분명하게 드러낸다. 역사적으로 볼 때도, 수니와 시아 간의 경계가 항상 완고하게 확고했던 것은 아니다. 특히, 1950년대부터 1970년대에 여전히 영국의 보호통치를 받던 바레인에서 엘리트들은 종파의 경계를 넘어 사회주의적인 특성을 지닌 아랍민족주의의 기치 아래 통합되었다. 이 때, 영국과 알 칼리파 가문의 통치에 반대하는 바레인 엘리트들은 국외로 추방되었으며, 이들은 주로 사회주의자들로 알려졌다.

이와 같이 오늘날 알 칼리파 왕가와 정부반대파 사이에서 정치개혁 문제에 대한 갈등은 새로운 문제가 아니다. 시아파 정당인 알 와파끄와 사회주의자 정당인 와드를 포함한 정부 반대파가 가장 중요하게 제기하는 문제는 시민의 정치 참여가 보장되는 정치개혁을 통한 민주적인 정부와 의회제도 수립이다.

이 글은 현재 바레인의 정치적 위기를 정확히 진단하고, 적절한 대안을 모색하기 위한 것이다. 필자는 알 칼리파 왕가의 정치적 위기가 1971년 바레인 국가 창설 이후 계속된 정치제도 개혁, 특히 의회제도 실패에서 비롯된다고 판단하고, 국가 창설 초기부터 2011년까지 계속된 헌법제정 및 개정, 의회제도 개혁과정에서 나타난 문제점들을 분석함으로써, 위기에 처한 알 칼리파 왕가 리더십의 향배와 바레인의 정치변화를 전망하고자 한다.

■ 1973년 헌법과 국민의회 선거

1. 제헌의회와 헌법제정 : 단원제의회와 의원내각제

1947년 인도 독립 이후 19세기부터 바레인을 포함한 걸프지역을 보호 통치하던 영제국은 쇠퇴했다. 게다가 1950년대~1960년대에 역내에서 사회주의 경향을 띤 아랍 민족주의의 대두와 함께 바레인에서도 아라비아 걸프 점령지 인민 해방 전선(The Popular Front for the Liberation of the Occupied Arabian Gulf, PFLOAG)을 비롯한 사회주의자 단체들이 결성되면서 보호통치를 실시하던 영국의 철수를 요구하는 압력이 증대되었다.

동시에 전략적 요충지에 위치한 바레인에 대한 통치권 문제에 영국과 이란, 사우디아라비아 등 주변 강대국들이 개입함으로써 바레인 주권문제는 더욱 복잡해졌다. 결국 이 문제는 유엔에 제출되었고, 1970년 5월 11일 유엔 안전보장이사회는 바레인 주민의 압도적 다수가 독립을 원한다고 밝히면서 바레인 독립을 승인하였다.

안전보장이사회 승인에 따라, 1971년 8월 14일 바레인 토후 이사 빈 살만 알 칼리파(Isa bin Salman Al-Khalifa, 재위 : 1961~1999)가 바레인 독립을 선언하였다. 독립선언 이후 바레인의 통치자의 공식 명칭을 하킴(Hakim)에서 아미르(Amir)로 변경하였다.[68]

이듬 해, 1972년 6월 20일 이사 빈 살만 알 칼리파가 제헌의회선거를 위한 왕령(Law No. 12)을 공포하였다. 이 왕령에 따라 1972년 12월 1일 바레인에서는 제헌국민의회 선거가 실시되었다. 모든 후보들이 무소속으로 출마하였다. 전체 주민 중 12.5%만이 등록된 유권자였고, 투표율은 88.5%(15,385명의 유권자들 투표)였다.

정부는 제헌국민의회 선거를 위한 유권자들을 바레인에서 태어난 20세 이상의 남성 시민들로 제한하였다. 제헌의회는 국민이 선출한 22명의 대표, 아미르가 임명한 8명 대표와 왕이 임명한 12명의 각료위원회 위원들로 구성되었다. 제헌의회와 그 선거는 1972년 입법부령(Legislative Decrees No. 12 and 13 of 1972)으로 규정되었다.

이 제헌의회기 1973년 바레인 헌법(Constitution of the State of Bahrain)을 다음 〈표 23〉과 같이 만들어 비준하였다.

표 23 _ 1973년 헌법 (1973년 5월 26일)

1항 : 국가

바레인은 독립적이고, 자주적인 이슬람 아랍국가다.

  b. 세습되는 바레인 통치권은 세이크 이사 빈 살만 알 칼리파로부터 그의 장자에게, 그의 장자로부터 다시 장
    자에게 자손 대대로 상속된다. 다만 아미르가 그의 생전에, 아미르 특별 계승법령에 따라, 장자 이외의 아들
    을 계승자로 임명했을 경우는 예외다.

32항 : 정부제도

  a. 정부제도는 입법, 행정, 사법권의 분립원칙에 토대를 두고 헌법 규정과 일치하여 상호 협력한다. 삼권 중 어
    느 것도 헌법에 규정된 것처럼 전부 혹은 일부도 포기될 수 없다. 그러나 입법부의 권한은 일정기간, 각 사
    안에 따라 제한될 수 있다.

  b. 입법권은 아미르와 국민의회에 있고, 행정권은 아미르 및 내각과 장관들에게 있다. 법령은 헌법의 규정과
    일치하여 아미르의 이름으로 통과되어야한다.

33항 : 아미르의 권한

  a. 아미르는 국가의 수장이고, 면책권과 불가침권을 갖고, 장관들을 통해서 권력을 행사한다. 장관들은 정부에
    대한 전반적인 정책을 그에게 공동으로 보고해야한다. 장관들은 해당 부서 업무에 대한 책임을 진다.

  b. 아미르는 전통적인 협의를 거친 이후, 아미르 법령으로 총리를 임명하거나 해임 할 수 있으며, 총리의 추천
    을 받아 아미르 법령으로 장관들을 임명하거나 해임시킬 수 있다.

  c. 장관들은 첫 번째 의회회기에서는 의회의원들 중에서 임명되지 않는다. 그러나 두 번째 의회회기부터는 의
    회의원들 중에서 임명될 수 있다. 외부로부터 임명된 장관들은 국민의회의 당연직 의원이 되며, 장관들 전
    체 수는 14명을 초과하지 않는다.

  e. 아미르는 최고 방위군사령관이다.

  g. 화폐는 법에 따라 아미르의 이름으로 주조되어야한다.

35항 : 아마르의 권한

  a. 아미르는 법을 제안할 권리를 가지며, 아미르만이 법을 비준하고 공포한다.

42항 : 국민의회 권한

  국민의회가 통과시키지 않고 아미르가 비준하지 않은 법은 공포되지 않는다.

43항 : 국민의회 구성

  a. 국민의회는 선거법 규정에 따라 보통, 비밀, 직접 선거로 선출된 30명으로 구성된다. 선출된 30명은 40명으
    로 증가될 수 있으며, 선거구는 법률에 의해서 결정된다.

  b. 당연직 장관들

  1973년 헌법의 가장 큰 특징은 단원제 의회와 선출된 의회의원이 장관으로 임용
될 수 있다는 의원내각제를 규정한 것이다. 이 헌법에서 30명의 의원은 성인 남자로
제한된 보통선거로 선출되며, 왕이 임명한 14명의 장관들은 당연직 의원이 된다. 이
헌법에 따라 1973년 12월 12일 국민의회의원 선거가 실시되었다.

  그러나 아미르 이사 빈 살만 알 칼리파는 1975년에 1973년 헌법을 폐지하고, 의
회를 해산함으로써 1975년부터 2001년까지 국가보안법(State Security Law of 1974)으로

통치하였다. 현재 정치개혁을 주장하는 사람들은 단원제 국회를 포함하는 1973년 헌법으로 복귀를 요구한다.

2. 두 개의 정치 블록 출현 : '인민 블록−사회주의'과 '종교 블록−시아파'

1973년 헌법에 따라 1973년 12월 바레인 최초로 의회선거가 실시되었고, 30명의 국민의회(The National Assembly of Bahrain) 의원들이 20개의 선거 구역에서 비밀투표, 단순다수(과반수 적용 안 됨)로 선출되었다. 이 선거에서 참정권은 성인 남성으로 제한되었다. 이와 함께 왕이 임명한 14명의 장관들이 국민의회의 당연직 구성원들이 됨으로써 전체 의원 수는 44명이 되었다. 24,883명의 등록된 유권자가운데 19,509명이 투표함으로써, 투표율은 78.4%였다.

당시 정당이 금지되어 있음에도 불구하고, 후보자들이 공개적으로 정치적인 견해를 표명함으로써, 2개의 강력한 정치 블록, '인민 블록'과 '종교 블록'이 출현하였다. 하나는 8명으로 구성된 '인민 블록(People's Bloc)'으로 도시 지역에서 선출되었다. '인민 블록'은 시아파와 수니파를 포괄하는 것으로 노동조합의 합법화와 1965년 보안조치 폐지를 주장하면서, 좌파적이고 아랍민족주의적인 특성을 띠는 바레인 인민해방전선(the Popular Front for the Liberation of Bahrain, PFLB, 1974~2001)과 바쓰 운동으로 알려진 바레인 민족해방전선(National Liberation Front Bahrain, NLFB)과 제휴하였다. '인민 블록'은 알리 까심 라베아(Ali Qasim Rabea),[69] 압둘 하디 칼라프(Abdulhadi Khalaf) 등을 포함하였다.

압둘라흐만 알 누아이미를[70] 비롯한 아랍 민족주의 운동핵심 간부들이 점령지 아라비아 걸프 인민해방전선(The Popular Front for the Liberation of the Occupied Arabian Gulf, PFLOAG, 1968~1974) 창설에 참가하였고, 1974년 PFLOAG 바레인 부문을 바레인 인민해방전선(PFLB)으로 분리 독립시켰다.

다른 하나는 6명의 시아파로 구성된 '종교 블록'으로 알려졌으며, 대부분 시골 선거구 출신으로 교사들과 종교법정 판사들로 구성되었다. 이 '종교 블록'은 셰이크 이사 까심(Sheikh Isa Qassim), 셰이크 압둘 아미르 알 자므리(Sheikh Abdul Amir al-Jamri), 셰이크 압둘라 알 마다니(Sheikh Abdulla Al-Madani), 셰이크 압바스 알 라이스(Sheikh Abbas

Al-Rayes), 술레이만 알 무바라크(Suleiman Al-Mubarak), 하산 알 무타우아즈(Hassan Al-Motawwaj)로 구성되었다. 당시 가장 탁월한 시아 성직자이던 셰이크 만수르 압둘 아미르 알 자므리(Sheikh Mansour Abdul Amir al-Jamri, 1938~2006)가 이 종교 블록을 이끌면서, 817표를 획득하여 당선되었다. 이 블록은 노동조합을 지지하고, 음주를 금지, 학교 내에서 남녀분리, 남성의사들의 여성 진료 금지 등 전통적인 관습과 관련된 다른 사항들을 요구하였다.

특히 셰이크 이사 까심이 이 선거에서 1,079표를 획득함으로써 15개 선거구 중 가장 많은 표를 획득하였다. 그는 현재 알 와파끄의 정신적인 지도자로 알려져 있다. 또 1967년까지 좌파 아랍민족주의운동 지도자였던 셰이크 압둘라 알 마다니가 이 종교 블록에 들어와 771표를 획득함으로써 당선되었다는 사실을 주목할 만하다. 이는 당시 이념적인 경계가 완고하게 확고했던 것은 아니라는 것을 보여준다.

나머지 구성원들은 유동적인 입장을 취하는 무소속이다. 무소속은 정부와 두 블록들, '인민 블록'과 '종교 블록' 사이에서 있는 인물들이었다.

당시 바레인 노동운동 지도자들은 수많은 파업을 조직했다. 이에 대한 응답으로, 1974년 알 칼리파 정부는 정치적 불안을 조장하는 사회주의자들을 겨냥하여 국가보안법(State Security Law of 1974)을 제안하였다. 당시 국민의회는 이 법안을 압도적으로 거부하였다. 이에 대한 후속조치로, 아미르 이사 빈 살만 알 칼리파는 1974년 아미르 령(the Amiri decree No. 4/1974)으로 1975년 8월 26일 국민의회를 해산시켰고, 1999년 사망할 때까지 국민의회를 다시 소집하거나 선거를 허락하지 않았고, 국가보안법으로 통치하였다. 이 법은 1974년부터 2001년까지 바레인에서 시행되었으며, 정부에게 국가안보와 관련된 범죄자들을 체포하여 재판 없이 최대 3년까지 투옥시킬 수 있는 권한을 부여하였고, 국가보안법정(State Security Courts)을 설립하도록 함으로써 임의적인 체포나 고문을 허용하였다.

인권단체들(Human Rights Watch and Amnesty International)의 보고서에 따르면, 거의 25년 동안 국가보안법은 정치범들에 대한 고문과 인권위반을 용이하게 하였다. 2001년 하마드 국왕은 이 법을 폐기하고, 헌법을 회복시켰다.

3. 헌법회복과 국민의회 복귀를 요구하는 청원과 시위

1990년 이라크의 쿠웨이트 공격으로 시작된 걸프전을 계기로 사우디아라비아를 비롯한 역내걸프 왕국들에서 대규모 거리 시위와 입헌군주제를 포함한 정치개혁을 요구하는 청원 운동이 확산되었다.

1994~1999년까지 바레인인들도 1973년 헌법회복, 해산된 국민의회 복귀 및 민주적인 정치개혁을 요구하는 청원과 시위를 계속하였다. 이 시위에는 좌파, 자유주의자, 이슬람주의자들이 함께 참여하였다. 1999년 하마드 빈 이사 알 칼리파가 아미르에 취임하면서 정치개혁 요구 시위가 일단락되었다.

바레인인들은 1992년 11월 15일 처음으로 바레인 국민들이 정치개혁을 요구하는 청원(1992 Petition for Reforms to Amir of Bahrain)을 아미르에게 제출하면서 1973년 헌법회복과 해산된 국민의회의 복귀를 요구하였다. 이 청원을 제출하면서 시아파 3명과 수니파를 대표하는 3명이 아미르를 만났고, 300명 정도의 사회지도자들이 서명하였다.[71] 그러나 아미르는 이 개혁안을 거부하였다. 이에 대한 응답으로, 30명으로 구성된 민족주의자, 자유주의자, 종교 개혁가들 출신의 정치세력이 헌법 운동을 조직하였고, 2만 5천 명의 시민들이 서명하였다.

1994년에 '인민 블록' 출신 알리 까심 라베아, '종교 블록' 출신 셰이크 압둘 아미르 알 자므리, 소속이 분명하지 않은 무함마드 자비르 알 사바(Mohammed Jaber Al-Sabah)를 포함한 14명이 1994년 청원(1994 Popular Petition for Reforms to Amir of Bahrain)을 주도하였다.[72] 이 청원은 1973년 헌법으로의 복귀, 국민의회 회복, 민주적 과정에 여성들이 포함되기를 요구하였다. 이 청원은 시민들의 자유를 제한하고, 의회를 해산한 상태에서 작용하는 헌법에 모순되는 법률과 그 당시의 경제적인 상황에 비판적이었다.

1994년 후반부터 대규모 시위가 조직되었고, 보안대와 시위대 사이에서 충돌이 발생했으며, 1996년에 최고조에 달했으며, 이 과정에서 약 40명의 시아들이 사망한 것으로 알려졌다. 당시 영국이 이 보안대를 훈련하고, 주도한 것으로 알려졌다. 셰이크 압둘 아미르 알 자므리는 바레인의 보안대를 '영국의 용병'이라고 불렀다.

■ 2002년 의회선거

1. 바레인 국민 행동 헌장 : 양원제 의회

1999년 아미르 이사 알 칼리파가 사망한 이후, 그의 아들인 하마드 빈 이사 알 칼리파(Hamad bin Isa Al Khalifa)가 그를 계승하였다. 새로운 아미르가 된 하마드 빈 이사 알 칼리파는 1990년대의 봉기를 종식시키기 위하여 헌법 통치로의 복귀를 포함하는 일련의 민주적인 개혁을 선언하였다. 2000년 12월 23일 하마드 빈 이사 알 칼리파 왕은 바레인 국민 행동 헌장을 선포하였으며, 이러한 조치는 1990년대의 민중 봉기를 종식시키고 바레인을 헌법이 통치하는 국가로 되돌려 놓기 위한 조치였다.

국민행동 헌장이 제시한 정치 제도의 현대화에 토대를 둔 정치적 해결책은 2014년 현재 바레인의 정치적 위기를 해결하기 위해서도 매우 중요한 조치로 평가된다. 2001년 국민 행동 헌장은 '서문, Ⅰ장:사회의 기본 원리, Ⅱ장:정부제도, Ⅲ장:사회경제의 기본, Ⅳ장:국가 안보, Ⅴ장:민주적인 생활, Ⅵ장:걸프 국가들과의 관계, Ⅶ장:외교관계' 등으로 구성된다.

다음 〈표 24〉는 2014년 현재 바레인 개혁파들이 주장하는 내용과 직접 관련되는 Ⅱ장:정부제도와 Ⅴ장:민주적인 생활 부분이다.

표 24 _ 2001년 바레인 국민행동 헌장

Ⅱ장 : 정부제도
① 아미르
바레인의 정부 제도는 입헌왕국이며, 헌법과 아미르 령에 의해서 규정된다. 아미르는 국가의 수장이다. 그는 신성불가침이다. 그는 군 최고사령관이고, 국가의 안정의 상징이며, 바레인 국가 정부 제도의 버팀목이다. 아미르는 장관들을 통하여 권력을 행사한다. 아미르는 헌법이 규정한 그의 권력 내에서 총리와 장관들을 임명하거나 조정한다.
② 국가의 헌법
바레인은 모든 시민의 평등, 공익, 국민 통합에 토대를 둔 주권 기구와 국제관계를 갖는 완전한 독립국가다. 바레인은 국민들의 열망을 충족시키기 위하여 민주적 입헌 군주제 국가에 합류한다.
③ 이슬람 샤리아와 입법
이슬람은 국가의 종교다. 이슬람 법 샤리아는 입법의 주요한 원천이다.
④ 국민은 모든 권력의 원천이다.
바레인 국가의 정부 제도는 모든 권력이 국민에게 주어진 민주주의다. 통치권은 헌법에 규정에 따라 행사된다.

이 국민 행동 헌장은 2001년 전체 유권자(196,262명) 중 98.4%(191,790명)가 찬성한 국민투표로 승인을 받았다. 이 투표에 대해서는 현재까지 논쟁에 대상이 된 적이 없으며, 거의 모든 정당들이 이 헌장을 지지하였다. 이 헌장은 약 50명의 인사들이 준비한 것으로 알려졌고, 정치, 종교적 권리, 표현의 자유, 인권 증진, 입법과 사법 제도 정비 등과 관련되어 바레인의 정치 현대화와 발전을 향한 중요한 조치로 간주되고 있다.

2001년 국민 행동 헌장은 바레인을 헌법이 통치하는 국가를 제시하고 있다. 그러나 이 헌장은 1973년 헌법이 규정한 단원제 의회를 양원제로 바꾸어 놓았다.

2. 2002년 헌법 : 왕과 하원, 상원에 동등한 입법권 부여

2002년 하마드 국왕이 2002년 헌법(Constitution of the Kingdom of Bahrain)을 공포하였다. 2002 헌법은 왕과 선출된 의회와 왕이 임명한 자문의회 모두에게 동등한 입법권을 〈표 25〉와 같이 부여하였다.

표 25 _ 2002년 헌법

서문 : 1973년 헌법 수정, 2001년 국민 행동 헌장 수용

1973년 헌법을 수정하였으며, 2001년 국민 행동 헌장이 제시한 원리들을 수용한다. 정치제도는 입헌 군주제에 토대를 두고 있으며, 통치자는 특정 경험있는 인물들이 자문위원회(Majlis al-Shura)를 구성하며, 의식있고, 자유롭고, 충성스러운 국민들이 하원(Majlis al-Nuwwab)을 구성하는 인물들을 선거를 통해서 선출한다. 이 양원은 국민의회(National Assembly, Al-Majlis al-Watani)로 대표되는 대중의 의지를 함께 성취한다.

1항 : 국가

바레인 왕국 체제는 세습 입헌 군주제이며 고 셰이크 이사 빈 살만 알 칼리파가 그의 장자인 셰이크 하마드 빈 이사 알 칼리파 왕에게 물려준 것이다. 왕이 그의 생전에 장자 이외에 다른 아들을 계승자로 임명하지 않는다면, 앞으로 이 직위는 그의 장자에게 대대로 계승될 것이다.

32항 : 왕

a. 왕은 국가의 수장이다. 그는 불가침이다. 그는 종교와 고향 땅, 국민통합의 상징이다.

d. 왕은 총리를 왕령으로 임명하고 해고하며, 총리가 제안한 장관들을 왕령으로 임명하고 해고한다.

f. 왕은 왕령으로 자문위원회(국민의회 상원) 구성원들을 임명하고, 해고한다.

g. 왕은 최고 방위군사령관(Supreme Commander of the Defence Force)이다. 방위군은 직접 왕과 연계된다.

h. 왕은 고등 사법위원회(Higher Judicial Council)의 의장이다. 왕은 고등 사법 위원회가 제안한 판사들을 왕령으로 임명한다.

m. 왕실 법정(the Royal Court)은 왕에게 속한다.

35항 :

a. 왕은 헌법을 수정하고, 법률을 제안할 수 있으며, 헌법과 법률을 비준하고 공포한다.

51항 : 양원제 국민의회(Al-Majlis Al-Watani/National Assembly)

국민의회는 양원, 즉 자문위원회(상원)와 하원으로 구성된다.

52항 : 자문 위원회(Majlis Al-Shura)

왕령으로 임명한 40명으로 구성된다.

55항 : 자문위원회는 하원이 모일 때 모이고, 양 원의 회의 기간은 똑 같다.

56항 : 하원(Majlis Al-Nuwab)

40명으로 구성되며, 직접, 비밀 투표로 선출된다.

따라서 2002 헌법은 2001년 공포된 '국민 행동 헌장 Ⅴ장: 민주적인 생활'에서 "오직 선출된 하원만이 입법권을 가지는 반면, 상원은 필요한 경우에 엄격하게 자문 역할만을 할 것"이라는 규정을 번복하는 것이다.

이에 대한 대답으로 4개의 정당들, 시아 이슬람주의자 단체이며 바레인에서 가장 대중적인 정치 조직인 알 와파77(Al Wefaq National Islamic Society), 시아 이슬람주의자 그룹, 소규모 시아 이슬람 조직인 이슬람 행동 사회(Islamic Action Society), 가장 큰 좌파 조직인 와드, 2003년에 해체된 소규모 아랍 사회주의 바쓰 조직인 민족주의자 민주 연

합(the Nationalist Democratic Rally Society, Arab Socialist Ba'ath Party) 등이 2002년 선거를 거부하였다.

3. 2002년 선거법 : 직접 · 비밀 · 보통 · 평등선거

2002년 선거법에서 바레인은 여성에게 투표권을 부여하는 등 재산이나 사회적 신분이나 성별 등에 따라 선거권을 제한하지 않는 직접 · 비밀 · 보통 · 평등선거를 규정함으로써, 선거법상으로는 민주주의 국가로서의 법적인 면모를 갖추었다. 2002년 선거법은 1973년 선거법보다는 훨씬 발전한 제도로 평가된다.

다음 〈표 26〉은 1973년 선거법과 2002년 선거법을 비교한 것이다.

표 26 _ 1973년, 2002년 선거법 비교

국민의회[73]	1973년 국민의회	2002년 국민의회
의회 구조	단원제	양원제 : 하원, 상원
구성원	국민투표 : 30명 당연직 : 장관 14명 ―왕이 임명	하원 : 40명―국민투표 상원 : 40명―왕이 임명
선거일	1973년 12월 7일	2002년 10월 24일/10월 31일
선출 방식	30명 직접선거	40명 직접선거
선거구	20개 선거구	40개 선거구 : 소선거구제
투표 방식	단순 다수(과반수 적용 안 됨)	결선투표제(2라운드 제도) : 1차 투표에서 과반수를 얻는 후보가 없을 경우, 2차 투표
유권자	20세 이상의 바레인 남성 시민	선거당일 20세 이상, 바레인 시민권자(여성 포함), 선거 당시 바레인 거주, 해외에 있는 시민들은 제한 없이 투표할 수 있음 자격박탈 : 범죄자 혹은 선거 관련 범죄로 유죄 판결을 받은 자

4. 불공정한 선거구 획정과 정부 반대파의 선거거부

개정된 선거법에 따라, 2002년 10월 24일에 바레인 총선이 실시되었다. 이것은 1973년 선출된 국민의회가 1975년 해산된 이후 29년 만에 실시한 바레인 역사상 두 번째 선거였다. 2001년 바레인 국적자들은 40만 5천 명 정도였다. 2002년 의회 선

거에서 243,449명이 등록된 유권자였고, 53.48%가 1차 선거에서 투표하였으며, 2차 선거에서는 단지 43% 정도가 투표하였다. 공식적으로는 정당 조직이 금지되었기 때문에, 모든 후보들이 무소속으로 출마하였으나, 6개의 친정부 정치단체들과 제휴한 후보들이 당선된 것으로 드러났다. 2002년 선거 결과는 〈표 27〉과 같다.

표 27 _ 2002년 선거 결과

정당	이념	제휴 정치단체	의석
무소속	세속주의자 : 18명 이슬람주의자 : 19명 무소속 : 3명	이슬람 포름(Islamic Forum : 온건 수니) : 6명+무소속 1명 아살라(Al Asalah, 수니 살라피) : 6명+무소속 1명 라비타 알 이슬람(Rabita al Islami : 친정부 시아) : 3명 국가민민주주의회(National Democratic Assembly, 대부분 시아 세속주의자) : 2명 슈라회(Shura Society : 비교적 친정부 수니) : 2명 국민헌장회(National Charter Society : 친정부 자유주의자, 대부분 시아) : 1명	40
1차 투표 : 등록유권자(243,637), 투표율(99.92%)			
2차 투표 : 투표율(43%)			
전체			40

4개 정치단체들이 선거를 거부함으로써, 출마한 후보자들은 친정부적인 인사들이었다.

10월 31일, 선거관리 위원장 셰이크 아흐마드 빈 아탈라 알 칼리파(Shaikh Ahmed bin Ateyallah al Khalifa)의 발표에 따르면, 무하라끄 지역(수니 다수)은 70.35%, 남부(수니다수) 72.8%, 중앙(수니/시아 혼합) 56.22%, 수도(수니/시아 혼합) 50.74%, 북부(시아 다수) 38.3%의 투표율을 보였다.[74] 수니파 밀집지역에서 높은 투표율을 보인 반면, 시아파 밀집 지역에서는 매우 낮은 투표율을 보였다.

의회선거를 위한 투표 구역별 의석은 '무하라끄 8석, 수도 8석, 북부 9석, 중앙 9석, 남부 6석'으로 할당되었다. 이로써 구역별 인구 수 대비 의석 할당 비율은 매우 불공정한 것이었다. 예를 들면, 남부 행정 구역은 인구밀도가 희박했으나 수니 다수파가 거주하고 있으며, 6석을 할당받았다. 반면시아 다수파가 거주하는 매우 인

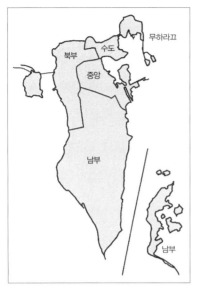

• 2002년 바레인 투표 구역

• 2002년 바레인의 불공정한 선거구 획정(필자)

구 밀집된 북부 지역은 오직 9석을 할당받았다.

예를 들면, 남부 지역에서는 단지 몇 백 표만 얻어도 당선될 수 있었던 반면, 북부, 중부, 수도권지역에서는 수 천표 얻어야 당선될 수 있었다. 40개의 선거구는 불공정한 획정으로 인해서 시아 다수지역에서는 1만 2천 명의 유권자들이 할당되었으나, 수니 다수인 지역에서는 단지 5백 명 정도의 유권자들에게 할당되었다.

이러한 의석 수 할당 체계는 시아 다수파의 투표력을 약화시켰고, 종파분할을 악화시켰다. 이러한 결정이 어떻게 이루어졌는지 설명은 없었으나. 바레인의 새로운 선거에서 수니파가 지배적인 세력을 남아있도록 경계를 확보하기 위한 것으로 받아들여졌다.

알 와파끄, 와드, 타자모르 알 까우미(Tajamor al Qawmi, National Assembly Society, 자유주의), 알 아말 알 이슬라미(Al Amal al Islami, The Islamic Action Society, 급진적 시아) 4개의 정치단체들이 선거를 거부하였다. 알 와파끄는 2002년 총선을 〈표 28〉과 같은 이유로 거부하였다.

표 28 _ 2002년 알 와파끄의 총선 거부 이유

1. 2002년 헌법은 하마드 왕에게 단독 결정권을 주면서 바레인 시민들의 투표 없이 1973년 헌법을 크게 변화시켰다.
2. 왕이 직접 임명한 상원인 자문위원회가 선출된 의회와 유사한 권력을 갖는다.
3. 선거구의 불공정한 구획으로 특정 선거구의 주민은 다른 선거구 주민 20명과 동등하다.

■ 2006년 의회선거 : 합법적인 정치단체 출현

정부는 공식적으로 정당을 금지하고 있던 1989년 법을 2005년에 수정하여 '정치단체(political societies)'라는 명칭으로 합법화시켰다. 이와 함께 알 와파끄는 2002년의 의회 거부의사를 번복하고, 의회를 자신들의 요구사항을 반영하고 정치과정에 참여할 수 있는 기구로 인정하면서 2006년 선거에 참여하기로 결정하였다. 그러나 이것은 알 와파끄를 분열시켜서 알 하끄 운동(Al Haq)과 바레인 자유운동(Bahrain Freedom Movement)이 창설되는 원인이 되었다.

2006년 선거참여에 앞서, 와드의 창설자인 압둘 라흐만 알 누아이미는 "알 와파끄, 알 아살라, 알 멘바르 등 이슬람 정당들은 자신들이 만든 시아, 수니의 종파 꼬리표를 떼어내고, 종파를 넘어서서 민족통합을 강화함으로써 민족의 공익을 위하여 일해야 한다."고 주장하였다. 그러나 와드는 이번 선거에서 단 한 석도 얻지 못하였다. 2006년 선거결과는 〈표 29〉와 같다.

표 29 _ 2006년 12월 선거

정당	이념	의석
알 와파끄	시아	17
알 아살라	수니 살라피	5
알 멘바르	수니 무슬림형제단	7
무소속	10명 : 친정부, 1명 : 유일한 여성의원	11
1차 투표 : 등록유권자(295,686명), 투표율(72%)		
2차 투표 : 등록유권자(295,686명), 투표율(73.6%)		
전체		40

2006년 11월 선거에서, 시아 성직자 셰이크 알리 살만(Ali Salman)이 이끄는 정부 반대파 알 와파끄가 40석 중 17석을 획득함으로써 하원에서 가장 강력한 세력이 되었다. 친정부 단체들이며 무슬림형제단과 제휴한 알 멘바르가 7석, 알 멘바르의 동맹이며, 살라피 운동과 제휴한 알 아살라 5석을 각각 획득하였다. 알 멘바르와 알 아살라는 알 와파끄와 사회적으로 보수적인 문제들에 대한 의견을 공유하며, 정부에 대한 공개 감시를 해야 한다는 입장에는 협력한다. 다른 문제들에서 알 멘바르와 알 아살라는 정부와 같은 입장을 취하는 경향이 있다.

나머지 11석 중 10석은 이후 친정부 쪽에 가담하였고, 다른 한명의 무소속 후보인 라티파 알꾸드(MS. Latifah Al-Qoud-남부지역)는 경쟁자없이 하원에 입성한 유일한 여성의원이었다.

■ 2010년 국민의회 선거

1. 선거구개혁 요구와 알 와파끄 승리

2010년 8월 8일 하마드 빈 이사 알 칼리파는 10월 23일 하원선거를 요청했다. 2010년 8월에, 시아들은 주택, 보건, 정부 일자리 기회에 대한 차별과 관련하여 자신들을 '2등 시민'이라고 주장하면서 거리 시위를 주도하면서 선거구 개혁을 요구하였다. 9월에 250명의 주민들이 정부 전복을 계획했다는 죄목으로 수감되었다. 23명의 시아활동가들이 안보관련 죄로 재판에 직면했으나 2011년 2월 하마드 왕의 명령으로 석방되었다.

여성후보 9명(2006년 여성후보 17명)을 포함하여 142명의 후보들이 하원의석을 놓고 경쟁하였다. 알 와파끄는 2010년에 가장 커다란 정치세력이었으며, 평등, 진정한 다당제 민주주의를 위하여 일하기로 약속하였고, 왕 대신에 의회가 장관들을 임명해야한다고 주장하였다. 알 아말(Al Amal al Islami, The Islamic Action Society)은 제2의 정치 세력으로 더 급진적인 시아 운동이며, 의회는 사기라고 주장하면서 유권자들에게 선거를 거부하라고 요구했다.

친정부 정치단체인 알 아살라와 알 멘바르는 왕정을 지지하기로 약속하였다. 알 아살라는 바레인의 전통을 지키고 의회에서 여성대표를 반대하였다. 반면 알 멘바르는 의회에서 여성대표를 반대하지 않았다.

10월 23일 1차 투표에서 약 32만 명의 유권자들 중 67%가 투표한 것으로 드러났다. 이것은 2006년 72%보다는 감소한 것이다.

부전승을 거둔 6명(여성 1명 포함)을 포함한 31명의 후보들이 1차 투표에서 요구되는 과반수를 확보하여 당선이 확정되었다. 알 와파끄는 31석 중 18석을 얻었고, 알 아살라는 2석을 획득하였으며, 무속 후보들이 11석을 장악하였다.

알 와파끄는 시아파가 지배적인 지역에서 최소한 890명의 유권자들이 투표장으로부터 되돌아왔다. 왜냐하면, 그들의 이름이 선거인 명부에 없었기 때문이었다. 사법과 이슬람 업무부 장관인 셰이크 칼리드 빈 알리 알 칼리파(Khaled bin Ali Al-Khalifa)는 투표는 투명하고 공정했다고 주장하면서 어떤 부정에 대해서도 조사하겠다고 약속했다.

10월 30일 2차 투표에서 등록된 유권자들 중 67%가 투표하였다. 9개의 2차 투표에서, 알 멘바르가 2석, 알 아살라가 1석을 차지하고 나머지 6석은 무소속 후보들이 장악하였다.

전체적으로, 알 와파끄 의원들 18명은 모두 1차 투표에서 압도적 표차로 결정되었다. 2차 투표에 나간 후보들은 친정부 수니파와 무소속 출신이라는 점을 주목할 필요가 있다. 12월 14일, 하마드 왕은 새로 선출된 의원들을 취임시켰고, 칼리파 빈 아흐마드 알 다흐라니(Mr. Khalifa bin Ahmed Al-Dhahrani)가 대변인으로 재선출되었다.

2010년 선거에서 전체 127명의 후보자들이 경쟁하였고, 지방자치 의회 선거도 함께 실시되었다. 등록된 유권자는 31만 8천 명 정도였다. 선거 위원회 위원장이며 사법부 장관인 셰이크 칼리드 빈 알리 알 칼리파(Khaled bin Ali al-Khalifa)가 발표한 67% 예상 투표율은 2006년 투표율 73.6% 보다는 낮은 것이었으나, 주요한 4개 단체들이 선거거부 운동을 했던 2002년 53.4% 보다는 높은 것이었다.

이 선거에서 알 와파끄는 18석을 차지함으로써, 2006년 선거보다 1석이 증가했으며, 시아와 무소속(수니) 후보들이 1차 투표에서 다수 의석을 차지하였다.

다음 〈표 30〉은 2010년 선거구와 인구분석 표다.

표 30 _ 2010년 선거구와 인구 분석

행정 구역	2010년 국적자(명)			2010 의회 의석수		확정 투표
	여성	남성	전체	전체	정당별	
수도	33,442	34,147	67,589	8	알 와파끄 : 6, 무소속 : 2	1차 : 7(알 와파끄6, 무소속1), 부전승 : 알 와파끄1
무하 라끄	50,538	51,706	102,244	8	무소속 : 4, 알 아살라 : 2, 알 와파끄 : 1, 알 멘바르 : 1	1차 : 3(무소속2, 알 와파끄1) 2차 : 4(무소속2, 알 아살라1, 알 멘바르1) 부전승 : 아살라1
북부	96,229	97,833	194,062	9	알 와파끄 : 7, 무소속 : 1, 알 멘바르 : 1	1차 : 8(알 와파끄7, 무소속1), 2차 : 1(알 멘바르1)
중앙	85,205	86,368	171,573	9	알 와파끄 : 4, 무소속 : 4, 알 아살라 : 1	1차 : 6(알 와파끄4, 무소속1, 알 아살라1), 2차 : 3(무소속3)
남부	15,746	17,185	32,931	6	무소속 : 6	1차 : 2, 2차 : 1, 부전승 : 3(여성1)
	281,160		287,239	40석	알 와파끄 : 18, 알 아살라 : 3, 알 멘바르 : 2, 무소속 : 17	
	568,399					
1차 : 등록 유권자(318,668명), 투표율(67%)						
2차 : 등록 유권자(171,000명), 투표율(67%)						

하마드 왕은 11월 24일 11명의 여성을 포함하여 40명의 상원(슈라의원)을 임명하였고, 알리 빈 살레 알 살레(Mr. Ali Bin Saleh Al-Saleh)를 대변인으로 재임명하였다.

2. 알 와파끄 의원들 총 사퇴와 2011년 9월 보궐 선거

2011년 2월 18일 바레인 최대 정당인 알 와파끄 당수인 압둘 잘릴 칼릴(Abdul Jalil Khalil)은 "2월 14일과 15일 보안대가 정치개혁을 요구하는 시위대를 진주 광장으로부터 강제로 내쫓으면서, 2명의 시위대를 살해한 사건과 관련하여 알 와파끄 출신 국민의회의원 전원이 사퇴할 것이라고 밝혔다." 알 와파끄 의원들은 이 사건에 항의하면서, 16일, 17일 이틀 동안 의회에 출석하지 않았다.

곧이어 2011년 2월 27일 정부의 폭력적인 조치에 반대한다고 밝히면서 사퇴서를 의회에 제출하였다. 알 와파끄 소속 카릴 알 마르주끼(Khalil Al Marzouk) 의원은 "우리는 대량학살에 손가락 하나 까딱하지 않는 국민의회에 더 이상 속해있지 않다는 내용의 사퇴서를 의회에 제출하였다."고 밝혔다. 알 와파끄는 총리선출과 진정한 입헌군주제로의 정치개혁을 요구한다.

바레인에서 2011년 9월 24일 보궐선거를 위한 1차 투표, 10월 1일에 2차 투표가 실시되었다. 이 선거는 알 와파끄 소속의원 18명이 바레인 시위에 대한 정부의 조치에 항의의 의미로 사퇴하며 실시되었다. 9월 24일에 실시된 바레인의 보권 선거에서, 14개 선거구에서 총 144,513명의 유권자 중 25,130명만이 투표에 참가함으로써, 17.4%의 매우 낮은 투표율을 보였다. 알 와파끄뿐만 아니라 정부 반대파들이 이 보궐 선거를 거부함으로써 출마한 모든 후보는 무소속이었다. 2011년 9월 24일 보궐선거에서 새로 당선된 의원들은 모두 비공식적으로 친 알 칼리파 왕가다. 세 명의 여성들이 새로운 당선자들 가운데 포함되었다. 4석은 부전승이었고, 5석은 1차 투표에서 확정되었다. 나머지 9석은 2011년 10월 1일 실시된 2차 투표에서 확정되었다.

알 와파끄와 합법적 정부 반대파들은 이번 보궐선거에 참가하지 않았고, 바레인 정치 불안을 더욱 가속화되었다. 다음 〈표 31〉은 2014년 현재 활동 중인 바레인의 정치 단체들을 분석한 것이다.

표 31 _ 2014년 활동 중인 주요 정치단체

정부와의 관계	이념적 지향	단체들
친정부 단체	이슬람주의자	알 아살라 / 알 멘바르
	세속주의자	알 미싸끄(Al Meethaq, 자유주의자) : 2002년 회원 16명이 상원의원 임명) / 경제전문가 연합(Economists Bloc, 자유주의자) / 국민 정의 운동(National Justice Movement, 사회주의자) : 좌파 와드에서 분리됨
합법적 정부 반대파	이슬람주의자	알 와파끄
	세속주의자(사회주의)	와드 / 진보 민주 트리뷴(Progressive Democratic Tribune, 청년부문 : Shabeeba Society of Bahrain : UN이 승인한 세계적인 좌파조직, World Federation of Democratic Youth의 바레인지부) / 민족주의 민주주의 연합(Nationalist Democratic Rally, 바쓰당)
불법 정치단체	혼합	바레인 자유운동(Bahrain Freedom Movement, 2005년 창설)과 알 하끄(알 와파끄, 와드, 수니 성직자 등 포함, 2005년 창설 : 정부의 시위대에 대한 가혹한 진압 이후, 2011년 3월 7일 알 하끄와 바레인 자유운동은 알 칼리파 정권이 합법성을 잃었다고 판단하여 '공화국체제 수립'을 위한 동맹 선언 / February 14 Youth Coalition : 2011년 3월 창설, 2월 14일 '분노의 날'을 조직한 배후세력으로 알려짐

위 표는 바레인이 이슬람주의자, 자유주의자, 사회주의자, 친정부파, 반정부 파 등 다양한 정치이념을 가진 집단들이 공존하는 다원적인 사회라는 것을 드러낸다. 역사적으로, 바레인 정치에서는 집단들이나 개인들이 국내외 정치변화에 따라 이념적인 경계를 넘나들며 합종연횡 함으로써, 이들이 구성하는 정치단체들이 변화 발전해 왔다.

■ 계속되는 정치 불안

걸프전 이후 사우디를 비롯한 역내에서 정치개혁을 요구하는 대중시위들이 발생하면서, 바레인에서도 1994년과 2000년 사이에 좌파들, 자유주의자들, 이슬람주의자들이 연합한 민중봉기가 발발하였다. 이 시위로 40명 이상 사망한 것으로 알려졌다. 그러나 하마드가 왕위에 오른 후, 일련의 개혁조치를 취하면서, 이러한 정치개혁 요구 시위가 일단락되었다.

1999년 셰이크 하마드가 왕위에 오른 이후, 그는 정치범을 석방하고, 거의 1975년 이후 거의 25년 동안 바레인을 통치해오던 보안법을 폐지했으며, 정당, 인권단체, 노동조합의 설립을 허락하고, 해외로 추방된 인사들의 귀환을 허락했다.

2002년 바레인은 새로운 헌법을 도입하면서 공식적으로 에미리트로부터 왕국 (Kingdom of Bahrain)으로 전환하고, 헌법을 개정하고, 29년 만에 새로운 의회제도를 도입하면서 보통선거를 실시하였다. 새로운 헌법에 따라, 선출된 하원과 왕이 임명한 자문위원회 특성을 갖는 상원으로 구성되는 양원제 의회가 창설되었으며, 여성이 선거권과 피선거권을 갖고 정치 과정에 참가하게 되었다.

하마드 국왕의 선거제도 도입을 통한 의회제도 개혁은 바레인 내에서 많은 관심을 불러일으켰고, 2001년 2월 국민 행동 헌장은 국민투표로 압도적인 지지를 받았다. 그러나 2002년 헌법에서 왕이 임명한 상원에게 지나치게 많은 권력을 부여하면서 바레인인들은 새로운 헌법과 정부의 개혁조치에 실망했다. 그 결과 시아파 알 와파끄와 사회주의자 와드를 비롯한 정부 반대파들이 2002년 선거를 거부하였다.

2004년 바레인정부는 정당 설립에 관한 새로운 법안을 제안하였다. 2005년 7월에 정당설립에 관한 법안이 통과됨으로써, 2006년 선거에서는 정당들이 자신의 이름을 걸고 선거에 참가하였다. 바레인인들은 2006년 11월 세 번째 의회선거를 실시하였고, 2002년에 선거거부에 참가하였던 대부분의 정치단체들이 2006년 선거에 참가하였다. 2006년, 2010년 선거결과 시아파 야당인 알 와파끄가 각각 17석, 18석을 획득함으로서 가장 강력한 야당으로 부상하였다. 이것은 강력하고 합법적인 정부 반대파의 정치세력화를 의미하며, 여러 가지 측면에서 부족하기는 하지만, 장기적인 전망에서 바레인이 의회 민주주의 체제로 점차 나아가는 듯이 보였다.

그런데 2011년 2월 14일, 역내에서 민주화 시위가 확산되면서, 바레인 시민들이 정부의 부패 종식과 더 많은 사회, 정치, 경제적인 권리를 요구하면서 대규모 거리 시위를 시작하였다. 알 칼리파 왕가는 시위대의 요구 사항들을 전향적으로 수용하면서, 정치개혁을 촉진시킴으로써 역내에서 진행되는 대중봉기를 피할 수도 있었다. 그러나 알 칼리파 왕가는 보안대에 의한 강제 진압과 사우디국가방위군과 UAE 경찰의 주둔을 허용함으로서, 정부와 반대파와 사이의 정치적 대화 가능성을 차단하고 간극을 더욱 심화시켰다. 게다가 2010년 알 와파끄가 의회에서 전원 사퇴함으로써 의회제도는 사실상 마비상태에 이르렀다.

바레인인들은 사우디국가방위군의 바레인 진입은 전쟁 선포라고 주장하였고, 민주적인 정치개혁과 시아파 차별 종식을 요구하던 시위대는 사우디국가방위군과 UAE 경찰 주둔을 계기로 정권교체를 요구하는 것으로 변하였다.

시아파, 사회주의자, 수니파를 포괄하는 바레인인들이 사우디국가방위군과 UAE 경찰의 바레인 주둔에 반대하면서, 반기문 유엔 사무총장에게 긴급 호소문을 보냈다. 알 와파끄(시아파)를 비롯한 와드(사회주의자), 멘바르(수니-무슬림형제단) 외 3개 단체와 국민연합 이름으로 된 이 호소문은 "바레인 왕국이 사우디아라비아와 다른 걸프 국가들의 군대에 점령당하여 고립되고, 비무장 바레인 주민들이 전쟁 위협을 당하는 위험에 빠져있다."고 밝혔다. 그러나 같은 날 미국은 사우디국가방위군의 바레인 진입을 '침략'으로 간주하고 않는다고 선언하면서, 바레인 정부에게 '시위를 자제시키도록' 촉구함으로서, 사우디의 입장에 동조하였다.

현재 미국과 사우디가 바레인 정치에 주요한 영향력을 행사한다. 특히 역내정치 개혁을 차단하고, 기존 정치질서를 유지하려는 사우디의 정책이 바레인의 정치지형에 결정적인 영향을 준다. 알 칼리파 왕가의 리더십은 사우디왕가의 손에 거의 좌우되고, 국내불안이 계속되면서, 의회제도 등 정치제도 개혁을 통한 알 칼리파 왕가 리더십의 안정은 당분간 어려울 것으로 보인다.

제4장

20세기가 주는 교훈
: 유럽이 중동 현대국가 건설

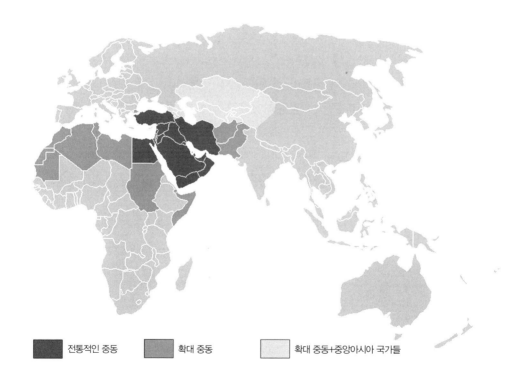

전통적인 중동 　확대 중동 　확대 중동+중앙아시아 국가들

오늘날 중동의 복잡한 정세는 19세기 이후 영국과 프랑스 등이 주도하는 제국주의 정책이 격렬하게 추진된 결과물이라고 할 수 있다.

1) 유럽 열강의 지배 동안에 행정 제도와 교육 제도가 변화되었고, 동시에 주로 엘리트 계층에서 주로 이슬람을 내세운 민족자결주의가 고무되었다.

2) 일부 지역에서는 일정한 한계 내에서 자치를 확장하는 것에 대해 열강들과 합의하기도 했으나, 경우에 따라 합의 없이 이루어지기도 했다. 오스만 제국의 해체와 함께 형성되기 시작한 현대 중동 국가들은 새로운 통치 방식을 채택하고 독립을 유지하려고 노력했지만, 기껏해야 유럽 열강들이 정한 한계 내에서만 움직일 수 있었다.

3) 유럽 열강들이 서로 경쟁 관계이기는 했지만 관심사를 공유하였다. 이권의 확장을 위해 서로 연합하면서 오스만 제국 해체와 지역 분할을 조장하는 과정에서 국민 국가가 출현하였다.

4) 이후 중동 지역은 제국주의 국가들의 영향권에서 벗어 날 수 없게 되었으며, 특히 20세기 중반 이후부터 이 지역에서 석유가 본격적으로 개발되기 시작하면서 정치, 경제, 사회, 문화 등에서 일어나는 모든 변화는 공세적인 열강들과의 불가피한 이해관계 속에서 전개될 수밖에 없다.

I. 유럽 열강과 오스만 제국의 해체

'중동'은 지정학적인 개념이며, 이 개념은 제국주의 시대인 19세기 유럽에서 생성되어, 상황에 따라 그 범위와 내용이 변화해 왔다.[75] 따라서 강대국들의 '중동' 정책을 고려하지 않고는 현대 중동 지역을 이해할 수 없으며, 제국주의 정책을 배제하고 중동 역사를 쓴다는 것은 거의 불가능하다

제국주의 국가들은 인도로 가는 수월한 통상로를 확보하기 위하여 중동 지역으로 경쟁적으로 진출하였고, 20세기 중반까지 오스만 제국의 영역을 분할 지배하는 데 성공하였다.

결국 중동 전 지역을 아우르며 지배권을 행사하던 오스만 제국의 영토는 현대 국민 국가들로 완전히 분할 해체되었다. 제 1차 세계 대전은 오스만 제국의 소멸과 함께 끝났다. 오스만 제국의 해체와 함께 터키라는 새로운 독립 국가가 출현하였고, 아랍 지역은 영국과 프랑스의 지배하에 놓이게 되었다. 이제 아랍어를 쓰는 거의 모든 지역이 유럽의 지배를 받게 되었다.

1920년대 오스만 제국이 해체되고 중동에서 현대 국민 국가들이 생성되는 과정

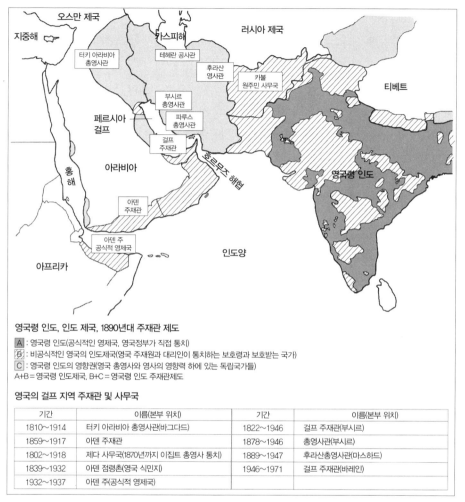

영국령 인도, 인도 제국, 1890년대 주재관 제도

A : 영국령 인도(공식적인 영제국, 영국정부가 직접 통치)
B : 비공식적인 영국의 인도제국(영국 주재원과 대리인이 통치하는 보호령과 보호받는 국가)
C : 영국령 인도의 영향권(영국 총영사와 영사의 영향력 하에 있는 독립국가들)
A+B = 영국령 인도제국, B+C = 영국령 인도 주재관제도

영국의 걸프 지역 주재관 및 사무국

기간	이름(본부 위치)	기간	이름(본부 위치)
1810~1914	터키 아라비아 총영사관(바그다드)	1822~1946	걸프 주재관(부시르)
1859~1917	아덴 주재관	1878~1946	총영사관(부시르)
1802~1918	제다 사무국(1870년까지 이집트 총영사 통치)	1889~1947	후라산총영사관(마스하드)
1839~1932	아덴 점령촌(영국 식민지)	1946~1971	걸프 주재관(바레인)
1932~1937	아덴 주(공식적 영제국)		

• 1890년대 영국의 통치 영역(http://www.tandfonline.com/doi/pdf/10.1080/03068370802658666)

에서 영국과 프랑스 등 서구 열강들의 정책에 대한 각 지역의 토착 정치 지도부의 대응들은 공통점도 있지만, 서로 다른 형태로 표출되었다.

'아라비아 걸프 지역' 국가들은 오만, 쿠웨이트, 카타르, 바레인, 아랍에미리트, 사우디아라비아, 예멘 등이다. 걸프 지역 국가들은 전통적으로 유럽과 인도를 연결하는 해상 통로로서 핵심적인 역할을 해왔다. 또한 이 지역에 위치한 토착 세력의 지도자들은 영국과 각종 협정을 체결하고 외세와의 협력관계를 유지하면서 현대 국가 건설을 추진해 왔다. 아라비아 걸프 지역의 특징은 19세기부터 20세기 중반까지 영국 지배에 의한 평화, 즉 '팍스 브리타니카(Pax Britannica)'가 유지되었고, 그 기반 위에서 부족적인 특징을 지닌 현대 왕정국가들이 건설되었다는 점이다. 그 결과 아라비아 걸프 지역에서는 북아프리카 지역과 달리 제국주의 열강들에 대항하는 토착 주민들의 저항이 격렬하게 표출되지 않았다.

'북아프리카 지역' 국가들은 사하라 사막 이북 지역에 위치한 이집트, 수단, 리비아, 튀니지, 알제리, 모로코 등이다. 상기 국가들은 서구열강의 식민 통치가 실시되면서 현대 국가 체제가 형성되었는데, 이 과정에서 나타나는 두드러진 특징은 민족주의 의식이 투철한 토착 주민들이 제국주의 열강들의 침략에 맞서 무장투쟁을 전개하며 격렬하게 저항했다.

'레반트 지역' 국가들은 팔레스타인, 요르단, 레바논, 시리아, 이스라엘 등이다. 이 가운데 팔레스타인은 아직도 국가 형성과 관련해서 매우 복잡한 논쟁들이 진행되고 있다.

Ⅱ. 영국이 걸프왕국을 건설하다[*]

■ 주재원 제도와 영국의 통치

걸프(the Gulf) 지역은 현재도 이란과 아랍 국가들 사이의 영토 분쟁이 진행되는 곳이며, 미국 함대가 주둔해 있는 곳이다. 걸프라는 지명은 이 지역에 대한 소유권 문제와 관련하여 '페르시아 걸프(Persian Gulf)' 또는 '아라비아 걸프(Arabian Gulf)'로 지칭되

---

* 이 글은 『확대중동연구』 5-1호, 건국대학교 중동연구소, 2012.6, 55~88쪽에 게재된 것을 수정, 보완한 것임.

기도 한다. 걸프 지역은 전통적으로 유럽과 인도를 연결하는 해상 통로로서 핵심적인 역할을 했다.

19~20세기에 최고조에 달한 영국의 걸프 지역에 대한 지배권과 관심은 인도 지배를 위한 것이었다. 걸프 지역 통상로를 보호하고, 이곳에 다른 외국 세력이 해군 기지를 세우는 것을 막기 위하여, 영국의 인도 정부는 걸프 지역에 영향력 강화하기 위하여

• 영국이 20세기에 건설한 걸프 왕국들

주재원 제도를 수립하고 토후들과 보호 협정을 체결하였다.

이 지역의 토착 세력의 지도자들은 영국과 각종 협정을 체결하고 협력관계를 유지하면서 현대 국가 건설을 추진했다. 이 과정에서 19세기부터 20세기 중반까지 영국 지배에 의한 평화, 즉 '팍스 브리타니카(Pax Britannica)'의 기반 위에서 부족적인 특징을 지닌 현대 왕국들이 건설되었다.

다음은 영국이 팍스브리타니카 체제를 구축하면서, 정치 주재원 제도를 통해서 걸프 지역을 통치하고 각 토후들과의 협정을 통해서 오만, 쿠웨이트, 카타르, 바레인, 아랍에미리트를 건설하였다.

17세기에 시작된 영국의 주재원 제도(the Residency System)는 외국에 거주하는 영국 대표라는 의미에서 유래되었다. 동인도회사 주재원들의 본래 의무는 상업적인 이익을 최우선으로 확보하는 것이었다.

영국 동인도회사는 1600년에 창설되었고, 1616년 이후 자스크(Jask)를 통해서 페르시아와 무역을 시작하면서, 시라즈와 이스파한에 각각 동인도회사 교역소가 설립

되었다. 1617년 영국 동인도회사는 페르시아 샤 압바스로부터 페르시아 항구들에서 실크 무역 독점권을 승인하는 칙령을 획득하였다. 영국 동인도회사 함대는 1622년 호르무즈 섬에서 포르투갈을 격퇴하려는 페르시아 황제 압바스 샤를 지원하였다. 그 보답으로 영국 동인도회사는 해안도시 1623년 반다르 압바스(Bandar 'Abbās)에 교역소를 건설하였다. 이후 150년 동안 반다르 압바스는 걸프 지역 영국 상업 활동의 중심지가 되었다. 1661년 찰스 2세로부터 특허권을 부여받은 동인도회사는 황제의 대리인으로서 페르시아 걸프 지역에 대한 영국의 외교정책, 조약, 협정, 약속 등을 수행할 임무가 있었다.

인도양의 상업 패권은 포르투갈로부터 네덜란드로, 17~18세기에는 네덜란드에서 영국으로 넘어갔다. 이러한 무역 패권 경쟁에서 결국 영국의 동인도회사가 인도양에서 상업 패권을 장악하였다. 18세기 중반부터 영국 동인도회사는 걸프 지역에 주재관을 설립하여 다른 유럽 국가들을 구축하면서 페르시아로 양모 수입을 독점하였다. 이것이 걸프 지역에서 주재관 제도의 시작이었고, 거의 200년 동안 이 지역에서 영국의 패권이 관철되었다.

1763년에 영국 동인도회사는 페르시아 걸프 지역의 페르시아 쪽에 있는 부시르(Bušehr)에 주재관(Residency)을 설립하고, 1764년에는 이라크 지역의 바스라(Basrah)에[76] 또 하나의 주재관을 설립하였다. 이 때 주재관과 교역소(Agency)들이 정치적인 기능으로 탈바꿈하였다. 주재관과 교역소들의 주요 목표는 유럽 열강들 사이의 간섭으로부터 영제국의 이익을 보호하고 인도로 가는 통상로를 보호하는 것이었다.[77]

동인도회사 주재원은 페르시아 당국 및 걸프 지역 토후들과 필요한 모든 협상을 진행하면서, 걸프 지역의 왕처럼 군림하였다. 페르시아 당국 및 토후들의 의사와 관계없이, 이 주재원은 해적, 노예무역, 총기사용 등을 제압한다는 이유로, 해군을 운용하면서 일정한 규율들을 실행하고, 걸프 지역에서 해군 원정대 등을 운영하였다.

〈표 32〉는 1616~1971년까지 영국이 걸프 지역에서 해안도시를 중심으로 주재관, 교역소, 공사관 등을 운영하면서 영향력을 행사해 왔음을 보여준다.

기간	이름(본부 위치)	기간	이름(본부 위치)
1616~1623	페르시아교역소(자스크)	1758~1810	무스카트 교역소
1623~1763	페르시아교역소(반다르 압바스)	1946~1971	걸프 주재관(바레인)
1763~1778	바스라 교역소	1618~1752	모카 교역소
1778~1809	바스라 주재관		
1778~1822	부시르 주재관	1839~1932	아덴 점령촌(영국 식민지)
1811~1889	테헤란 공사관	1932~1937	아덴 주(공식적 영제국)
1820~1822	걸프 교역소(키슴섬)	1839~1859	아덴 교역소
1822~1946	걸프 주재관(부시르)	1859~1917	아덴 주재관
1878~1946	총영사관(부시르)	1802~1918	제다 주재관(1870년까지 이집트 총영사 통치)
1889~1947	후라산총영사관(마 스하드)	1810~1914	터키 아라비아 교역소(바그다드)

1763년부터 1971년까지 영국은 주재원을 파견하여 걸프 지역을 통치하였다. 1763년 영국 동인도회사는 페르시아 지역 부시르에 영국 주재관을 세웠고, 1764년네 이라크의 바스라에 또 하나의 영국 주재관을 설립하였다. 1822년 이 두 개의 영국 주재관이 하나로 통합되면서 '걸프 지역의 영국 주재원(British Resident for the Persian Gulf)'라는 직책을 새로 만들고 부시르에 본부를 두었다. 영

• 제다 영국 주재관 나집(Naseef)의 집(필자)

• 제다 영국 주재관 나집(Naseef)의 집 문패(필자)

국 주재원은 UAE, 바레인, 쿠웨이트, 오만, 카타르 등 걸프 지역에 대한 다양한 정치적, 경제적, 군사적 지배권을 다양하게 행사했다. 이 영국 주재원은 공식적인 외교관계가 없었던 페르시아와도 필요한 협상들을 하였으며, 사실상 걸프 지역의 영국의 통치자였다.[78] 이 주재원이 바레인(1880~1971), 쿠웨이트(1899~1961), 카타르(1916~1971), 휴전 국가들(UAE, 1892~1971)이 20세기 중반 이후 독립할 때까지 공식적으로 통치하였다. 이 시기에 영국은 걸프 지역에서 조약을 체결함으로써 이룩한 준영토적인 지배(British protectorate)를 통하여 거대한 정치적 영향력을 발휘하였다.

이러한 정치 주재원 제도(the Political Residency System)는 1757년 벵골의 태수 및 프랑스 동인도회사 연합군과 영국 동인도회사 사이에서 벌어진 플라시 전투를 계기로, 영국이 인도 지배권을 확보하면서 고안한 종속적인 정치동맹 제도가 인도 주변 지역으로 확대된 것이다. 이 제도는 우호적인 토착 정부들과 협력하여 동인도회사 통치자를 파견하고 벵골 군대를 재배치하여 지배권을 확보하고자하는 것이었다. 이 제도를 통해서 인도의 토후들은 동맹 군대의 재배치를 통해서 내부와 외부의 공격으로부터 보호받기를 원했다. 그 보답으로 이들을 군대유지 비용을 부담해야했으며, 자신들의 궁전으로 영국 주재원을 받아들였다. 이 주재원은 이 토후국들의 수도에서 상급 영국 관료였고, 외교관이었을 뿐만 아니라 통치자를 자신의 동맹으로 유지시켰다.이것은 영국이 운영하는 간접 통치제도였다. 주재원의 역할은 통치에 조언을 하고, 왕위 계승 문제에 관여할 뿐만 아니라 군대를 내부치안 유지 이상으로 강화되지 못하고, 다른 국가와의 동맹을 형성하지 못하도록 했다.

걸프 지역은 인도의 영제국의 변방으로 영제국의 영역을 확장하고 보호하기 위한 것이었다. 영국의 걸프 주재원은 동부 아라비아 및 남부 페르시아와 영국의 관계를 책임졌고, 영국의 인도를 보호하는 광범위한 정치적인 네트워크의 일부였다. 영국의 걸프 주재원 제도는 걸프 지역에서 팍스브리타니카 체제를 유지하고 영국의 이익을 확보하기 위한 것이었으며, 토착의 정치 체제를 활용하면서 걸프 지역의 아랍 통치자들과 정치적 관계를 수립하였다.

아랍 토후들은 팍스브리타니카 체제를 유지하는데 협력하였으며, 걸프 주재원 체제 내에서 종속적인 역할을 하였다. 걸프 지역의 영국 정치 주재원은 1763년 처음 임명되어 1971년까지 존재했고, 페르시아, 아랍에미리트, 바레인, 쿠웨이트, 오만. 카타르 지역에 대하여 다양한 정치적, 경제적 지배권을 행사했다.

영국은 주재원 제도를 운영하면서 필요할 경우 군사력을 동원하거나 〈표 33〉과 같은 주요 협정체결 등 다양한 방법을 사용하여 걸프 지역 지배권을 장악하였다.

표 33 _ 영국과 걸프지역 토후들과의 주요 협정

연도	협정 명칭	내용
1798.10.12	영국–오만 협정 (the Anglo–Omani agreement)	오만의 통치자인 술탄 이븐 아흐마드와 동인도회사 대표가 서명 : 이 협정은 프랑스와 인도 마이소르 지방 통치자인 티푸 술탄과 같은 프랑스의 동맹자들이 오만 영토를 통과하지 못하도록 하였다.
1819		영국 세력이 소위 '해적 해안(Pirate Coast)'을 따라서 해적들을 공격
1820.01.08~ 1820.03.15	일반 해양 협정 (General Maritime Treaty)	영국이 아부다비, 두바이, 샤르자, 움 알까이완, 아즈만, 카타르, 바레인의 토후들과 일반 해양협정(General Maritime Treaty) 체결 : 영국선박을 보호하기 위한 것. 영국군 주둔 시작
1820	영국–바레인 협정 (Anglo–Bahraini Treaty)	바레인의 알칼리파와 협정 체결함으로써 알 칼리파 가문(우툽부족)에게 바레인 통치권 부여(당시 바레인은 오만의 지배하에 있었음)
1822	일반 해양 협정 (General Maritime Treaty)	영국과 라스 알 카이마 토후국이 일반 해양 협정 체결
1835	해양 휴전 협정 (the Maritime Truce)	아부다비, 두바이, 샤르자, 아즈만이 1년 휴전 협정 체결함으로써 스스로 보복하기 보다는 영국에게 공격을 보고해야한다 : 영국에게 조정자로서의 권리 부여
1839.05.31	영국–오만 협정 (Anglo–Omani Treaty)	오만 통치자와 동인도회사 대표 : 영국 상품에 대한 관세 부과를 제한. 오만에 거주하는 영국인에 대한 치외법권 인정. 영국 군함이 오만 선박 조사 권한. 1822년 반 노예무역 약속을 확장
1841.04.24	영국–쿠웨이트 해양 휴전 협정(Anglo–Kuwaiti Maritime Truce)	이 협정은 1년 동안 영국과 해양 휴전 협정을 체결한 아랍 토후들과 해양에서 싸우지 않고 평화를 유지
1853	영국 해양 휴전 협정 (Perpetual Maritime Truce)	이 영구 해양 협정 체결 이후 휴전 국가들(Trucial States, Trucial Oman, 휴전 오만)로 명명
1880~1971	영국–바레인 협정 (Anglo–Bahrain Treaty, 영국의 보호령)	다른 국가들과 협정을 조인할 수 없고, 다른 국가 대표들이 바레인에 들어오도록 허락할 수 없으며, 바레인 영토의 어떤 부분도 양도 불가. 바레인 외교권을 영국에게 양도. 영국의 식민지 체제로 통합

연도	협정 명칭	내용
1891.03.19~ 1967	영국–오만 협정 (Anglo–Omani Treaty, 영국의 보령)	오만 술판 파이잘과 영국 주재원 에드워드 로스(Political Resident Sir Edward Ross) : 영국의 독점권 부여 : 오만의 통치자와 그 계승자들이 "자신들 소유의 어떤 것이든지 영국을 제외하고는 어떤 세력에게도 양도하지 않고, 팔지 않고, 저당 잡히지 않고 점령을 위하여 내주지 않겠다." 약속
1892.03.08~ 1971.12.01	1892년 협정(The Treaty of 1892, 영국의 보호령)	휴전 국가들(휴전 오만)에 대한 영국의 보호통치 성립
1899.01.23~ 1961	영국–쿠웨이트 협정 (Anglo–Kuwaiti Treaty, 영국의 보호령)	다른 국가들과 협정을 조인할 수 없고, 다른 국가 대표들이 쿠웨이트에 들어오도록 허락할 수 없으며, 쿠웨이트 영토의 어떤 부분도 양도 불가. 쿠웨이트 외교권을 영국에게 양도. 쿠웨이트가 영국의 식민지 체제로 통합
1915.12~ 1927	영국–나즈드 협정 (The Anglo–Najd Treaty, 영국의 보호령)	사우드왕가는 1915년 12월 영국과 맺은 앵글로–나즈드 조약에서 보호령(1915~1927)의 지위를 수락하고, 오스만 제국의 지원을 받고 있던 이븐 라시드와 전쟁을 약속하고, 영국제 무기와 매달 5천 파운드의 군사원조를 영국 정부로부터 매년 1924년까지 계속 받았다.
1916.11.03~ 1971	영국–카타르 협정 (Anglo–Qatari Treaty, 영국의 보호령)	영국 정부의 동의 없이 어떤 강대국과도 관계를 맺지 않는다. 영국은 제1차 세계대전에서 카타르의 중립을 전제로 바다를 통한 모든 침략으로부터 카타르를 보호

첫째, 영국은 영국 패권에 잠재적인 위협 세력을 무력을 사용하여 제거하였다. 19세기 초에, 영국은 해적으로 지목한 알 까와심 부족을 제압하기 위한 조치들을 취하였다. 알 까와심 부족은 현재 북부 아랍에미리트에 위치한 라스알 카이마에 근거지를 둔 해상 세력이었다. 알 까와심 부족은 봄베이 70마일 안쪽 해상까지 장악하고 있었다. 까와심 부족을 위협 세력으로 간주한 영국 토벌대는 1819년 까와심 부족을 공격하고 1820년 1월 '일반 평화 협정'을 체결하였다. 이후 이 협정은 수정되면서, 150년 동안 페르시아 걸프 지역에 대한 영국 정책의 토대가 되었다. 영국은 1817부터 라스알 카이마를 공격하기 시작하여 1820년에 최종적으로 파괴하였다.

둘째, 19세기 초와 중빈에 영국은 바다에서 교전을 금지하는 **해양 휴선 체제**를 소직하기 시작하였다. 당시에 해상로는 영국의 주요한 관심사였다. 1853년까지 이 휴전 조약들은 임시적인 것이었고, 1853년에 영구 일반 해양 협정이 체결되었다. 이러한 휴전 협정들은 사실상 이 협정에 참가한 토후들이 정착촌이나 동맹 부족들에 대한 통치권을 승인하는 것이었고, 토후들은 자신들의 통치하의 주민들의 활동에 대한 책임을 져야했다.

셋째, 1890년대 이후에는 토후들의 통치 영역이 몇 몇 협정들을 통하여 보호국의 지위로 변형되었다. 이러한 협정들은 인도의 영국 정부의 보호와 지배권 아래로 토후들을 위치시켰다. 영국의 인도 정부는 주재원을 통하여 필요할 경우 토후들의 업무에 간섭하였다. 이 시기는 걸프 전역에서 영국의 주재원 제도가 성숙한 시기였다.

다음으로 아랍 연안에서 국가를 수립하기 위한 영국의 노력은 1920년대와 1930년대에 이 지역의 항공로를 도입으로 강화되었다. 원칙적으로 런던에서 인도와 바스라에서 아덴에 이르는 제국의 항공로였다. 육상과 영공의 안보는 토후들의 효율적인 통치권을 필요로 하였고, 영국의 통제아래 부족들과 주민들에 대한 토후들의 통치권을 부여하였다. 이것이 영국이 비공식적인 제국을 유지하는 방법이었다. 1947년 인도 독립 이후에도 1971년까지 바레인에 위치한 영국 주재관은 걸프 지역 정치에 계속 간섭하였다.

1763년부터 1971년까지 영국은 주재원을 파견하여 걸프 지역을 통치하였다. 주재원 제도는 비공식적인 영제국이 운영되었음을 의미한다. 인도는 1858년부터 1947년까지 영국정부의 직접 통치를 받은 공식적인 영제국이었다. 1763년 영국 동인도 회사는 페르시아 지역 부시르에 영국 주재관을 세웠고, 1764년에 이라크의 바스라에 또 하나의 영국 주재관을 설립하였다. 1822년 이 두 개의 영국 주재관이 하나로 통합되면서 '페르시아 걸프 지역의 영국 주재원(총독대리–British Resident for the Persian Gulf)' 이라는 직책을 새로 만들고 부시르에 본부를 두었다.

이 주재원은 1873년까지는 동인도회사 소속 봄베이 통치자의 지휘를 받았고, 1873년부터 인도가 독립한 1947년까지는 인도 총독의 지휘를 받았다. 인도 총독은 페르시아 걸프 국가들에 대한 영국의 외교정책을 책임졌다. 이 책임은 1947년 4월 1일 영국 외무부로 넘어갔다. 영국 주재원은 걸프 지역 토후들과 보호협정 등을 체결하면서 UAE, 바레인, 쿠웨이트, 오만, 카타르 등 걸프 지역에 대한 정치적, 경제적, 군사적 지배권을 다양하게 행사하면서 독립 국가가 건설될 때까지 사실상 걸프지역의 통치자였다. 최종적으로 1971년 아랍에미리트 연방, 카타르 왕국, 바레인 왕국이 창설되고 바레인에 본부를 두었던 걸프 주재관(Gulf Residency)이 해체되면서 팍스브리타니카 체제는 종말을 고하게 되었다.

1820년 이후 영국은 걸프 지역 토후들과 차례로 조약을 체결하였다.

이 조약들은 영국에게 걸프 지역에서 특권을 보장하면서 독점적인 지배권을 주는 것이었다. 이 지역 토후들은 영국 패권 수립을 위한 하위 협력자로서의 역할을 수락하면서, 영국으로부터 지역 통치권을 승인받았고, 최종적으로 각각 현대 왕국을 건설하였다.

영국의 보호라는 명분을 내세운 식민 통치체제 구축을 위한 조약들이 1891년에 무스카트 술탄과, 1880년, 1892년에는 바레인의 통치자, 1888년, 1892년에는 트루셜 스테이트의 통치자들, 1899년에는 쿠웨이트 통치자, 1915년에는 나즈드와 하사의 사우디아라비아 통치자(1927년에 폐지되었다), 최종적으로 1916년에는 카타르의 통치자와 체결되었다.

이 조약들은 영국이 19세기와 20세기 초에 걸프 지역에서 '비공식적인 제국'을 건설했음을 분명히 보여준다. 1971년까지는 영국의 식민지배 구축에 협력했던 토후들이 각각 독립 왕국을 창설하였다. 현재도 이 왕국의 통치자들은 '영국이 걸프 사회의 보호자였다.'는 이미지를 재생산함으로써 과거 영국 제국주의 통치체제 구축에 공조했던 선조들의 행위에 윤리적인 정당성을 제공하면서 통치권을 유지하고 있다.

■ 쿠웨이트

1. 팍스 브리타니카 체제와 쿠웨이트 왕국

2011년 6월 19일은 쿠웨이트가 영국의 보호 통치로부터 독립한 '50주년 독립 기념일'이있다. 쿠웨이트는 1899년 영국과 보호 협정을 체결함으로써 62년 동안 영국의 보호 통치를 받았고, 1961년 6월 19일에 독립한 이후 현재까지 영국과 긴밀한 유대 관계를 유지하고 있다.

18세기 이후, 영국, 오스만 제국, 오만, 페르시아 등이 쿠웨이트를 포함하는 아라비아 걸프 지역에 대한 패권 경쟁을 하였고, 이 경쟁에서 영국이 최종적으로 승리하였다. 19세기 이후, 영국은 쿠웨이트를 포함한 걸프 지역 아랍 토후들과 영국에게 독점적인 특권을 부여하는 협정을 체결함으로써 이 지역에 대한 영국의 지배체제를 확립하였다. 20세기 중반 이후, 영국과 공조체제를 구축한 쿠웨이트 및 아랍 토후들이 각각 독립 왕국을 건설하였다.

20세기 후반까지 영국은 공식적인 제국 영토를 넘어서 아라비아 걸프 지역에 간접 통치 방식으로 영향력을 행사해왔다. 이 과정에서 영국은 쿠웨이트를 포함하는 아라비아 걸프 지역 토후들의 권력을 승인하고 지역 행정 기구를 발전시키는 방식으로, 오스만 제국으로부터 이 지역을 분리시키면서 동시에 토후들을 활용하여 간접 통치를 수행해왔다. 간접통치 체제가 지니는 일차적인 이점은 비교적 통치 비용이 적게 든다는 것이었다. 치안과 조세징수 같은 지역적인 기능들을 토후들에게 위임함으로써 영국의 행정 비용은 최소한에 머물렀다. 이 과정에서 영국은 토착 사회의 보호자로서의 영국 이미지를 만들어냄으로써, 제국주의적인 통치에 대한 윤리적인 정당성을 확보하려고 하였다.

이와 같은 보호자로서의 영국의 이미지는 현재도 걸프 지역 정부 차원에서 확대 재생산되고 있는 것으로 보인다. 아라비아 걸프 영역에서 영국이 주도권을 장악했던 시기는 1820년부터 1971년까지다. 이 시기에 오스만 제국의 영향력이 퇴조하면서, 쿠웨이트를 비롯한 오만, 바레인, 카타르, 아랍에미리트 지역은 영국의 보호구역이 되었다. 영국은 걸프 지역의 보호자로서의 영국의 역할을 강제로 부과한 것이 아니며, 토착 주민들이 영국의 보호를 원했다고 주장한다. 영국은 19세기 아라비아 걸프 지역에는 지역적인 불안정성이 있었으며, 이 불안정성이 영국의 개입을 통해서 해소되었다고 주장한다. 즉 영국 지배에 의한 평화(Pax Britannica)가 걸프 지역에서 성취되었다는 것이다.

쿠웨이트 정부 지원으로 쿠웨이트 연구조사 센터(The Centre for Research and Studies on Kuwait)가 2007년에 출판한 『쿠웨이트와 영국 : 역사적인 우정(Kuwait and Britain : A Historic Friendship)』은 쿠웨이트의 4대 통치자인 사바흐 2세(Sabah II bin Jaber Al-Sabah, 1859~1866)

가 남긴 유산은 공정한 통치와 신뢰할 수 있는 친구들에 대한 충성이라고 평가하면서, 이것이 쿠웨이트 왕권을 안정시키고 발전시켰다고 주장하고, 쿠웨이트와 영국을 연결시켜주는 역사적인 우정은 오늘날까지 정치적으로 문화적으로 계속되는 관계의 모범이라고 강조하고 있다. 사바흐 2세는 1841년 부친인 자비르 알 사바흐(Jaber al-Sabah) 국왕을 대신하여 영국-쿠웨이트 해양 휴전 협정(Anglo-Kuwaiti Maritime Truce)을 체결하였다. 이 협정은 영국과 협정을 체결한 아랍 토후들과 평화를 유지하겠다는 내용으로, 쿠웨이트 토후가 영국과 체결한 최초의 협정이었다. 쿠웨이트와 영국의 우호적인 관계를 강조하는 이러한 주장은 과거 영국과의 관계에 대하여 쿠웨이트 왕국이 표명하는 공식적인 입장으로 평가되며, 대체로 걸프 지역의 다른 왕국들에게도 적용된다.

2. 영국의 독점 지배 체제 구축 : 영국-쿠웨이트 보호 조약

19세기 말까지 쿠웨이트 왕국은 오스만 제국의 일부로 지속적인 유대관계를 맺으면서 자치권을 유지하였다. 압둘라 2세(Sheikh Abdullah II, 1866~1892)는 오스만 제국과 우호적인 관계를 유지한 것으로 유명하다. 그는 오스만 제국의 지방 통치자를 의미하는 까임마깜(Qaimmaqam)이라는 호칭을 부여받았다. 압둘라 2세는 오스만 제국의 해군 함대를 위한 항구를 제공하였다. 1892년 압둘라 2세 사후, 그의 둘째 아들인 무함마드 1세(Sheikh Mohammad I, 1892~1896)가 쿠웨이트를 통치하였다. 무함마드 1세는 자신의 두 형제들인 자라(Jarrah),

• 1928년 4월 쿠웨이트 주둔 영국군

무바라크(Mubarak)와 권력을 공유하였다.

그런데 1896년 무바라크는 자신의 두 아들인 자비르(Jaber)와 살림(Salim)과 공모하여 두 형제인 무함마드 1세와 자라를 살해하고 1896년에 권좌에 올랐다. 이 쿠데타에 영국이 연루되었다는 소문이 있다. 어째든 이 사건으로 무바라크 1세(Sheikh Mubarak Al-Sabah, 1896~1915)가 통치권을 장악하였고, 2011년 현재까지 쿠웨이트의 모든 통치자들은 무바라크 1세의 두 아들인 자비르와 살림의 후손들이다. 무바라크 1세가 통치 초기인 1899년 11월 23일 '영국-쿠웨이트 보호조약'을 체결하면서 쿠웨이트는 오스만 제국의 통치로부터 벗어나서 영국의 독점적인 지배하에 들어가게 되었다. 이 조약으로, 영국은 유약한 토후 체제를 유지시키기 위하여 외국의 공격으로부터 보호하고 매년 15,000 인도 루피의 보조금을 쿠웨이트 통치자에게 제공하기로 하였다. 그 보답으로, 무바라크 1세는 다음의 조건에 동의하였다. "다른 국가들과 협정을 조인할 수 없고, 다른 국가 대표들이 쿠웨이트에 들어오도록 허락할 수 없으며, 쿠웨이트 영토의 어떤 부분도 양도할 수 없다." 이 조약으로 쿠웨이트는 외교권을 영국에게 완전히 양도하게 되면서, 영국의 식민지 체제로 통합되었다.

한 걸음 더 나아가 1913년 무바라크 1세는 영국 정부의 동의 없이는 누구에게도 석유 채굴권을 양도하지 않겠다고 약속함으로써, 영국에게 쿠웨이트 석유의 독점권을 승인하였다. 1914년 제1차 세계대전 발발 이후, 쿠웨이트는 공식적으로 영국의 보호령이 되었다. 이 때, 쿠웨이트 주민은 약 3,5000명 정도였으며, 인도로부터 수입한 목재를 이용한 선박 건조와 진주 채취산업에 의존하였다.

3. 쿠웨이트 독립 입헌 왕국 건설

무바라크 1세 사후 그의 두 아들 자비르와 살림과 이들의 후손들이 차례로 통치권을 장악하였다. 이 통치자들은 모두 영국 보호하에 쿠웨이트 왕국을 유지하면서 영국과 우호적인 정책을 추진하였다. 쿠웨이트의 거대한 유전은 1930년대 후반에 발견되었다. 제2차 세계대전 후의 석유개발로 인한 경제력 팽창과 더불어 쿠웨이트에서도 민족주의 풍조가 일기 시작하자 중요한 석유 산지의 상실을 두려워한 영국은 알 사바 왕족과 타협하여, 1960년에 우선 사법권과 통화 관리권을 쿠웨이트에 넘겨주고, 마침내 1961년 6월에는 1899년에 체결한 '영국-쿠웨이트 보호조약'을 폐기하였다. 이로써 쿠웨이트는 외교권을 포함한 독립주권을 획득하게 되면서, 1961년 6월 19일 독립을 선포하였다. 이때 쿠웨이트 국왕은 압둘라 3세 알 살림 알 사바흐로 1950년부터 1965년까지 통치하였다. 그는 자신이 독립 쿠웨이트의 국왕임을 선언하면서 1962년 11월 헌법을 도입하고, 이 헌법에 따라 1963년 1월 29일 처음으로 선거를 통하여 구성된 의회(National Assembly of Kuwait)를 개최하였다. 이로써 쿠웨이트는 아라비아 걸프 연안 국가들 중에서 직접 선거로 구성된 의회를 가진 최초의 입헌왕국이 되었다.

■ 사우디아라비아

사우디아라비아와 영국은 20세기 초부터 현재까지 다양한 차원에서 긴밀한 동맹 관계를 유지해오고 있다. 한 예로, 기독교 국가로서는 처음으로 영국은 1999년부터 매년 약 2만 5천 명 정도의 영국인 메카 순례자들을 돕기 위하여 정부차원에서 하지 대표단(an official Hajj delegation)을 조직하고 있다. 이 대표단의 역할은 의료지원을 포함한 필요한 것들을 지원하고 있다. 하지 순례 이외에 약 12만 5천 명 정도의 영국인들이 매년 메카를 순례(Umrah)하고 있다.

1. 영국-이븐 사우드-쿠웨이트 동맹 : 오스만 제국-라시드 동맹

아라비아 반도 중심부를 통치하고 있던 라시드 왕국의 이븐 라시드(Abdul Aziz Mutain Ibn Rashid, 통치기간 : 1897~1906)가 1890년 리야드를 정복하면서 사우드 가문은 리야드로부터 추방당하여 쿠웨이트 왕국으로 피난갔다.[79] 이 때 피난민 압둘 아지즈 이븐 사우드는 쿠웨이트 왕, 무바라크 알 사바로부터 통치 기술을 많이 배웠다. 1901년 봄, 이븐 사우드 가문이 라시드 왕국과 연계된 나즈드 부족들을 공격하기 시작하면서, 라시드 왕국과 이븐 사우드 가문 사이에서 전투가 시작되었다. 그 해 10월, 이븐 라시드 왕국은 이븐 사우드 가문을 보호하던 쿠웨이트 왕국을 공격하였고, 영국이 이 공격을 막아냈다. 이 때, 라시드 왕국 군대는 처음으로 영국군대와 전투를 벌였다. 결국, 영국과 쿠웨이트의 도움으로, 1902년 압둘 아지즈 이븐 사우드가 이븐 라시드가 통치하던 리야드를 정복하면서 현대 사우디아라비아 왕국을 창출하는 계기를 마련하였다.[80] 1913년 5월에는 압둘 아지즈 이븐 사우드는 매우 중요한 해안 지역인 하사(Hasa)로부터 오스만 제국을 축출하였

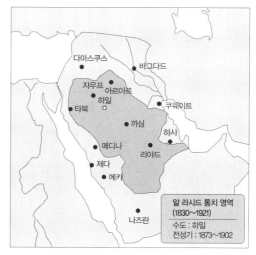

• 라시드 왕국

다. 제1차 세계대전 때 압둘 아지즈 이븐 사우드는 히자즈를 통치하던 하심가문의 샤리프 후세인을 비롯한 아라비아 반도를 통치하던 주요 부족장들과 느슨한 반 오스만 동맹을 조직하여 그 수장이 되었다. 이 때 라시드 왕국은 오스만 제국과 긴밀하게 제휴하고 있었다.[81]

• 압둘 아지즈 이븐 사우드의 리야드 정복(필자)

• 리야드 마스막 박물관(필자)

• 영국이 압둘 아지즈 이븐 사우드에게 지원한 대포(필자)

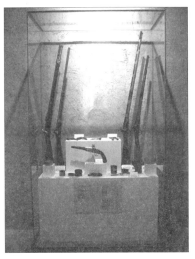

• 영국이 압둘 아지즈 이븐 사우드에게 지원한 총(필자)

2. 영국의 보호통치와 압둘 아지즈 이븐 사우드 왕국 독립 승인

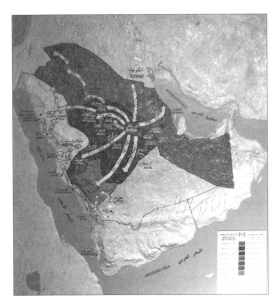

• 압둘 아지즈 이븐 사우드의 정복전쟁(필자)

제1차 세계대전이 진행되면서 압둘 아지즈 이븐 사우드는 1915년 12월 영국과 맺은 앵글로-나즈드 협정(The Anglo-Najd Treaty)에서 보호령(1915~1927)의 지위를 수락하였다. 이 협정으로 압둘 아지즈 이븐 사우드는 오스만 제국의 지원을 받고 있던 이븐 라시드 왕국과 전쟁을 약속하고, 영국제 무기와 매달 5천 파운드의 군사원조 등을 영국 정부로부터 1924년까지 계속 받았다. 이 과정에서 1921년 압둘 아지즈 이븐 사우드는 나즈드 술탄이라는 직함을 획득하였다. 1920~1921년에 그는 이븐 라시드와 전쟁을 통하여 라시드가의 통치권을 제압하고 영토를 2배로 늘렸으며, 히자즈를 제외

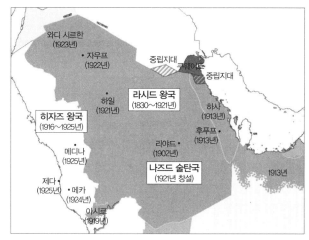

• 나즈드 술탄국과 정복전쟁

한 중앙아라비아 반도 전역을 통치하게 되었다. 당시 히자즈는 메카의 하심가 출신인 샤리프 후세인이 통치하고 있었다. 샤리프 후세인은 제1차 대전 중인 1916년에 히자즈의 왕이 되었고 1924년에 스스로 칼리파라고 선언했다. 그러나 1924년 압둘 아지즈 이븐 사우드가 메카, 1925년 메디나를 점령함으로써 히자즈 지역은 압둘 아지즈 이븐 사우드의 영토가 되었다. 1926년 압둘 아지즈 이븐 사우드는 메카의 그랜드 모스크에서 히자즈의 왕임을 선언하였다. 1927년 5월 20일에 이븐 사우드 왕과 영국 사이에서 체결된 제다 협정(Treaty of Jeddah)으로, 영국은 히자즈와 나즈드 지역에 통치권을 행사하는 압둘 아지즈 이븐 사우드 왕국의 독립을 승인하였다.

3. 사우디아라비아 왕국의 발전

1932년 히자즈와 나즈드 지역은 사우디아라비아 왕국으로 통합되었다. 1938년 3월 3일 석유의 발견은 이 나라를 바꾸어 놓았다. 이 나라 남부에 예멘과의 국경은 두 국가 사이의 국경분쟁 이후 체결된 1934년 타이프 조약(Treaty of Taif)으로 획정되었다. 압둘 아지즈 이븐 사우드의 군사적 정치적 성공은 1938년 3월 막대한 석유 매장량

• 압둘 아지즈 이븐 사우드

이 발견되기 이전까지는 경제적인 측면에는 반영되지 않았다. 1939년 제2차 세계대전의 발발로 개발 계획들이 지연되었으며, 1946~ 1949년 사이에 본격적으로 개발 프로그램들이 시작되었다. 석유는 사우디에게 경제적 번영과 국제사회에서 엄청난 정치적인 영향력 발휘할 수 있도록 하였다. 1953년 사망하기 직전에, 압둘 아지즈 이븐 사우드는 확장된 가문에 의존하는 절대적인 통치자들이 당면한 어려움을 깨닫고, 왕위 계승을 조절하려고 시도하였다.

1953년 압둘 아지즈 이븐 사우드왕이 사망하자, 둘째 아들인 사우드 빈 압둘 아지즈(Saud bin Abdul-Aziz Al Saud, 재위 : 1953~1964)가 왕위를 물려받았다. 그러나 1964년 왕세제 파이잘이 쿠데타를 주도하여 사우드 왕을 폐위시키고 왕위에 올랐다. 당시 왕세제 파이잘은 미국과 매우 긴밀한 관계를 가진 인물로 알려졌다.

■ 아랍에미리트

2010년 11월 25일 아랍에미리트와 영국은 1971년 12월 2일 영국-아랍에미리트 사이에 체결된 우호 협정(The 1971 UK-UAE Friendship Treaty)을 재확인하면서 '2010 아부다비 선언(Abu Dhabi Declaration 2010)'에 서명하였다. 아랍에미리트 대통령 칼리파(Shaikh Khalifa bin Zayed Al Nahyan)는 이 선언은 200년 동안 계속된 아랍에미리트-영국의 협력 관계를 증진시키기 위한 것이며 안보, 에너지, 경제, 과학, 교육, 문화 등 모든 분야에서 협력관계가 더욱 증진되기를 바란다고 밝혔다.

1. 인도 통상로 확보와 팍스 브리타니카 체제

19세기 영국은 인도로 가는 통상로 확보를 위하여 걸프 연안 아랍지역을 확실하게 장악할 필요가 있었다. 당시 영국은 걸프 연안에서 패권을 장악하기 위한 군사적 전의 도덕적 정당성을 해적 퇴치에 두었다. 영국 동인도회사는 걸프 연안 지역 해상 부족들이 상선 운행을 위협하는 행위를 저지하기 위하여 19세기 초반에 걸프 지역의 위험을 제거하고 이 지역을 장악하기로 결정하였고, '해적 해안(Pirate Coast)'이라고 이름붙인 현재 아랍에미리트 해안 지역을 공격함으로써 페르시아만을 '영국의 호수'로 바꾸어 놓았다.

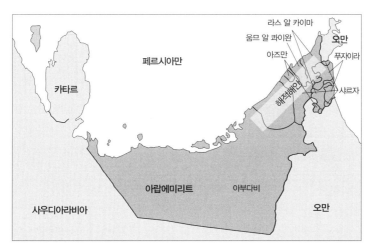

• 해적 해안

영국 제국주의 정책 지지자들은 18세기 말부터 19세기 초에 걸프 지역의 아랍인들 특히 알 까와심 부족이 걸프 지역뿐만 아니라 홍해와 아라비아해, 인도양 등의 국제 무역을 방해하는 대규모의 해적 행위를 해왔으며, 영국이 이 해적들을 제압함으로써 '팍스 브리타니카(Pax Britannica)'를 성취했다고 주장한다.

당시 영국은 걸프 지역의 모든 배들이 영국의 통행 허가를 받도록 요구하였다. 영국의 허락 없이 누구도 무역을 할 수 없었다. 영국의 결정에 따라, 걸프 지역에 들어오는 프랑스 배들은 '민간 무장선(privateers)'이었고, 아랍 선박들은 '해적(piracy)'이 되었다. 걸프 지역 안팎에서 원거리 무역을 하던 까와심 부족은 '해적'이라는 오명에 주요한 목표물이 되었다.

영국 해군은 까와심 부족이 '해적'이라는 선전을 시작하였고. 1805년, 1809년 1811년에 까와심 부족을 계속 공격하였다. 최종적으로 알 까와심 부족의 근거지인 라스 알 카이마 는 1817~1820년에 영국의 집중 공격을 받아서 파괴되었다. 이 공격으로 알 까와심 부족의 함대가 괴멸된 이후, 1820년에 영국과 토후국들 사이에 휴전체제가 시작되었다. 알 까와심 부족과 아즈만, 움므 알 콰이완, 아부다비, 두바이, 바레인 등을 통치하던 토후들이 영국 정부에 항복하고 각각 협정을 체결하였다.

'해적 해안'이라는 용어는 영국 상인들이 알 까와심 부족의 근거지였던 라스 알 카이마(Ra's al-Khaymah) 주변의 걸프 지역을 지칭해 사용했다. 18세기에 영국 상인들은 알 까와심 부족이 걸프에 있는 섬인 키슴에 무역 기지를 건설한 것에 대해 화가 났었다. 영국의 동인도회사가 키슴 섬 주변에 있는 반다르 압바스에 주요한 상업적인 이해관계를 가지고 있었다. 그러므로 알 까와심 부족이 키슴섬에 무역 기지를 건설함으로써 영국의 관세 징수액은 대폭 삭감되었다.

무역 우위를 확보하기 위하여, 영국 해군 원정대는 알 까와심 부족을 공격하고 습격하였다. 이 공격과 물품과 현금을 강탈은 관세 수입에서 상실한 균형을 상쇄하기 위한 것이었다. 결정적으로 1819년 12월에 까와심 부족과 영국 사이에 전쟁이 발발하였다. 윌리엄 그랜트 케이르(William Grant Keir) 장군의 지휘하에 3척의 해군 함대와 3천 명의 전투 요원이 걸프 지역으로 파견되었고, 또 다른 군대는 무스카트로부터 육상으로 파견되어 1820년 초에 알 까와심의 본거지인 라스 알 카이마를 파괴했고 까와심 부족의 선박은 대부분 파괴되었다. 이러한 폭력적인 조치는 알 까와심 부족을 격분시켜서, 이웃에 있는 움므 알 까이완, 아즈만, 아부다비, 두바이 그리고 바레인의 토후들과 연대하여 보복하려하였으나, 결국 이들은 영국 해군에게 상대가 되지 않는다는 사실을 알고서, 파괴되지 않고 남아 있던 해안 도시들이 모두 항복하였다.

이 사건 이후 1820년부터 걸프 지역 토후들은 영국과 차례로 휴전 협정을 체결하였다. 영국은 카타르로부터 오만 반도의 끝까지 각 토후국을 통치하던 토후들과 일련의 해양 협정을 체결하였다. 이제 해적 해안은 휴전 해안으로 불려졌다.

2. 알 까와심 해상 세력과 해적 신화

켈리(J. B Kelly)는 1968년에 출판된 『영국과 페르시아 걸프 1775~1880(Britain and the Persian Gulf 1775~1880)』에서 "수세기 동안 걸프 남부 해안 부족들이 해적으로서 악명이 높았다."는 주장을 일반화시켰다.[82] 켈리는 분명한 증거를 제시하지 않으면서, 해적들이 거의 모두 까와심 부족이었으며, 이들로 인해서 걸프 지역에서는 정상적인 상업 행위가 이루어지지 않았다고 다음과 같이 주장한다.

"까와심의 행위들로 인해서 람스(Rams) 남쪽으로부터 알 샤말(al-Shamal) 해안은 유럽인들에게 '해적 해안'으로 알려졌다. … 해적 행위가 일반적으로 무역을 침체 시켰다." 이러한 켈리의 주장은 1820년 이전에 걸프 지역의 무역이 번성했다는 것 이외에 설명해주는 것은 없다. 이러한 켈리의 까와심 부족이 해적이라는 주장은 걸프 지역에서의 영국 제국주의 정책을 변호하기 위한 것으로 보인다.

당시 호르무즈 해협의 입구에 위치한 샤르자(Sharjah)와 라스 알 카이마(Ras al-Khaimah) 지역에 본거지를 둔 알 까와심 부족은 걸프 지역을 넘어서 인도양에까지 활동하던 아라비아 걸프 지역에서 가장 강력한 해상 세력이었다. 이 부족의 주요 거주지는 '해적 해안'으로 이름 붙여졌다.

19세기 초 알 까와심 부족 선단은 큰 상선이 63척, 작은 상선이 669척이었으며 18,760명으로 구성된 승조원들이 있었다. 이 상선들은 무역뿐만 아니라 전투를 위한 장비도 갖추었고, 이 선박들 대부분은 유럽 배들보다 빨랐고, 약 8천 명의 전투원도 갖추었다. 알 까와심 부족에게 무역은 생계 수단이었다. 특히, 인도 항구와의 무역은 식량과 배를 만들기 위한 목재를 취급한다는 측면에서 알 까와심 부족에게 가장 중요했다.

이 때 영국은 걸프 지역의 모든 선박들이 영국의 통행 허가를 받도록 요구하였다. 영국은 걸프 지역에서 무장한 아랍 선박들을 '해적'이라고 불렀고, 걸프 지역 안팎

• 샤르자 술탄 까시미와 필자

에서 원거리 무역을 하던 알 까와심 부족은 '해적'이라는 오명을 쓰게 되었다. 알 까와심 부족은 영국을 자신들의 생계 수단을 위협하는 가장 심각한 경쟁자로 간주하였다.

영국제국주의 정책 지지자들의 주장과는 달리, 몇 가지 자료들에 따르면, 영국이 걸프 지역

• 평화로운 걸프 지역

• 1820년 영국의 라스 알 카이아 공격

에 본격적으로 개입하기 이전에 걸프 지역은 평화로웠다. 까와심 부족이 '해적'이었다는 주장은 최근에 상당한 논쟁을 유발하고 있으며, 알 까와심 부족 후예들은 까와심 부족들에게 덮어씌운 '해상 강도' 이미지를 바로 잡으려고 시도하고 있다.

그 일환으로 샤르자 토후인 토후 술탄 무함마드 알 까시미(Sultan al-Qasimi)는 1986년에 『걸프에서의 해적 해안 신화(The Myth of Arab Piracy in the Gulf)』라는 저술을 출판하였다. 술탄 알-까시미는 "당시 걸프 지역은 항상 평화로운 항로였으며, 해안에 살고 있는 주민들 사이의 연결고리였다. 걸프 지역의 토착 주민들은 정상적인 생활을 하는 평범한 주민들이었다.

1820년 알 까와심 부족을 파괴한 사건은 1956년 수에즈 운하 사건과[83] 다르지 않다."고 주장한다. 1819년 당시 봄베이 정부의 장관이었던 프란시스 워든(France Warden)도 걸프 연안에서 잡힌 해적이 걸프 지역의 토착 주민이 아니었다고 밝히고 있다.[84]

1820년 영국이 까와심 부족을 거의 파괴한 시점을 계기로 걸프 지역의 패권은 알 까와심 부족으로부터 영국에게 넘어갔다.

3. 협정 체결을 통한 영국의 독점지배체제 구축

결국 영국이 까와심 부족이 '해적'이라고 지목하면서 집중 공격하였고, 알 까와심 부족의 근거지인 라스 알 카이마는 1820년 영국의 공격으로 완전히 파괴되었다. 이 공격으로 알 까와심 부족의 함대가 괴멸된 이후, 알 까와심 부족과 아즈만, 움 알 까이완, 아부다비, 두바이, 바레인 등을 통치하던 토후들이 영국에게 항복하고 각각 영국의 독점적인 지배권을 수용하는 다음과 같은 일련의 협정들을 체결하였다. "영국을 제외하고는 영토를 다른 세력에게 절대로 양도하지 않고, 다른 어떤 세력과도 협정을 체결하지 않는다. 영국은 이 지역 토후들 사이의 분쟁을 조정한다." 이러한 영국의 독점적인 지배체제는 1971년 12월까지 유지되었다.

1820년 체결된 최초의 휴전 협정은 사실상 영국과 알 까와심 부족 사이의 협정이었으며, 이 협정의 결과 영국군이 이 지역에 주둔하기 시작하였다. 이후 계속 체결

된 일련의 협정들은 영국의 독점적인 지배체제를 강화하면서 휴전 조약에 서명한 각 토후들에게 정착촌과 제휴 부족들 대한 통치권을 부여하였다. 이를 통해서 영국은 토후들을 활용한 간접 통치 체제를 구축하였다.

• 알 까와심 부족이 통치하는 샤르자와 라스 알 카이마 토후국

알 까와심이 이 지역에서 패권을 상실함에 따라서 아부 다비의 알 아얀과 알 리와 오아시스 지역에 기반을 둔 바누 야스(The Banū Yās) 부족이 우세한 정치 세력으로 등장하였다. 바누 야스 부족은 아부다비와 두바이를 장악하면서 19세기 중반 이후 현재까지 아랍에미리트 연방에서 가장 강력한 영향력을 행사하고 있다.

4. 팍스 브리타니카 체제 해체와 에미리트 연방 창설

20세기 중반 과도한 영토 확장과 전쟁으로 인하여 영국 제국주의는 정치적으로 재정적으로 곤경에 처하였다. 결국 1968년 영국 정부는 1971년 후반까지 철수하겠다고 선언하면서, 영국은 휴전 협정을 체결한 9개의 토후국들, 카타르, 바레인, 아부다비, 두바이, 아즈만, 알 푸자이라, 샤르자, 움 알 까이완, 라스 알 카이마를 하나의 연방으로 만들려고 계획하였다. 그러나 3년 동안의 협상이후 카타르와 바레인은 독립적인 주권국가가 되기로 결정하였고, 라스 알 카이마를 제외한 6개의 토후국들이 1971년 12월 2일 영국으로부터의 독립을 선언하면서 아랍 에미리트 연방(the United Arab Emirates)을 창설하였다. 결국 라스 알 카이마가 1972년 2월에 가입하면서, 비로소 7개의 토후국으로 구성된 현재의 아랍 에미리트 연방이 형성되었다.

■ 바레인

1. 2011년 바레인 민주화 시위

바레인 정부의 요청에 따라, 2011년 3월 14일 사우디아라비아와 아랍에미리트 군대가 바레인에 파견되어 민주화 시위 진압 작전에 투입되었다. 바레인 중심부에 외국 군대가 들어간 것은 1971년 영국군이 철수한 이후 처음이다.

시위가 진행되는 과정에서 바레인 고위 관리들은 이란이 걸프지역에서 영향력을 확대하기 위해 시아파를 부추겼다는 의혹을 제기했다. 그러나 하마드 빈 이사 알 칼리파 국왕의 지시로 구성된 특별 조사 위원회는 11월 23일 이 반정부 시위에 이란이 연루된 증거가 없다고 밝혔다. 이러한 일련의 사건들로 바레인 왕정체제는 외세 의존적이고 내부 반대파의 공격에도 매우 취약한 정권임을 스스로 입증하였다.

시아파가 주도하는 민주화 시위가 2011년 2~3월에 수니파의 권력 독점에 반대하여 발발하였다. 시위 진압 과정에서 30여 명이 사망하고 수 백 명이 부상을 입었으며, 3천여 명이 구금되었고, 7백여 명은 여전히 감옥에 있다. 6월 23일 몇 몇 시위 참가자들이 군사 법정에서 종신형을 선고받았다. 이 시위는 처음에는 바레인 주민의 70% 이상을 구성하는 시아파 주민들의 정치적 자유와 평등권을 성취하기 위한 것이었다. 그러나 2월 17일 시위 진압을 위한 공권력 투입으로 5명이 사망하고 230명 이상 부상당한 이후에는 왕정 종식 요구로 확장되었다.

2. 알 칼리파 가문의 바레인 통치

18세기 중엽 바레인은 진주 조개잡이의 중심지였으며, 소규모의 항구들로 둘러싸여 있어서 상당한 거래가 있었다. 바레인 섬에는 약 2만 5천 명의 주민들이 거주하였다. 이들은 5~6백 척의 진주 조개잡이 보트를 운영하였으며, 걸프지역과 인도양을 오가는 무역을 하였다.

1782년에 주바라(카타르)에 근거지를 둔 칼리파 가문의 분파인 알 빈 알리 알 칼리파(Al Bin Ali Al Khalifa) 상인 가문과 당시 페르시아의 영향아래 바레인 지방을 통치하던

• 바레인 무하라크 지역의 아라드 요새

마드쿠르(Madhkurs) 가문 사이에서 전쟁이 발발하였다. 이 전투에서 알 빈 알리 칼리파 가문이 승리하여 주바라의 통치권을 장악하고, 1783년에는 바레인을 장악하였다. 이후, 알 칼리파 가문은 바레인으로 이주하여 당시 바레인의 수도이며 권력의 중심지인, 무하라끄(Muharraq)에 정착하였다.

1802년에는 오만의 통치자인 사이드 술탄이 자신의 아들, 살림(Salim)을 아라드 요새(Arad Fort)의 통치자로 임명하여 바레인을 통치하였다. 이와 같이 당시 오만과 페르시아 등 주변 강국은 전략적 요충지인 바레인 지배권을 놓고 경쟁하였다.

1820년 알 칼리파 가문이 앵글로-바레인 협정(Anglo-Bahraini Treaty)을 체결하면서 바레인에 대한 통치권을 국제적으로 인정받았다. 당시 바레인은 오만의 통치하에 있었으나 이 협정은 바레인 통치자를 오만으로부터 알 칼리파 가문으로 대체하였다.

이 협정 체결 이후 알 칼리파 가문은 영국으로부터 독립적인 통치권을 유지하기 위하여 외교적인 노력을 경주하였다. 1830년경에는 영국의 영향력 아래 있던 이집트의 무함마드 파샤가 아라비아 반도 지역을 넘어서 바레인을 장악하려고 하였다. 이에 대항하여 압둘라 알 칼리파(Abdullah bin Ahmad Al-Khalifa, 재위 : 1796~1843)는 페르시아와 동맹을 선언하였다.

1860년 무함마드 빈 칼리파(Muhammad bin Khalifah Al-Khalifa, 재위 : ?~1869)는 영국군을 지휘하는 루이스 펠리(Lewis Pelly) 대령이 바레인에 가하는 압력을 피하기 위하여 페르시아의 보호를 요청하였다. 그러나 당시 페르시아는 영국의 침략을 방어할 능력이 없었다.

3. 영국의 독점 지배체제 구축 : 영국-바레인 보호 조약

19세기에 영국은 걸프 지역에서 가장 강력한 새로운 군사 강국으로 등장하면서 일련의 토후들과 영국의 패권을 관철시키는 보호 협정을 체결함으로써 주변 강국들의 경쟁관계를 종식시켰다.

1820년에 체결된 앵글로-바레인 협정 이후, 1861년 영구 평화 우호 협정(Perpetual Truce of Peace and Friendship)을 포함하는 1868년, 1880년, 1892년 협정들은 바레인의 외교권을 영국에게 양도하면서, 영국이 다른 걸프 지역 토후들과 체결한 협정들과 마찬가지로 바레인을 영국의 식민 지배 체제로 통합시켰다.

이 협정으로 바레인 통치자는 영국을 제외하고는 자신의 영토의 어떤 부분에 대해서도 양도할 수 없었고, 영국의 허락 없이는 어떤 외국 정부와도 관계를 맺을 수 없었다. 이에 대한 보답으로, 영국은 해양의 모든 침략으로부터 바레인을 보호하기로 약속하고 육지에 대한 공격을 받을 경우 지원하기로 약속하였다. 특히 이사 빈 알리 알 칼리파(Isa bin Ali Al-Khalifa, 재위 : 1869~1932)가 체결한 1880년 협정과 1892년 협정은 바레인을 영국의 보호령으로 확증하는 것이었다. 이 협정들에서 영국은 바레인에서의 불완전하던 알 칼리파의 통치를 지원하겠다고 약속하였다. 1892년 협정이후 바레인 주민들은 동요했고, 1895년 3월 바레인의 통치자인 이사 빈 알리 알 칼리파에 대항하는 반란이 발생했다. 영국군대가 이 반란을 진압하였다.

당시 바레인은 주변의 주요 섬들과 카타르 반도 서쪽에 위치한 하와르(Hawar) 섬들과 카타르 반도의 일부까지 통치하였다. 19세기 중반 경에 바레인은 걸프 무역의 중심지가 되면서 더 이상 진주 채취에 의존하지 않고, 바스라와 쿠웨이트 등을 추월하면서 번영하는 무역중심지로 변화되었고, 1870년대에는 무스카트(오만)를 넘어서게 되었다. 페르시아, 후왈라, 인도 상인 가문들이 걸프 지역과 페르시아, 인도 반도를 연결하는 상업망의 허부를 바레인에 구축하면서 무역 중심지로서의 기능을 강화시켰다. 당시 바레인은 수많은 외국인들과 정착민들이 섞여서 국제화된 문화 지역으로 변화되었다.

4. 영국의 식민지 고문관 파견 통치

• 살만 빈 하마드 알 칼리파와 찰스 벨그레이브

이 시기에 거대 상인 가문들이 출현하였고, 가장 상업적으로 우세한 가문들 중에는 19세기에 영국의 대리인 역할을 했던 페르시아 출신의 알 사파르(Al Safar) 가문이 있었다. 이 가문은 1869년 이후 알 칼리파 가문과 특별히 가까운 관계를 유지해왔다. 이 가문은 시아파 무슬림들이었고 알 칼리파 가문과는 통혼을 하지 않았다. 1911년 일부 상인들이 바레인에서 영국 영향력의 축소를 요구했고, 이 지도자들은 체포되어 인도로 추방되었다. 1923년 영국은 페르시아의 바레인에 대한 주권 주장에 우호적이라는 이유로 바레인 통치자인 이사 빈 알 칼리파를 퇴위시키고 바레인 영국 대표부를 설치하였다. 그러나 바레인인들이 그의 퇴위를 수용하지 않았고, 1932년 사망할 때까지 통치자 자리를 유지하였으나, 영국의 압력으로 사실상의 권력은 아들인 하마드 빈 이사 알 칼리파(Hamad bin Isa Al Khalifa, 1872~1942)에게 인계되었다.

1926년에 영국은 매우 노련한 식민지 고문관으로 찰스 벨그레이브(Charles Dalrymple Belgrave, 바레인 고문관 : 1926~1957)를 바레인에 파견하였다. 그는 하마드 빈 이사 알 칼리파와 살만 빈 하마드 알 칼리파(Salman bin Hamad Al-Khalifa, 1895~1961)의 통치하에서 30년 이상 고문관을 역임하였다. 그의 가혹한 조치들은 바레인인들의 분노를 유발시켰고, 바레인인들은 1957년에 그를 추방시켰다.

벨그레이브의 조치들은 바레인인들을 억압하는 행위였을 뿐만 아니라 바레인과 걸프 지역에서 페르시아의 영향력을 제거하기 위한 것이었다. 벨그레이브는 '페르시아 만'라는 지명을 '아라비아 만(Gulf of Arabia)'으로 바꾸는 안을 영국 의회와 아랍 통치자들에게 제시한 것으로 알려졌다.

5. 팍스 브리타니카 체제 해체와 바레인 독립

1957년 이란의회는 바레인을 이란의 14번째 주로 선언하면서, 바레인 대표를 위하여 의회에서 두석을 할당하였다. 이에 대한 대답으로 바레인 통치자인 이사 빈 살만 알 칼리파(Isa bin Salman Al-Khalifa, 재위 : 1961~1999)는 카타르와 현재 아랍 에미리트를 구성하는 7개의 토후국들과 함께 연방 구성을 제의하였다. 그러나 이란은 바레인이 영국이 주도하는 것처럼 보이는 이 연방에 가입하는 것을 반대하였다. 또 바레인이 연방의회에 거의 절반의 대의원 의석을 요구하자, 나머지 8개의 토후국들이 이 요구에 반대하였다. 바레인 통치권 문제는 영국, 이란, 사우디아라비아 등 강대국들이 개입됨으로써 매우 복잡하게 얽혀 있었다. 결국 이 문제는 유엔에 제출되었고, 이란 대표와 영국 대표가 각각 안전보장 이사회에서 연설하였고, 최종적으로 1970년 5월 11일 유엔 안전보장 이사회는 바레인 주민의 압도적 다수가 원한다고 밝히면서 바레인의 완전한 독립을 승인하였다.

안전보장 이사회 승인에 따라 1971년 8월 14일 이사 빈 살만 알 칼리파는 바레인의 독립을 선언하였다. 독립 선언 이후 바레인의 통치자는 지방 통치자를 의미하는 하킴(Hakim)에서 아미르(Amir)로 변경되었다. 2002년 2월 14일 하마드 빈 이사 알 칼리파(Hamad bin Isa Al Khalifa)는 자신의 호칭을 아미르에서 왕(King of Bahrain)으로 변경하였다.

■ 카타르

2011년 3월 19일 미국과 영국, 프랑스 등으로 서방 주도로 구성된 다국적군이 리비아를 전격적으로 공습했다. 20일 카타르가 리비아에 대한 서방의 군사작전에 전격 합류하였다. 3월 27일 카타르는 리비아 반정부 진영의 '임시 국가위원회(National Transitional Council)'를 합법적 정부로 인정하면서, 리비아 반군이 장악한 지역에서 생산되는 원유 판매 계약을 체결했다. 이와 같은 정치·경제적인 실리를 앞세운 카타르의 친서방 정책은 영국이 아라비아 걸프 지역 패권을 장악한 19세기 이후 현재까지 계속돼 온 것으로 새로운 일이 아니다.

1. 영국 제국주의와 알 싸니 가문의 통치권 수립

19세기에 영국은 식민지 인도에서의 이익을 취하기 위한 중간 지점으로 카타르와 걸프 만으로 들어왔다. 당시에 바레인 통치자인 알 칼리파(Al-Khalifa) 왕가가 바레인 근처 섬에서부터 주바이르를 비롯한 북부 카타르 반도를 통치하였으며, 카타르 반도 내에서 알 싸니 가문은 크게 두각을 나타내지 않았다.

카타르 반도의 동해안을 따라서 바레인의 알 칼리파 왕가의 통치에 반대하는 움직임이 있었다.

1867년에 바레인 통치자 알 칼리파 왕가가 도하(Doha)와 알 와크라(Al-Wakrah)로 해군을 보내서 카타르인들의 반란을 진압하였다. 영국은 바레인의 조치를 1820년 영국-바레인 협정(1820 Anglo-Bahraini Treaty)의 위반으로 간주하면서, 영국의 걸프 지역 주재관인 루이스 펠리 대령(Colonel Lewis Pelly)이 개입하였다.

이 과정에서 영국은 바레인에게 카타르를 독립시킬 것을 요구하면서, 도하를 통치하던 무함마드 빈 싸니를 협상대표로 선택하였다. 그 결과 체결된 바레인과 카타르 사이의 평화 협정으로, 바레인의 알 칼리파 왕가는 카타르에 대한 공물 지불 이외의 기타 지배권 주장을 종결하였고, 카타르 반도를 대표하는 토후로서 무함마드 빈 싸니(Mohammed bin Thani)의 역할이 부각되었다.

알 싸니 가문은 카타르 반도를 둘러싸고 각축전을 벌이는 강대국들인, 영국, 오스만 제국, 사우디아라비아, 바레인 등과의 세력 경쟁 속에서 실리적인 외교정책을 채택하였다.

그 결과 알 싸니 가문은 1878년 12월 18일 오늘날까지 계속되는 카타르 토후국을 창설하였다(이후 카타르는 12월 18일을 독립일로 기념한다). 이 과정에서 알 싸니 왕조를 카타르의 통치자로 세우는데 결정적으로 공헌한 국가는 영

• 도하의 통치자 무함마드 빈 싸니

국이다.

이와 관련하여 제임스 온레이(James Onley)는 2009년에 카타르 정부 지원으로 출판한『영국과 걸프 토후국들, 1820~1971 : 보호 정치(Britain and the Gulf Shaikhdoms, 1820~1971 : The Politics of Protection)』에서 걸프 지역 토후들이 영국의 중재와 보호를 강력하게 원했다고 다음과 같이 주장하고 있다. "토후들은 영국이 외교적으로 토후들 사이 분쟁을 평화적으로 중재하고 보증하며, 영국 해군을 통해서 평화적인 해결책들을 실행시키면서 해상의 공격으로부터 토후와 그 백성들을 보호하고, 영국군이 육상 공격으로부터 토후들의 통치 영역을 방어해 주기를 원했다." 이러한 제임스의 주장은 영국이 이 토후들과 협정 체결함으로써 토후들의 요구를 수용하고, 토후국들에 대한 방어의 책임을 떠맡았다 것이다. 이것은 팍스 브리타니카 체제의 성립을 의미하며, 현 카타르 왕조의 창립과 유지에 관련해서 본다면, 사실과 부합한다고 볼 수 있다.

2. 영국의 독점 지배 체제 구축 : 영국-카타르 보호 조약

1916년 11월 3일 영국과 카타르 통치자 압달라 빈 자심 알 싸니가 체결한 영국-카타르 보호 협정(Anglo-Qatari Treaty)은 영국이 아라비아 걸프 지역의 다른 토후국들과 체결한 협정들과 비슷했다. 이 협정 아래서, 카타르 통치자는 영국에게 처분하는 것을 제외하고는 그의 영토 중 어떤 부분도 다른 세력에게 처분할 수 없고, 영국의 동의 없이 다른 외국 정부와 관계를 맺을 수 없다. 그 보답으로 영국은 카타르를 해양 침략으로부터 방어하며, 육상 공격이 발생했을 경우 중재에 나서기로 약속하였다.

영국 보호 아래로 카타르가 들어왔음에도 불구하고, 카타르의 통치자인 압달라 빈 자심은 여전히 안전하지 않았다. 압달라에게 저항하는 부족들은 공물 지불을 거부하였고, 불만이 있는 가문

• 압달라 빈 자심 알 싸니

구성원들은 그에게 대항하여 반란을 시도하였다.

그는 와하비들은 말할 것도 없고, 바레인으로부터도 위협을 느꼈다. 압달라 빈 자심은 영국에게 무기나 자금 등 강력한 군사 지원을 요구하였고, 영국은 무기 지원으로 그를 지켜주었다.

이러한 상황이 1930년대에 변화되었다. 1932년 바레인의 제벨 두칸(Jabal ad Dukhan, Mountain of Smoke)에서 석유가 발견되면서 1930년대에는 걸프 지역에서 석유 특권을 놓고 주로 영국과 미국 사이에서 경쟁이 강화되었다. 1935년 협정에서 영국은 앵글로-페르시아 석유 회사(the Anglo-Persian Oil Company)에게 특권을 주는데 대한 보답으로 이전 조약들 보다 더욱 구체적인 지원 약속을 하였다.

3. 팍스 브리타니카 체제 해체와 독립 왕국 건설

제2차 세계대전 이후, 특히 1947년 인도 독립 이후 영제국은 쇠퇴했고, 1949년부터 시작된 석유 수출은 카타르의 경제와 사회를 획기적으로 변화시켰다. 1950년대와 1960년대 동안 사회주의 경향을 띤 아랍 민족주의의 대두와 함께 아라비아 걸프 지역의 아랍 토후국들 내에서도 영국 철수를 요구하는 압력이 증대되었다. 영국이 1968년에 아라비아 걸프 지역의 토후국들과의 협정 관계 종결을 공표했을 때(팍스 브리타니카 체제 해체, 1971년 3월에 재확인), 카타르는 영국의 보호 아래 있는 다른 8개의 국가(the Seven trucial sheikdoms-현재 UAE와 바레인)들과 연합하여 아랍 에미리트 연합 국가를 구성할 계획이었다.

그러나 1971년 중반 영국 보호 협정의 종결시한이 다가왔을 때, 거대 아랍 에미리트 연합 국가 창립에 관하여 논란이 있었다. 특히, 누가 이 연합국가에서 상위의 협력자가 되느냐의 문제가 에미리트들 사이에서 문제가 되었고, 이란은 바레인에 대한 이란주권을 주장하면서 바레인을 포함하는 거대 아랍 에미리트 연합 국가 건설을 반대하였다. 유엔은 바레인에 대한 이란의 주권 주장을 반대하면서 바레인 독립을 허가하였다. 이에 따라 1971년 8월 15일 바레인이, 1971년 9월 3일 카타르가 영국의 보호 통치로부터 독립하여 각각 단독 국가를 창설하였다.

■ 오만

술탄 콰부스 빈 사이드(Qaboos bin Said al Said, 재위 : 1970~현재)는 1970년 영국이 후원하는 궁정 쿠데타를 통해 권좌에 오른 이후 현재까지 온건한 외교정책과 실용적인 외교 노선을 확장시켜왔다. 술탄 콰부스 통치하의 오만은 이란과도 비교적 우호적인 외교 관계를 유지하고 있는 특별한 아랍 국가다. 이러한 오만의 실용적인 외교 관계 덕택에 이란에 억류된 영국 선원이 석방되기도 했다. 그러나 미국이 오만에게 이란에 대한 강경한 입장을 견지하도록 요구하면서, 2010년 오만에서 아랍에미리트가 주도하는 쿠데타 시도가 있었다.[85] 이와 같이 지리적인 위치 때문

• 영국 엘리자베스 2세와 술탄 콰부스 빈 사이드

에 오만은 역사적으로 세계열강과 주변 국가들의 이해관계와 첨예하게 얽혀왔다.

1. 오만의 전략적 위치

영국의 영향력이 세계적으로 확장하던 18세기에 오만과 아라비아 걸프 지역에서의 영국의 이해관계는 인도 상업에 토대를 두었다. 18세기 후반에 동인도회사가 주도하는 영국의 이해관계는 상업으로부터 인도 통치라는 직접적인 정치적 이해관계로 변했다. 더불어 영국과 인도를 연결하는 통로의 가장 자리에 위치했기 때문에 걸프 지역의 전략적 중요성이 증가했다.

영국은 프랑스를 비롯한 다른 국가들의 점증하는 영향력을 저지하기 위하여 걸프 지역 통치자들과의 관계를 공식적으로 표명하였다. 이 과정에서 오만 통치자들과 영국의 인도 지역 대표자들은 일련의 앵글로-오만 조약을 체결하였다. 이 조약들은 오만에서 영국의 영향력을 확장하였으며, 오만이 사실상 영국의 보호국이 됨으로써 이 지역에서 영국의 영향력은 최고조에 달했다.

2. 프랑스에 대항하는 영국-오만 동맹

1798년 나폴레옹은 이집트를 합병했으나, 인도를 침공하려던 프랑스의 계획은 인도 변경을 장악하려는 영국의 외교정책에 의해서 저지되었다. 이러한 노력은 1798년 10월 12일 체결된 영국과 걸프 지역 국가 사이의 최초 공식 조약인, 앵글로-오만 협정(Anglo-Oman agreement)으로 나타났다. 이 협정은 오만 통치자, 술탄 이븐 아흐마드(Sultan ibn Ahmad Al Said, 재위 : 1792~1806)와 동인도회사 대표(an East India Company representative) 사이에서 조인되었다.[86] 이 협정은 프랑스와 인도 통치자인 티푸 술탄(Tipu Sultan)을[87] 비롯한 프랑스 동맹자들을 오만 영토에서 추방하는 정책을 포함했다. 1800년에는 무스카트에 영국 주재원을 상주시키도록 협정 문안을 수정했다. 당시 오만은 인도양의 주요한 해상 세력이었기 때문에, 겉으로 보기에 이러한 협정은 동등한 동맹관계의 표현이었다.

3. 영국의 독점적인 지배 체제 구축

그러나 19세기에 접어들면서, 오만을 비롯한 걸프지역은 영국의 보호령으로 전환되면서 영국에 의한 평화(Pax Britannica) 체제가 창출되었다. 영국은 토후들과 개별적으로 일련의 협정들을 체결함으로써 걸프 지역에 대한 지배를 심화시켰다.[88] 1839년 5월 31일 오만 토후와 동인도회사 대표 사이에서 체결된 통상 협정에서 오만의 종속 관계가 분명하게 드러났다. 이집트 통치자인 무함마드 알 리가 걸프의 평화를 위협하는 것처럼 보이는 시기에 체결된 이 협정은 영국과 오만의 관계에 더욱 확고한 토대를 제공했다. 이 협정은 다음과 같이 규정함으로써 오만의 주권을 심각하게 손상시켰다. 이 협정은 영국 상품에 대한 오만의 관세부과를 제한했고, 오만에 거주하는 영국인들에게 치외법권을 부여하였으며, 1822년 체결된 반 노예무역 협정을 확장하여 영국 군함이 노예무역 혐의가 있는 오만 선박들을 억류할 수 있도록 허락함으로써 오만 토후 체제의 주권을 손상시켰다.

1890년에는 오만 통치하에서 중요한 정치, 경제적인 중심지 역할을 하던 동아프리카의 잔지바르(Zanzibar)가 공식적으로 영국의 보호령이 되면서, 오만과 영국 관계

가 악화되었고, 오만은 독립과 식민지 패권 다툼 사이에
서 무엇이 유리한가를 고민하게 되었다.[89] 오만의 술탄
파이잘 빈 투르키(Sultan Faisal bin Turki, 재위 : 1888~1913)는 오
만이 잔지바르의 운명처럼 될지도 모른다는 생각으로
영국의 영향력을 줄이기 위하여 프랑스와 관계를 강화
하고, 프랑스 동맹국인 러시아의 무스카트 대표부를 허
락하였다. 이러한 조치들은 열강들의 영향력에서 자유로
울 수 없는 오만이 열강들 사이의 세력 균형을 창출하고
자 한 노력의 일환이었다.

• 파이잘 빈 투르키

그럼에도 불구하고, 오만은 영국의 독점적인 지배체
제가 구축되는 것을 저지할 수는 없었다. 1891년 3월 19
일에 오만의 술탄 파이잘 빈 투르키는 영국의 정치인 에드워드 로스(Sir Edward Denison
Ross, 1871~1940)가 서명한 조약(1891 treaty)은 1839년 조약을 대체하였다. 이 조약에서 오
만의 통치자와 그 계승자들은 "자신들 소유의 어떤 것이든지 영국을 제외하고는 어
떤 세력에게도 양도하지 않고, 팔지 않고, 저당 잡히지 않고 점령을 위하여 내주지
않겠다."고 영국에게 독점권을 주는 약속을 하였다.[90] 이 새로운 조약은 영국의 특
권을 증가시키면서, 1891년 3월 20일에 발행된 비밀 선언도 포함하였다.

이 조약은 공식적으로 오만에 대하여 영국의 보호를 공표한 것이며, 1862년 영
국과 프랑스가 합의하여 오만의 독립을 보증한 내용(Anglo-French guarantee of Oman's
independence)과도 충돌된다. 이 조약은 무려 50년 동안 유효했고, 이에 따라 오만은
보호통치를 내세운 영국의 독점적인 지배체제하에 놓이게 되었다.

4. 팍스브리타니카 체제 해체와 오만 독립

1939년에 사이드 빈 타이무르(Said Bin Taimur, 재위 : 1932~1970) 술탄의 통치하에서
1891년 조약이 재협상됨으로써 은폐된 영국의 보호국 통치가 침식되기 시작하였으
며, 1951년 앵글로 오만 조약이 체결됨으로서 오만인들이 비로소 외교권을 회복하

• 사이드 빈 타이무르

였다. 1958년에는 1891년 영토불양도 선언을 상호 폐기하였고, 1967년에 영국이 치외법권을 완전히 상실함으로써 오만에 대한 영국의 보호 통치가 제거되었다.

그러나 1970년 7월에 영국의 후원을 받은 콰부스 빈 사이드는 술탄 사이드 빈 타이무르의 정치 노선에 반대하면서 조직한 궁정 쿠데타를 성공시켰다. 결국 콰부스는 아버지를 퇴위시키고 권좌를 차지하여 근대화정책을 추진하는 한편, 현재 영국, 미국과 긴밀한 군사적 정치적 유대 관계를 유지하고 있다.

Ⅲ. 유럽 열강의 정책과 북아프리카의 저항운동

■ 영국의 점령과 이집트인들

1. 프랑스와 영국의 인도로 가는 통상로 확보 경쟁

프랑스 침공 → 오스만 + 맘룩 + 영국 연대 → 프랑스 격퇴 → 영국의 후견 아래에 이집트와 수단을 통치하는 무함마드 알리(알바니아 군 사령관 출신) 왕조가 창건되어 1952년 혁명 때까지 유지되었다.

영국 정치가들의 관심을 중동 지역으로 돌리게 만든 계기는 프랑스의 이집트 원정이었다. 나폴레옹의 이집트 점령과 러시아와 페르시아 사이의 전쟁 같은 19세기 초의 사건들로 인해, 영국의 정치가와 사업가들은 인도에 이르는 여러 접근로들을 보호하고 통제하고 발전시키지 않으면, 인도에서 영국의 지위가 위태로워질 수 있다는 생각을 하게 되었다. 그와 더불어 희망봉 항로의 적절성에 대한 믿음도 많이 깨어졌다.[91]

1798년 나폴레옹(1769~1821)이 이집트를 침공하여 1801년까지 약 3년간 점령하였다. 이 사건은 십자군 이후 처음으로 유럽 군대가 중동에 진입한 사건이었다. 침공 명분은 영국과 인도를 잇는 길을 차단함으로써 영국의 인도 지배를 방해하고 그 세력을 약화시킨다는 것이었다.

1798년 7월 1일 나폴레옹은 5만여 명의 병력을 이끌고 이집트의 알렉산드리아 항에 상륙한 후, 지역 토후들을 쳐부수고 카이로에 입성하여 피라미드 전투를 승리로 이끌었다.

2. 영국과 연대한 이집트 총독, 무함마드 알리

1801년에 프랑스는 오스만, 맘루크, 영국군에 의해서 이집트로부터 철수하였다. 이후 4년 동안 오스만 제국 편에서 참가했던 오스만인들, 맘루크, 탁월한 역할을 한 알바니아인들 사이에서 권력 투쟁이 계속되었다.

그 결과 오스만 제국군 소속의 알바니아 연대 사령관 무함마드 알리(Muhammad Ali Pasha al-Mas'ud ibn Agha, 1769~1849, 알바니아-마케도니아인)가 탁월한 지도자로 등장했다. 그는 1805년에 콘스탄티노플 오스만 술탄으로부터 이집트 총독(알리)으로 임명받았다. 그러나 사실상 영국의 후견 아래에 이집트와 수단을 통치하는 왕조를 창설하여 1805년부터 1848년까지 통치하였으며, 그의 이집트 왕조는 1952년 혁명 때까지 유지되었다.

이집트는 1820~1824년에는 북부 수단을 정복하였고, 1833년에는 시리아, 아라비아 반도와, 아나톨리아까지 정복하였다. 이 때, 오스만 제국은 러시아의 도움을 얻기 위해 다르다넬스 해협의 사용권을 러시아에 넘기는 운키아르 스켈레시 조약을 체결했다. 오스만 제국을 프랑스나 러시아가 인도에 접근하는 것을 막아주는 자연스런 보호자로 생각하고, 오스만 제국의 더 이상의 쇠퇴를 막으려 했던 영국은 이런 사태에 격분했다. 1841년 영국의 압력

• 무함마드 알리

으로 무함마드 알리는 수단과 이집트를 제외한 나머지 정복지들을 오스만 제국에게 반환하였다.

3. 수에즈 운하와 영국의 이익

1) 영국에게 수에즈 노선의 중요성

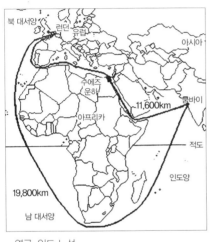

• 영국-인도 노선

인도로 가는 더 빠른 길에 대한 영국인의 관심은 산업화의 진행과 더불어 가속화되었다. 산업화는 1810년대 후반에 영국과 인도 사이의 교역 품목을 바꾸어놓았고 그 양을 몇 배 증가시켰다. 그와 더불어 인도(전 세계인구의 25% 이상 거주)는 다른 어느 지역보다도 영국 경제에 가장 본질적이 부분이 되었다. 이런 변화로 인하여, 영국 내에서 운영되던 증기선을 영국-인도 노선에도 사용하려는 움직임이 1820년대에 등장했다.

1820년대 중엽 영국에서는 수에즈 지협을 통과하는 운하가 건설되기를 바라는 여론이 형성되고 있었다. 1825년 영국의 한 잡지는 "인간의 기술이 아주 적은 노력으로 이만큼 큰 변화를 야기할 수 있는 장소는 세계 어디에도 없다"고 주장했다. 이어서 인도로 가는 길로서 운하의 가치에 대해 다음과 같이 평가했다.[92]

수에즈 인도로 왕래하는 시간을 절반에서 3분의 2까지 단축시킬 것이다. 사실상 그것은 유럽 남부와 남동부에 위치한 모든 국가들의 상업에 강력한 자극을 줄 것이다. 현재 4개월이 걸리는 잉글랜드에서 봄베이로 가는 항해가 운하를 통해 7,200마일의 거리를 6주만에 완주하게 될 것이다.

2) 수에즈 운하의 두 얼굴 : 수에즈 찬가와 재앙

1869년 11월 17일에 수에즈 운하의 개통식이 열렸다. 프랑스 황후 유제니(Empress

Eugénie)와 레셉스가 탄 프랑스 왕실 요트 에이글(Aigle) 호가 선두에서 이끄는 67척의 선박이 포트 사이드에서 운하로 진입하기 위하여 신호를 기다리고 있었다. 배들이 일렬로 천천히 남쪽으로 움직였고, 둑을 따라 군중들의 환호 소리와 악대의 군가와 축포가 울려 퍼졌다. 수에즈 운하의 완공은, 인류의 요람 가운데 하나인 이집트 땅에서, 근대 세계가 가장 인상적이고 지속가능한 형태로 그 힘을 드러냈으며, 과학이 파라오의 땅을 고대의 잠에서 깨웠다는 평가를 받았다.[93]

이집트의 입장에서 보면 수에즈 운하는 재앙을 초래했다. 1862년 운하 건설 과정에서 이집트는 프랑스 은행들로부터 아주 높은 이자율로 돈을 빌려야 했다.[94] 이집트 정부는 1862년과 1873년 사이에 유럽 자본가들로부터 6천 8백만 파운드를 빌렸으나 잔여금을 제외한 실제 수령액은 3분의 2에 불과했다. 그리고 1862년 이후 이집트의 부채는 연간 평균 700만 파운드 씩 증가했다. 빌린 돈의 대부분은 수에즈 운하에 들어갔다.[95] 경제적 근대화와 독립의 꿈은 유럽 국가들의 수에즈 찬가와 더불어 깨어지고 말았다.

수에즈 운하가 완공되자마자 처음부터 영국은 이 운하의 가장 중요한 고객이었다.[96] 수에즈는 영국의 인도 무역에서 없어서는 안 될 것으로 판명되었다. 그리고 얼마 지나지 않아 영국은 그곳을 상업적으로만이 아니라 정치·군사적으로 통제하기 위해 나선다.

4. 우라비 혁명과 영국의 군사 점령

1869년 수에즈 운하 건설→1876년 재정난→영국-프랑스 재정관리→1879~1882년 우라비 반란→1882년 우라비 내각 구성→영국이 알렉산드리아 폭격→우리비군 궤멸→영국의 군사 점령

유럽 은행들에 엄청난 채무로 인한 과도한 세금 부담은 이집트 주민들의 대중적인 불만을 불러일으켰다.

이집트 정부는 1875년 수에즈 운하에 대한 자국 지분을 영국 정부에게 판 것을 포함하여, 자금원을 확보하려는 다양한 노력을 했음에도 불구하고, 1876년에는 부

채를 상환하는 게 불가능해졌다. 그리고 몇 년 후 영국-프랑스의 이집트에 대한 재정 관리가 시작되었다.

외국 영향력의 증대, 외국 부채를 상환하기 위한 늘어가는 세금의 부담 등을 이유로 1879년 케디브의 권한을 제한할 것을 요구하는 반란이 일어났다. 이 반란은 민족주의의 성격을 띠고 있었으며, 군대의 장교인 아흐마드 우라비(Ahmad 'Urabi, 1839~1911)가 주도하였다. 1879년부터 1882년까지 계속된 우라비 반란은 케디브와 유럽의 간섭에 저항하는 운동이었다.

그 결과 1882년 민족주의자들이 주도권을 장악한 내각이 구성되고, 우라비는 이 내각을 주도하여 국회의 예산 통제권을 포함하는 민주적인 개혁을 시도하였다. 우라비 혁명은 이집트 케디브의 통치권과 이집트에 대한 유럽의 간섭에 반대하였다.

이로 인하여 영국과 프랑스는 자신들의 수에즈 운하에 대한 통제권 등을 포함하는 지배권 축소를 두려워하였다. 이로 인하여 1882년 9월 영국이 본격적으로 군사적 간섭을 하면서, 알렉산드리아를 폭격하고 텔 엘 케비르 전투(Tel el-Kebir)에서 아흐마드 우라비가 이끄는 이집트 군을 궤멸시켰다. 결국 우라비는 체포되어 영국 식민지 실론으로 추방되었다. 이스마엘 1세의 아들인 케디브 테피끄(Tewfik I, 재위 : 1879~1892)는 사실상 영국 보호령의 명목상 대표였다.

5. 영국의 보호령

영국의 보호령(술탄 : 1914~1922) : 1914년 오스만 제국과 전쟁 선언
입헌군주국(이집트 왕 : 1922~1951, 이집트와 수단 왕 : 1951~1953) : 1922년 2월 28일 영국으로부터 명목상 독립
자유 장교단 혁명 : 영국 고문관 추방, 1952년 수단과 이집트 군주제 붕괴
공화국 선포 : 1953년 6월 18일

영국 침공의 구실이란 이집트 정부가 합법적인 케디브의 권위에 대항하여 반란을 일으켰고, 질서가 무너졌다는 것이었다. 1882년 우라비의 반란을 무력으로 진압한 영국은 이집트를 군사지배 하에 두면서 1922년까지 40년 동안의 점령 통치를 시작

하였다.

1914년 이집트가 오스만 제국과 전쟁을 선언하고, 영국의 보호령이 되면서 오스만 제국이 형식적으로 임명해 오던 이집트 케디브도 이집트의 술탄으로 이름이 변경되었다.

이집트는 제1차 세계대전 과정에서 영국으로부터 완전 독립을 약속받고 이 전쟁에서 영국에 협조했다. 그러나 전후에 영국이 했던 독립에 대한 약속을 영국이 어기자 1919년 자글룰(Saad Zaghloul) 파샤를 중심으로 반영 독립운동이 전개되었다. 영국은 1923년 입헌군주국으로서 이집트의 독립을 승인하였으나, 군대 주둔권과 수에즈 운하의 관리권은 그대로 가지고 있었다.

■ 영국과 이집트의 수단 점령과 수단인들

수단의 이슬람 지도자, 무함마드 아흐마드는 1881년 마흐디(구세주)라고 선언하고 반란
영국-이집트 공동통치(사실상, 영국 통치) : 1899~1956
독립 : 1956년 1월 1일

1820년 영국과 후원하는 무함마드 알리 이집트 총독이 수단을 침공하여 합병한 후, 이집트가 수단 합병 통치(1821~1884) 하였다.

반 이집트, 반 오스만, 반 영제국주의 : 수단의 종교 지도자, 무함마드 아흐마드(1844~1885)는 1881년 스스로 마흐디(구세주)라고 선언하고 외세의 지배에 대항하는 반란을 주도하였다. 마흐디 추종자들이 영국군과 이집트 군대를 수단으로부터 철수시키면서 1885부터 1898까지 이슬람 신정 통치하였다.

1899년 마흐디 추종자들이 영국과의 전투에서 패배한 이후, 영국-이집트 공동통치협정을 체결하였다.

• 무함마드 아흐마드

■ 프랑스의 알제리 식민 통치와 주민들의 저항

• 압드 알 까디르

1830년 프랑스가 해적기지 소탕을 명분으로 오스만 제국 지배하에 있던 알제리를 점령함으로서 알제리 식민 통치를 시작하였다. 1962년 알제리 독립 때까지 식민 지배한 행위는 특별히 주목할 만한 중동 지역 정복 활동이었다. 알제리 이슬람 지도자이며, 정치인, 군사 지도자로서 아미르 압드 알 까디르(1808~1883)는 프랑스에 대항하여 위협적인 무장 투쟁을 전개하였다.

1830년부터 1872년까지 알제리 원주민들의 30% 이상이 감소하였다. 반면, 1825년과 1847년 사이에 약 5만 명 정도의 프랑스인들이 이주하였다. 아미르 압델 카디르, 셰이크 모크라니(Cheikh Mokrani), 셰이크 부아마마(Cheikh Bouamama), 셰이크 올레드 시드(Cheikh Ouled Sid)부족, 이흐마드 베이(Ahmed Bey), 파트마 느수메르(Fatma N'Soumer)와 같은 사람들이 강력하게 저항하였기 때문에, 알제리 정복은 느리게 이루어졌다.

■ 프랑스와 스페인의 모로코 점령

북아프리카 내 다른 국가들과 마찬가지로 모로코 왕국에서도 유럽의 영향력이 증대되었다. 외국의 간섭으로부터 나라의 주권을 지키려던 모로코 술탄의 시도는 스페인이 침략함으로써 1860년에 무산되었다.

1907년에는 프랑스와 스페인이 실질적으로 행정과 경제 부문을 지배하는 것에 주요 유럽 국가들이 동의했다. 두 열강은 모로코를 분할 점령했는데, 스페인은 북쪽, 프랑스는 대서양해안과 알제리 국경 쪽을 맡았다. 스스로 프랑스 보호 하에 들어간 술탄에 반대하는 폭동이 있었으나, 프랑스 세력은 계속 확장되었다.

1912년에는 술탄 압델 하피드(Abdelhafid, 재위 : 1908~1912)가 프랑스 보호령에 동의하는 페스 협정(Treaty of Fez)에 서명했다. 페스 협정으로 국토의 대부분이 프랑스의 보호령이 되었으며, 프랑스-스페인 조약으로 북부의 리프, 탕헤르 지방은 스페인령이 되었다.

■ 이탈리아의 리비아 식민 통치와 저항운동

이슬람 지도자 오마르 무크타르는 1912년부터 거의 20년 동안 이탈리아의 리비아 통치에 저항운동. 리비아 인구의 20~50%가 독립 투쟁으로 사망. 전체 인구의 약 20%에 해당하는 15만 명 정도의 유럽인들 리비아 정착
이탈리아 점령 : 1911~1947년
영국과 프랑스 점령 : 1943~1951년
독립 : 1951년 12월 24일

1911년 이탈리아가 3만의 병력과 현대식 무기를 투입하여 리비아 연안지역을 점령하고, 1912년 정전협정으로 오스만 제국군이 철수하자 이탈리아가 트리폴리타니아(서부)와 키레나이카(동부)의 주권을 장악했다. 1911년 9월 29일부터 1912년 10월 18일까지 오스만 제국군과 이탈리아 왕국 군인들 사이에서 전투가 계속되었다.

이탈리아의 식민 통치 기간 동안에 리비아 인구의 20~50%가 독립 투쟁으로 주로 감옥 캠프에서 사망하였다. 반면 전체 인구의 약 20%에 해당하는 15만 명 정도의 유

• 오마르 무크타르

• 이탈리아 군인들과 리비아인 시체들 (1911,9,29~1912,10,18)
　(출처 : https://upload.wikimedia.org/wikipedia/en/7/7d/Italians_in_Libya.jpg)

럽인들이 리비아에 정착하였다.

키레나이카 출신의 시누시 종단 지도자 오마르 무크타르(1862~1931)는 1912년부터 거의 20년 동안 이탈리아의 리비아 통치에 대항하는 저항을 조직하였다. 이탈리아인들은 1931년 그를 체포하여 교수형에 처했다. 페잔에서는 사누시파와 베르베르계를 주축으로 한 저항 세력이 반격에 나섰으나 1932년 진압되었다. 1928년과 1932년 사이에 이탈리아 군대가 베두인 주민 절반을 죽였다.

1943년부터 1951년까지 트리폴리타니아와 키레나이카는 영국군이, 페잔은 프랑스군이 점령 통치하였다.

■ 프랑스의 튀니지 점령 통치

프랑스 보호령 : 1881년 바르도 협정
독립 : 1956년 3월 20일

1869년, 튀니지는 파산을 선언하였고, 국제 재정 위원회가 경제 통제권을 장악하였다. 1881년에는 튀니지의 알제리 침략을 구실로, 프랑스가 약 3만 6천 명의 군대로 침입하여 오스만 제국의 튀니지 지방 통치자인 베이와 1881년 바르도 협정을 체결하였다. 이탈리아의 반대에도 불구하고, 이 조약으로 튀니지는 공식적으로 프랑스의 보호국이 되었다. 프랑스의 식민 통치하에, 유럽 정착촌들이 활력을 얻었다. 프랑스 이주민들은 1906년에 3만 4천 명에서, 1945년에는 14만 4천 명으로 증가하였다. 1910년에는 튀니지에는 약 10만 5천 명의 이탈리아인들도 있었다.

튀니지는 1878년의 베를린회의를 거쳐 1881년 바르도 협정과 1883년 마르사 협정에서 프랑스 보호령이 되고 내정도 프랑스인 통감 지배 아래 들어갔다.

Ⅳ. 레반트 지역 분할통치 협정과 현대국가 건설

레반드 지역 국가 형성과 열강들의 역할을 설명한다. 이라크는 국가 형성과 관련하여 강대국들의 레반트 지역 정책과 더 긴밀한 관계에 있기 때문에 이 지역에 포함시킨다. 현재 이스라엘과 팔레스타인은 레반트 지역에 속하지만, 팔레스타인 국가 건설과 관련하여 분쟁 중이고, 매우 복잡하기 때문에 후반부에 따로 장을 할당한다.

■ 레반트 지역 분할통치협정

지리적으로 레반트는 지중해 연안과 아라비아 반도 북부 지역을 지칭한다. 정치적으로는 요르단, 레바논, 시리아, 이스라엘 등을 포함한다. 특히 이 지역에서는 아직도 국가 형성과 관련해서 매우 복잡하고 논쟁적인 팔레스타인이 포함된다.

이 장은 레반트 지역의 국가 형성과 이스라엘과 팔레스타인 분쟁을 촉발시킨 강대국들과 국제사회의 움직임을 파악할 수 있는 협정들과 선언 등을 분석할 것이다. 협정들 분석을 통해서 레반트 지역 국가 형성 과정과 강대국들의 역할을 이해할 수 있다.

제1차 세계대전에서, 오스만 제국은 독일제국, 오스트리아-헝가리 제국 및 중부 유럽 국가로 구성된 동맹국 가담하여 프랑스 · 영국 · 러시아와 맞서 싸웠다. 이 전쟁에서 동맹국이 패배하면서 오스만 제국이 분할 해체되고, 현대 중동 국가들이 창설되었다. 레반트 지역에서 국가 창설은 오스만 제국을 해체시키고 협력 세력을 구축하려는 영국과 프랑스의 중동 정책에서 비롯되었으며, 이 지역을 분할하는 각종 약속과 협정들로 구체화되었다.

영국은 협력 세력을 구축하는 과정에서 프랑스, 유대인, 아랍인들과 충돌하는 협정들을 체결하였으며, 영국의 후원을 받는 아랍 민족주의자들이 시온주의자들과 동맹을 맺었다.

현대 중동만들기 프로젝트에 참가한 인물들은 다음과 같다.

• 마크 사이크스(영국) • T.E. 로렌스(영국) • F.G 피코(프랑스) • 하임 와이즈만
(영국, 이스라엘 초대 대통령)

1. 사이크스-피코 비밀협정 : 강대국끼리의 영토분할

사이크스-피코 협정(1916년 5월)은 레반트와 아라비아 반도 일부 지역을 영국 영역과 프랑스 영역으로 분할하면서, 팔레스타인 지역을 영국, 프랑스, 러시아가 공동통치하기로 합의함.

• 마크 사이크스가 만든 아랍반란깃발(1916)
(출처 : https://en.wikipedia.org/wiki/Arab_Revolt#/media/File:030Arab.jpg)

1916년 5월 영국 정치가 마크 사이크스(1879~1919)와 프랑스 정치가 조지 피코(1870~1951) 사이에서 사이크스-피코 협정이 체결되었다.[97]

이 협정은 1916년 5월에 영국과 프랑스가 오스만 제국이 장악했던 시리아, 이라크, 팔

레스타인을 프랑스와 영국의 통치 영역으로 분할하기 위한 비밀 협정이었으며, 러시아 정부도 이 협정에 동의하였다.

1917년 12월 러시아의 볼셰비키 혁명 정부는 축출당한 짜르 정부가 참가했던 사이크스-피코 비밀 협정 내용을 폭로하였다.

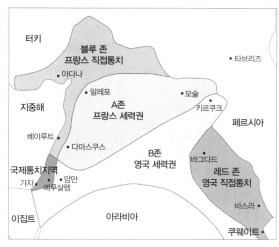

• 1916년 사이크스-피코 협정(출처 : http://www.passia.org/)

2. 후세인-맥마흔 서한(1915~1916) : 영국과 하심가 동맹

후세인과 맥마흔은 레반트와 아라비아 반도 지역에 독립 아랍국가를 창설하기로 합의함.

후세인-맥마흔 서한은 제1차 세계대전 동안, 1915년 7월 14일부터 1916년 1월 30일까지 오스만 제국 통치하의 메카지방 통치자였던 샤리프 후세인 빈 알리(1852~1931)와 이집트 주재 영국 고등 판무관 헨리 맥마흔(1862~1949)이 오스만 제국 통치하에 있는 영토에 대한 미래의 정치적인 지위에 대하

• 1915년 맥마흔이 후세인에게 약속한 칼리파국가 영역
  (출처 : http://www.passia.org/)

여 의견을 교환한 내용이다.

이 서한에서 후세인과 맥마흔은 '독립 아랍 정부'의 통치 지역을 이라크를 포함하는 아라비아반도와 팔레스타인을 포함하는 레반트지역으로 합의하였다. 1915년 8월 30일자 맥마흔 서한에서 '영국정부는 아랍인들이 칼리파직 수행하는 것을 환영한다.'고 밝혔다. 때문에 후세인은 1916년에 오스만 제국으로부터 독립한 히자즈의 왕임을 선언하였고, 1924년에는 이슬람 세계의 정치, 군사의 최고 권력자인 칼리파임을 선언하였다.

후세인–맥마흔 서한에서 영국과 샤리프 후세인은 오스만 제국에 대항하는 대 반란을 계획하였다. 1916년6월부터 1918년 10월까지 영국, 프랑스, 아랍 연합군 결성하여 오스만 제국 공격

1916년에 샤리프 후세인은 아랍 대반란(1916.6~1918.10)을 시작하였다. 이 반란은 전적으로 영국에 의해서 계획되고 추진되었다. 아랍인의 반오스만 제국 항쟁은, T.E 로렌스(1888~1935)가 가담하면서 메카와 제다를 함락시켰고, 뒤이어 영 · 프와 연합 전선을 편 아랍 반란군은 로렌스의 지도와 파이잘의 지휘하에 홍해 연안에서 오스만 제국군의 통로를 막고 히자즈 철도를 파괴한 후 팔레스타인 전선으로 북상하여 전세를 유리하게 이끌었다. 1917년 6월에는 아카바 함락, 1918년 10월에는 다마스쿠스에 이어 예루살렘에 입성하였다.[98]

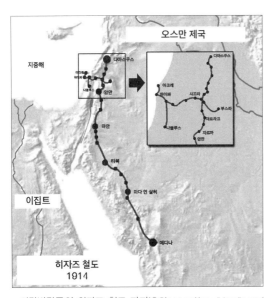

• 아랍반란군의 히자즈 철도 파괴(출처 : https://en.wikipedia.org/wiki/Hejaz_Railway#/media/File:Ferrocarril_del_hiyaz_EN.PNG)

1918년 10월 30일 협상국과 오스만 제국 사이에 '무드로스 휴전 조약'이 체결되어 전 아랍 지역에서 오스만 제국의 통치를 무너뜨렸다. '무드로스 휴전 조약'으로100) 오스만인들은 아나톨리아 밖에 남아있던 주둔지를 넘겨주고, 연합국에게 다다넬스와 보스포러스 해협을 통제하기 위하여 요새들을 점령할 권리를 부여하면서 모든 영토에 대한 점령권을 주었다. 오스만 군대는 해산되었고, 연합국이 항구, 철도를 포함한 전략적인 요충지들을 사용하였다. 콘스탄티노플은 점령되었고 오스만 제국은 분할되었다.

• 1917년 12월 예루살렘 오스만인들이 영국에게 항복
(출처 : https://upload.wikimedia.org/wikipedia/commons/5/55/Ottoman_surrender_of_Jerusalem_restored.jpg)

3. 밸푸어 선언(1917년 11월 2일) : 영국과 시온주의자 동맹

Foreign Office,
November 2nd, 1917.

Dear Lord Rothschild,

I have much pleasure in conveying to you, on behalf of His Majesty's Government, the following declaration of sympathy with Jewish Zionist aspirations which has been submitted to, and approved by, the Cabinet

'His Majesty's Government view with favour the establishment in Palestine of a national home for the Jewish people, and will use their best endeavours to facilitate the achievement of this object, it being clearly understood that nothing shall be done which may prejudice the civil and religious rights of existing non-Jewish communities in Palestine, or the rights and political status enjoyed by Jews in any other country'

I should be grateful if you would bring this declaration to the knowledge of the Zionist Federation.

• 1917년 밸푸어 선언

1916년 하임 와이즈만은 시온주의자 요구를 집약한 '정책 일정(Memorandum of Policy)'를 작성하였다. 이 일정은 '영국 왕권하의 유대인의 팔레스타인(Jewish Palestine under British Crown)'이 포함되었다.

1917년 7월 17일 영국 시온주의자회 의장인 로스 차일드가 하임 와이즈만의 '정책 일정'을 밸푸어 외상에게 보냈다. 이것이 밸푸어 선언의 초안이 되었다.

사이크스-피코 협정 이후 수에즈 운하의 근접성 등으로 팔레스타인에서의 영국 주둔병은 30만 명에 달했다. 또 이집트로부터 오스만 제국 영역인 시리아 지역 공격을 계획한 탓으로 이 통로에 위치한 팔레스타인 지역은 더욱 중요했다. 데이빗 로이드 조지(총리 재임 : 1916~1922)는 '팔레스타인은 영국이 되어야한다'고 결정하였고, 새로운 영국의 전략은 시온주의자를 영제국 이익 보호를 위한 동맹으로 만드는 것이었다.

4. 파이잘-와이즈만 협정(1919년 1월 3일)

〈파이잘-와이즈만 협정〉
1. 아랍인들과 유대인인들 사이의 고대부터 내려온 인종적 유대' 강조
2. 파이잘 후세인은 팔레스타인에서 '유대인의 민족 고향'을 건설한다는 1917년의 밸푸어 선언을 지지하고, 팔레스타인으로 대규모의 유대 이민과 유대 정착촌 건설에 협력 약속
3. 세계 시온주의자 기구는 파이잘이 열망하는 아랍국가 건설을 후원하겠다고 약속

1919년 1월 3일 히자스왕(사리프 후세인)의 아들 파이잘 후세인(초대 이리그왕 지위 : 1921~1933)과 영국 시온주의자 기구 의장인 하임 와이즈만(초대 이스라엘 대통령 재임 : 1949~1952)이 파이잘-와이즈만 협정을 체결하였다.[102] 이 협정을 통하여 창출된 아랍-시온주

• 1918년 시리아에서 하임 와이즈만과 파이잘 후세인
(출처 : https://en.wikipedia.org/wiki/Chaim_Weizmann#/
media/File:Weizmann_and_feisal_1918.jpg)

• 1919년 파이잘과 로렌스

• 하임 와이즈만의 '파이잘-와이즈만 협정' 서명

• 파이잘 후세인의 '파이잘-와이즈만 협정' 서명

의자 동맹은 오스만 제국의 아라비아 반도 영역을 시온주의자 국가와 아랍 국가로 분할 해체시키기 위한 영국의 전략이었다.

　파이잘-와이즈만 협정의 산파 역할을 하고 통역을 한 인물 영국 장교 로렌스 (1888~1935)는 히자즈의 후세인 가문과 연합하여 오스만 제국에 대한 아랍인 반란을 주도하였다.

5. 산레모 협정(1920년 4월)과 영국·프랑스 위임 통치

〈산레모 회의〉
1. 시리아 지역의 북부 절반(시리아와 레바논)은 프랑스가, 시리아 지역의 남부 절반(팔레스타인)은 영국이 위임 통치한다는 결정
2. 메소포타미아 지역(이라크)도 영국이 위임통치
3. 이 위임통치령에 따르면 각국은 정치적 안정을 이룰 때까지 위임통치국의 지배를 받는다.

제1차 세계대전에서 패배한 동맹국의 하나인 오스만 제국의 영토문제를 해결하기 위해 산레모에서 국제회의(1920.4.19~26)가 열렸다.[103] 영국·프랑스·이탈리아 총리와 일본·그리스·벨기에 대표가 참석했다.

산레모의 팔레스타인 위임통치 협약은 밸푸어 선언을 재확인한 것으로, 영국에게 '유대 민족 고향 건설을 보증하도록 요구하면서, 이를 위해서 영국이 적당한 유대 기관과 협력'하도록 승인하였다. 이 때 시온주의 조직이 그 특별 기관으로 인정을 받았다.

다마스쿠스의 파이잘 왕이 프랑스의 시리아 위임통치에 반대하자 프랑스 군대는 그를 추방했다.

산레모 회의에서는 영국-프랑스 석유협정(Anglo-French oil agreement)이 조인되었다. 이 협정은 이라크를 영국이 위임 통치하는 조건으로 프랑스에게 이라크에서 생산하는 석유의 25%를 배당하고 유리한 석유수송 조건을 제공하며, 영국의 이라크 위임 통치에 모술을 포함하기로 규정했다.

〈1921년 3월 영국의 팔레스타인 위임 통치 구역을 재분할〉
'트랜스 요르단'이라 불리는 요르단 강 동부 → 팔레스타인 판무관의 총지휘아래 아랍행정권. 아미르로 임명된 압둘라에게 할당
 압둘라 → 아미르국과 영국의 보조금 지급에 대한 보답으로 통일 아랍국가 건설을 포기
 영국 → 압둘라 이븐 후세인을 트랜스 요르단의 통치자로 삼고 그에게 매달 보조금을 지급

산레모 협정은 1922년 4월 24일 국제 연맹 이사회의 승인을 받았으며, 이 협정을 토대로 영·프에 의한 아랍 분할 통치가 실시되었다. 이로 인하여 통일 아랍 국가의

건설은 수포로 돌아갔고 영국의 비호를 받은 유대인들은 팔레스타인에서 유리한 입장이 되었다.

6. 세브르 조약(1920년 8월 10일)과 오스만 제국 해체

세브르 조약은[104] 제1차 세계대전 뒤 프랑스, 영국, 일본, 이탈리아를 비롯한 연합국과 오스만 제국 정부 사이에 맺어진 조약(1920.8.10)으로 1920년 산레모 회의에서 협의 사항을 포함한 연합국들의 비밀 협정들에 따라서 오스만 제국을 분할하는 안이었다. 이 조약의 94항과 95항은 팔레스타인 위임 통치에 대한 산레모 조약과 밸푸어 선언을 재확인하는 것이었다. 세브르 조약의 주요 내용은 다음과 같다.

연도	국가(단위 : 평방 마일)							
1914	오스만 제국–613,724							
세브르 조약 (1920)	오스만 제국	윌슨 아르메니아	시리아	팔레스타인	메소 포타미아	히자즈	아시르	예멘
	174,900	60,000	120,000	16,000	143,000	100,000	35,000	75,000

① 오스만 제국은 아랍 지역과 북아프리카에 대한 모든 권리를 포기.

② 아르메니아의 독립, 히자즈 왕국의 독립 승인, 쿠르디스탄의 자치권 허용, 트라케 동부와 아나톨리아 서부 연안의 그리스군 주둔, 다르다넬스를 관할하는 에게 해 섬들에 대한 그리스 지배권 승인

③ 영국은 이라크와 팔레스타인 지역 위임통치, 프랑스는 레바논과 시리아 지역 위임 통치 승인.

④ 남동부 아나톨리아, 동-중부 아나톨리아 등이 프랑스의 통치권, 영국은 국제 관리 지역으로 할당된 해협과 오스만 제국의 수도 콘스탄티노플을 실질적으로 지배.

7. 프랑스–영국의 경계 협정(1920년 12월)

프랑스-영국 경계 협정(Franco-British Boundary Agreement)은[105] 시리아, 레바논, 팔레스타인, 메소포타미아와 관련된 프랑스-영국 협정으로 불리며 1920년 12월 23일 파

리에서 영국과 프랑스 정부가 서명하였다. 이 협정은 팔레스타인과 메소포타미아를 영국에게 시리아와 레바논을 프랑스에게 할당하였다. 계획된 영국과 프랑스 위임통치령 사이의 경계는 넓은 조건들로 규정되었다. 이 협정으로 골란 고원 대부분은 프랑스의 영역이 되었다. 이 조약은 경계와 땅위에 경계를 표시하는 문제들을 해결하기 위한 공동 위원회를 구성하였다. 이 위원회는 1922년 2월 3일에 최종 보고서를 제출하였고, 1923년 3월 7일에 영국과 프랑스 정부가 이를 승인하였다. 영국과 프랑스는 1923년 9월 29일에 위임통치를 공식적으로 시작하였다.

8. 로잔 조약과 터키 공화국

새로 건설된 터키 공화국 정부는 1923년 7월에 연합국이 세브르 조약을 폐기하고 새로 협상하여 로잔 조약을 체결함으로써, 1923년 10월에 아나톨리아와 동부 트라크야 지방은 터키 공화국의 영토로 보전하게 되었다.

로잔 조약(Treaty of Lausanne)은 1922년 10월 22일부터 이듬해까지 스위스의 로잔에서 제1차 세계대전 연합국과 터키 사이에 열린 로잔회의의 결과로 1923년 7월 24일 체결된 조약이다. 이 조약은 현대 그리스와 터키의 경계를 획정하였다.

■ 요르단

1. 영국의 요르단 하심왕국 창설

> 오스만 제국에 대항한 아랍 반란이 성공한 결과 영국의 식민성 장관 처칠, 고등판무관 헐버트 사무엘, 군사 고문 T.E 로렌스와 압둘라는 트랜스 요르단에 아미르국을 수립하기로 합의하였다. 영국은 압둘라 빈 후세인에게 대항하는 베두인 부족반란을 진압하고, 국가 건설 자금을 지원하였다.

제1차 세계대전 중에 히자즈의 태수이자, 하심가의 대표인 메카의 샤리프 후세인 빈 알리(메카의 샤리프 : 1908~1924, 히자즈왕 : 1916.6.10~1924.10.3)는 세 아들인, 알리 빈 후세인(메카의 샤리프, 히자즈 왕 재위 : 1924.10~1925.12), 압둘라 빈 후세인(요르단 아미르 : 1921.4~1951.7), 파이잘 빈 후세인(시리아왕 : 1920.3~1920.7, 이라크왕 : 1921.8~1933.9)과 함께 오스만 제국에 대항

• 메카 샤리프 후세인

• 압둘라 빈 후세인

• 파이잘 빈 후세인

• 알리 빈 후세인

• 샤리프 후세인 빈 알리의 장례식(1931년, 예루살렘)
(출처 : https://en.wikipedia.org/wiki/File:Hussenfuneral.jpg)

하는 반란을 조직하였다. 이 때 영국은 이 반란 부대에 무기, 보급품, 자금 등을 제공하였고, T.E 로렌스 등 고문관 등을 파견하여 이 부대를 직접 지휘하였다.

이 때 하심가의 부족주의는 영국 제국주의와 공동의 목표를 지녔다. 당시 영국은 오스만 제국을 해체시키는 전투에 참가할 아랍 베두인 전사들이 필요하였고, 오스만 제국 해체라는 영국의 목표는 아라비아 반도 지역 패권 장악을 목표로 한 메카의 샤리프 후세인 가문의 이해관계와 일치하였다.

1920년 압둘라는 2,000명의 부족원들을 이끌고 암만에 주둔하였고, 영국은 요르단강 동안 지역의 베두인 부족들이 압둘라를 통치자로 받아들이도록 설득하였다.

영국은 1921년에 6개월 동안 매달 5천 파운드의 보조금을 압둘라 아미르에게 지급함으로써, 1921년 4월 11일 영국의 위임 통치를 받는 압둘라 1세의 트랜스 요르단 아미르국을 창설하였다.

1921년부터 1956년까지 요르단군 사령관은 영국인인 프리데릭 피크(F.G Peak)와 존 글럽(John Glubb)이 담당하였다. 당시 이 두 영국인 군사령관들이 요르단 정치에서 막강한 결정권을 휘둘렀다.

트랜스 요르단은 1946년 런던 조약으로 영국의 위임 통치로부터 독립을 하면서 왕국이 되었고, 이 때 국가 명칭을 '트랜스 요르단 아미르국'으로부터 '트랜스 요르단 하심 왕국'으로 바꾸었다. 1948년 전쟁의 결과로 요르단강 서안을 합병하고 난 후인 1949년 4월, 국명을 다시 '요르단 하심 왕국'으로 바꾸었다.

2. 영국의 요르단 군대 창설과 하심가 통치체제 확립

1) 두 명의 영국인 요르단군 사령관

요르단 창립 당시부터 1956년까지 군부를 장악한 엘리트들은 영국인 장교들이었다. 이 때 요르단 군 사령관을 역임한 프리데릭 피크(Frederick G. Peake)와 존 바고트 글럽(John Bagot Glubb)은 아랍 군대(The Arab Legion, 요르단 군)를 창설하고 강화시키면서 부

• 요르단 군 사령관 프리데릭 피크
(재임 : 1921~1939)

• 1951년 7월 19일 압둘라왕과 존 글럽-7월 20일 예루살렘에서 압둘라왕 암살(출처 : https://en.wikipedia.org/wiki/John_Bagot_Glubb#/media/File: Abdulla_the_day_before_his_death.jpg)

족 사회에 관심을 집중하였다. 국가 창설초기부터 현재까지 군부와 동안 부족들은 긴밀한 관계를 유지해 왔으며, 동안 부족주의는 요르단 왕정 유지하는데 핵심적인 역할을 하고 있다. 1921년부터 1939년까지 초대 군사령관을 지낸 프리데릭 피크는 요르단 부족의 역사와 현황에 대한 광범위하고 상세한 기초 자료인『요르단 역사와 부족들(A History of Jordan and its Tribes)』을 1958년 미국에서 출판함으로써 영국이 요르단을 통치하면서 부족 공동체를 매우 중요한 행위자로 파악하고 있음을 보여주었다.

베두인 사령관으로 불렸던 두 번째 군사령관을 역임한 존 바고트 글럽은 1948년 영국에서 출판한『아랍 군단의 역사(The History of The Arab Legion)』에서 요르단 군대에서 사막 순찰대(Desert Patrol) 등 베두인 부족들의 역할을 강조하면서 베두인 부족들을 군대내에서 조직화함으로써 베두인 부족들의 위상을 높였다. 이들 두 명의 영국인 요르단 군사령관들의 저술들은 요르단 국가 형성 초기에 부족들이 요르단군의 중심축을 형성하게 된 과정을 상세하게 밝혀준다. 요르단 국가 형성 초기에 부족과 군대상황을 밝혀주는 아랍 자료들을 발견할 수는 없고, 현존하는 1차, 2차 자료들은 대부분 영국인들이 작성한 자료들이다.

2) 프리데릭 피크와 아랍 군대(The Arab Legion) 창설

(1) 압둘라 빈 후세인 체제를 위협하는 부족 반란

영국이 트랜스 요르단 지역에서 위임통치 체제 구축을 하면서 아미르 압둘라 빈 후세인과 협력 체제를 수립하는 과정은 트랜스 요르단 각지에서 격렬한 부족 반란을 야기하였다. 부족들이 반란을 통해서 아미르 압둘라 통치 체제로 통합되는 것을 거부함으로써, 압둘라 체제는 치명적인 위기에 직면할 수도 있었다. 한 걸음 더 나아가서 부족 반란은 팔레스타인과 아라비아 반도에서의 영국 위임통치 체제 구축 프로그램 자체를[106] 무산시킬 가능성이 있었다. 베두인 부족들은 전통적으로 중앙 집권적인 체제 구축을 지향하는 중앙 정부를 적대적으로 간주하면서 지방 분권적인 부족 공동체를 유지하려고 했다. 이러한 환경에서 압둘라의 통치체제의 확립에 대항하는 부족 반란과 공격이 트랜스 요르단 각지에서 다음과 같이 발발하였다.

1921년 5월 아즐룬의 이르비드 지역 부족 반란. 1921년 5월 이르비드 근처 쿠라

(Kura) 지역 부족 반란. 1921년 12월~1922년 2월 케락(Kerak)과 타필라(Tafilah) 부족 반란. 1922~1924년 8월 와하비들의 침략-와하비들은 후세인과 하심가가 통치하고 있던 히자즈 지역에 대한 지배권을 탈취하려고 시도하였고, 암만 남부 지역을 침략하여 압둘라 체제를 공격하였다. 이 때 영국 공군(Royal Air Force) 전투기가 구출작전을 펼쳐서 와하비들을 퇴각시켰다. 1923년 9월 아드완(Adwan)의 반란은 아랍 독립당(Arab Independence Group)의 활동과 연계되었다. 영국은 암만으로 쳐들어오는 아드완 부족들의 반란을 진압하였다. 1921년에 영국은 암만 교외 마을 메르카(Merka)와 마프라크(Mafrak)에 비행장 건설하였고, 이 비행장을 이용하여 영국 전투기들은 경계를 가로질러 급습하는 와하비 부족들과 트랜스 요르단 보안대 사이의 전투에서 중요한 역할 수행하였다.

1921년 초 압둘라는 헤자즈(Hejaz)로부터 남부 트랜스 요르단에 위치한 마안(Ma'an)으로 200명의 보병 부대(katiba)를 이끌고 들어왔다. 이 부대는 마안에 주둔하는 동안 압델 까디르 알 준디(Abdel Qadir al-Jundi) 지휘관의 명령을 받았다. 알 준디는 1921년 3월 2일에 아미르 압둘라와 군대를 동반하고 마안 북쪽 암만에 도착했고, 1921년 3월 29일 처칠과 협정으로 그 전역에 대한 지배권을 행사하도록 이미 위임통치 세력의 지지를 받았다. 이 협정에서 영국은 6개월 동안 매달 5천 파운드의 보조금을 압둘라 아미르에게 지급함으로써, 암만에서 아미르 정부 건설에 착수할 수 있도록 했다. 그 결과 압둘라는 1922년 4월 트랜스 요르단 아미르 왕국(The Kingdom from Emirate Transjordan)을 창설하였다. 1923년 영국은 압둘라 치하의 트랜스 요르단의 독립적인 행정을 승인하고 외국의 공격을 방어한다는 명분으로 영국군의 트랜스 요르단 영토 주둔 승인하는 영국-요르단 협정(Anglo-Jordanian Treaty of 1923)을 체결하면서 매년 15만 파운드의 원 조를 보장하였다.

이는 영국 위임 통치 세력이 압둘라를 통해서 요르단 부족 사회를 통합하려는 계획을 실행시키고 있었음을 의미한다. 이 당시 트랜스 요르단 부족 세력들은 반란 등을 통해서 경쟁적으로 패권 다툼을 하고 있었다. 따라서 압둘라가 부족세력들을 전반적으로 제압할 수 있을 정도의 무력은 가지고 있어야 했다. 영국의 군사적 경제적

지원이 이것을 가능하게 만들었다. 당시에 압둘라가 지휘했던 지역의 보안대는 다음과 같다.

표 34 _ 1921년 압둘라의 지역 보안대

일정한 곳에 주둔한 헌병대(Darak)	아즐룬, 발까, 케락에 주둔한 400명의 병사
예비 헌병대 (A battalion of Reserve Gendarmes)	주로 기병대로 구성되며, 프리데릭 피크가 창설한 예비 기동부대 (the Reserve Mobile Force) 150명에 기반을 두었다.
보병 부대(An infantry battalion)	약 200명의 병사로 구성되었으며 압둘라 아미르와 함께 헤자즈로부터 암만으로 들 어 온 부대(katiba)
낙타 부대(A camel troop)	100명으로 구성된 아미르 개인 호위병

　헌병대 다락(Darak)은 1920년 8월경까지 약 3개월 존재했던 시리아 아랍 왕 파이잘 통치의 유물이었다. 다락의 총 지휘관은 트랜스 요르단 솔트(al-Salt) 출신의 육군 중령(Lieut.-Colonel) 아리프 베이 알 하산('Arif Bey al-Hasan)이었다. 다락은 아랍 장교들이 지휘하는 400명의 병사들로 구성되었고 아즐룬(Ajlun), 발까(Balqa), 케락(Kerak)의 치안을 담당하였다. 프리데릭 피크가 지휘하는 예비 헌병대는 지역 보안대의 핵심 세력이었다. 보병 부대는 약 200명으로 구성되었으며, 지휘관은 베 이루트 출신의 육군 중령(Lieut.-Colonel), 아흐마드 알 이스탐불리(Ahmad al-Istambuli)였다. 이 부대는 압둘라 왕과 함께 헤자즈로부터 마안을 거쳐 암만으로 온 부대(katiba)이다. 낙타부대는 네즈디 이븐 라미흐(the Nejdi Ibn Ramih)가 지휘하는 초기에 100명의 아미르 압둘라의 개인 호위병이었다.

　1922년 4월 압둘라는 트랜스 요르단 아미르 정부(kingdom from Emirate Transjordan)를 구성하면서 최고 군사령관이 되었다. 이 때, 압둘라는 유효하게 효과적으로 조직된 군대 없이는 자신의 권위가 불안하고 불확실하다고 판단하였다. 압둘라는 전반적인 행정과 감독과 치안에 대한 직접적인 책임을 공안(Public and Security) 장관인 알리 쿨키('Ali Khulqi) 대령에게 위임하였고, 예루살렘의 영국 고등 판 무관은 이미 프리데릭 피크를 압둘라의 고문으로 임명하였다. 그러나 공안장관에게 군대에 대한 행정권과 치안권을 위임하려는 압둘라의 시도는 실행되지 않았고, 프리데릭 피크가 군대를 재조직함으로써 치안문제를 책임졌다. 압둘라는 자신의 계획들에 반대하는 완강한 부족지도자들과 아랍 독립파 정치인들에 대항하여 안전을 보장해줄 수 있는 수 천 명의 군대를 구상하면서 예루살렘의 영국 고등 판 무관에게 1개 사단(division)의 군대를 요구했다고 다음과 같이 밝혔다.

"1921년 4월 트랜스 요르단 정부가 창립되었을 때, 요르단 정부의 초대 총리였던 라시드 베이 탈리(Rashid bey Talli)는 치안을 유지하고 이 지역의 변경을 방어하기 위하여 군대를 조직하는 문제를 당시 팔레스타인 위임통치 정부의 국무 장관(Chief Secretary)인 와인드햄 디데스(Sir Wyndham Deedes)와 논의하였다. 탈리와 와인 드햄 디데스 경 사이의 이러한 논의는 1921년 3월에 윈스턴 처칠과 이 문제에 대하여 토론한 이후에 이루어진 것이었다. 나는 보병, 포병, 기병대와 같이 당시의 사단에 공동으로 필요한 무기와 설비를 갖춘 정규군 사단(division)을 구성할 필요가 있다고 보았다. 나는 이 사단은 세 개의 여단(brigades)으로 구성되어야 하고, 각 여단은 각각 800명으로 된 세 개의 연대(regiments)로 구성된다(결국 한 개의 여단은 2,400명으로 구성된다). 각 여단은 필요한 야전 포병대와 기관총 부대를 가져야만 한다. 한 개의 연대는 소규모의 무기로 무장된 1,500명의 병력을 가진 기병대여야 한다. 이 계획이 실현되기 위해서는 엄청난 비용이 들기 때문에, 영국 정부는 이 계획을 후원하기를 원하지 않았지만, 지휘관 프리데릭 피크 베이(나중에 피크 파샤 장군)의 명령하에서 트랜스 요르단에 현재 있는 기병대인, 기동부대(Mobile Force)와 마안에서 나와 함께 온 군대와의 협력에 동의하였다. 영국은 이 새로운 군대가 산악 포병대를 포함해야하며 세 지방, 아즐룬, 발까, 케락에 있는 다락(darak)으로 통합 조직되어야한다는 것에 동의했다."

이와 같이 아미르 압둘라는 처음부터 영국에 의지하여 트랜스 요르단 군대를 조직하려고 시도했으며, 필요한 무기와 자금을 영국의 후원에 전적으로 의존하고 있음을 밝혀주는 것이다. 결국 트랜스 요르단 외부 세력인 압둘라는 영국과 연합하여 토착 부족 세력들과 아랍 독립파의 반란을 무력으로 제압하고 확고한 통치 체제를 구축하려고 시도하였다.

1921년 5월, 이르비드 근처 쿠라(Kura)에서의 심각한 부족 반란은 압둘라의 군대가 얼마나 허약한지를 분명히 보여주었다. 압둘라의 보안대는 장비도 자금도 적당한 훈련도 부족했다. 쿠라 사건은 아랍 군대의 발전과 왕국의 정치 발전에 영향을 끼치는 심각한 정치적 파장을 미쳤다. 이 사건은 아미르 압둘라 통치하의 아미르 국 설립(the kingdom from Emirate Transjordan)과 트랜스 요르단 영토 통합을 위한 아랍 군대의 중요한 역할을 예고했다. 한편으로, 예루살렘의 영국 위임통치 당국과 트랜스 요르 단에 있는 위임통치 당국의 대리인들은 아랍 장교들이 통솔하는 보안대가 부실함을 깨닫게 되었다. 이제 위임 통치 당국자들은 재조직된 기구 아래서 보안대에 대한 통 제를 강화시키는데 관심이 있었다. 다른 한편으로 압둘라는 혼돈되고 파편화된 영 토에서 그의 지위를 강화시키고, 부족 집단과 도시민들을 지배할 수 있는 권위를 부 여하기 위하여, 영국에게 재정 원조를 요구하였다. 영국은 다음과 같이 두 가지 조건 을 걸고 압둘라의 재정 원조 요구를 수락하였다. ① 프리데릭 피크가 보안대에 대한 모든 재정에 대한 책임을 진다. ② 피크는 750명의 장교와 병사들로 재조직된 예비 군(a reorganized Reserve Force)을 창설하고 지휘한다. 원래, 본질적으로 이 군대는 공공 질서와 안보를 유지하기 위하여 기존 경찰과 주둔해 있는 헌병대인 다락을 돕기 위 한 것이었다.

압둘라의 외교 고문이었던 알렉 커크 브라이드(Alec Kirkbride)에 따르면, 예산안의 세 부 항목들은 모두 영국의 재정적인 관리를 받는다. 사실상, 이것은 영국 당국자들이 하나의 업무에 할당되는 총액을 결정한다는 것을 의미한다. 영국의 보조금은 예산 안에서 되풀이되는 적자를 보충하기 위해서 요르단의 국고에 총괄적으로 지불되었 다. 그리고 그 국고는 승인된 예산에 따라서 개별 분과로 자금을 분배했다.

이처럼 영국은 재정 원조와 분배, 군사 지휘권 장악 등을 통하여 영향력의 확대를 꾀했고, 압둘라는 이러한 영국의 정책에 반대하는 아랍 독립당(Arab Independence Group) 소속의 총리, 라시드 베이 탈리(Rashid Bey Tali)를 사임시키면서 영국과의 연대를 강화 시켜나갔다. 결국 트랜스 요르단 아미르국의 군대는 영국의 절대적인 후원과 간섭 으로 부족 세력들을 제압하면서 수립되었다.

(2) 압둘라 체제 확립

변동하는 트랜스 요르단 지역 상황에 지역 안보를 구축한다는 명분으로 영국이 적극 개입하였다. 예루살렘 주재 영국 고등 판무관(the British High Commissioner)의 명령에 따라, 전임 이집트 낙타부대(the Egyptian Camel Corps) 사령관이었던 프리데릭 피크 육군 중령은 1920년 8~9월에 트랜스 요르단의 안보 상황을 조사하도록 파견되었다. 이 때 경찰력은 소규모라서 불충분한 것으로 파악되었고, 1920년 10월 예루살렘의 영국 고등 판무관은 프리데릭 피크에게 두 개의 소규모 군대를 창설하도록 권한을 부여하였다. 피크 중령은 조사 결과 부족들의 반란 때문에 안보가 불안정하다고 판단하고, 예루살렘 고등 판무관의 지시를 받아서 1920년 10월에 두 종류의 소규모 경찰 부대를 창설하였다. 즉 케락과 사해 동부에 주둔한 영국관들을 돕기 위한 50명의 병사로 구성된 경찰 부대와 예루살렘-암만 도로를 지키는 100명으로 구성된 예비 기동부대(the Reserve Mobil Force)를 창설하였다.

1921년 부족 반란 진압 과정에서 보안대의 한계가 노출된 이후, 압둘라는 피크가 지휘하는 새로운 예비 기동 부대(The New Reserve Mobile Force)를 창설하는 데 동의하였다. 그 보답으로 압둘라는 영국의 특별 원조를 받았다. 부족 반란들을 제압한다는 명분으로 1921년 5월 영국 군대가 아즈라끄(Azraq)에 주둔하였고, 아미르 압둘라는 750명의 병력으로 피크에게 예비 기동 부대를 재조직하도록 권한을 부여 하였다. 1921년 가을, 피크는 새로운 예비 기동 부대를 조직하였다. 이 기동부대 병사들은 대부분 오스만 군대에서 근무했던 1,000명의 시리아와 팔레스타인 출신들로 충원되었다. 이는 경우에 따라서 토착 부족 반란 세력들과 연대할 수도 있는 트랜스 요르단 출신들을 배제시켰다는 것을 의미한다. 1921년 가을에 그는 다음과 같이 군대를 재조직하였다.

아랍 지휘관들이 명령하는 3개의 기병 부대.

아랍 지휘관들이 명령하는 2개의 보병 부대.

한 명의 이라크 장교가 명령하는 산악 포병 중대 1개의 기관총 부대 1개의 통신 대대.

이 부대의 지휘관들 이외에, 피크는 10명의 다른 아랍 장교들, 주로 중위들과 모임을 갖고 암만의 철도 정거장 근처에 기지를 세웠다. 이후, 1922년 봄에, 그는 이집트로부터 3~4가지 노선의 장교들을 끌어들여서 군사 훈련을 담당하도록 했고, 헌병과 경찰들을 훈련시키기 위한 학교를 창립하면서 영국 장교가 학교 운영을 담당하도록 했다.

1921년 12월경에, 이 군대의 주요한 기능은 확실해졌다. 암만, 즉 아미르의 권위에 도전하고 평화를 어지럽히는 부족의 봉기들과 기타 사건들을 진압하는 것이었다. 이 군대는 그 영토 전역에서, 질서, 평화, 안보를 수립하는 업무를 맡았다. 1923년 10월 22일 이 예비 기동부대는 트랜스 요르단의 다른 부대들과 통합되면서 요르단 아랍 군대(al-Jaysh al-Arabi, the Jordan Arab Army)로 불렸으며, 공식 영어 명칭은 아랍 군대(The Arab Legion)가 되었다. 피크가 총 지휘하는 이 부대는 영국이 트랜스 요르단을 식민 통치하고, 압둘라 왕의 통치를 보호하기 위하여 조직한 것으로 영국이 재정 지원을 하였고, 영국 장교들이 지휘하였다. 이 기동 부대 하위 지휘관들은 오스만 군대와 이집트 군대 출신의 아랍인들이었고, 병사들은 트랜스 요르단, 팔레스타인, 시리아, 이라크, 헤자즈 출신의 아랍인들이었다. 예비 기동 부대의 주요한 활동들은 트랜스 요르단 내의 부족 반란을 제압하고 예루살렘-암만 도로를 지키면서 세금을 징수하는 것이었다. 영국과 트랜스 요르단 헤자즈 세력인 하심가가 주도하여 트랜스 요르단 외부 인사들로 요르단 아랍 군대를 구성함으로써, 부족 반란을 효율적으로 제압할 수 있도록 하였다.

피크 지휘로 새로 조직된 군대는 트랜스 요르단 전역에서 1921년 12월부터 1922년 2월까지, 암만이 임명한 통치자에 반대하는 남부의 케락(Kerak)과 타필라(Tafilah)에서 발발한 부족의 봉기를 진압하였다. 부족 반란의 지도자들은 체포되었고, 군대가 이 지역에서 질서를 회복하고 세금을 징수하기 시작하였다. 1921년 쿠라 사건은 여전히 불안한 상태였다. 쿠라에서 반란자들은 압둘라와 타협을 거부하였고 압둘라가 임명한 아즐룬('Ajlun) 통치자의 권위에 따르는 것도 거부하였다. 피크는 반란자 지도자들을 곧 체포하였다. 1922년 여름에 피크 지휘하의 기동부대(Mobile Force)는 아라비아로부터 오는 와하비 침략자들을 격퇴하는데 적극 참가하였다. 와하비들은 1923년과 1924년 여름에 다시 침략하였고, 영국 비행기의 도움과 영국 공군의 장갑차로 새로운 기동부대는 모든 침략자들을 성공적으로 격퇴하였다.

1923년 여름 유명한 아드완('Adwan) 반란은 영국에 대한 아미르 압둘라의 관계에 직접 영향을 끼치게 되었고, 아드완들이 불만 정치인들인 아랍 독립파(Arab Independence group)와 연루되었을 때, 이 반란을 또한 감당할 수 없게 되었다. 아드완은 압둘라 치하의 트랜스 요르단 정부가 외부인들, 즉 이라크, 시리아, 팔레스타인, 레바논인들의 손에 좌우되는 것에 분개한 것처럼 보인다. 그들은 토착 주민들을 위한 새로운 행정부에서의 지위를 요구했다. 다시 말하면, "트랜스 요르단인을 위한 트랜스 요르단"이라는 표어를 내걸고, 9월 6일에, 아드완은 암만 체제에 반대하여 공격하였다. 아드완과 영국군의 격돌은 암만에서 서쪽 약 4마일 떨어진 곳에서 발생했다. 영국 장갑차가 아드완 군대에 의해서 공격을 받았고, 보복으로 장갑차의 기관총이 발사되어 아드완 부족장이 살해되었으며, 영국 공군이 출동하여 이 반란을 종결시켰다.

이 사건 이후 더욱 엄격한 영국의 관리 아래서 부족들의 반란을 더욱 적극적으로 제압하기 위하여 프리데릭 피크는 보안대를 재조직하여 1923년 10월 경찰을 예비 기동 부대(the Reserve Mobile Force)와 통합하여 아랍 군대(The Arab Legion)를 창설하였다. 아랍 군대의 공식적인 창설 목적은 트랜스 요르단 전역에서 압둘라의 통치 체제를 확고히 수립하는 것이었다. 1923년 4월 압둘라 왕국의 자치를 인정하는 협정을 영국과 체결한 직후, 트랜스 요르단에 있는 모든 군대는 이미 예비 기동 부대와 통합되어 명목상으로는 압둘라의 명령을 수행하지만, 사실상 피크 지휘아래 들어갔으며, 1923년 11월에 압둘라는 피크를 육군 중장(Amir Liwa')에 임명하였다. 이제 피크는 아랍군 사령관이며 트랜스 요르단 에미레이트 정부(the Transjordan Emirate Government)의 고용인이 되었다.

이 과정에서, 아랍 군대에 참가한 일부 아랍 장교들의 정치적인 동요는 필연적이었다. 아랍 군대 장교들 중 일부가 아드완의 반란에 연루되었다. 이들은 압둘라의 왕국 창설에 반대하면서 독립파 정치인들의 아랍 민족주의 견해에 동조했던 것으로 보인다. 아랍 장교들은 독립파 정치인들에게 동조하면서, 압둘라가 트랜스 요르단에 온 최초의 목적, 즉 프랑스로부터 시리아를 해방시키고 그의 형제 파이잘의 아랍 왕국을 창설한다는 약속을 저버린 것에 분개했다. 그들은 또한 압둘라가 점차 영국에 더욱더 의존하게 되는 것에 불만을 드러내면서 반대하였다.

압둘라가 영국에 대한 의존을 강화하면서 장교들은 점차 압둘라의 권위에 더욱 종속되어갔다. 때문에 독립파 정치인들은 압둘라의 권력을 축소시키기를 바라면서, 대표자 회의를 요구하는 아드완에게 동조하였다. 압둘라의 영국인 고문 필비(H. St. J. Philby)는 몇 년 후에 다음과 같이 아랍 장교들의 주장을 다음과 같이 설명하였다.

"어느 날 트랜스 요르단과 1923년 아드완 반란에 관한 토론이 있었다. 암만에서 아랍 장교 유스프 야신(Yusuf Yasin)은, 프리데릭 피크 파샤가 암만을 비울 때 아랍 군대가 아드완 반란에 참가할 것을 제안하였다. 나는 이 견해에 반대하였다. 왜냐하면, 이 견해가 나에게는 실현 가능성이 없는 것으로 보였기 때문이었다. 그런데 아랍 장교 마흐무드(Mahmud)는 아마르 압둘라와 영국에게 충성을 맹세했고 이들로부터 보수를 받고 있음에도 불구하고, 군대로 하여금 압둘라와 영국에 반대하여 반란을 일으키도록 독려했다."

압둘라와 피크는 아드완 반란과 관련하여 아랍 독립파 구성원으로 알려진 라티프 베이 살림(Latif Bey Salim)을 포함하여 아랍 군대 소속 몇 몇 아랍 장교들을 해고했다. 압둘라는 반체제 운동자들을 해고함으로써 자신에게 유리하도록 아드완 사건을 해결하였다. 그는 이후 자신의 권력을 강화시키는 정부 프로그램을 운영하면서, 지역 명사들과 부족의 지도자들을 회유하기 위하여 영국으로부터 들어오는 막대한 자금을 사용하였다. 1923년 4월 압둘라 치하의 트랜스 요르단에서 독립적인 행정을 승인하는 영국과의 협정은 또한 매년 정기적으로 15만 파운드의 원조를 보장하였다.

피크는 기동 부대를 이용하여 하심 왕가와 영제국의 통치에 반대하는 아랍 독립파 구성원들을 색출할 준비가 되어 있었다. 피크는 영국으로부터 들어오는 아랍 군대 재정의 대부분을 장악함으로써, 1924년 2월에 독립파 정치인들에게 동조하고 있거나 동조하고 있는 혐의를 받는 아랍 장교들을 숙청할 수 있었고, 아랍 군대로부터 숙청당한 장교들은 다른 국가로 추방되었다. 1924년 아드완의 반란, 와하비 공격, 아랍 독립파들의 반체제 운동 등은 압둘라의 왕조국가 건설에 커다란 장애물이었다. 이 때 프리데릭 피크는 군대와 자금을 동원하여 이 모든 문제를 해결하고, 반체제 인사들을 숙청하였다. 이 과정에서 필요한 자금 대부분은 영국으로 부터 들어왔다. 피크가 재조직한 보안대는 계속해서 안보를 유지하면서, 세금 징수, 법과 질서를 세우는 총체적인 업무를 관장하였다.

1923~1926년 동안 기동부대와 아랍군의 신병은 주로 마을 농민들과 일부 도시민들 사이에서 충원되었고, 베두인 부족들은 배제되었다는 점을 주목해야한다. 피크는 다음과 같이 말했다. "나의 정책은 기동부대원을 정착민들과 아랍 도시 출신들로부터 모집하는 것이다. 이러한 정책이 베두인들의 침략을 막아낼 수 있고, 아랍 정부가 베두인 부족장들에 대한 두려움이나 간섭 없이 아랍 정부가 전 지역을 통치하도록 허락할 것이다." 이 때, 베두인 부족들은 아랍 군대에 입대하지 않았을 뿐만 아니라 중앙 정부 창설에 적대적이었다. 사실, 베두인 부족들은 1930년대 사막 기동부대 신병 모집을 수용하여 아랍 군대에 입대하기 시작할 때까지 국가 창설에 대한 주요한 반대자였다. 예를 들면, 1926년 2~3월에, 마안 서쪽 와디 무사의 부족민들이 아랍 군대의 전초부대, 정부 중심지, 도로에서 일하는 노동자들을 빈번히 공격하였다. 베두인들은 자신들 지역에 대하여 세금 징수와 행정적인 제도를 적용하려는 중앙 정부에 대항하여 부족 반란을 일으킨 것으로 보인다. 피크는 이러한 베두인 부족들의 반란을 장갑차를 동원하여 진압함으로써 압둘라의 통치 체제를 확립하였다.

1926년 3월에, 팔레스타인의 영국 고등 판무관은 트랜스 요르단 국경 수비대(Trans-Jordan Frontier Force, TJFF, 1926~1948)라 불리는 새로운 군대를 4월 1일까지 창설하는 법령을 선포했다. 요르단 국경 수비대는 창립당시 압둘라의 명령을 수행하는 트랜스 요르단 군대가 아니라, 예루살렘 주재 영국 고등 판무관의 지시를 받으면서 트랜스 요르단에 주둔하는 영제국의 군대였다. 육군 중령 부셔(F. W. Bewsher)가 직접 지휘하는 요르단 국경 수비대의 분명한 역할은 부족들의 침략과 반란에 대비하여 트랜스 요르단의 변경, 특히 시리아와 사우디아라비아와의 변경을 방어하는 것이었다.

1922~1924년 동부에서 외하비들이 트랜스 요르단을 침공하였고, 사우디인들은 헤자즈를 정복했다. 이븐 사우드(Ibn Saud)는 1925년 10월 13일에 메카를 장악하고, 12월 5일에는 메디나를, 12월 23일에는 제다를 장악했다. 1926년 1월 8일에, 사우드가 헤자즈의 왕으로 선포되면서, 압둘라의 아버지인 후세인 왕은 헤자즈를 중심으로 한 그의 아랍 왕국을 잃었다. 이러한 상황에서, 헤자즈의 사우디 정복자들이 더 많은 영토적인 야심을 가지고 트랜스 요르단을 공략할 것이라고 예상되었다.

요르단 국경 수비대는 창립 당시 처음 6개월 동안의 팔레스타인에서 훈련을 마친 이후에, 자르까(Zerqa)에 본부를 설립했다. 남쪽으로 마안(Ma'an)과 시리아 국경에 가까운 북부 팔레스타인 사마크(Samakh)에 군사 기지를 세웠다. 1946년에 요르단 국경 수비대는 대략 25명의 영국인 장교를 포함해서 병력이 700명 정도였으며, 영국이 팔레스타인 위임통치를 끝낸 해인 1948년에 해체되었다. 이때까지 요르단 국경 수비대는 성공적으로 트랜스 요르단의 국경을 방어하거나 질서를 유지하지 못했다. 요르단 국경 수비대가 창설되면서 아랍 군대의 병력은 1,600명으로부터 900명으로 축소되고, 포병대, 통신 부대, 기관총 부대는 폐지되었다. 이 때 아랍 군대 소속 장교와 병사들 일부는 새로 창설 된 요르단 국경 수비대로 통합되었다. 아랍 군대의 병력 감축이 공식적으로는 경제적인 이유라고 밝혔음에도 불구하고, 이 때 트랜스 요르단 정부는 새로운 요르단 국경 수비대의 비용 중 1/6을 충당하도록 요구받았다.

요르단 국경 수비대는 예루살렘 고등 판무관의 직접 관리 아래에 있고, 그 위에 레바논에 육군 성(War office)이 있다. 소령 이상 모든 지휘관들은 영국인들이었다. 하위 계급 지휘관들은 주로 아랍인들이었고, 소수의 체르케스인들과 유대인들이 있었다. 그러나 이 장교들은 영국인들보다 상위의 직급을 얻지는 못했다. 그들은 또한 영국인들과는 분리된 식당을 제공받았고, 요르단 국경 수비대에서 그들의 지위는 인도군에서 인도인들의 지위와 비슷했다.

요르단 국경 수비대 신병 대부분은 1921년 창설되어 해산된 팔레스타인 헌병대(Palestine Gendarmerie) 출신이었다. 요르단 국경 수비대 신병의 일부는 베두인 부족들과 전통적으로 적대적인 관계를 형성하면서 하심왕가와 특별한 관계를 맺어온 체르케스인들과 시리아와 레바논 지역 출신들이었다. 이러한 신병 구성은 요르단 국경 수비대의 창설 목적이 베두인 부족들의 공격과 반란을 제압하기 위한 것이라는 것을 의미한다.

3) 아랍 군대 확장과 존 글럽

(1) 베두인 부족 중심의 사막 기동 부대

1931년 2월 글럽은 트랜스 요르단 사막 지역을 지키고, 팔레스타인과 트랜스 요르단 동부 지역을 확보하기 위하여 사막 기동 부대(the Desert Patrol)를 창설하였다. 글럽이 사막 기동 부대를 창설하기 이전에는, 아랍의 어떤 정부나 위임 통치 당국자들도 베두인들을 직업 군인으로 선발할 것을 고려조차 하지 않았고, 트랜스 요르단에서 경찰이나 군대는 베두인 부족들이 정착민들을 공격하는 것을 막기 위해서 창설되었다. 글럽은 이러한 전임자들의 정책들에 반대하면서, 베두인 부족들을 중심으로 사막 기동 부대를 창설하였다. 글럽은 베두인 부족과 영국의 협력이 아랍 전역에서 영국의 패권을 강화시킬 것이라고 주장하였다. 요아브 알론(Yoav Alon)은 2006년에 출판한 그의 논문, "위임통치 요르단에서 부족과 국가형성(Tribes and State-Formation in Mandatory Transjordan)"에서 1930년대에 사막 기동 부대가 창설 강화되면서 트랜스 요르단 부족들 대부분이 하심가의 중앙 정부에 완전히 굴복한 것으로 평가하였다.

1933년 본 보이시나지 조약(the Bon Voisinage Treaty)으로 글럽은 사막지역을 통치하는 사령관이 되었다. 이 때 존 글럽은 요르단 국경 수비대를 사막에서 철수시키고 베두인 부족들로 구성된 사막 기동부대를 분쟁 지역에 배치시킴으로써, 요르단 정치에서 베두인 부족들의 역할을 강화시키는 발판을 마련하였다. 1935년경 트랜스 요르단 지역 거주 베두인들은 약 20만 명 정도였다.

사막 기동 부대에서 이 베두인 부족들이 핵심적인 역할을 함으로써, 하심 왕가와 베두인 들 사이에서 강력한 연대를 창출하면서 강력한 협력 체제를 구축하였다. 이 사막 기동부대는 트랜스 요르단뿐만 아니라 아랍 각 지역의 주요 베두인 부족들로 다음과 같이 구성되었다. 이 사실은 존 글럽이 베두인 부족과 영국의 연대가 아랍 전역에서 영국의 패권을 강화시킬 것이라고 앞서 주장한 사실을 뒷받침하는 것이다.

표 35 _ 1935년 존 글럽의 사막 기동 부대 구성

출신 지역	부족	병사의 수	합계	비율
트랜스-요르단	후와이타트	54명	114명	67%
	바니 사크르	38명		
	시르한	10명		
	이사	4명		
	하자야	2명		
	비베두인	6명		

출신 지역	부족	병사의 수	합계	비율
시리아	루왈라	6명	14명	8%
	아흘 알 제벨	4명		
	세르디야	2명		
	비베두인	2명		
사우디아라비아	바니 아티야	5명	29명	18%
	샤마르	17명		
	우타이바	2명		
	빌리, 후테임, 하릅, 자우프, 히자즈 샤리프	각 1명(총 5명)		
이라크	아나이자, 다피르	각 4명(총 8명)	13명	7%
	제삼, 바니 말릭, 제야드	각 1명(총 3명)		
	비베두인	2명		
전체		170명		

후와이타트는 존 글럽과 첫 번째로 협력한 트랜스 요르단 남부의 주요한 토착 부족 이며, 사막 기동부대의 중추가 되었다. 이후 바니 사크르를 비롯한 다른 부족들이 사막 기동부대에 참가하면서 북부 부족들이 이 부대에 참가하게 되었다. 그러나 하심가의 통치에 대항하여 아랍 독립파들과 연계한 반란을 일으켰던 아드완 부족이 제외된 것은 주목할 만하다. 이 사막 기동 부대 병사들 중에서 68명은 석유 파이프 라인 지역을 보호하는 임무를 수행했으며, 이라크 석유 회사로부터 트랜스 요르단 정부를 통해서 지불되는 봉급을 받았다. 1934년 트랜스 요르단과 사우디아라비아 와의 협정 체결로 국경이 안정되면서 사막 기동 부대는 변경에서 발생하는 각종 사건들, 범죄 행위, 부족들 사이의 연락 관계 등을 수행하는 임무를 수행했다. 그러 나 1936~1939년 팔레스타인 반란 기간 동안, 존 글럽과 사막 기동 부대는 요르단 국경 수비대와 연합전선을 형성하여 요르단 계곡과 아즐룬 지역으로 파병되어, 팔레스타 인 반란자들 이 트랜스 요르단 지역으로 반란을 확대시키는 것을 저지하였다. 이 때 사막 기동 부대는 단지 사막 지역의 치안을 담당하던 경찰 부대에서 전투 능력을 갖 춘 군대로 전환하게 되었다. 이 과정에서 사막 기동 부대는 600명이 더 증원되었고, 이 중 350명은 사막 기계화 부대로 조직되었다. 1939년 3월 존 글럽이 아랍 군대 총

사령관에 취임하면서, 사막 기동 부대는 아랍 군대에서 중심적인 역할을 수행하게 되었다.

(2) 군대 조직의 확장

1940년경까지도 아랍 군대는 전투 능력이 불확실한 내부 보안을 담당하는 경찰 혹은 헌병대에 불과했다. 1940년에 아랍군에는 두 명의 영국 장교들인 글럽과 노르만 라시(Brigadier Norman Lash)를 제외한 나머지 35~40명의 아랍 장교들은 1918년 이전 터키군에서 근무했던 사람들이었으나, 아랍 군대에 신병으로 입대한 장교들은 군사 훈련을 제대로 받지 못한 사람들이었고, 경찰의 임무 수행을 위한 훈련을 받았을 뿐 이었다. 그런데 제2차 세계대전이 진행되면서 아랍 군대는 직접 전투에 참가하게 되었고, 시리아, 이라크, 팔레스타인 등지에서 군사작전을 전개하는 영국군을 돕는 역할을 하였다. 1940년 7월 예루살렘의 고등 판무관은 전쟁을 수행하기 위해서는 경찰 부대가 군사적인 목적으로 활용되어야 한다고 주장하였다. 압둘라와 글럽은 이임무를 실행하기 위하여 아랍 군대를 전투 능력이 가능한 군대로 변형시키면서 사병 수를 확장시켰다. 1940년 1940~1941년에 아랍 군대의 실전을 위해서 젊은 장교들을 충원하고 사병들의 수를 확장하였다.

1941년에 아랍 군대의 수는 1천 3백 명이었고, 도시와 시골 경찰까지 합 쳐서 1천 600명이었다. 아랍 군대는 1945년경에는 8천 명으로 급속히 확장되었고, 국제 정세에 따라 영국의 입장에서 활용하기에 편리하도록 경찰력에서 군사력으로 강화되고 전환되면서, 정착민과 도시민들을 중심 조직으로 부터 베두인 부족 중심으로 조직으로 변화되었다.

1941년경에 장교 충원은 하사관들을 승진시키고, 사관후보생들을 끌어들이는 방식으로 진행되었다. 이 때 글럽은 이러한 장교 충원 방식은 유럽적인 제도이며 이슬람 전통에 기반을 둔 것이 아니다. 이 방식은 전사의 전통이 없는 팔레스타인인들 비롯한 도시 거주자들에게 유리한 제도이고, 교육을 받지 못한 '베두인 부족민들'에게는 불리한 제도라고 밝혔다. 따라서 그는 전사의 전통을 지닌 '부족 공동체들'로부터 장교 충원이 이루어져야 한다고 주장했다. 이후 글럽은 하사관에서 장교로 승진하는 장교를 제외한 나머지들은 주로 트랜스 요르단의 베두인들과 정착 농민들로부터 충원을 했다. 글럽은 장교 충원 방식에 대해서 구체적으로 다음과 같이 주장했다. "도시 거주자들로부터 선발된 장교들은 트랜스 요르단 외부 아랍 지역, 특히 시리아 지역의 정치인들이나 관료들을 배출한 가문 출신들이었거나 어떤 방식으로든지 이러한 가문들과 관련 있는 사람들이었다. 이것은 요르단보다 훨씬 더 많은 인구를 가진 시리아 군대의 잔존물이었다. 아랍 국가들에서, 가족에 대한 충성은 국가 에 대한 충성보다 훨씬 더 강력하다. 요르단과 같은 작은 나라에서는 중요하고 강력한 가문들로부터 장교들을 뽑지 말아야한다."

이러한 전망은 내각 장관의 아들과 주요한 부족장의 아들들에게 적용되어 이들을 장교 충원에서 제외시켰다. 당시 트랜스 요르단 주요 부족장의 아들들은 대부분 유럽식 전문 교육을 받고 있었다. 도시 출신이건, 정착민 출신이건, 베두인 부족 출신이건 근대적인 교육을 받을 수 있었던 아랍인들은 영국 위임 통치 당국이 손쉽게 다룰 수 있는 인물들은 아니었다. 따라서 영국이 협력자를 선택하는 데 있어 가장 중요한 것은 영국의 정책에 적극 협력하는 하심 왕가와 경쟁할 수 있는 군사 정치 세력화될 가능성을 차단하면서 하심왕가를 유지시키는 데 도움이 될 수 있는지 여부였다.

1940년 이후 영국 장교들이 대거 요르단 군에 입대하면서, 1948년경에는 67명의 영국인 장교들이 아랍 군대에서 활동하였다. 이에 대해서 글럽은 "요르단 군대를 재빨리 효율적으로 만드는 방법은 영국 장교들을 수입해서 영국 정부가 더 많은 돈을 지불하도록 설득하는 것이었다."라고 주장하였다. 1948년 영국-요르단 조약(Anglo-Jordan Treaty of 1948)의 조건으로 영국 정부는 요르단 공군 기지를 보유하도록 허락받았고, 그 보답으로 영국 정부는 매년 1,200만 파운드의 보조금을 트랜스 요르단 정부에게 지급하였으며, 이 자금을 글럽이 직접 관리하였다. 이것을 비난하는 아랍 민족주의자들은 아랍 군대가 아랍의 이익보다는 영국의 이익을 대변하는 것이라고 주장하였다.

1948년 5월 영국의 팔레스타인 위임통치가 종결되고 1948년 5~8월에 영국군 이 철수했다. 이 과정에서 1947년 유엔총회 결의 181호가 아랍 영역으로 할당한 영 토를 두고 이스라엘과 아랍 국가들 사이에서 발발한 전쟁에 총 6천명의 병력으로 구성된 아랍 군대 병사 중 4천 5백 명만이 전투에 동원될 수 있었다. 이들의 작전 조직은 4개의 기계화된 기동 연대로 구성되었다. 이들은 각각 두 개의 연대를 거느린 두 개의 여단 본부를 가진 두 개의 여단으로 재빨리 재조직되었다. 더불어, 각각 2개의 포병 중대와 7개의 기초적인 훈련만 받은 수비대 등이 있었다. 이 들은 주로 소총 부대였고, 자동차와 다른 무기들은 없었다. 따라서 이 부대들은 훈련받은 장교들도 거의 없었고, 제대로 기능하지 못했다. 1948~1953년에 영국 장교 가 대규모로 충원되었고 사막 기동 부대는 1개에서 3개의 연대로 규모가 확장되었다. 이 과정에서 영국은 6백만 파운드 이상의 경비를 아랍 군대에 지원했고, 아랍 군대의 전체 병력이 1950년경에는 1만 2천 명으로 증가되었다.

제2차 세계대전 말경까지, 아랍 군대는 장교들과 사병을 합쳐서 8천 명을 넘지 않았다. 이들은 3개의 연대로 된 3천 명의 기계화된 여단, 총 약 2천 명으로 된 15개의 수비대, 약 5백 명의 기술자, 행정병, 의료 서비스 담당자들, 약 2천 명의 훈련 중인 병사들, 사막 기동 부대 등이 있었다. 이 때 경찰을 포함하는 트랜스 요르단의 병력은 총 9천 명이었다. 영국의 팔레스타인 위임 통치가 종결되어 팔레스타인으로부터 영국군이 철수하면서 1949년부터 1953년까지 아랍 군대 규모는 급속도로 확대되었고, 집중적인 훈련을 받았다. 1953년경에 아랍 군대는 1만 7천~2만 명의 장교들과 사병들로 구성되었다. 1956년경에는 2만 5천 명으로 증가 했다.

1953년경에 3개의 보병 여단은 총 9개의 연대로 구성되었고, 이 중 1, 2, 3, 7, 9연대는 베두인들로 구성되었으며, 4, 5, 6, 8연대는 비 베두인들로 구성되어서 베두인 : 비베두인의 구성 비율은 5 : 4였다. 1956년경에는 보병 연대 1개가 추가되었다. 이 때 전투병으로는 10개의 연대로 구성된 보병사단 1개와 장갑차 연대 2개와 탱크 연대 1개로 구성된 기갑부대가 있었다. 이 중 장갑차 연대 2개는 베두인들로 구성 되었다. 따라서 보병과 기갑부대의 전투병들은 베두인들이 타월하게 우세하도록 구성되었다. 이 때 아랍 군대에는 69명의 영국 장교들이 있었으며, 이들 대부분은 영국군 출신들이었다. 1950년대에는 아랍 군대에서 베두인들과 영국 군인들이 중심적인 역할을 했음을 알 수 있다.

4) 하심가의 통치 체제 확립

20세기 초에 요르단의 부족 공동체들은 지방 분권적인 통치를 지향하는 일종의 무장 정치조직들이었다. 각 부족들은 서로 다른 부족들과의 경쟁 관계를 유지하면서 느슨한 연방 체제를 유지하는 오스만 제국내의 지방정치 세력으로 존재해왔고, 지역을 통제하는 정치적인 힘은 부족장들과 지역 명사들의 수중에 있었다. 그러나 가공할만한 정치 군사적인 힘을 가진 영제국의 공세적인 중동 공략과정에서 영국 제국주의 정책에 편승한 하심 왕가의 출현은 일시적으로 부족 세력들의 반발을 불러일으켰다. 그러나 하심 왕정에 대하여 영국은 지속적이고 막대한 재정을 지원하였고, 영국인 요르단군 사령관 프리데릭 피크와 존글럽의 요르단 군대 조직과 확장 강화는 압둘라의 정치 체제를 강화해 나감으로써, 하심왕정 체제는 압도적으로 부족세력들을 통합해 나갈 수 있었다.

트랜스 요르단 외부, 히자즈 출신인 압둘라 왕이 1922년 요르단 국가 창설 이후에도 영국 관리들이 국방, 재정, 외교 정책들을 담당함으로써, 대부분의 실권은 영국 위임통치 당국의 수중에 있었다. 영국이 임명한 트랜스 요르단 관리들은 팔레스타인에 있는 영국 고등 판무관(the British High Commissioner in Jerusalem)의 지시를 받았다. 이 과정에서 전투력을 갖춘 베두인 부족들을 중심으로 트랜스 요르단 부족 반란이 격심하게 발발하였다. 1923년 10월 프리데릭 피크는 아랍 군대 을 창설하여 부족들의 반란을 성공적으로 진압함으로써 압둘라 체제를 확립하였다. 이 때 아랍 군대는 농민들과 도시민들, 외부 아랍인들 중심으로 운영되면서 반란을 주도한 베두인 부족들을 배제하였다.

그런데 프리데릭 피크가 지휘하는 아랍 군대의 활약으로 부족들 반란이 진정된 후인, 1931년 존 글럽이 주요 베두인 부족들을 중심으로 사막 기동 부대를 청설하였다. 이때 존 글럽은 베두인 부족과 영국의 협력이 아랍 전역에서 영국의 패권을 강화시킬 것이라고 전망하였다. 이후 사막 기동 부대가 아랍 군대에서 중심적인 역할을 하게 되면서 트랜스 요르단 부족들 대부분이 하심가의 중앙 정부에 굴복하게 되었다. 당시 베두인 부족들은 20만 명 정도로, 트랜스 요르단 주민들의 50% 이상을 차지하고 있었던 것으로 추정된다.

　1948년 전쟁 이전까지 트랜스 요르단은 약 40만 명의 주민들이 거주하는 지역이 었고, 이들 대부분은 베두인들이거나 농민들이었다. 이곳에는 기반시설이 중앙 정 부를 운영할 정도의 기반 시설이 전무했고, 전문 관료 집단은 존재하지 않았다. 이러 한 상황에서 아랍 군대의 군 사령관이었던, 프리데릭 피크와 존 글럽은 부족 세력들 을 통합하여 하심 왕가의 기초를 확립하는데 결정적으로 중요한 역할을 하였다.

　영국은 위임 통치를 실시하고 압둘라 왕과 조약을 체결하면서, 군대를 창립하고, 훈련시키고, 지휘하고, 재정적으로 원조하였다. 1948년 이전 아랍 군대는 예언자 무 함마드의 후손으로 알려진 압둘라 왕가를 보호하는 정도의 역할을 하였으나, 1948 년 영국군이 팔레스타인에서 철수하면서 영국 장교들이 대거 요르단군에 입대하였 고, 요르단군은 대폭적으로 확대 강화되었다. 이 때 아랍 군대의 훈련 방식과 승진 제도 등은 영국의 지침, 특히 아랍 군대 지휘관인 존 글럽의 지시를 따랐다. 존 글럽 은 1956년 해임될 때까지 16년 동안 요르단군 사령관으로 재임하면서 2만 5천여 명 에 이르는 아랍 군대의 최고 지휘관이었다. 1922년 요르단 아미르국 창설에서부터 1956년까지 베두인 부족들은 영국군부 엘리트들의 주도아래 거의 아랍 군대으로 편입되어, 예언자 무함마드의 후손인 하심 부족 출신으로 알려진 아미르에게 충성 을 맹세하면서 요르단 군대와 정치에서 핵심적인 역할을 해왔다.

■ 이라크

> 　1921년 8월 영국은 시리아에서 추방된 파이잘 빈 후세인(시리아왕 : 1920.3~7, 이라크왕 : 1921.8~1933.9)을 초 대 왕으로 세우고 이라크 하심 왕국(1921.8~1958.7)을 창설하였다. 이 때 영국은 쿠르드인이나 아시리아인 등 종 족이나 종교 집단들을 고려하지 않고 이라크의 영토 범위를 획정하면서, 시아파와 쿠르드인들의 독립투쟁과 쿠 데타를 군대를 동원하여 진압하였다.

　영국은 제1차 세계대전 동안 오스만 제국 통치하의 이라크를 침공하였고, 1917년 바그다드를 점령하여, 1920년 11월 11일부터 국제 연맹이 승인한 영국 위임 통치가 시작되었다.

위임통치 시대에 영국은 부족장 등 전통적인 지도부가 민족 지도부로 점차적으로 성장하도록 후원하였다. 예를 들면, 토지 조례(The Land settlement Act)를 통하여 부족장들의 이름으로 공동체의 토지를 등록할 수 있는 권리를 주었고, 부족 분쟁 규정은 부족장들에게 재판권을 부여하였다. 반면에, 1933년 농부들의 권리와 의무조례는 소작농의 권리를 심각하게 훼손시키면서 지주들에 대한 채무를 해결하지 못할 경우에는 떠나는 것을 금지시켰다.

제1차 세계대전 동안에 오스만 제국이 해체되면서 영국은 오스만인들을 이라크 지역에서 축출

• 파이잘 빈 후세인

하였다. 이라크 지역에서 전투를 치루는 동안 9만 2천 명의 영국 측 소속 병사가 사망하였고, 오스만 군대의 사망 수는 알려지지 않았으나 영국은 4만 5천 명의 오스만 군대 전쟁포로를 사로잡았다. 1918년에 영국은 11만 2천 명의 전투 부대를 포함하여 41만 명의 군대를 이 지역에 배치하였다. 1920년 산레모 협정(1922년 국제 연맹 승인)은 팔레스타인과 메소포타미아를 영국 위임 통치 영역으로 할당하였고, 영국은 1920년 11월 11일부터 위임통치를 시작하였다. 1921년 8월 오스만 제국 내에서 분리 통치를 받았던 바그다드와 바스라 지역이 하나의 위임 통치 지역으로 통합되었고, 1926년에 모술 북부 지역이 첨가되어 현대 이라크 국가의 역이 형성 되었다. 영국 위임통치당국은 점령에 대항하는 아랍과 쿠르드반란 세력들을 무력으로 진압하였으며, 하심가의 파이잘 빈 후세인을 왕으로 세우고, 지역 출신의 수니 아랍 엘리트들을 정부관들로 임명하였다.

또한 영국은 부족장 등 전통적인 지도부가 민족 지도부로 성장하도록 후원하였다. 예를 들면, '토지 조례'를 통하여 부족장들의 이름으로 공동체의 토지를 등록할 수 있는 권리를 주었고, 부족 분쟁 규정은 부족장들에게 재판권을 부여하였다. 반면에 '농부들의 권리와 의무조례'는 소작농의 권리를 심각하게 훼손시키면서 지주들에 대한 채무를 해결하지 못할 경우에는 떠나는 것을 금지시켰다.

1932년 영국은 파이잘 빈 후세인을 왕으로 하는 이라크 독립을 승인하면서, 군대 수송로와 군사 기지를 확보하였다.

1933년 파이잘 왕이 사망한 이후 1939년까지 파이잘의 아들인 가지 빈 파이잘(재위 : 1933.9.8~1939.4.4)이 명목상의 왕으로 통치하다. 가지 왕 사망이후, 그의 4살 난 어린 아들인 파이잘 2세(재위 : 1939.4.4~1958.7)가 즉위하였다. 파이잘 2세가 어린 탓에 가지 왕의 사촌인 압달라가 섭정을 하였다. 1941년 4월 1일 압달라의 섭정에 대항하여 라시드 알리 알 가일라니가 쿠데타를 일으켜서 압달라의 정부를 전복시켰다.

라시드 알리 정부가 주축국들(독일 · 이탈리아 · 일본)과 긴밀한 관계를 맺고 있었기 때문에, 서방 국가들에 대한 석유공급을 중단시킬 것 같다는 두려움으로 영국은 이라크를 재침공하였다. 이와 같이 일반적으로 영국은 '라시드 알리 알 가일라니 쿠데타'와 같이 자국의 이익이 위협을 받을 경우, 군사적인 수단을 사용하여 지배권을 재 장악하였다. 이 때 영국은 인도의 영국군과 요르단의 아랍 군대를 활용하였다.

영국은 1941년 5월 2일 이라크를 침공하여, 1941년 5월 31일 휴전을 성취하였다. 이 휴전 이후 하심 왕가가 복귀하고 영국의 군사점령이 계속되었다. 영국의 군사점령은 1947년 10월 26일에 종결되었다. 영국의 군사점령 기간 동안에 실력을 행사한 사람들은 1930~1932년까지 통치했던 독재적인 총리, 누리 알 사이드와 파이잘 2세 왕 고문이며 전임 섭정자였던 압달라였다. 복위된 하심 왕가는 1958년 7월 14일 혁명으로 알려진 이라크 군부 쿠데타에 의해서 전복되었다.

1958년 7월 14일 무함마드 나집 루바이(대통령 재임 : 1958.7~1963.2)와 압둘 카림(총리 재임 : 1958.7~1963.2)이 주도한 군부쿠데타가 하심왕가를 전복하고, 이라크 공화국을 창설하였다. 혁명을 통해 건설된 이라크 공화국은 소련과 우호적인 관계를 유지하였다.

압둘 카림과 함께 1958년 혁명을 이끌었던 2대 대통령 압둘 살림 아리프(재임 : 1963.2~1966.4)가 사망한 이후, 그의 형제인 압둘 라흐만 아리프가 3대 대통령(재임 : 1966.4~1968.7)에 취임하였다.

1968년 압둘 라흐만 아리프는 아랍 사회주의를 표방하는 바쓰당이 주도한 쿠데타에 의해서 전복되었다. 바쓰당 출신의 아흐마드 하산 알 바키르(대통령 재임 : 1968.7~1979.7)가 이라크 대통령이 되었다. 그러나 역시 주도적인 1968년 쿠데타 세력이었던

사담 후세인이 점차 실권을 장악하게 되었다. 1979년 사담 후세인(대통령 재임 : 1979.7~
2003.4)은 아흐마드 하산 바키르 정부를 전복시킨 이후 대통령에 취임하였다.

■ 레바논

> 연합국들이 제2차 세계대전 종결될 때까지 레바논을 통치하였다. 프랑스 군대는 1946년에 최종적으로 철군하
> 였다. 1943년 레바논 국민 협약(National Pact)은 마론파 기독교인들에게 대통령, 의회 의장에 시아 무슬림, 총리
> 를 수니 무슬림, 의회 부의장을 그리스 정교도에게 할당하였다.

레바논 지역은 제1차 세계대전 이후 1918년 프랑스의 위임 통치가 시작될 때까지
400년 이상 오스만 제국의 일부였다. 제1차 세계대전 말경에 베이루트와 레바논 산
악 지역에서 전체 인구의 30%에 해당하는 약 10만여 명이 식량부족으로 사망하였다.

1920년 9월 1일, 프랑스는 레바논 일부 지역을 시리아로 넘겨주었다. 프랑스는
1926년 5월 26일 의회제도와 민주공화국체제를 명시한 헌법을 채택하고, 1926년 9
월 1일에 레바논 공화국을 창설하였다.

시리아와 레바논의 통치자였던 프랑스 비시 정권의 고등 판무관 앙리 당트 사령
관은 레바논 독립에 중요한 역할을 하였다. 1941년 비시 정권은 독일이 시리아를 경
유해서 이라크로 가는 비행로와 보급로를 허락하였다. 당시 이것은 영국에게 대항
하는 행위였다. 영국은 나찌 독일이 유약한 비시 정권에 압력을 가해서 레바논과 시
리아에 대한 완전한 통제권을 장악하는 것을 두려워하면서 시리아와 레바논에 군대
를 파견하였다.

1943년 선거 실시 이후 11월 8일 새로운 레바논 정부가 일방적으로 프랑스 위임
통치를 폐지하였다. 프랑스는 새로운 정부 관리들을 투옥하였으나 국제적인 압력으
로 11월 22일에 관리들을 석방하면서 레바논 독립을 승인하였다.

독립 이후, 레바논의 역사는 정치적인 불안의 연속이었다. 1948년 5월 이스라엘
이 창설되면서, 일부 비정규군이 국경을 넘어서 이스라엘과 약간의 전투를 벌였으
나 레바논 정부의 지원은 없었고, 레바논 군대는 공식적으로 이스라엘을 침공하지

않았다. 이 전쟁 동안에 약 10만 명의 팔레스타인인들이 레바논으로 피난하였다. 이들은 전쟁이 종결된 이후에도 귀환을 허락받지 못하였다. 팔레스타인인들은 레바논 시민권을 획득하지 못하고 있으며 약 20개 종류의 직업에 취업할 수 없다. 오늘날 40만 명 이상의 레바논 거주 팔레스타인 난민들은 힘들게 살아가고 있다.

■ 시리아

1920년에 파이잘 빈 후세인이 영국의 후원으로 시리아 아랍왕국을 창설하였다. 이 왕국은 시리아 아랍 군대와 프랑스 군과의 전투로 1920년 3~7월까지 불과 3개월 유지되었다. 프랑스 군대가 시리아를 차지하였고, 산레모 협정(1920.4)은 시리아를 프랑스의 위임 통치 영역으로 할당하였다.

1925년에 술탄 파샤 알 아트라시가 드루즈 지역에서 프랑스 위임 통치에 반대하는 반란을 주도하였고, 이 반란은 시리아와 레바논 일부 지역으로 번졌다. 이 사건은 프랑스 위임 통치에 대항하는 가장 중요한 반란으로 반란군과 프랑스군 사이에서 격렬한 전투가 발발하였다. 1925년 8월 23일, 술탄 파샤 알 아트라시는 공식적으로 프랑스에 대항하는 혁명을 선언하면서 다마스쿠스, 홈즈, 하마 지역에서 전투를 벌였고, 혁명 초기에 일부 지역에서 승리하였다. 프랑스가 현대식 무기로 무장한 모로코와 세네갈 주둔군 수천 명을 파견하면서 상황이 반전되어 프랑스가 반란을 진압하였다.

시리아와 프랑스는 1936년 독립협정을 체결하였고, 단기간 유지된 파이잘 빈 후세인 왕의 통치하에서 총리를 지낸 하심 알 아타시가 새로운 헌법 하에서 현대 시리아 공화국의 초대 대통령으로 선출되었다. 그러나 프랑스 의회가 비준을 거부하였기 때문에 독립 협정은 실행되지 못하였다.

제2차 세계대전 동안 프랑스 비시정부가 시리아 지역을 통치하였다. 1941년 영국과 자유 프랑스가 이 지역을 점령하였고, 1944년 시리아는 프랑스로부터 독립을 하게 되었다. 시리아 민족주의자들과 영국의 압력으로 프랑스는 1946년 4월에 군대를 철수하면서, 프랑스 위임통치하에 형성되었던 공화국 정부가 이 지역을 통치하게 되었다.

시리아는 1958년 이집트와 통합하여 아랍 연합공화국(수도 : 카이로, 대통령 : 가말 압둘 나세르)을 결성하였으나, 1961년 군사쿠데타를 계기로 아랍 연합공화국에서 탈퇴하였다. 1970년 알라위파 출신의 하페즈 알 아사드 장군(대통령 재임 : 1971.3~2000.6, 현 바사르 아사드 대통령 아버지)이 쿠데타로 정권 장악하였다.

V. 자말 알 딘 알 아프가니의 범이슬람주의

1. 유럽 열강의 정책 변화 : 오스만 제국 유지 → 오스만 제국 해체

러시아의 진출에 대처하기 위하여 〈강력한 오스만 제국〉의 존속을 지지하여 온 영·프의 동방문제에 대한 정책이 19세기 중반이후 변화, 19세기 후반 유럽 열강들은 거의 대부분의 이슬람 국가들을 그들의 영향권 안에 두게 되었다.

알제리를 점령하였던(1830) 프랑스가 1881년 튀니지마저 장악하였고, 1878년 키프러스를 손에 넣었던 영국은 1882년 아흐마드 우라비가 주도한 우라비 혁명을 진압하고 오랜 숙원이었던 이집트의 실질적인 지배자가 되었다. 1878년 베를린 회의 이후 영국과 프랑스는 적극적으로 발칸 지역의 분리 운동을 오스만 제국으로부터의 분리를 고취한 후, 오스만 제국의 영토 분할을 격화시켰다. 오스만 제국 치하의 아랍 세계를 포함한 여러 이슬람 국가들의 장래가 열강들 사이의 흥정과 협정의 대상으로 남게 되는 운명을 맞게 된 것이다.

2. 자말 알딘 알 아프가니와 범 이슬람주의

19세기 후반에 자말 알 딘 알 아프가니(1838~1897)는 서구 사상과 문명의 수용과, 서구 열강의 침략에 맞서서 범 이슬람권의 통합을 주창한 이슬람 근대주의 사상가였다.

자말 알딘 알 아프가니는 아프가니스탄, 인도, 이집트, 오스만 제국, 이란 등에 체류하면서 이들 지역에서 영·프·러 등 서구 열강들이 벌여온 제국주의 침략을 체험하고 범 이슬람주의 사상을 체계화하였다.

1) 자말 알 딘 알 아프가니

'외세의 종식 없이는 진정한 개혁이 있을 수 없다', '내부의 실질적 개혁이 곧 외세를 몰아내는 방법' : 민중의 회 창설, 교육제도 개선 : 서구 제국주의의 침략으로부터 자주 독립, 식민주의 사관 극복, 서구 문명의 수용, 문맹 퇴치, 민중 각성, 정치에 대한 민중의식의 고양 등을 주장

(1) 이집트와 인도에서 추방

• 알 아프가니

1879년 6월 26일 우라비 혁명의 발발과 함께 이집트 케디브였던 타우피끄는 이집트 주재 영국 총 영사의 권고에 따라 자말 알 딘 알 아프가니를 추방하였다. 영국으로서는 그가 부르짖고 있던 자유와 헌법 존중에 관한 혁신 사상을 좌시할 수 없었다.

1879~1882년 자말 알 딘 알 아프가니는 인도에 머물렀으나, 인도의 영국 정부는 오라비 혁명의 발원지가 자말 알 딘 알 아프가니라고 보고 그가 인도내에 미칠 위험을 경계하여 프랑스로 추방하였다. 그는 1882~1885년까지 파리에서 거주하였다.

(2) '알 우르와 알 우스까'의 목표

1. 동양 세계의 각성과 부흥. 2. 식민주의로부터의 해방. 3. 동양 국가들에 입헌 정부 수립. 4. 시대에 적응하는 종교와 사회 개혁

자말 알 딘 알 아프가니는 프랑스에서 활동하면서 '알 우르와 알 우스까'(강건한 결속) 단체를 조직하고 잡지『알 우르와 알 우스까』를 창간하였다.

'알 우르와 알 우스까'는 파리에서 거주하는 이집트인과 인도인을 주축으로 조직

되었고, 이슬람 국가간의 단합과 결속을 추구하고 특히 인도와 이집트에서의 식민주의정책에 대항하려는 것이 주목적이었다. 이 단체는 비밀 조직이었고 여러 이슬람 국가들에 지회를 두었으며, 계약과 선서를 통해 입회를 하게 되면 회비를 내야하고 회비와 희사금으로 모임이 운영되었다.

2) 범 이슬람주의

> 이슬람권의 통일을 추진하는 것으로서 궁극적인 목적은 서구의 식민통치로부터 벗어나는 것. 이슬람 종교 해석에 이즈티하드(이슬람법 해석)의 문을 열고 현대와 조화하는 종교 · 사회 개혁과 이슬람의 부흥

(1) 정치적 측면

> 자말 알딘 알 아프가니의 범 이슬람주의의 핵심은 칼리파제 연맹 : 유럽 식민주의자들이 이슬람 세계의 공동의 적인만큼 단일 칼리파제 하의 연대만이 유일한 희망

당면 문제 : 오늘날 무슬림 울라마들은 그들 정부의 중대사를 외국인의 손에 방임하였거나 혹은 외세의 지배 자체를 방관하고 있지 않은가? 내치의 제반사에 오히려 외국인들의 편에 서서 외세 통치를 지지하고 있지 않은가?

대안 : 범 이슬람주의는 무슬림간 협력 확립, 선린의 강화, 결속을 통하여 이슬람 세계가 연대적 통일을 이루어야한다. 무슬림들은 본래 하나의 움마, 한 칼리파제 아래에 있었다. 그런데 이 통일 공동체가 통치권자들의 야욕으로 분열되어 있다.

그의 범 이슬람주의의 궁극적인 목적은 칼리파제의 부흥과 〈위대한 통일 이슬람 움마〉로의 복귀였다. 초기 이슬람 시대에 형제애를 바탕으로 하나가 되었던 것과 같이 무슬림들이 한 칼리파의 기치아래 연맹을 이루어 움마의 재통일을 이루자는 것이다.

(2) 종교 · 사회적 측면

> 쉐이크 압둘 까디르 알 마그리비는 '자말 알 딘 알 아프가니는 프로테스탄트의 창시자 마틴 루터가 벌였던 종교 개혁 운동과 똑 같은 종교 개혁 운동이 일어나야 한다고 말하였다'고 밝힘

자말 알 딘 알 아프가니는 무슬림 사회가 선진화된 서구 문명을 받아들이고 필요한 경우에는 절충과 조화를 이루어 갈 것을 가르쳤다. 서구 열강의 동양 세계에 대한 점령, 지배, 물질 우위적 사상 등 여러 이유들 때문에 서구 문물에 대해서는 대체로 부정적 입장을 취해 온 무슬림 세계 지도자들은 그의 가르침에 대하여 경이적이었다. "동양의 후손들이여! 너희가 모르는가? 서구인들의 지배가 과학과 지식에서 그들의 수준이 상대적으로 높았기 때문이라는 것을…"

그는 무슬림 사회가 지나친 보수와 수구의 경향으로 다변적인 근대 국제 사회에서 약체로 남을 수밖에 없었다고 말하고 그 요인 중 가장 두드러진 것은 무엇보다 '이즈티하드(해석)의 문이 닫혔다'고 보는 잘못된 전통적인 인식 때문이었음을 지적하였다. 그는 종교의 해석을 시대 요청에 부응하여 조화하는 방법을 택하였던 것이다. 자말 알 딘 알 아프가니가 가르치려한 가장 중요한 것은 이슬람법을 이해하는데 모호하고 유동적인 해석이 붙어있는 것까지 모방만하는 자세를 근절해야한다는 것이었다.

(3) 이슬람 세계 통합 시도

19세기에 거의 모든 이슬람 세계는 서구 열강들의 연쇄적인 식민주의 침탈에 대적할 행동적 지침이 필요하였다. 범 이슬람주의 운동은 서구 열강의 점령 정책에 대한 이슬람권의 대안이었다.

① 이란 중심

1886년 이란의 샤 나세르 알 딘은 자말 알 딘 알 아프가니를 초청하여 정부 고위직에 임명했다. 샤 낫세르의 이런 조치의 배후에는 이슬람 국가들의 아미르들이나 술탄들, 외세 통치자들이 종교 개혁을 탄압하고 있지만 자신들은 이들 개혁주의자들을 보호하고 지원해 주는 유일한 무슬림 통치자임을 과시하려는 의도가 숨겨져 있었다. 이란 무슬림들의 눈에 샤가 자말 알 딘 알 아프가니의 적극적인 지지자로 비쳐지기를 바랐던 것이다. 자말 알 딘 알 아프가니는 샤의 숨은 의도에 개의치 않았다. 그는 민중의 정치참여를 독려하였고 샤에겐 체제의 변혁을 요구하였다. 그러나 그의 자유주의적인 정치사상들은 샤 낫세르 알 딘의 독재 정치와 충돌할 수밖에 없었다. 샤의 목적은 자말 알 딘 알 아프가니를 활용하여 내정 문제에 관한 전횡적인 통치권을 완전히 장악하는 것이었다.

② 오스만 제국 중심

오스만 제국의 술탄 압둘 하미드 2세(1876~1909)는 1892년 자말 알 딘 알 아프가니의 개혁 사상과 계획을 지원하고 특히 범 이슬람주의 운동에 적극 협조할 의지를 초청장에 담아 보냈다. 콘스탄티노플에 도착한 자말 알 딘 알 아프가니는 술탄을 비롯한 고위정치인들과 울라마들의 열렬한 환영을 받았고 그의 범 이슬람주의가 오스만 칼리파 제국을 중심으로 실천되리라는 대망의 꿈을 품게 하였다. 그러나 콘스탄티노플에서 그의 활동은 성공하지 못하였다. 보수적인 울라마들의 반대와 술탄 압둘 하미드 2세와의 불화 때문이었다.

제5장
끝없는 분쟁
: 이스라엘/팔레스타인

I. 영국의 시온주의 프로젝트*

■ 유대인과 시온주의자

1878년에 오스만 제국의 팔레스타인 주민은 전체 440,850명이며, 이들 중 소수의 드루즈를 포함한 무슬림이 88%, 기독교인 9%, 유대인이 3%였다.[107] 당시 팔레스타인 유대인들은 종교적으로 중요한 주요 도시들, 티베리아스, 사페드, 헤브론, 예루살렘에 주로 살고 있었으며, 새로운 유대 정착촌을 건설하지 않았다. 대부분의 팔레스타인 유대인들은 기독교인들과 무슬림들과 평화롭게 공존하는 삶에 시온주의가 영향을 끼치는 것을 환영하지 않았다. 유대교는 기독교와 마찬가지로 하나의 종교이며 통합된 정치 이념을 가진 운동이 아니다. 전 세계의 유대인들은 다양하며 하나의 정치적 목표로 통합되어 있지 않다. 시온주의에 적극적으로 반대 운동을 하는 정

---

* 이 글은 『한국이슬람학회논총』 25-2호, 한국이슬람학회, 2016, 111~153쪽에 게재된 것을 수정, 보완한 것임.

통 유대인 단체들도 있다.[108] 2010년 약 550만 명의 이스라엘 유대인들 가운데 60~80만 명의 유대교를 표방하는 종교적인 유대인들로 하레딤(Haredim)들이[109] 있다. 시온주의와 유대 국가에 반대하는 하레딤들이 많다.[110]

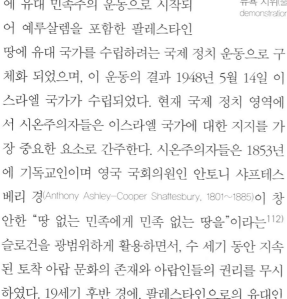

• 2010년 7월 22일 정통 하레딤(네투레이카르타)의 뉴욕 시위(출처 : http://www.nkusa.org/activities/demonstrations/20100722.cfm)

반면 시온주의는[111] 19세기 후반에 유대 민족주의 운동으로 시작되어 예루살렘을 포함한 팔레스타인 땅에 유대 국가를 수립하려는 국제 정치 운동으로 구체화 되었으며, 이 운동의 결과 1948년 5월 14일 이스라엘 국가가 수립되었다. 현재 국제 정치 영역에서 시온주의자들은 이스라엘 국가에 대한 지지를 가장 중요한 요소로 간주한다. 시온주의자들은 1853년에 기독교인이며 영국 국회의원인 안토니 샤프테스베리 경(Anthony Ashley-Cooper Shaftesbury, 1801~1885)이 창안한 "땅 없는 민족에게 민족 없는 땅을"이라는[112] 슬로건을 광범위하게 활용하면서, 수 세기 동안 지속된 토착 아랍 문화의 존재와 아랍인들의 권리를 무시하였다. 19세기 후반 경에, 팔레스타인으로의 유대인 귀환과 관련하여 "민족 없는 땅, 땅 없는 민족"이라는 문구는 영국과 미국의 각종 저술과 언론에서 매우 빈번하게 사용되는 표현이었으며, 대중적인 설득력을 확보한 것으로 보인다. 이 개념을 1901년 영국 유대인인 이스라엘 장윌(Israel Zangwill)이 사용하기 시작하였다.[113] 현재까지 알려진 바에 의하면 이스라엘 장윌이 이 개념을 사용한 최초의

• 안토니 샤프테스베리

• 에드몬드 로스차일드

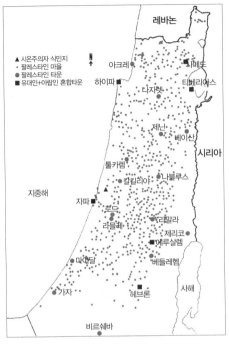

• 1878년, 팔레스타인에서 최초 시온주의자 식민지
(출처 : www.passia.org)

지도 범례:
▲ 시온주의자 식민지
• 팔레스타인 마을
● 팔레스타인 타운
■ 유대인+아랍인 혼합타운

유대인이이다. 이렇게 볼 때, 시온주의를 창안해 널리 유포시키는데 주요한 역할을 한 주체는 영국 정치가들이며, 팔레스타인 지역에서 실현 가능한 사업으로 변형시킨 것도 영국 제국이었다.

1882년부터 시온주의자 에드몬드 로스차일드(Edmond de Rothschild, 1845~1934)가 막대한 양의 자본을 시온주의자들의 식민 사업에 투자하면서 시온주의자들의 식민 사업이 활력을 얻었다. 1882~1914년에는 매년 평균 2~3천 명의 유대인들이 이주하였다. 1905~1914년에 시온주의자 강령은 팔레스타인 땅 획득, 팔레스타인의 인구적인 지배를 강조하였다. 이 때 최초로 키브츠가 건설되었고, 새로운 유대 공동체의 정치 지도부가 수립되었다. 1914년경에 약 1만 명 이상의 유대인들이 세계 시온주의자 기구의 자금을 지원 받아 47개의 농장에서 일했다. 시온주의자들의 식민주의는 당시 팔레스타인의 인구적, 경제적, 정치적인 구조를 파괴하는 것이었으며 토착 팔레스타인인들과의 사이에서 점차 폭력과 긴장을 유발하였다. 오스만 정부의 반대와 토착 아랍인들의 점증하는 불안에도 불구하고, 1914년에는 팔레스타인의 유대인구가 대략 8만 5천 명, 즉 전체 인구의 12%로 증가했다. 이들 중 1/4 정도는 유대민족기금으로 팔레스타인 땅에 정착하였고, 팔레스타인 땅의 일부를 사들이면서 양도될 수 없는 유대인들의 재산으로 선언하였으며, 유대인이 아닌 그 누구도 그 땅에서 일할 수 없었다.

■ 시온주의와 석유 파이프라인

이스라엘/팔레스타인 분쟁의 기본구조는 제1차 세계대전 결과 승전국이 된 영국이 팔레스타인을 통치한 1917~1948년(군부통치 : 1917.12~1920.7. 위임통치 : 1920.7~1948.5)에 형성되어, 미국정책이 주도적인 역할을 하는 2015년 현재까지 유지될 뿐만 아니라 강화되고 있다.

팔레스타인에서 영국이 활용한 시온주의는 오스만 제국의 영역을 분할하여 현대 국가를 창설하는 과정에서 영국이 후원한 다양한 민족주의 이념들(하심가문을 추동한 아랍민족주의, 사우드가문을 추동한 와하비즘 등) 중 하나였다. 팔레스타인에서 영국이 후원한 시온주의는 주로 이민자들로 구성된 소수파 유대인들을 국민구성의 주요한 요소로 규정하고, 다수파였던 무슬림들과 기독교인들을 배제함으로써 인종차별 정책을 유지·강화시키는 주요한 도구로 작용하였다. 이로 인해서 현재까지 유지되는 불안정한 이스라엘/팔레스타인 분쟁의 정치 구조가 형성되었다.

1946년 영국왕립국제문제연구소가 펴낸『영국과 팔레스타인 1915~1945(Great Britain and Palestine 1915~1945)』에 따르면, 20세기 초 이러한 분쟁 구조 창출 정책을 주도한 영국에게 팔레스타인은 다음과 같은 전략적인 이점이 있었다. 첫째, 전략적으로 수에즈 운하에 대한 잠재적인 위협을 막기 위한 전초기지였다. 둘째, 키르쿠크로부터 시작되는 석유 파이프라인의 출구였다. 셋째, 인도 등으로 가는 국제 항공노선의 중간 기착지였다. 넷째, 이라크로 가는 사막 자동차 도로의 출발점이었다.

이러한 팔레스타인의 전략적인 이점은 현재 21세기 미국의 이스라엘/팔레스타인 정책에도 유효하게 적용될 수 있다. 적절한 예로, 2003년 미국은 이라크 북부에 위치한 키르쿠크로부터 이스라엘 항구 하이파로 가는 석유 파이프라인을 재건하려는 계획을 내놓았다. 2003년 8월 미국방부의 요구에 따른 이스라엘 국가 기반시설부(National Infrastructure Ministry) 조사결과 키르쿠크와 하이파 사이의 직경 42인치 파이프라인의 건설에 1km당 40만 달러의 비용이 든다고 밝혔다. 이 때, 이스라엘 국가 기반시설부 장관 유세프 파리츠키(Yosef Paritzky)는 하이파 항구는 이라크 석유의 매력적인 도착지라고 밝혔다.

■ 영국과 국제연맹의 유대민족고향 건설계획

1. 파리평화회의와 유대민족고향 건설계획

제1차 세계대전이 끝 무렵 1917년 10월~1918년 10월까지 전투로 알렌비장군이 이끄는 영국군이 오스만 제국의 영역이었던 팔레스타인을 점령하였다. 1917년 12월 ~1920년 7월까지 영국은 점령된 적지 행정부(Occupied Enemy Territory Administration, OETA) 라는 명칭으로 팔레스타인에 군부통치체제를[114] 수립하였다. 군부통치를 실시하는 과정에서, 오스만 제국 영토 처리에 대한 정치적인 합의를 위하여, 영국(로이드 조지), 프랑스(조지 클레망소), 미국(토마스 윌슨)은 '파리평화회의(Peace Conference at Paris)'로 알려진 일련의 회의를 1919년 1월 18일~1920년 1월까지 개최하였다. 이 '파리평화회의'는 최종적으로 국제평화와 안전을 유지하고 경제적·사회적 국제협력을 증진시킨다는 명분으로, 1919년 1월 25일 국제연맹 창설을 승인하였다.

이로써 '국제연맹'은 제1차 세계대전 결과에 대한 처리 책임을 담당하게 하였다. 이 때 국제연맹이 부과한 영국의 팔레스타인 위임통치체제는 원주민들의 이해관계를 보호하는 도구로서 창설될 것으로 예상되었다.

그런데 국제연맹 팔레스타인 위임통치규정은 1917년 11월 영국정부가 시온주의자에게 이미 약속한 밸푸어 선언 즉, 팔레스타인에 유대민족고향, '유대 민족 고향 (a Jewish national home in Palestine)' 건설을 돕는다는 내용을 포함하였다. 위임통치규정이 밸푸어 규정을 포함하면서, 국제연맹이 내세운 위임통치의 실효성 자체가 의심되었다. 과연 이 위임통치체제는 팔레스타인 원주민의 권리를 존중하고 보호할 수 있을까?

1919년 2월 3일 시온주의자 기구(Zionist Organization)는 '파리평화회의'에 다음과 같은 '팔레스타인에 관한 시온주의자 기구 성명'을 제출하였다.

〈표 36〉과 같이 파리 평화회의에 제출한 팔레스타인에 관한 시온주의자 기구 성명은 '팔레스타인에 대한 유대인의 역사적 소유권을 선언, 미래의 유대국가영역을 획정하고, 국제연맹의 주권과 영국위임통치'를 주장하였다. 특히 주목할 바는 '유대 민족 고향 설립이 최종적으로 영연방 설립'을 목표로 했다는 것이다. 결국 이것은 이 때 '시온주의자를 움직이는 동력이 영국정부로부터 창출되었으며, 유대민족고향

건설 계획은 장기적으로는 팔레스타인을 영연방으로 만들려는 목표의 일환'이었다는 것을 입증한다.

표 36 _ 1919년 팔레스타인에 관한 시온주의자 기구 성명

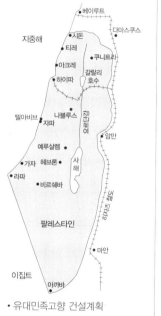

1. 팔레스타인에 대한 유대인의 역사적 소유권과 팔레스타인에 유대 민족고향을 재건할 권리가 있다.
2. 팔레스타인의 경계들이 계획대로 지도처럼 선언되어야한다.
3. 팔레스타인의 주권은 국제연맹에 있고, 국제연맹은 영국에게 통치를 위임해야한다.
4. 영국 위임통치는 다음과 같은 특별 조건에 따라야한다.
 1) 팔레스타인은 유대민족고향을 설립하고, 최종적으로는 자율적인 영연방 창설(the creation of an autonomous Commonwealth)이 가능한 정치적, 행정적, 경제적 조건들 아래 놓여야한다.
 2) 위임통치세력이 해야 할 일
  a. 유대이민을 장려하고, 땅에 대한 합의를 마무리하고, 현존하는 비유대인의 기득권을 동등하게 보호해야한다.
  b. 팔레스타인에 유대인 민족고향의 발전을 위하여 설립될 팔레스타인과 세계의 유대인 대표 위원회와 협력하고, 이 위원회에 유대인 교육을 위임해야한다.
5. 1917년 11월 2일 영국외무장관 밸푸어가 로스차일드 경(영국인)에게 보낸 서한(밸푸어 선언)으로, 영국정부는 팔레스타인에 대한 유대인의 역사적 권리를 승인하였다.

* 유대민족고향 건설계획

이러한 영국 시온주의자들의 적극적인 활동에 따라, 1919년 파리평화회의는 이 시온주의자 조직 성명을 반영하여 위임통치제도가 터키지역을 제외한 오스만 제국 영토에 적용되어야 한다고 결정했다. 그리고 1920년 4월 25일 이탈리아 산레모회의(San Remo Conference)는 팔레스타인 위임통치를 영국에게 할당하였다. 영국, 프랑스, 이탈리아, 일본, 그리스 벨기에 대표가 참석한 산레모회의는 '팔레스타인과 이라크에 대한 위임 통치권을 영국에게, 시리아와 레바논지역에 대한 위임 통치권을 프랑스에게 할당'하고, '팔레스타인에 유대민족 고향을 건설한다고 영국정부가 약속한 밸푸어선언(1917.11.2)을 승인'하였다. 이로써 파리평화회의와 산레모회의는 '1919년 시

온주의자 기구의 성명'이 요구한 대부분을 승인하였다.

이 산레모결의를 이행하는 과정에서 1920년 7월 1일, 영국정부는 시온주의자 유대인 헐버트 사무엘(Herbert Louis Samuel)을 팔레스타인 고등판무관(High Commissioner of Palestine, 재임 : 1920.7.1~1925.6.30)으로 임명하여 군부통치체제를 민간통치체제로[115] 대체시켰다.

그런데 영국이 팔레스타인 초대 민간 통치자로서 시온주의 지도자인 유대인 헐버트 사무엘을 임명한 것은 팔레스타인 무슬림들과 기독교인들을 실망시켰고, 분노를 불러 일으켰다. 그를 임명한 것은 팔레스타인 무슬림들과 기독교인들의 희망에 반대하여 시온주의자들의 민족고향을 창설하려는 영국의 팔레스타인 정책이 실현되는 첫 번째 조치였다. 실제로 그의 정책은 유대인 편향적이었고, 팔레스타인 무슬림들과 기독교인들의 통합정치 기구의 출현을 방해하였다. 게다가 1929년 영국 위임통치하에 팔레스타인 시온주의자 대표기구로 유대기구가 공식 발족되었을 때, 그는 이 기구의 행정위원이 되었다.

1920년 영국 시온주의자 연맹 의장이었던 하임 와이즈만(영국인)은 자신의 글에서 유대민족고향 건설에 대한 구체적인 계획을 다음 〈표 37〉과 같이 밝혔다.

표 37 _ 1920년 와이즈만의 유대민족고향 건설 계획

○ 내가 파리 평화회의에서 말 한 것은 영국이 영국인의 것이고, 미국이 미국인의 것인 것처럼, 팔레스타인은 유대인의 것이어야 한다.

○ 팔레스타인지역이 발전하면서, 우리는 대단히 많은 이민자들을 쏟아 부을 수 있다. 장래에 팔레스타인은 유대인의 국가다.

○ 우리는 자금과 발전을 책임질 기구를 창설해서, 유대인들을 팔레스타인에 정착시켜야한다. 유대인이 정착하지 않은 유대민족 고향은 헛소리다.

○ 두 가지 근본적인 문제는 땅과 그 땅위에 거주하는 주민이다. 팔레스타인에 6만 명의 유대인이 아닌 50만 명의 유대인이 거주하고, 40개의 식민촌이 아니라 200개의 식민촌이 존재한다고 상상해보라. 그 때 팔레스타인에서의 유대인 문제는 해결될 것이다.

○ 약 1백만 파운드가 이후 10년 동안 마련되어야한다. 나는 유대인들이 이 돈을 제공할 것이라고 믿는다.

○ 우리는 1920년 현재 팔레스타인에 1만 명의 생산인력을 가지고 있다. 우리가 5~10만 명의 생산인력을 팔레스타인에 가지게 되면, 팔레스타인은 유대인의 것이 될 것이다.

○ 30만 명의 유대인이 팔레스타인에 도착하게 될 때, 팔레스타인은 유대인의 것이 될 것이다.

시온주의자들이 팔레스타인으로 유대인 이주활동을 적극적으로 실행시킴으로써, 제2차 세계대전 끝 무렵인 1945년경에는 55만 명 이상의 유대인이 팔레스타인 땅에 거주하게 되었다. 이 때, 1920년 와이즈만이 제시한 50만 명이 거주하는 유대민족고향 건설계획은 충분히 성취될 수 있는 환경이 되었다. 게다가 영국인 하임 와이즈만은 1921~1931년과 1935~1946년 두 차례에 걸쳐 20년 이상 세계시온주의자 조직(World Zionist Organization) 의장을 역임하였다. 결국, 영국의 팔레스타인 위임통치 기간 동안 시온주의자 조직을 움직이는 주체는 영국이었음을 알 수 있다.

2. 국제연맹의 유대민족고향 건설 승인

1922년 7월 24일 국제연맹회의(The Council of the League of Nations)는 영국에게 팔레스타인 위임통치권을 부여하는 팔레스타인 위임통치안(The Palestine Mandate)을 승인(1923.9.29 발효)했다.

이 위임통치안 서문은 영국위임통치정부에게 1920년 1월 10일 발효된 국제연맹 규약(the Covenant of the League of Nations) 22항을 실행시키고, 1917년 11월 2일 공표된 밸푸어선언을 실행시킬 책임이 있다고 명시한다.

그런데 1920년 국제연맹규약 22항과 1917년 밸푸어 선언은 양립하기 힘든 모순된 목표를 제시했다. 이 국제연맹규약 22항은 "위임통치제도의 공식적인 목적은 오스만 제국의 영역에 존재하던 특정 공동체들(Certain communities formerly belonging to the Turkish Empire)이 독립국가들(as independent nations)로 발전할 때까지 관리하고 지원하기 위한 것"이라고 규정함으로써, 과거 오스만 제국에 속해 있던 공동체들의 자율성을 '증진'시키도록 관리하기 위한 것임을 분명히 했다.

그러나 1917년 영국외무장관 밸푸어가 시온주의자 대표이며 영국인 로스차일드에게 보낸 밸푸어선언의 목표는 '팔레스타인에 이주민으로 구성된 유대민족 고향을 건설(the establishment in Palestine of a national home for the Jewish people)'하는 것이다.

1922년 당시 팔레스타인 유대공동체 인구는 83,790명으로 기껏해야 팔레스타인 전체 인구 중 11%, 팔레스타인 무슬림 인구는 78%(589,177명), 팔레스타인 기독교인은 10%(71,464명)를 차지했다. 그럼에도 불구하고, 1922년 7월 국제연맹이 결의한 〈표 38〉에는 1920년 국제연맹규약 22항을 실행시키라는 간접적인 언급을 제외하고는 무슬림과 기독교인들의 권리에 대한 직접적인 언급은 없고, 대신에 '팔레스타인 위임통치정부에게 유대이민자를 위하여 밸푸어선언을 실행시킬 책임이 있다'고 명시한다.

표 38 _ 1922년 7월 국제연맹의 팔레스타인 위임통치 결의안

○ 서문 : 팔레스타인에 유대민족의 역사적인 관계(the historical connection)가 있고, 팔레스타인에 유대민족고향 재건(reconstituting)을 승인한다.
○ 4항 : 적당한 유대기구(Jewish Agency)가 유대 민족고향 건설과 팔레스타인 유대주민의 이익에 영향을 줄 수 있는 문제들과 경제적, 사회적 문제들에서 팔레스타인 행정부와 협력하기 위한 공공단체로서 인정받아야한다. 시온주의자 조직(The Zionist Organisation)과 영국정부가 협력하여 유대민족고향(a national home for the Jewish people)을 건설하기 위하여 모든 유대인들의 협력을 이끌어내야 한다.
○ 6항 : 팔레스타인 위임통치정부는 유대기구와 협력하여 유대이민을 촉진시키고, 국유지나 불모지를 포함하는 땅에 유대인 정착을 고무시켜야한다.
○ 7항 : 팔레스타인 위임통치정부는 국적법을 제정해야한다. 이 법은 팔레스타인에서 영주권을 획득한 유대인들이 팔레스타인 시민권을 취득하는 규정을 포함해야한다.
○ 22항 : 영어, 아랍어, 히브리어는 팔레스타인의 공식 언어들이다.

위임통치과정에서 영국은 1920년 국제연맹규약 22항을 무시하면서 원주민 기독교인들과 무슬림 공동체들의 자율성을 훼손시키면서, 대신에 유대인이라고 주장하는 새로운 이주민 공동체의 자율성을 강화시키는 정책을 실행시켰다. 이 과정에서 팔레스타인 원주민 공동체들과 이주민으로 구성된 시온주의자 공동체 간의 긴장과 충돌이 불가피하게 되었다. 최종적으로, 영국 위임통치청의 후원을 받은 시온주의프로젝트는 매우 성공적이었다.

사실, '1922년 국제연맹의 팔레스타인 위임통치 결의안'은 1919년 2월 3일 시온주의자 조직이 파리 평화회의에 제출한 '1919년 팔레스타인에 관한 시온주의자 기구의 성명'을 되풀이한 것에 불과하다.

■ 원주민 아랍공동체 탄압과 이주민 유대공동체 강화

1. 팔레스타인 아랍인들의 정치기구 설립운동과 영국의 탄압

영국이 오스만 제국의 통치하에 있던 시리아를 정복했을 당시, 남부 시리아지역에 위치한 팔레스타인에는 무슬림, 기독교인, 유대인들이 함께 살고 있었다.

1917년 팔레스타인에서 영국 군부통치가 실시되면서, 무슬림-기독교인 협회(Muslim-Christian Associations)들이 주요 도시마다 세워졌다. 무슬림-기독교인 협회는 팔레스타인의 민족적 열망을 성취하기 위하여 팔레스타인 아랍의회(The Palestine Arab Congress)를 조직하고, 1919년부터 1928년까지 총 7차례에 걸쳐 다음 〈표 39〉가 보여주는 내용으로 의회를 개최하는 등 정치기구 설립 운동을 주도하였다.

표 39 _ 팔레스타인 아랍인들의 정치기구 설립 운동

	기간	장소	내용
1차	1919.01	예루살렘	밸푸어 선언 거부. 팔레스타인은 독립된 시리아 국가의 일부
2차	1920.05 비밀회의	예루살렘	영국의 팔레스타인 위임통치에 밸푸어 선언 실행을 포함시킨 산레모협정(1920.04)에 대한 항의 : 영국이 집회금지
3차	1920.12	하이파	민족정부 수립요구. 팔레스타인 민족 운동 지도와 감독할 아랍행정위원회를 선출
4차	1921.06	예루살렘	무사 카짐 알 후세이니가 이끄는 최초의 팔레스타인 대표단 6명을 런던에 파견하여 영국정부에게 팔레스타인으로의 유대이민에 반대하는 의견 피력
5차	1922.08	나블루스	새로운 헌법 반대. 영국이 기획한 의회선거 거부, 런던 사무소 청설. 유대인에게 땅 팔기 금지, 유대이민 금지, 유대민족고향 설립 반대.
6차	1923.06	자파	영국이 기획한 의회선거 다시 거부, 납세거부. 영국이 후원하는 히자즈, 이라크, 트랜스 요르단과 아랍연방을 제안한 앵글로-히자즈 조약 반대
7차	1928.06	예루살렘	대표정부 설립 요구

1920년 무슬림-기독교인 협회를 비롯한 다양한 아랍협회들이 예루살렘 시장이었던 무사 카젬 알 후세이니(Musa Kazem al-Husseini)의 지도아래 아랍 행정위원회(Arab Executive Committee)로 통합되었다.

그러나 영국정책은 이러한 무슬림-기독교인 아랍인들의 자율적이고, 독립적인 정치통합을 막는 것이었다. 아랍인들의 자율적인 정치기구 설립운동을 저지하기 위하여 팔레스타인 고등 판무관 헐버트 사무엘은 유대인과 아랍인 통합 입법의회(a Legislative Council of Jews and Arabs)를 조직하려고 시도하였다. 그는 이러한 정책의 일환으로 유대기구(Jewish Agency)에 대응되는 새로운 아랍기구(Arab Agency)의 창설을 제안하였다.

그러나 이 제안에 대하여 아랍인들은 영국이 팔레스타인에서 시온주의자 기구에게 정치적 합법성을 부여하려는 시도라고 주장하면서 반대하였다. 1934년 무사 카젬 알 후세이니 사망 이후, 아랍행정위원회는 여러 파벌로 해체되었다.

1936년 영국 위임통치에 반대하는 아랍 대 반란이 발발하자, 예루살렘 그랜드 무프티, 하지 아민 알 후세이니(Hajj Amin al-Husseini, 그랜드 무프티 재임 : 1921~1937)가 주도하여 아랍고등위원회(the Arab Higher Committee, AHC)를 창설하고, 총파업, 유대이민 금지, 납세 거부 운동을 주도하는 등 팔레스타인 아랍 민족운동을 통합하고 주도해 나갔다. 그런데 이러한 아랍인들의 정치통합 움직임에 반대하여 영국 위임통치 정부는 1937년 9월 아랍고등위원회를 불법단체로 규정하고, 그 지도자들을 체포하고 추방했다. 이 사건은 팔레스타인 민족운동을 결정적으로 약화시켰으며, 팔레스타인에서 시온주의자 운동이 압도적으로 우세하게 되었다.

2. 유대공동체 강화와 키르쿠크-하이파 원유파이프라인 보호

영국의 팔레스타인 위임통치 시기 동안에 창출된 주요한 문제는 다음 〈표 40〉에서 보는 것처럼 유대인 대거 이주로 인한 종교인 별 인구비의 커다란 변화다.

유대인들은 1918년 전체 인구의 8%인 56,000명에서 1945년 전체 인구의 31%인 553,600명으로 영국통치 기간 동안에 크게 증가했다. 이 수는 1920년 영국 시온주의자 연맹 의장이었던 하임 와이즈만이 그의 글에서 밝힌 유대인 문제해결에 필요한 유대 인구수 50만 명을 훨씬 넘어선다.

표 40 _ 팔레스타인의 인구 변화

연도	전체(100%)	무슬림(%)	유대인(%)	기독교인(%)	기타(%)
1878	440,850	386,320(88)	13,942(3)	40,588(9)	
1918	689,000	563,000(82)	56,000(8)	70,000(10)	
1922	752,048	589,177(78)	83,790(11)	71,464(10)	7,617(1)
1927	917,315	680,725	149,789(16)	77,880	8,921
1931	1,036,339	761,922(74)	175,138(17)	89,134(9)	10,145(1)
1932	1,052,872	771,174(73)	180,793(17)	90,624(9)	10,281
1937	1,401,794	883,446(63)	395,836(28)	110,869(8)	11,643
1938	1,435,285	900,250(62.7)	411,222(28.6)	111,974(7.8)	11,839
1939	1,501,698	927,133(62)	445,457(29)	116,958(8)	12,150
1940	1,544,530	947,846	463,535	120,587	12,562
1941	1,585,500	973,104	474,102	125,413	12,881
1942	1,620,005	995,292	484,408	127,184	13,121
1943	1,676,571	1,028,715	502,912	131,281	13,663
1944	1,739,624	1,061,277	528,702	135,547	14,098
1945	1,764,520	1,061,270(60)	553,600(31)	135,550(8)	14,100(1)

　영국의 유대이민 정책은 팔레스타인에 대한 영국의 이해관계와 직접 관련된다. 유대이민은 위의 〈표 40〉에서 보여주는 것처럼, 1932년 이후 5년간 최고조에 달했다. 이 시기에 영국은 영국위임통치지역에 속한 이라크에서 팔레스타인으로 연결되는 키르쿠크-하이파 원유파이프라인이 건설하였다. 이 때 이민자 유대인들은 영국위임통치지역을 통과하는 이 파이프라인을 아랍인들의 공격으로부터 보호하는 중요한 역할을 하였다. 영국정부는 키르쿠크-하이파 파이프라인과 하이파 정제소를 전략적으로 중요한 것으로 간주하였고, 실제로 제2차 세계대전 동안(1939.9~1945.9)에 지중해에서 영국군과 미군이 사용하는 연료의 대부분을 공급하였다.

　1932~1934년 이라크 석유회사(the Iraq Petroleum Company)가[116] 이 키르쿠크-하이파 원유 파이프라인을 건설하였다. 이 원유 파이프라인은 이라크 북쪽에 위치한 키르쿠크 유전지대로부터 요르단을 통과하여 팔레스타인 하이파로 연결되었다. 원유가 이 파이프라인을 완전히 통과하는 데는 약 10일 걸렸고, 하이파에 도착한 원유는 하

이파 정제소에서 정유되어 탱크에 저장해서 선박으로 유럽으로 운송되었다.

이 파이프라인은 시온주의자들에 대항하는 아랍대반란 동안(1936~1939, Arab revolt in Palestine)에 팔레스타인 아랍인들이 공격하는 표적이 되었다. 반면 1938년 창설된 오르데 윈게이트(Orde Wingate) 소장이 이끄는 영국-유대 합동 특수 야경단(British-Jewish Special Night Squads)의 주요한 목표 중 하나는 아랍인들의 공격에 대항하여 이 파이프라인을 보호하는 것이었다. 놀라운 사실은 영국이 영국-유대 합동 특수 야경단을 창설하는데 협력한 유대 무장단체 하가나(1920~1948)를 공식적으로는 이미 불법단체라고 규정한 상태였다.

3. 유대 무장조직 후원 : 영국군과 하가나 공조체제 확립

유대 무장단체인 하가나(The Haganah, 1920~1948)는 영국 위임통치하에서 1920년 6월에 창설되어 1948년 이스라엘 국가 건설과 함께 이스라엘 방위군으로 전환되었다.

1920년 아랍봉기 이후, 팔레스타인 유대지도부(the left-wing Achduth Ha'Avodah party)는 유대인 농장들과 키부츠를 보호하기 위해서 하가나를 창설하였다. 하가나는 팔레스타인 아랍인들의 공격에 대항하여 유대공동체를 보호하기 위한 것이었다. 1920~1929년 하가나는 강력한 중앙부의 통제력이 부족했고, 거의 농촌이나 키부츠 출신의 농민들로 구성되었다.

그런데 1929년 아랍 봉기 이후, 하가나는 유대 농장이나 키부츠뿐만 아니라 도시 출신의 거의 모든 청년들과 성인들을 포함하는 훨씬 더 대규모 조직으로 전환되었다. 이 때 이 조직은 외국에서 들여온 무기를 소유하였을 뿐만 아니라 수제 폭탄과 간단한 군사 장비를 만드는 공장을 운영하기 시작하였으며, 상당한 능력을 갖춘 게릴라 부대로 전환되었다.

이후 하가나는 영국과 협력하여 아랍봉기를 진압하였다. 특히 1936~1939년 팔레스타인 아랍대반란 농안에, 하가나는 영국의 이익을 보호하고, 아랍반란을 진압하기 위하여 작전을 펼쳤다. 이 때 하가나는 1만 명의 전사와 4만 명의 예비병력이 있었다. 영국 위임통치 정부가 하가나를 공식적으로 인정하지 않았음에도 불구하고,

영국보안대는 하가나와 협력하여 유대 정착촌 경찰(the Jewish Settlement Police), 유대 예비 경찰(Jewish Supernumerary Police), 특수 야경단(Special Night Squads, SNS)을 조직하였다. 1929~1937년에 팔레스타인 식민지 행정관을 지낸 휴 풋 경(Sir Hugh Foot)은 특수 야경단이 아랍인들을 고문하고, 채찍을 가하고, 사형을 시키는 등 '극단적이고, 잔인하다'고 설명했다.

영국 위임통치 당국은 위임통치 종결 시까지 이 유대 무장 조직들을 재정지원하고, 무장시켰다. 1939년 9월 말경에는 영국 위임통치 정부는 약 2만 명의 유대 정착촌 경찰, 유대 예비 경찰과 정착촌 수비대 등에게 무기를 소지하도록 허가하였다. 기독교 시온주의자 영국인 오르데 윈게이트(Orde Wingate) 대령이 1938년 특수 야경단을 조직하고 지휘하였으며, 모세 다얀(Moshe Dayan)과 같은 하가나 대원들을 포함하는 유대인 시온주의자들은 아랍반란을 진압하기 위한 조직인 특수 야경단 구성원으로 팔레스타인 아랍반란자들과 전투를 하였다. 이 특수 야경단의 명시적인 업무는 이라크로부터 하이파로 오는 전략적으로 중요한 키르쿠크-하이파 파이프라인을 보호하는 것이었다.

특수 야경단은 영국-유대인 합동 반란 진압 특수 부대로, 영국군 최초의 특수 야경단이었다. 오르데 윈게이트는 이갈 알론(Yigal Allon)과 모세 다얀 등을 직접 선발하여, 북부 팔레스타인에서 활동하는 기동 매복부대 등을 창설하도록 훈련시켰다. 영국정부는 아랍반란동안 오르데 윈게이트에게 불법무장단체인 하가나와 협력하여 반란을 진압하였고, 1948년 이스라엘국가 창설과 함께 하가나를 이스라엘 방위군으로 전환시켰다.

오르데 윈게이트는 예루살렘 영국군본부 소속의 정보장교였으며, 북부 팔레스타인에서의 무기 밀수 등을 조사하였다. 1938년 3월, 몇 주 동안의 매복과 순찰 이후, 오르데 윈게이트는 영국군 총사령관, 아르키볼드 와벨(Archibald Wavell)로부터 아랍 반란자들에 대항하는 야간작전을 위하여 영국-유대 합동 특수 야경단 창설을 허락받았다. 이 계획에 따라, 1938년 6월 초에 특수 야경단이 작전을 시작하였다.

이 특수 야경단의 주요한 임무는 아랍 반란자들이 공격하는 키르쿠크-하이파 파이프라인을 방어하는 것이었으며, 다부리야와 히르바트-리드(Dabburiya and Hirbat-Lidd)

등 아랍반란의 근거지를 공격하였다. 결국 이 부대의 활동으로 키르쿠크-하이파 파이프라인에 대한 아랍인들의 공격이 중단되었다.

이 부대의 작전은 점점 더 빈번하고, 더욱 무자비해졌다. 아랍인들은 윈게이트의 자인하고 가혹한 작전에 항의하였다. 이러한 작전으로, 윈게이트는 무공훈장(the Distinguished Service Order)을 받았고, 그의 부하 장교들도 전공 십자훈장을 받았다. 이 특수 부대를 모델로 발전소 등을 보호하는 제 4의 특수 부대 등이 창설되었으며, 1939년에는 팔레스타인 주둔 모든 영국군 부대가 자체 특수 야경단을 창설하였다. 이 특수 야경단은 1939년 1월까지 계속 작전을 하였다. 1939년 영국의 정책이 변화하면서 유대인 예비 병력이 공세적인 작전에 참가하는 것이 금지되었다. 이후, 유대인 특수 야경단는 주로 감옥 수비와 주둔군으로 근무하였으며, 제2차 세계대전이 발발하면서 1939년 9월에 해체되었다.

1936~1939년 아랍 대 반란 동안 영국 위임통치정부는 외딴 지역의 유대 정착촌에도 무기를 분배하였다. 더구나 영국 정부는 영국군과 하가나가 협력 작전하도록 승인하였을 뿐만 아니라, 하가나에게 박격포와 수류탄 등의 무기 제조를 허락하였다. 1937년 하가나 대원은 1만 2천 명 정도였으며, 이러한 영국군과 시온주의자 동맹과 시온주의 무장단체 강화는 영국의 식민주의 정책에서 나왔다.

1937년 6월, 영국은 불법 무기 소지자에게 사형을 부과하였다. 그러나 많은 유대인들은 무기와 군수품 소지를 허락받았다. 따라서 불법 무기 소지 금지 명령은 팔레스타인 아랍인들을 겨냥한 것이었으며, 아크레 감옥(Acre Prison)에서 사형당한 112명의 사형수 대부분은 불법 무기 소지 혐의로 교수형에 처해졌다.

원칙적으로는, 영국위임통치정부가 모든 합동부대를 관리하였으나, 실제로는 유대 기구(the Jewish Agency)의 명령을 받았고, 아랍인들과의 불가피한 충돌에 대비해서 영국의 후원을 받는 유대군대의 토대를 만들려는 것이었다. 유대기구와 영국 위임통치 당국은 새로운 부대의 비용을 동등하게 분담하였으며, 영국정부는 유대통상을 보호하였다. 이와 같이 영국위임통치 정부와 시온주의운동은 공동의 이해관계를 가지고, 팔레스타인 아랍인들에 대항하여 공동의 작전을 펼쳤다.

1936~1939년 아랍 봉기 이후, 하가나는 완전한 규모의 명실상부한 군대가 되었

고, 1941년경에는 세 개의 주요부대, 즉 야전부대(the Field Corps), 방위군(Guard Corps), 엘리트 전투 부대(Palmach)로 구성되었다. 이 구성원들이 결국 1948년 5월 이스라엘 국가 창설과 함께 작동하기 시작한 이스라엘 국가 방위군(Israel Defense Forces) 전투부대의 근간이 되었다.

4. 시온주의자 정치조직 강화 : 시온주의자위원회 → 팔레스타인 시온주의자행정부 → 팔레스타인 유대기구

1917년 밸푸어 선언 이후, 영국의 팔레스타인 정책은 이 선언에서 밝힌 시온주의 계획을 성취하는 것이었다. 1918년 2월 13일자 뉴욕 타임즈는 이러한 영국의 계획을 '시온주의자위원회 계획 : 영국은 유대인의 귀환과 복원을 도울 것이다'라는 제목으로 다음과 같이 공표하였다. "1918년 2월 영국정부는 공식적으로 시온주의자 조직(the Zionist Organization)에게 팔레스타인에서의 유대 식민지 현재 상황을 조사할 위원회(a Commission)를 지명하도록 권한을 부여하였다. 이 위원회는 영국 시온주의자연맹 의장인 하임 와이즈만의 지도하에 시온주의자 대표들로 구성될 것이다." 이러한 일련의 사건들로 볼 때, 시온주의자 조직은 영국정부와 매우 긴밀한 협력관계였음을 알 수 있다.

이러한 영국의 정책에 따라, 1918년 3월 영국 시온주의연맹 의장인 하임 와이즈만은 영국에서 시온주의자위원회(the Zionist Commission)를 창설하고, 팔레스타인 현지조사를 하여 영국정부에게 조언하였다. 이 때 와이즈만은 시온주의자 조직 팔레스타인 지부를 농업, 정착촌, 교육, 땅, 금융, 이민, 통계 분과 등으로 세분화하여 활성화시켰다.

1921년 이 시온주의자위원회는 팔레스타인 시온주의자행정부(the Palestine Zionist Executive)로 변경되면서, 유대국가 건설 활동을 강화하게 되었다. 이 때 영국정부는 팔레스타인 시온주의자행정부를 팔레스타인 위임통치 규정 4항에 따른 공식적인 유대인 대표기구로 인정하였다. 1920년대 동안, 이 조직은 연간 60만 파운드 이상 (Jewish National Fund의 토지 구입 자금 제외)의 예산을 운영하면서, 사실상 정부 체제를 갖추었다. 이 조직은 은행을 소유하였으며, 유대 이민을 조직하고, 유대 정착촌 운영, 학교를 운영하고 보건 서비스를 제공하였다.

1926년 영국위임통치정부는 종교 공동체기구 법령(the British Mandate government's Religious Communities Organization Ordinance)을 공포하였다. 이 법령은 팔레스타인의 유대정착민 공동체에게 합법성을 부여하였고, 자선과 교육과정운영을 위한 세금징수권을 부여하였다.

이러한 일련의 사건들은 영국이 주도하여 팔레스타인 시온주의자 운동을 추진하였다는 사실을 드러낸다. 이러한 영국의 정책에 따라, 결국 1929년 스위스 쮜리히에서 개최된 제16차 시온주의대회는 팔레스타인 시온주의자행정부를 팔레스타인 유대기구(The Jewish Agency for Palestine)로 개명하여 재조직하고 공식적으로 발족하였다.

이 유대기구 운영위원회에 참가한 인사들은 초대 팔레스타인 고등판무관을 지낸 헐버트 사무엘, 폴란드 태생의 미국인 소설가 솔렘 아크(Sholem Asch), 우크라이나 태생의 시인 하임 나흐만(Hayim Nahman Bialik), 독일태생의 물리학자 알버트 아인슈타인(Albert Einstein)과 같은 시온주의자들과 프랑스 총리 레온 블럼(Léon Blum), 헝가리 랍비 임마누엘 로우(Immanuel Löw), 영국정치인 알프레드 몬드(Lord Alfred Mond) 등 국제적인 조직망을 갖추었다.

5. 유대기구에게 자치권 부여 : 유대기구-나찌 하바라 협정

1930년 영국은 팔레스타인 유대기구를 영국 위임통치 기간 동안에 영국 위임통치 정부와 협력하고, 유대정착민 공동체의 이익을 위해서 대표하고, 지도하고, 협상하기에 적당한 유대기구로서 공식 승인하였다. 이 유대기구는 다양한 사회, 경제, 정치기구, 제도와 군대와 보안 조직들을 창설하였다.

영국의 승인을 받은 이후, 유대기구는 영국 위임통치하의 팔레스타인에서 나찌 독일과 협정을 체결하는 등 자치정부처럼 활동하였다. 예를 들면, 1933년 8월 유대기구는 히틀러가 총통인 나찌 독일(1933~1945)과 하바라 협정(Ha'avara (Transfer) Agreement, 1933.8.25~1939.9)을 체결했다. 이 협정은 독일 시온주의자 연맹(the Zionist Federation of

Germany), 영국-팔레스타인 은행(Anglo-Palestine Bank, 유대기구가 통제)과 나찌 독일의 경제부가 3개월 동안 협상한 결과물이었으며, 팔레스타인으로 유대이민을 장려하기 위한 것이었다. 그 결과 하바라 협정으로 1933~1939년까지 약 6만 명(독일 전체유대인들의 10%)의 독일유대인들이 팔레스타인으로 이민 오면서, 본인 재산의 일부를 독일 상품으로 보유하도록 허락을 받았다. 하바라 협정은 이 유대이민자들에게 최소한 1천 파운드의 순은을 독일은행에 넣도록 요구하였고, 이것은 최신형 독일제 농기구 등 팔레스타인으로 수입하는 독일상품을 사기 위하여 사용되었다. 결국 이 협정은 팔레스타인 유대인 경제를 활성화시키는데 크게 공헌함으로써, 더 많은 유대이민자들을 수용할 수 있는 근거를 마련하였다.

독일 유대이민자들은 팔레스타인 유대인들보다 훨씬 전문가들이고, 금융지식이 있었다. 이들이 1933~1939년 하바라 협정으로 팔레스타인으로 가져온 상품의 가치는 약 1억 달러에 이르렀다. 1930년대에 독일은 팔레스타인으로 상품과 자본을 가장 많이 수출한 국가였다. 사실, 1948년 이스라엘 국가 건설당시 존재했던 기반시설과 산업의 대부분은 하바라 양도협정의 결과였다.

따라서 하바라 협정은 1922년 6월 처칠백서가 요구한 유대이민자 규모를 결정하는 요인, 즉 '팔레스타인의 경제적인 수용능력'을 확장시킨 반면, 1930년 10월 패스필더백서가 요구한 유대이민제한을 백지화시켰다. 따라서 이 협정은 팔레스타인으로의 유대이민이 급증하는 중요한 명분을 제공한 것으로 보인다. 실제로 유대인 인구는 하바라 협정을 체결하기 직전, 1932년에는 팔레스타인 전체인구 중 17%를 차지하는 180,793명이었으나, 하바라 협정 종결시점인 1939년에는 팔레스타인 전체인구 중 29%를 차지하는 445,457명으로 급격히 증가하였다.

■ 반(反) 시온주의 아랍봉기와 영국의 대응정책

1. 반 시온주의 아랍봉기

영국의 시온주의 정책과 유대이민 증가로 인해서, 아랍인들과 유대인들 사이에 긴장이 발생하였다. 이로 인해서 〈표 41〉이 보여주는 것처럼, 1920년 이후 1939년 제2

차 세계대전이 발발하기 직전까지 반시온주의 아랍봉기가 지속적으로 발발하였다.

표 41 _ 반 시온주의 아랍봉기

날짜	장소와 명칭	결과
1920.04.04~07	나비무사, 예루살렘 봉기 : 예루살렘	○ 5명의 유대인과 4명의 아랍인 사망
		○ 약 300명의 유대인들이 예루살렘 구도시를 떠남
		○ 영국정부는 예루살렘 시장 무사 카젬 알 후세이니 해임
1921.05.01~07	자파 봉기 : 자파	○ 47명의 유대인 48명의 아랍인 사망
		○ 수 천 명의 유대인들이 자파를 떠남
		○ 아랍지도자들이 국제연맹에 독립과 민주주의 요구 청원
		○ 영국위임통치 정부는 폭동에 연루된 툴카렘, 카콘, 칼킬리야, 카프르 사바, 와디 하와라트 베두인, 아부키식 부족 등, 아랍 마을과 부족들에게 집단적으로 벌금 부과.
		○ 영국 고등판무관 헐버트 사무엘이 긴급조치 선언
1921.11.02	예루살렘	○ 5명의 유대인과 3명의 아랍인 사망
1929.08.23~29	서쪽 벽(알 부라끼) 봉기 : 예루살렘, 사페드, 헤브론, 자파	○ 133유대인과 116명의 아랍인사망
		○ 1930년 6월 17일, 3명의 아랍인들(Atta Ahmed el Zeer, Mohamamed Khalil Abu Jamjum, Fuad Hassab el Hejazi)이 살인죄로 교수형 당함
		○ 봉기를 일으킨 아랍지역에 벌금 부과, 거둔 벌금은 희생자들에게 분배, 분배받은 이들 중 90%는 유대인임
1936.04.19 ~1939.09.	아랍 대반란 : 팔레스타인 위임통치 영역	○ 영국식민통치에 대항하는 팔레스타인 독립투쟁. 대량 유대이민 반대
		○ 5만 명의 영국군대와 1만 5천 명의 유대무장단체 하가나 공조로 아랍봉기 진압
		○ 5천 명 이상의 아랍인, 300명 이상의 유대인, 262명의 영국인 사망
		○ 1936년 4월 25일 예루살렘 그랜드 무프티의 하지 아민 알 후세이니 제안으로, 위임통치 팔레스타인의 아랍공동체 기구로 아랍고등위원회를 창립하여 아랍봉기 주도
		○ 1937년 7월 7일 필위원회의 팔레스타인 분할 안
		○ 1937년 9월 영국은 아랍고등위원회를 불법조직으로 선언. 이 위원회 의장이며, 예루살렘 그랜드 무프티인 하지아민 알 후세이니를 해임 후 추방
		○ 1937년 10월 1일, 민족 연합(the National Bloc), 개혁당(the Reform Party), 독립당(the Istiqlal Party) 등 팔레스타인 정당들 해체하고 지도자들 추방
		○ 1939년 5월 필위원회 분할안을 폐기하는 맥도날드 백서 공표

• 1920년 예루살렘–영국위임통치 반대 반란

• 1929년 서쪽벽 봉기(출처 : http://www.passia.
org/images/meetings/2015/web_AqsaMosque_
Targeted6.pdf)

• 1930년 예루살렘 영국 위임통치 종결
요구 여학생 시위

• 1936년 아랍 대반란– 툴카렘 시위

특히 주목할 만한 사실은 1933년 이후에는 유대기구–나찌의 하바라 협정 체결
등으로 유대이민이 급증하였다는 것이다. 이에 대항하여 1936년 4월 25일 팔레스타
인 아랍인들은 예루살렘 그랜드 무프티의 하지 아민 알 후세이니(Haj Amin al-Husseini,
1897~1974)의 제안으로 팔레스타인 아랍인들의 대표기구로 아랍고등위원회(The Arab

Higher Committee, 1936.4~1937.9)를[117] 조직하고, 유대이민 등 영국의 시온주의정책에 반대하는 아랍대반란을 주도하였다.

영국군과 유대무장단체는 공조함으로써 위임통치하의 아랍봉기를 무자비하게 진압하였다. 이 과정에서 영국은 1937년 9월 팔레스타인 아랍인 통합정치기구인 아랍고등위원회를 불법조직으로 선언하였을 뿐만 아니라, 1937년 10월에는 팔레스타인 아랍정당들을 모두 해체시키고, 지도자들을 추방시킴으로써, 팔레스타인 아랍인들을 정치적으로 거의 완전히 무력화시켰다.

반면, 영국은 1937년 8월 필위원회 보고서 등을 통한 팔레스타인 땅 분할 계획을 통해서 유대인들의 팔레스타인 땅에 대한 권리를 보증하였다. 결국 영국은 시온주의정책을 통하여 유대인들에게 팔레스타인 땅에 대한 현실적인 통치권을 부여함으로써 명실상부한 하나의 국민으로 조직해 냈다.

2. 아랍봉기에 대한 영국의 대응정책

1) 1921년 헤이크래프트위원회 조사보고서와 1922년 처칠 백서

1921년 10월에 대법관인 토마스 헤이크래프트경(Sir Thomas Haycraft)이 주도한 헤이크래프트 조사위원회는 1920-1921년 아랍 봉기에 대응정책으로 다음 〈표 42〉와 같은 '헤이크레프트 조사위원회 보고서(the Haycraft Commission of Inquiry)'를 내놓았다.

표 42 _ 1921년 10월 헤이크래프트 조사위원회 보고서

○ 1921년 5월 발발한 아랍인들의 자파 봉기의 근본적인 원인과 폭력 행위는 정치적, 경제적 문제로 인한 유대인들에 대한 아랍인들의 불만과 적대감에서 비롯된다. 이것은 유대 이민과 시온주의 정책과 관련되었다.
○ 급진적인 투쟁이 아랍인들에 의해서 시작되었고, 급속도로 아랍인들과 유대인들 사이에서 폭력적인 분쟁으로 발전되었다. 아랍인 다수가 공격자들이고, 파괴자들이다. 커다란 무슬림과 기독교인 공동체들은 반유대 폭동을 묵과하였다.
○ 경찰들은 무능하였다. 군대의 행위는 전역에서 칭찬받을만하였다.

1921년 '헤이크래프트경의 조사 보고서'가 나온 이후, 식민지 장관이던 처칠이 '처칠의 백서(CHURCHILL WHITE PAPER, 1922)'를 공표하였다. 1922년 6월에 공표된 이 백

서는 밸푸어 선언에 대한 최초의 영국정부의 공식적인 해석이다. 영국정부는 1920~
1921년에 발발한 아랍반란에 대한 대응책으로, 1922년 팔레스타인 고등 판무관 헐
버트 사무엘이 초안을 만든 다음 〈표 43〉의 백서를 식민지장관 처칠의 이름으로 공
표하였다.

표 43 _ 1922년 6월 처칠 백서

○ 팔레스타인에서의 유대민족 고향건설은 국제적으로 보증되어야한다.
○ 유대이민은 증가되어야 한다.
○ 유대이민자 수를 결정하는 요인은 '팔레스타인의 경제적인 수용능력'이다.
○ 유대인들은 팔레스타인에 거주할 권리가 있다.
○ 요르단의 서쪽 팔레스타인 전체는 1915년 헨리 맥마흔이 약속한 독립 아랍 국가에서 제외된다.

처칠 백서는 유대민족 고향 건설, 팔레스타인으로의 유대이민을 장려하였다. 한
걸음 더 나아가 요르단 서쪽을 독립 아랍국가 건설영역에서 제외한다고 명시하는
등 1917년 밸푸어 선언을 재확인하였다. 이것은 기독교인들과 무슬림들의 독립 국
가 건설 노력을 반 유대 폭동으로 몰아간 1921년 헤이크래프트 조사위원회 보고서
를 그대로 수용한 결과였다.

2) 1930년 패스필드 백서 : 경제적 수용력에 따른 유대이민 제한

1930년 10월 21일 공표된 패스필드 백서(the Passfield White Paper)는 1929년 발발한
아랍봉기에 대응한 영국정부의 공식 성명이었다. 이 백서는 영국은 아랍인들과 유
대인들에 대한 의무를 수행하려고 하며, 이들 사이에 표면화된 분쟁을 해결할 것이
라고 주장하였다. 패스필드 백서는 같은 해 3월 쇼우 위원회보고서와 같은 해 8월
제출된 호프심슨보고서를 토대로 작성되었다. .

팔레스타인 전역에서의 아랍봉기의 결과, 영국은 아랍봉기의 원인을 찾고 미래의
봉기를 막기 위한 정책을 제안하기 위하여 쇼우위원회(The Shaw Commission)를 설립하
였다. 월터 쇼우 경(Sir Walter Shaw)이 이 위원회를 주관하고, 1930년 3월에 쇼우위원회
보고서를 제출하였다.

쇼우위원회는 "이 폭력이 아랍 측의 인종적인 적개심 때문에 발생하였다. 이것은 아랍인들의 정치적, 민족적인 열망에 대한 실망의 결과와 경제적 미래에 대한 두려움에 기인한 것"이라고 밝혔다. 이 보고서는 해외로부터의 무제한의 자금제공을 가진 것처럼 보이는 집단의 경제적인 지배를 두려워한다고 주장하였다. 쇼우위원회는 영국이 아랍인들과 유대인들 양 측에게 약속한 것들에 대한 서로 다른 해석에서 비롯된다고 밝혔다.

쇼우위원회 보고서는 '1925~1926년의 과도한 이민이 되풀이되는 것'을 피하기 위하여 미래 유대이민이 더욱 신중하게 고려되어야한다고 권고하였다. 동시에 땅 보유의 문제는 새로운 땅 경작 방법이 농업 부문의 상당한 성장을 자극한다면, 재평가될 수 있다고 보았다.

1930년 8월 22일에 나온 호프심슨 보고서(Hope-Simpson Report)는 계속된 유대이민을 수용할 수 있는 땅이 충분하지 않다고 밝히면서, 유대이민의 중지를 권고하였다. 이 보고서에 대한 응답으로, 유대지도자들은 "팔레스타인의 미래는 농업부문에만 놓여있지 않으며, 호프심슨 보고서는 산업부분에서의 성장을 무시하였다."고 주장하였다.

패스필드 백서는 경작 가능한 땅 부족 때문에, 유대 정착촌이 엄격한 정부의 감독 하에서만 허용될 수 있다고 밝혔으나, 영국이 팔레스타인 유대민족고향 건설을 계속 후원해야한다고 주장했다.

전 세계 유대조직들이 이 백서의 유대이민 제한조치에 항의하였으며, 이 백서에 반대하는 영국인들은 영국정책을 더욱 분명히 밝히도록 요구하였다. 그 결과 1931년 2월 13일, 영국 총리 람세이 맥도날드(Ramsay MacDonald, 재임 : 1929.6~1935.7)는 하임 와이즈만에게 보낸 편지에서 "패스필드 백서는 유대인들의 땅 획득을 금지시키거나 금지시키려는 의도가 없다. 1920년 이후, 영국의 유대이민정책이 실행되고 있으며, 유대이민제한정책은 불법적인 유대이민을 막고, 합법적인 유대이민을 촉진시키기 위한 것이다."고 밝혔다.

사실상, 1930년 패스필 백서는 1922년 처칠 백서의 "유대이민자 수를 결정하는 요인은 '팔레스타인의 경제적인 수용능력'이다."라는 것을 되풀이한 것에 불과하다.

이러한 영국정부의 정책으로 1932년 이후 유대이민은 급격히 증가하였고, 1936년 4월부터 시작된 아랍대반란의 중요한 원인을 제공했다.

3) 1937년 필위원회 보고서 : 두 국가 건설/유대국가와 아랍국가

1936년 4월 아랍인들과 유대인들 사이에 심각한 충돌이 발생한 이후, 영국은 필위원회(The Peel Commission)를 설립하였다. 1936년 11월 11일, 이 위원회는 봉기의 원인을 조사하기 위하여 팔레스타인에 도착하였다. 이 위원회는 봉기의 원인과 양 측의 불만을 판단할 임무를 부여받았다. 1937년 1월 8일 하임 와이즈만은 유대인의 입장을 대표하여 팔레스타인 분할안을 찬성하는 연설하였다. 1937년 1월 12일 필 조사 위원회에게 예루살렘 무프티 하지 아민 알 후세이니는 아랍의 땅을 유대인들과 분할하는 것을 반대한다고 밝혔다.

필위원회는 공식적으로 팔레스타인 왕립위원회(the Palestine Royal Commission)로 알려졌으며, 필경이 이끄는 영국 왕립조사 위원회로, 1936년에 위임통치 팔레스타인에서 6개월간 지속된 팔레스타인 총파업이후 팔레스타인에 대한 영국의 위임통치에서 불안정성의 원인을 조사하도록 임명되었다.

1937년 7월, 이 위원회는 1936년 아랍 봉기에 대한 보고서에서 위임통치체제가 작동이 불가능하게 되었다고 밝히면서, 〈1937년 필위원회 분할안〉 지도와 같이 유대국가, 아랍국가, 영국의 위임통치 영역으로 팔레스타인 땅을 분할하는 제안을 하였다. 시온주의자 행정위원회, 영국 정부와 의회는 이 분할안을 찬성하였다.

• 1937년 필위원회 분할안

사실, 이 분할안의 목적은 팔레스타인 땅에 유대국가를 건설하는 것이었다. 반면 독립된 팔레스타인 아랍국가는 존재하지 않고, 할당된 아랍국가영역은 '트랜스 요르단과 통합된 아랍국가'를 구성하는 것이다. 그 내용은 다음과 같다.

필위원회 분할안은 "예루살렘, 베들레헴, 자파는 계속해서 영국의 위임통치하에 존재한다. 트랜스 요르단과 팔레스타인 지역을 통합한 하나의 아랍 국가를 건설할 것이다. 이 계획이 실행되는 경우에, 아랍 국가는 유대국가로부터 보조금을 받을 것이고, 영국재무부로부터 200만 파운드를 받을 것이다.[118] 유대국가에 할당된 지역 내의 팔레스타인인들은 강제로 이주될 것이다. 유대인들은 유대민족고향(the Jewish National Home)이라고 부르는 지역을 유대국가(a Jewish State)로 전환시킬 수 있다. 이들은 팔레스타인 땅에 유대국가 건설이라는 시온주의의 주요한 목적을 성취할 것이다." 고 밝혔다.

오늘날 계속되는 팔레스타인 문제의 주요소를 구성하는 '두 국가 해결안, 땅 분할과 추방된 팔레스타인 난민문제'가 필위원회 분할 안에서 시작되었다.

당연하게도 1937년 7월 23일 아랍고등위원회는 필 위원회의 제안을 거부하고, 독립 팔레스타인 국가를 요구하면서, "독립 팔레스타인 국가 안에서 합법적인 유대인들과 소수자들의 권리뿐만 아닐 영국의 이익이 보장될 것"이라고 주장했다. 이와 같이 팔레스타인인들은 팔레스타인의 약 33%에 해당하는 지역에 시온주의자 국가건설이라는 개념과 시온주의자 국가건설이 수반하는 수 십 만 명 팔레스타인 아랍인의 추방을 단호하게 거부하였다.

1937년 8월 와이즈만을 비롯한 시온주의자 조직은 필 위원회 분할안을 '원칙적'으로는 수용하였다. 특히 벤구리온은 이 분할안을 환영하면서, 그의 일기에 "필 위원회의 분할안은 우리가 이전에 결코 가져본 적이 없는 어떤 것을 우리에게 줄 것이다."라고 썼다.

반면 수정주의운동의 지도자인 제브 야보틴스키(Ze'ev Jabotinsky) 같은 이르군(1931년 하가나에서 분리된 무장단체)의 멤버들은 필 위원회의 제안을 거부하면서, 밸푸어 선언에서 밝힌 유대고향은 팔레스타인 전역과 트랜스 요르단을 포함한다고 주장하였다.

이후 이 필 위원회의 팔레스타인 분할 안이 제기된 이후, 1938년 우드헤드 분할안(Sir John Woodhead), 유대인들이 제안한 분할 안 등 다양한 팔레스타인 땅 분할 안들이 등장하였다.

4) 1939년 5월 맥도날드 백서 : 한 국가 건설/독립 팔레스타인 국가 건설

1939년 2월 7일 런던에서 영국정부는 총리 아더 네빌 챔버레인(Arthur Neville Chamberlain), 외무장관 할리 팍스(Lord Halifax)경, 식민성장관인 말콤 맥도날드(Malcolm MacDonald)와 유대인들, 팔레스타인인들과 이집트, 예멘, 사우디아라비아, 이라크, 트랜스 요르단인들이 팔레스타인으로의 유대이민과 불법적인 땅 판매에 대한 회의를 개최하였다. 영국정부는 이 회의가 협정을 만들어 낼 수 없다면, 영국이 만들어낸 정책을 실행시킬 것이라고 선언하였다. 이 회의는 끝내 합의를 이끌어내지 못하고, 3월 7일에 끝났다.

결국 팔레스타인인들이나 유대인들과 합의없이, 1939년 5월 23일 영국하원은 맥도날드 백서(MacDonald White Paper)를 268/197로 통과시켜 공표하였다. 이 백서는 1937년 필 위원회 분할구상을 포기하는 것이었으며, 대신에 인구비율에 따른 팔레스타인 아랍인들과 유대인들이 통치하는 독립 팔레스타인국가 창설을 제시했다.

표 44 _ 1939년 5월 맥도날드 백서

○ 1부. 헌장 : 45만 명 이상의 유대인들이 위임통치 지역에 정착함으로써, '유대민족고향건설'에 관한 밸푸어선언은 이미 성취됨.
　10년 이내에 아랍인들과 유대인들이 인구비율에 따라 공동으로 통치하는 독립 팔레스타인국가건설을 요청.
○ 2부. 이민 : 5년(1940~1944) 동안, 최대 7만 5천명의 유대이민 할당. 1944년 이후의 유대이민은 아랍인들의 동의에 따름.
○ 3부. 땅 : 유대인의 아랍인 땅 구입권리 제한.

맥도날드 백서의 포괄적인 목적은 영국위임통치 종결을 준비하면서, 10년 내에 아랍인들과 유대인들이 인구비율에 따라 공동통치하는 하나의 독립 팔레스타인 국가를 수립하는 것이었다.

이 백서는 팔레스타인인들과 유대인들로부터 강력한 반대에 직면하였다. 팔레스타인인들은 인구비율에 따른 유대인들과의 공동통치가 팔레스타인인들의 주권을 손상시키는 것이라고 반대하였고, 유대인들은 유대인 이민 수 제한에 대하여 반대하였다.

5) 1946년 7월 영-미 합동 조사위원회 보고서

제2차 세계대전 이후 1946년 영-미 합동 조사위원회(the Anglo-American Committee of Inquiry)의 활동 결과 다양한 계획들이 소개되었다. 영국과 미국은 1946년 4월에 팔레스타인 조사위원회를 파견하였다. 영국 노동당 정부를 대표하는 헐버트 모리슨(Herbert Morrison)과 미국을 대표하는 헨리 그래디(Henry Grady)가 이 조사위원회를 이끌었고, 7월에 런던에서 이 조사위원회 보고서, 모리슨-그래디 계획(the Morrison-Grady Plan)을 작성하였다. 이 계획은 영국 관리 하에 두 영역, 즉 반(半)자율적인 유대인 영역과 아랍인 영역으로 구성되는 하나의 연방국가 안(a federal state with two provinces—one Jewish, one Arab)과 예루살렘과 네게브는 영국의 직접 통치하에 존재한다는 구상을 제한하였다. 영국 고등 판무관은 국방, 외교, 관세, 이민에 대한 관리권을 갖는다. 이 계획은 1년에 10만 명의 유대인들을 팔레스타인으로 이주하도록 요청하였다. 이 계획은 팔레스타인에 대한 영국 지배의 증가를 의미한다. 팔레스타인 아랍인들과 유대인들은 이 안을 거부하였다.

■ 성공한 시온주의프로젝트

영국의 시온주의프로젝트는 전략적 요충지인 팔레스타인에 대한 지배권을 장악하기 위한 것이며, 명시적으로는 팔레스타인에 유대민족 고향 또는 유대국가 건설을 목표로 제시했다. 영국 시온주의자들이 1920년 국제연맹(1920~1946) 활동을 통해서 영국에게 팔레스타인 통치를 할당함으로써 시온주의프로젝트를 본격적인 궤도에 올려놓았다.

팔레스타인 위임통치정부는 시온주의프로젝트에 저항하는 아랍봉기의 원인을 조사하기 위하여 1921년 헤이크래프트위원회, 1930년 쇼우위원회, 1936년 필위원회 등 아랍봉기에 대한 조사 위원회를 조직하고, 1922년 처칠 백서, 1930년 패스필드 백서, 1939년 5월 맥도날드 백서 등 영국 정부의 대응정책들을 내놓았다. 이러한 영국대응정책들의 공통점은 대다수가 이주민으로 구성된 유대인에게 하나의 국가구성 단위로서 민족이라는 정체성과 팔레스타인 땅에 대한 합법적인 주권을 부여한 반면, 원주민 팔레스타인 아랍인들의 주권을 박탈하는 것이었다. 따라서 원주민인 팔레스타인 아랍인들은 영국이 제시한 이 모든 정책안을 반대하였다.

이 과정에서 영국 정부의 시온주의프로젝트 추진에 일진일퇴가 있었다. 그러나 1945년에 이르러 시온주의프로젝트는 저항하는 팔레스타인아랍인들을 거의 완벽하게 무력화시키면서, 시온주의자들이 목표로 제시했던 유대이민자 규모를 포함한 '1920년 와이즈만의 유대민족고향 건설계획'을 초과달성하였다.

1945년 10월 새로 발족된 미국이 주도하는 국제연합(유엔)이 팔레스타인문제를 처리하게 되었다. 1947년 11월 29일 유엔은 총회결의 181호에서 56.47%를 유대국가(THE JEWISH STATE), 42.88%를 아랍국가(THE ARAB STATE), 0.65%를 유엔대표가 관리하는 예루살렘시(City of Jerusalem)로 분할하였다.

이 181호 결의안은 1948년 10월 1일까지 유대국가와 아랍국가건설 완료를 요구하였다. 사실상, 181호 결의는 팔레스타인 땅을 유대국가, 아랍국가, 영국위임통치영역으로 분할할 것을 제시한 1937년 필위원회 분할안의 기본구조를 따른 것이다.

유대인들은 영국 위임통치 종결 8시간 전인 1948년 5월 14일 오후 4시에 국민 평의회 의장

1947

아크레
하이파
나자렛

지중해

제닌

나블루스

텔아비브
자파

라말라
제리코

예루살렘
베들레헴

요르단

가자

헤브론

칸 유니스

비르쉐바

네게브

■ 유대국가 영역
□ 아랍국가 영역
■ 예루살렘 국제 영역

• 1947년 유엔분할안 181호

인 데이비드 벤 구리온이 이스라엘국가의 창설을 선언하고 12명의 각료로 임시정부를 수립하였다. 이스라엘 국가 창설 다음 날인 5월 15일에 미국이, 3일 후인 5월 18일에 소련이 이스라엘 국가를 공식적으로 승인하였다.

팔레스타인인들도 1948년 9월 22일 아랍고등위원회가 팔레스타인정부(the All-Palestine Government)를 구성하여 10월 1일 가자에서 팔레스타인 민족회의를 소집하여 팔레스타인독립을 선언하고, 팔레스타인정부 임시법령을 선포하였다. 1948년 10월 15일 이집트, 시리아, 레바논, 사우디아라비아, 예멘은 팔레스타인국가를 승인하였다. 그러나 미국, 영국 등 강대국들과 트랜스 요르단, 이라크 등은 팔레스타인국가를 승인하지 않았다. 뿐만 아니라 1948년 전쟁에서 트랜스 요르단이 동 예루살렘과 서안을 요르단으로 통합하였다. 이로써 '1937년 필분할안이 제시한 유대국가와 통합된 아랍국가'라는 두 국가 안이 일부 성취된 것처럼 보였다.

결국 1948년 이스라엘국가 건설과 함께 팔레스타인 땅에 유대국가 건설이라는

• 1946년 시온주의자와 팔레스타인인의 토지소유권 비율(출처 : http://www.passia.org)

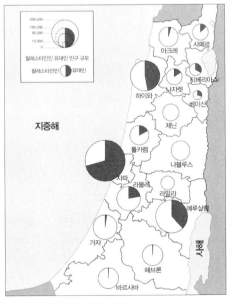

• 1946년 유대인과 팔레스타인인의 인구 비율 (출처 : http://www.passia.org)

영국 시온주의프로젝트의 명시적인 목표가 달성되었다.

■ 팔레스타인 땅과 원주민 해체

1. 팔레스타인 땅 분할

팔레스타인 전 지역(26,323km²) 중 팔레스타인인들은 87.5%를 소유하였고, 유대인들은 6.6%만을 소유하고 있었으며, 나머지 5.9%는 영국 위임 통치청 소유의 땅이었다.

1920~1945년에 영국은 393,887명의 유대인들을 팔레스타인에 받아들였고, 이들은 1945년 말경에 전체 유대 주민의 2/3를 구성하였다. 1946년 전체 팔레스타인 인구는 1,845,560명이었다. 이 숫자의 약 58% 무슬림 팔레스타인이었고, 약 10%는 기독교인 팔레스타인이었다. 1946년에 유대인은 전 인구의 32% 정도였다.

1947년 11월 29일 통과된 유엔 총회 결의 181호는 팔레스타인 전 지역의 56.47%를 유대 국가에, 42.88%는 아랍 국가에, 예루살렘 국제 지구로 0.65%를 할당하였다. 이 결의는 1948년 10월 1일까지 유대 국가와 아랍 국가 건설 완료를 요구하였다.

1947년 11월 30일 팔레스타인인들은 이 분할안에 반대하면서 총파업을 선언하였다. 시온주의 무장단체인 하가나(Hagana)는 17세에서 25세에 이르는 팔레스타인 거주 유대인들을 소집하면서 팔레스타인 주민들을 동요시키고

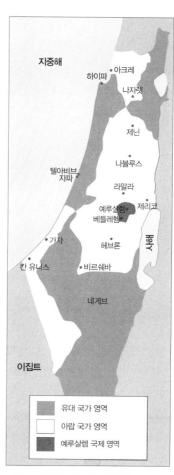

• 1947년 유엔 분할안 결의 181호
(출처 : http://www.passia.org)

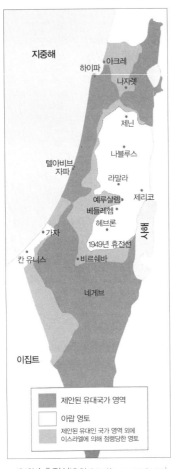

지중해

아크레
하이파
나자렛

제닌

나블루스

텔아비브
자파
라말라

예루살렘   제리코
베들레헴
헤브론
가자   1949년 휴전선
칸 유니스   비르쉐바

네게브

이집트

제안된 유대국가 영역

아랍 영토

제안된 유대인 국가 영역 외에
이스라엘에 의해 점령당한 영토

• 1949년 휴전선(출처 : http://www.passia.org)

전략적인 위치를 확보하려는 작전인 김멜 계획(Gimmel Plan)을 시작하였다. 12월 2일 아랍 고등 위원회(The Arab Higher Committee)는[119] 유엔 분할안에 반대하여 3일 동안 총파업을 선언하였다. 12월 4일, 유대 무장 세력의 대규모 공격 이후, 약 250 아랍 가족들이 하이파를 떠나 피난길에 올랐다. 12월 6일 유대 무장 단체 이르군(Irgun)이 자파를 공격하였다. 이와 유사한 유대 무장 단체의 공격이 계속되면서 팔레스타인 난민이 발생하였고, 아랍 고등 위원회는 아랍인들에게 고향을 떠나지 말도록 요청하는 성명서를 발표하였다.[120]

팔레스타인에서 영국의 위임통치가 실행되면서 팔레스타인 땅에 아랍 무장단체들은 거의 제거된 반면, 이스라엘 군대의 토대를 제공한 시온주의 무장단체 하가나는 당시 6~7만 명 정도의 훈련된 대원들을 확보하고 있었다. 유엔 분할 결의안이 통과된 직후 1947년 12월 5일 미국은 팔레스타인과 아랍 국가들로 향하는 무기 선적을 금지하겠다고 공표하였다. 12월 8일 영국은 1948년 5월 15일에 팔레스타인 위임 통치를 종료할 것을 유엔에 제의하였고, 11일에 영국 정부는 1948년 5월 15일에 팔레스타인을 떠나겠다고 발표하였다.[121] 영국군이 팔레스타인을 떠날 경우 시온주의 무장 단체가 영국군을 대체한 것이 분명해 보였다.

팔레스타인인들은 당연하게도 유엔 분할안을 거부한 반면, 유대인들은 이 분할안을 받아들여 영국 위임 통치 종결 8시간 전인 1948년 5월 14일 오후 4시에 국민 평의회 의장인 데이비드 벤 구리온이 이스라엘 국가의 창설을 선언하고 12명의 각료로 임시정부를 수립하였다. 이스라엘 국가 창설 다음 날인 5월 15일에 미국이, 3일 후인 5월 18일에 소련이 이스라엘 국가를 공식적으로 승인하였다.[122]

아랍 연맹이 주도하여 1948년 9월 22일 팔레스타인 정부(the All-Palestine Government)를 구성하였다. 10월 1일 아랍 고등 위원회가 가자에서 팔레스타인 민족회의를 소집하여 팔레스타인 독립을 선언하였고, 팔레스타인 정부 임시 법령이 선포되었다. 10월 15일 이집트, 시리아, 레바논, 사우디아라비아, 예멘은 팔레스타인 정부를 승인하였으나,[123] 트랜스 요르단을 포함한 다른 국가들은 팔레스타인 정부를 승인하지 않았다.

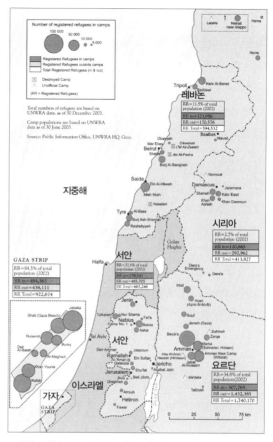

• 팔레스타인 난민−UNRWA 활동 지역(출처 : http://www.passia.org)

요르단 국왕 압달라는 1948년 4월 유엔 팔레스타인 분할 결의안 181호가 아랍 영역으로 할당한 지역을 차지하려는 의도를 공표하였다. 이집트 국왕의 후원 하에 개최된 카이로에서 아랍지도자들 회의에서 압달라가 팔레스타인 아랍 군대의 최고 사령에 취임함으로써 이 전쟁을 주도하였다. 5월 15일 아랍 국가들은 2만 5천 명의 무장 세력을 팔레스타인으로 파견하였다. 이집트 군대는 네게브를 공격하였고, 트랜스 요르단과 이라크는 요르단 강을 넘어 팔레스타인으로 들어왔다. 레바논의 비정규군대가 이스라엘 무장단체 하가나(Hagana)가 장악하고 있던 레바논 국경 지대를 되찾았다.[124] 1949년 1월 이집트, 3월 레바논, 4월 트랜스 요르단, 7월 시리아가 이스라엘과의 휴전 협정에 서명하였다.

이 전쟁의 결과 생긴 휴전선을 경계로 이스라엘은 전 팔레스타인 지역의 78%를 장악하였고, 나머지 22%(6,020km²) 중 가자(365km²)는 이집트, 서안(5,655km²)은 요르단의 통치하에 1967년 6월 4일까지 놓이게 되었다. 또 서안의 일부인 예루살렘은 분할되어 동 예루살렘은 요르단의 통치하에 서 예루살렘은 이스라엘의 통치하에 남게 되었다. 그런데 이슬람교, 기독교, 유대교의 성지를 포함하는 구시가지는 동 예루살렘에 위치한다.

2. 이스라엘의 팔레스타인 토지 몰수

이스라엘은 공식적으로 1948년 전쟁으로 인한 난민을 52만 명으로 발표하였다. 반면 팔레스타인 측의 난민 추정치는 90만 명에 이른다. 이 전쟁 이후 수립된 유엔 팔레스타인 조정 위원회는 다음과 같이 발표하였다.

> 72만 6천 명의 팔레스타인인들이 주변 아랍 국가나 그 밖의 곳으로 피난하였고, 약 3만 2천 명의 팔레스타인인들이 휴전선 내의 피난민이 되었다. 이 피난민들은 모두 이스라엘이 장악한 지역에 살던 사람들이었으며, 이들을 제외한 10만 명 정도의 팔레스타인인들이 이스라엘 국내에서 소수자로서 존재하게 되었다. 이 때 팔레스타인 전체 마을의 50%가 넘는 약 531개의 아랍 마을과 도시들이 파괴되었다.

한편 1950년 3월 이스라엘 정부는 아랍인들의 토지 몰수를 정당화하기 위하여 이스라엘 의회는 '부재자 재산법'을 공포하였다. 이법은 팔레스타인 분할안이 의결된 날인 1947년 11월 2일 현재 아랍 국가의 시민이었거나 아랍 국가에 거주하고 있던 사람들과 팔레스타인 거주자라 할지라도 본인의 거주지를 떠나있던 사람들은 이유를 불문하고 모두 부재자로 분류되었다. 이 때 부재자의 재산은 점유자에게 귀속되며, 당시 재산 점유자들은 전 재산을 이스라엘 정부에 팔았다. 이로써 이스라엘 정부

• 1948년 팔레스타인 난민

는 손쉽게 100만 아랍인의 재산 강탈을 제도화하였다.

반면 '부재자 재산법(ABSENTEES' PROPERTY LAW)'을[125] 채택한지 3개월이 채 안된 7월 이스라엘 의회는 '귀환법(Law of Return)'을 공포하였다. '귀환법'은 "모든 유대인은 새로운 이주자로서 이스라엘로 돌아올 권리를 가지며 완전한 이스라엘 시민권을 받는다."고 규정하였다. 결국 이스라엘은 '부재자 재산법'과 '귀환법'을 제정을 통해서 제도적으로 아랍인들을 추방시키고 이스라엘인들을 정착시켰다.[126]

■ 이스라엘의 서안과 가자 점령

1967년 6월 전쟁으로 이스라엘은 나머지 22%인 가자와 서안 지역을 모두 점령했다. 현재 분쟁의 대상이 되는 지역은 22%인 가자와 동 예루살렘을 포함하는 서안지역이며, 국제법상으로 이 지역은 점령지다. 1967년 이 지역이 이스라엘의 점령하에 들어가면서 국제 연합 난민 구제 사업국에 전쟁 난민으로 등록된 17만 5천 명을 포함하는 43만 4천 명의 팔레스타인인들이 점령지로부터 퇴거당했으며, 이들 중 대다수는 요르단으로 이주하였다. 피난 가지 않았던 100만 명 정도의 팔레스타인인들은 이스라엘의 점령하에서 생활하게 되었다.

1967년 8월 수단의 수도 카르툼에서 개최된 아랍 연맹회의에서 '아랍의 세 가지 NOs, 즉 이스라엘과는 강화하지 않고, 협상하지 않고, 승인하지 않는다.'를 채택하였고 사우디아라비아, 리비아, 쿠웨이트는 1967년 전쟁으로 고통 받는 지역을 위해 3억 7천 8백만 달러를 지원하기로 결정하였다.[127]

이 상황에서 열강들은 외교적인 해결책을 제시하였고, 1967년 11월 유엔 안보리 결의 242호가 채택되었다. 다음은 242호 전문이다.[128]

〈유엔 안보리 결의 242호(1967년 11월 22일)〉
· 최근의 분쟁에서 점령한 영토로부터 이스라엘 무장 병력의 철수.
· 교전 주장 혹은 교전의 종결과 그 지역에 있는 모든 국가의 주권과 영토의 보전, 정치적 독립의 인정과 존중, 그리고 위협이나 무력 행위가 없는 안전하고 인정된 경계 내에서 평화롭게 살 권리의 존중과 확인.

· 국제 수로에서의 자유로운 항해 보장.
· 난민 문제의 공정한 해결.
· 비무장 지역의 수립 등을 포함하는 조치들을 통하여 그 지역에 있는 모든 국가의 영
토에 대한 불가침성과 정치적 독립의 보증.

　이상에서 알 수 있듯이 이 결의는 1967년 전쟁에서 점령한 지역으로부터 이스라
엘이 철군할 것과, 모든 국가들은 승인된 경계 내에서 평화롭고 안전하게 살아갈 권
리가 있음을 인정하는 등 완전한 평화조약을 요구하고 있다. 그러나 이 결의에는 이
스라엘을 포함하는 현존하는 국가들 사이의 해결만이 요구되어 있을 뿐 난민 문제
의 공정한 해결이라는 간접적인 언

질 이외에는 팔레스타인인들에 대
한 해법은 전혀 찾아볼 수 없다. 이
로써 팔레스타인인들의 민족 자결
권을 무시하고 단순히 난민 문제로
만 처리하려는 국제사회의 의지가
명백하게 드러났다. 또한 이 결의는
이스라엘에게 점령지역에서 팔레스
타인인들에 대한 지배권을 주장할
여지를 제공하게 된다.

　안보리 결의 1항의 영어 원문은
'Withdrawal of Israeli armed forces
from territories occupied in the
recent conflict'로 되어 있어, 이스라
엘의 철군 대상 지역이 1967년 전
쟁에서 점령한 전 지역을 의미하는
지 일부 지역인지에 관하여 이스라
엘측이 자의적으로 해석할 빌미를

• 1967년 6월 전쟁 이후의 근동(출처 : http://www.passia.org)

제공하였던 것이다. 1항의 내용 중 '··· from territories occupied ···'에서 영어판에는 'the'가 빠진 반면 아랍어와 프랑스어 판에는 정관사가 들어가 있는데, 이스라엘은 영어판을 근거로 해석하고 있기 때문이다. 즉 제1항에 대해 이스라엘이 일부 지역에서만 철군하겠다고 해석해버린 242호 결의는 당시 만장일치로 안보리에서 242호를 결의했던 국제사회 국가들의 점령지에서의 완전철수라는 의도와는 동떨어진 것이었다. 따라서 이제는 이스라엘이 242호 결의를 공식적으로 수용한 것과 점령지에서의 철군은 사실상 아무런 관련도 없는 것처럼 되어 버렸다.

Ⅱ. 미국의 개입과 끝없는 분쟁

■ 미국의 동맹인 이집트와 요르단의 정책
: 서안과 가자에 대한 이스라엘 지배권 인정

팔레스타인인들은 1969년 이후 야세르 아라파트가 주도하는 PLO(팔레스타인 해방 기구)에 적극 가담하여 본격적으로 무장투쟁을 전개하였다. 아라파트가 1974년에 유엔 총회에서 처음으로 연설을 하면서 PLO는 팔레스타인의 대표기구로서 유엔총회 결의 3210호에 의해서 인정을 받았다. 이 상황에서 1976년 1월 UN 총회는 안보리 결의 242호에 토대를 두고 이집트, 요르단, 시리아가 제출하였고 PLO가 지지한 '1967년 이스라엘이 점령한 지역에서 팔레스타인 국가 수립'을 요구하는 결의안을 논의하였다. 그러나 이스라엘은 이 회의에 참석하는 것을 거부하였다. 이 결의는 미국을 제외한 유럽, 소련, 이슬람 세계에 의해서 만장일치로 지지를 받았다.

이렇게 미국이 고립되고, 국제사회가 강력하게 '두 국가 해결책'을 요구하는 상황에서 '팔레스타인 자치'에 관한 캠프 데이비드 협정이 이루어졌다. 1978년 캠프 데이비드 협정은 당시 국제사회가 요구하는 '팔레스타인 국가 건설'을 '점령지에 자치 정부'를 세우는 방향으로 선회시켰다. 캠프 데이비드 협정은 1990년대 이후 이스라엘/팔레스타인 협상에서 기본적인 틀로 작용했으며, 이 협정에 서명한 대가로 미국으로부터 이집트는 매년 20억 달러를, 이스라엘은 매년 28억 달러를 받고 있다.

캠프 데이비드 협정은 미국 대통령 지미 카터의 중재로 1978년 9월 17일 캠프 데이비드에서 무함마드 안와르 사다트 이집트 대통령과 메나헴 베긴 이스라엘 총리가 두 가지 내용에 대하여 서명함으로써 체결

• 1978년 9월 17일 캠프 데이비드 협정

되었다. 첫 번째 것은 서안과 가자에서 자치 정부를 수립한다는 포괄적인 협상 틀에 대한 동의였다. 두 번째 것은 이스라엘과 이집트 사이에 위치한 시나이의 장래와 평화 문제를 다루었는데 시나이로부터의 이스라엘의 철수, 비무장화, 군축, 감독 기구 설치 등 상당히 구체적인 사항을 포함한다.[129)

이 협정 서문에는 이스라엘과 그 이웃들 간의 분쟁을 평화적으로 해결하기 위한 토대가 유엔 안보리 결의 242호임이 명시되어 있다. 서안과 가자와 관련해서는 '군대 재배치의 필요성', '강력한 지역 경찰 창설', '자치 정부 수립', '5년간의 임시 기간 설정'을 규정하였고, '서안과 가자의 최종 지위', '난민 문제'는 앞으로 해결해야 할 사항으로 규정하였으며, 정착촌 문제와 예루살렘 문제 등은 언급하지 않았다.

이 협정에서 이집트는 1967년 전쟁에서 빼앗겼던 시나이를 되돌려 받는 대신에, 사실상 자신과는 직접적인 이해관계가 없는 요르단 관리하의 서안지역을 이스라엘의 지배권에 묶어두는 데 동의 한 것이었다. 실제로 웨스트 뱅크에 직접적인 이해관계를 갖고 있는 요르단과 팔레스타인인이 제외된 이 협정은 이스라엘 편향으로 나아갈 수밖에 없는 태생적인 한계를 가졌다.

그런데, 이 협정은 다음에서 보는 바와 같이 서안과 가자의 자치체제와 관련해서 '서안과 가자의 모든 주민들(the inhabitants of the West Bank and Gaza)'과 '팔레스타인 주민들(Palestinian people)'이라는 용어를 구분해서 사용하였다.

1항 : 자치 정부가 '이 지역의 모든 주민들(the inhabitants of these areas)'에 의해서 구성될 것이다.

2항 : 이집트, 이스라엘, 요르단은 서안과 가자에서 선출된 자치정부를 수립하기 위한 양식에 동의할 것이다. 이집트와 요르단 대표들은 웨스트 뱅크, 가자, 상호 협의된 다른 지역의 '팔레스타인인들(Palestinians)'을 포함할 것이다.

3항 : 서안과 가자의 최종 지위협상을 포함한 협상들은 이집트, 이스라엘, 요르단과 '서안과 가자의 모든 주민들에 의해 선출된 대표들(representatives of the inhabitants of the West Bank and Gaza)' 사이에서 이루어질 것이다.

이 조항들은 자치 정부의 구성 양식에 관한 논의에는 팔레스타인인들이 이집트 혹은 요르단 대표에 포함되지만, 자치정부를 구성하는 것은 이 지역의 모든 주민들이며 자치 정부 수립 이후 협상에 참가하는 사람들도 서안과 가자 모든 주민 대표들이라고 명시하고 있다. 3항은 4개의 세부 실천 사항을 규정하였다. 여기서는 최종 지위 협상 등의 일련의 협상들에서 '서안과 가자의 모든 주민의 대표들과 이집트, 이스라엘, 요르단 사이의 협상(The negotiations among Egypt, Israel, Jordan and the representatives of the inhabitants of the West Bank and Gaza)'을 규정하였으며, 자치 정부가 '서안과 가자의 모든 주민들'로 구성될 것이라고 다시 한 번 밝혔다. 이 항의 세부 실천 사항들에서 '팔레스타인인들'이라는 용어는 없다.

이러한 용어의 불분명한 사용은 우리에게 다음의 의문을 제기한다. '누가 웨스트 뱅크, 가자 주민들을 구성하느냐? 다시 말하면, 서안과 가자의 팔레스타인인들인가? 아니면 서안과 가자의 정착민들인가?' 이도 아니면 둘 다 인가?

캠프 데이비드 협정 원문의 '그 지역 주민들(inhabitants of the territories)'이라는 표현이 팔레스타인인을 가리키는지 유대인을 가리키는지 모호하므로, 원문에서 의도한 바는 단지 '이스라엘 정착민들을 포함하는 팔레스타인 지역에 살고 있는 주민들'을 지칭한다. 이러한 이유로 그는 캠프 데이비드 협정에서 구상한 점령지의 자치에는 이스라엘 정착민들이 포함되며, 앞으로는 이 정착민들이 이 지역에서 주도권을 쥐게 될 것이다.

이 협정에서 말하는 '서안과 가자의 모든 주민'은 '팔레스타인인들' 뿐만 아니라

'서안과 가자 지역의 정착민들'을 포함하는 것이었다. 그러므로 이 협정이 요구하는 서안과 가자 지역의 자치 정부는 '팔레스타인인들' 뿐만 아니라 '서안과 가자 지역의 정착민들'을 아우르는 '서안과 가자 지역의 모든 주민들'에 의한 것이었다. 이들의 대표들이 이집트, 이스라엘, 요르단과 함께 최종 지위협상에 참가할 사람들이었다. 이로써 서안과 가자에 대한 최종 지위 협상 이전에 이스라엘이 실행할 목표는 분명해졌다. 그것은 서안에서 이스라엘 정착민을 늘리고 조직화해서 최종 지위 협상에서 정착민들이 유리한 고지를 선점하는 것이었다.

베긴은 캠프 데이비드 협정을 준비하면서 1977년 9월 25일 의회에서 다음과 같이 연설하였다.

1. 5년의 임시 기간 후에 주권 문제를 결정할 것이고, 우리는 유대아(서안 남부), 사마리아(서안 북부), 가자에 대한 우리의 주권을 강력히 주장할 것이다.

2. 주민 투표는 없다.

3. 어떤 상황에서도 팔레스타인 국가는 존재하지 않으며 앞으로도 존재하지 않을 것이다.

4. 이스라엘은 유대아, 사마리아, 가자에서 정착촌 건설 사업을 강화할 것이다.

5. 통합된 예루살렘은[130] 이스라엘의 수도이다.

6. 이스라엘 방위군은 유대아, 사마리아, 가자에 계속 남아있을 것이다.

이 연설은 캠프 데이비드 협정에서 베긴이 목표했던 것을 명백히 보여주었다. 베긴은 이 협정에서 정한 임시기간 동안에 정착촌 건설 사업을 강화함으로써, 5년 후에 주권을 주장할 수 있는 토대로 삼으려고 하였던 것이다. 또 서안과 가자 지역에서 주민 투표를 실시하지 않겠다는 언급은 인구 비에서 우위를 점하고 있는 팔레스타인인들에게 정당한 주권을 행사할 기회를 주지 않겠다는 의지의 표현이었다. 궁극적으로 그는 당시 국제사회가 요구했던 팔레스타인 국가의 수립을 저지하고, 서안과 가자 지역을 이스라엘의 관할 하에 두려고 하였던 것이다.

이 협정 이후 농림부 장관 아리엘 샤론이 이끈 정착촌 행정 위원회(Ministerial Committee on Settlements)가 정착촌 계획들을 승인하였고, 그 계획들은 세계 시온주의자

기구 정착국(Settlement Department of the World Zionist Organization)의 지휘 하에 다양한 정착촌 단체들과 개인들에 의해서 실행되었다.

표 45 _ 서안에서의 정착민 증가율

연도	1976	1977.5	1978	1979	1980	1982	1983	1984	1985	1986	1987
정부	노동당		리쿠드당					노동당		리쿠드당	
전체 인구	3,176	5,023	7,361	10,000	12,424	16119	21,000	27,500	44,146	52,960	60,500
증가율(%)	–	58.1	46.5	35.8	24.2	29.7	30.3	30.9	60.5	20.0	14.2

이 협정에서 이집트는 1967년 전쟁에서 빼앗겼던 시나이를 되돌려 받는 대신에, 가자 지구를 이스라엘 영토라고 인정하면서, 자신과는 직접적인 이해관계가 없는 요르단 관리하의 서안지역을 이스라엘의 지배권에 묶어두는 데 동의한 것이었다.

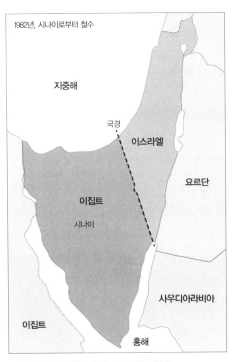

• 1979년 이스라엘/이집트 국경 획정 협정

실제로 캠프 데이비드 협정 조인 6개월 이후에 체결된 1979년 이스라엘/이집트 평화협정은 이집트와 이스라엘의 국경을 이집트와 이전 위임 통치 팔레스타인 영역의 경계라고 명백히 규정함으로써 이집트는 가자 지역이 이스라엘의 영역이라는 것에 동의하였다.[131] "이집트와 이스라엘 사이의 영구적인 경계는 이집트와 이전 팔레스타인 위임 통치 영역 사이의 승인된 국경이다. 양 측은 이 경계를 불가침의 경계로 인정한다. 양 측은 수자원과 영공을 포함하는 상대방의 영토 보전을 존중한다." 따라서 이스라엘-이집트의 평화 협정에 관한한 이스라엘과 이집트 사이에 팔레스타인인들의 영토는 없다. 이 협정 이후 국제사회에서의 '두 국가' 건설 요구는 당분간 사라졌고, 이스라엘은 가자, 동 예루살렘, 서안 지역으로 이스라엘인들의 이주를 더욱 강력하게 추진하면서 팔레스타인인들의 토지를 몰수하였다. 이제 서안과 가자 지역에 자치 정부를 세운다면 그것을 주도할 사람들은 이스라엘 정착민들인 것처럼 보였다. 이 협정에서 제기된 팔레스타인 자치는 국가로서의 지위와는 거리가 멀었고, 유엔이 인정한 팔레스타인인의 대표 기구인 PLO에게는 어떤 역할도 부여하지 않았다. 물론 PLO는 이 협정을 거부하였다.

1994년 7월 이츠하크 라빈 이스라엘 총리와 후세인 요르단 국왕은 윌리암 클린턴 미국 대통령이 중재한 워싱턴 회담에서 양국간의 적대적인 관계를 청산하고 각종관계를 개선한다는 워싱턴 선언을 발표하였다. 이 회담을 후원하면서 미국은 요르단의 7억 달러의 부채 탕감과 군사지원을 약속하였다. 미국은 군사원조 2억 불을 포함하여 매년 5억 달러를 원조하고 있다.

이 워싱턴 선언을 구체화시킨 것이 1994년 10월 26일 이스라엘 정부와 요르단 왕국 사이에 평화 조약이다. 이 조약은 다음과 같이 이스라엘 요르단 사이의 국경을 획정하였다.[132] "이스라엘과 요르단 사이의 국경은 위임 통치하의 경계선이다. 즉 요르단 강과 야르묵 강, 사해, 와디 아라바, 아까바 만이다. 이 국경은 이스라엘과 요르단 사이의 영구적이고, 안정되고, 승인된 국경이다." 이 조약에서 이스라엘과 요르단 사이에 위치하는 팔레스타인 영토는 없다. 오직 이스라엘과 요르단 두 국가만 존재할 뿐이다. 요르단은 이 조약을 체결함으로써 서안을 이스라엘의 영토로 승인하였다.

결국 미국의 지미 카터 행정부와 윌리암 클린턴 행정부가 중재한 이스라엘/이집트, 요르단 국경 획정 협정은 서안과 가자에 대한 팔레스타인인들의 권리를 무시하면서 이스라엘의 주권을 인정하였다.

■ 팔레스타인 자치정부 창설 : 이스라엘과 안보협력

1987년 말부터 시작된 팔레스타인인들의 민중 항쟁인 인티파다로 이스라엘은 국제적인 비난을 받게 되었고 이러한 비난을 벗어날 필요가 있었다. 이 1차 인티파다가 진행되던 1988년 11월 15일 PLO의 입법 기구인 팔레스타인 민족회의(the Palestinian National Council)가 알제에서 "예루살렘을 수도로 팔레스타인 땅에서 팔레스타인 국가의 창설"을 명시하는 팔레스타인 독립 선언을 채택하였다.[133] 1948년 아랍 고등 위원회가 가자에서 독립선언을 한 이후, 이것은 팔레스타인인들의 두 번째 독립 선언인 셈이다. 두 번째 독립 선언 이후, PLO 의장 야세르 아라파트가 유엔 총회에서 연설하였고, 1988년 11월 15일의 팔레스타인 독립 선언을 인정하는 유엔 총회 결의가 12월 15일에 채택되었다.[134] 한걸음 더 나아가 유엔 총회는 유엔에서 '팔레스타인(Palestine)'이라는 용어가 '팔레스타인 해방기구(Palestine Liberation Organization)'를 대체하도록 결정하였다. 이 결의에 대하여 104개 국가가 찬성 투표하였고, 44개 국가가 기권하였으며, 오직 미국과 이스라엘만 반대투표를 하였다. 12월 중순까지 75개 국가가 팔레스타인 국가를 인정하였고, 1989년 2월까지는 93개 국가가 팔레스타인 국가를 인정하였다. 1988년 이 UN 총회 결의문에서 팔레스타인은 이미 국가로서의 지위를 명시적으로 확보하였다.[135] 그럼에도 불구하고, 현재까지 팔레스타인 영토 내에서 유효한 팔레스타인 국가는 존재하지 않는다.

1989년부터 소련으로부터 오는 유대 이민자 수가 급증하였다. 이후 수년 동안 이스라엘 인구는 10~20% 정도가 증가하였고, 1990년 한 해에만 이민자들이 18만 4천 명에 달했다. 이러한 상황들, 즉 국제적 비난, 팔레스타인 국가 선언과 인구문제가 오슬로 과정이 시작될 무렵 이스라엘 정부가 직면하고 있던 가장 긴급한 사안이었다.

• 1993년 9월 13일 임시자치 정부 원칙 선언

1993년 9월 13일 워싱턴에서 이스라엘 정부의 시몬 페레스와 PLO의 마흐무드 압바스(2003년 4월 미국이 후원하고 팔레스타인 자치정부 수반인 야세르 아라파트가 임명한 팔레스타인 초대 총리)가 임시자치 정부 원칙 선언(Israeli-Palestinian Declaration of Principles on interim Self-Government Authority, DOP)에 서명하였고, 미국과 러시아연방이 참관하였다. PLO가 DOP에 서명함으로써 결국 마드리드 회의에서 이츠하크 샤미르 총리가 밝혔던 쌍무 협상의 목표인 '이스라엘 국가의 합법성'을 팔레스타인인들이 인정한 결과가 되고 말았다. DOP의 주요 내용은 다음과 같다.

1항 : 현재의 중동 평화과정 내에서 이스라엘–팔레스타인 대표들의 목표는 웨스트 뱅크와 가자 지구에 있는 팔레스타인인들을 위한 팔레스타인 임시 자치 정부와 선거를 통한 의회의 수립이다. 또 그 목표는 5년 이내의 임시 기간 동안, 유엔 안보리 결의 242호와 338호에 토대를 둔 영구적인 해결책으로 이끌고, 242호와 338호 결의를 이행할 것이다.

5항 : 1. 5년의 임시 기간은 가자와 제리코로부터 군대가 철군하면서 시작할 것이다.
2. 최종 지위 협상은 가능한 한 빨리 시작될 것이고, 임시 기간 2년 내에 이스라엘 정부와 팔레스타인 대표들 사이에서 이루어질 것이다.
3. 최종 지위 협상은 예루살렘, 난민, 정착촌, 안보 협정, 경계, 주변국과의 관계와 협조 그리고 다른 공동의 관심사들을 포함한다.
4. 최종 지위 협상의 결과는 임시 기간에 합의된 협정들에 의해서 손상되거나 선취되지 못한다.

DOP의 어느 조항도 점령지에서 이스라엘의 정책을 저지하고 팔레스타인 국가를 수립한다는 내용을 포함하지 않았다. 유엔 결의 242호의 해석과 관련하여 이스라엘 측은 이집트와 1978년 캠프 데이비드 조약을 맺었을 때 이미 시나이 반도로부터 철군했기 때문에 서안과 가자 지구로부터 철군할 필요가 전혀 없다고까지 주장한다. 따라서 이제 이스라엘이 242호 결의를 공식적으로 시인하는 것은 서안과 가자 지역으로부터의 철군 실행 여부와는 사실상 아무런 관련이 없게 되었다.

오슬로 I 협정은 1994년 5월 4일 미국, 러시아, 이집트의 입회하에 노동당 정부의 이츠하크 라빈과 팔레스타인 측 대표 PLO 의장 야세르 아라파트에 의해서 카이로에서 서명되었다. 이 협정은 가자와 제리코에서의 팔레스타인 자치의 1단계의 윤곽을 그린 것으로, 이 지역에서 팔레스타인 자치정부 당국의 설립과 이스라엘군의 재배치를 포함했다. 그러나 이 협정에서도 이스라엘은 정착촌, 군사 지역, 안보 문제들에 대하여는 계속해서 지배권을 확보하였다. 다음은 오슬로 I 에 명기된 팔레스타인 자치당국과 이스라엘 정부의 권한이다.

> 5항 : 권한
> 1. 팔레스타인 당국의 권한
>   a. 영토권은 가자 지구와 제리코 지역을 포함한다. 그러나 정착촌과 군사 기지는 제외된다.
>   b. 영토권은 이 협정의 조항들과 일치해서 토지, 하층토, 영토의 수자원을 포함한다.
>   c. 공적 업무 권한은 이 협정에서 명기된 모든 권력과 책임을 포함한다. 그러나 이 외교관계와 정착촌 · 군사기지 · 이스라엘인들 내부의 안보 및 공공질서 · 외부의 안보는 제외된다.
>   d. 주민에 대한 통치권은 그 영토에 있는 모든 개인들에게 미치지만 이스라엘인들은 제외된다.
> 2. 팔레스타인 당국은 이 협정에서 제시하는 권한 내에서 입법권, 행정권, 사법권과 책임을 갖는다.
> 3. 이스라엘의 권한
>   a. 이스라엘은 외부 안보와 정착촌 · 군사 기지 · 이스라엘인들의 내부 안보와 공공질서에 대한 권한을 가지며, 이 협정에서 명기되고 동의된 권력과 책임을 갖는다.
>   b. 이스라엘은 군 당국을 통하여 권한을 행사한다. 군 당국은 국제법과 일치하여 필요한 입법 · 사법 · 행정권과 책임을 계속해서 행사할 것이다.

5항에 따르면, 이스라엘 정부는 팔레스타인 자치 지역이라 할지라도 정착촌, 군사 기지와 이스라엘인들에 대한 권리를 계속해서 가지고 있었다. 반면 팔레스타인 자치정부는 자치 지역 외곽에 대한 안보권조차도 갖고 있지 못하기 때문에 이스라엘의 일방적인 공격에 대해서도 무방비 상태일 수밖에 없을 뿐만 아니라, 자치 지역은 외곽 지역으로 재배치된 이스라엘 군에 의해서 포위된 상태였다. 물론 팔레스타인 자치 당국은 외교권도 갖지 못했다. 한 걸음 더 나아가 이스라엘우 규 당국을 통해서 자치지역 내의 입법 · 사법 · 행정권을 계속해서 행사한다. 뿐만 아니라 이 조항은 법 적용에 있어 이스라엘인들과 팔레스타인인들을 차별화시킴으로써 팔레스타인인들에 대한 이스라엘의 인종 차별 행위를 합법화하였다.

오슬로Ⅱ협정의 정식 명칭은 '웨스트 뱅크와 가자 지구에서의 팔레스타인 이스라엘 임시 협정(Interim Agreement on the West Bank and the Gaza Strip)'이다. 이 협정은 1995년 9월 28일에 워싱턴에서 이스라엘 정부와 PLO에 의해서 합의되었으며, 팔레스타인 자치 지역을 가자와 제리코 이외의 다른 웨스트 뱅크 지역으로 확대하였다. 이 조약의 서명에는 미국, 러시아, 이집트, 요르단, 노르웨이, 유럽 연합이 참관하였다.

협정 직전인 1995년 1월 10일 이스라엘 총리 이츠하크 라빈과 1995년 1월 25일 라빈의 계승자인 시몬 페레스는 이 협정에 임하는 입장을 각각 다음과 같이 밝히고 있다.

> 현존하는 정착촌에서 주택 건설, 유치원과 문화 센터의 건설을 금지하는 법을 준비하고 있지 않습니다. 〈라빈〉
>
> 정착촌에서 학교, 개인 아파트와 같은 정상적인 생활을 위한 건축은 멈추지 않을 것입니다. 〈페레스〉

이와 같이 오슬로Ⅱ협정을 체결하기 8개월 전에 이미 오슬로 과정의 두 주역은 협정 이후에도 정착촌 확장 사업을 계속할 것임을 분명히 의도하였던 것이다.

전문 서두에는 이 협정이 1991년 10월 마드리드에서 시작된 중동 평화의 틀 내에서 시작된다고 명기하면서, 마드리드가 만들어낸 평화 과정과 양 측 사이에서 수립된 새로운 관계는 변경될 수 없으며 양측의 결정은 평화 과정을 유지하고 지속시키는 것이라고 선언하고 있다. 그러나 마드리드 대회에서 팔레스타인 측과 이스라엘 측은 각각 전혀 다른 2개의 틀을 가지고 팽팽히 평행선을 달린 바 있다. 그렇다면 오슬로 협상에서 말하는 마드리드의 틀은 누구의 틀인가? 우선 오슬로Ⅱ가 목표하는 평화과정이 무엇인지 먼저 전문의 내용을 살펴보자.

> 수 십 년 동안의 대결을 끝내고 평화적인 공존, 상호 존중, 안보 속에서 살기 위하여 상호의 합법적 · 정치적 권리를 인정하면서 …… 현재의 중동 평화 과정에서 이스라엘과

팔레스타인 협상자들의 목적은 팔레스타인 임시자치 정부를 수립하는 것이다 …… 이 협정에 포함된 임시 자치 정부 합의는 전 평화 과정에서 절대적으로 필요한 부분이고, 최종 지위 협상들은 1996년 5월 4일 이전에 시작될 것이며, 안보리 결의 242호와 338호의 이행으로 귀결될 것이다 …… 이러한 합의들과 함께 팔레스타인인들이나 이스라엘인들에 의하여 저질러지는 테러리즘, 폭력, 선동 행위들과 위협들에 대하여 직접적이며 유효하게 그리고 효과적으로 대처하도록 상호 약속한다.

이 협정의 전문은 평화적인 공존, 상호 존중, 안보를 말하고 있다. 여기서 다시 한 번 상기해야할 사항은 이때가 1987년 12월에 시작된 인티파다의 끝자락이었다는 것이다. 이 인티파다가 전 세계에 알려짐으로써 이스라엘은 국제적인 비난의 대상이 되었고, 그러한 상황에서 벗어나기 위하여 팔레스타인 측으로부터 자신들의 합법성을 보장받을 필요가 절실했다. 즉 여기서의 '공존, 상호 존중, 안보'는 당시에 이스라엘이 절실하게 필요로 하는 개념이었던 것이다. 또한 이스라엘은 팔레스타인인들의 인티파다가 이스라엘 국가의 안보를 위협한다고 여겨 인티파다라는 민중 항쟁을 통제할 '팔레스타인 임시 자치정부'를 필요로 하였다. 이를 반영하듯 이 협정 체결 직후인 1995년 12월 팔레스타인 자치 정부와 팔레스타인의 강력한 이슬람 무장 저항 단체인 하마스는 이스라엘에 대한 무장 공격을 중단하겠다는 공동선언을 채택하였다. 결국 1996년 1월에 자치 정부 구성을 위한 선거가 실시되었고, 동시에 1987년부터 거의 10년 동안 지속된 인티파다는 마침내 종결되었다.

이 협정 전문의 마지막 구절에서 이스라엘과 팔레스타인은 '테러리즘, 폭력, 선동 행위와 위협'에 대하여 효과적으로 대처하겠다고 약속하였다. 그런데 여기서 말하는 '테러리즘, 폭력, 선동 행위와 위협'은 바로 1987년부터 시작된 인티파다를 지적하는 것이었다. 왜냐하면 이스라엘은 군대를 보유하고 있는 정식 국가이기 때문에 팔레스타인인들에 대한 물리적 조치는 군사 작전이 되며, 이러한 군사 작전은 안보를 위한 차원이므로 테러로 분류되지 않았다. 그러나 팔레스타인인들은 국가도 없고, 군대도 없고 이스라엘에 대항하는 것 자체가 불법이기 때문에 이들의 행위는 '테러'로 분류되는 것이다. 오슬로 과정에서 팔레스타인 자치정부 경찰이 수립되었다 하더라도 이는 이스라엘에 대항해서 활동하는 것이 아니라 '이스라엘에 대항하는 팔레스타인 불순 세력들'을 제압하는 데 활용하도록 되어있었다. 따라서 전문의 내용은 팔레스타인인들에 의해서 저질러지는 이스라엘 안보 위협을 팔레스타인 자치 정부를 수립함으로써 제거하고자 한 것이었다. 그러므로 이스라엘 입장에서 이 자치 정부는 국가의 형태를 취할 필요가 없었으며, 이스라엘에 대항하는 불순한 팔레스타인인들을 통제할 정도로만 강력하면 되었다.

이 협정 2장 10항은 이스라엘군의 배치전환과 안보 협정들에 관한 것이다.

1. 이스라엘군 재배치의 1단계는 웨스트 뱅크에 있는 도시, 소도시, 마을들, 난민 캠프, 촌락 등 인구가 밀집된 지역들에서 실시될 것이고, 팔레스타인 선거 22일 이전까지 완료될 것이다.
2. 지정된 위치들로의 이스라엘군의 재배치는 팔레스타인 의회의 개시 이후에 수행될 것이고, 점차적으로 팔레스타인 경찰이 자치 지역 내의 공공질서와 내부의 보안에 대한 책임을 인수함으로써 이루어질 것이다.
3. 팔레스타인인들을 위한 공공질서와 내부 안보를 책임지도록 팔레스타인 경찰이 단계적으로 배치될 것이다.
4. 이스라엘은 이스라엘 국내의 안보와 공공질서를 수호하기 위하여 점령지 외부의 안보뿐만 아니라 점령지 내 이스라엘인들의 총체적인 안보에 대한 책임을 계속해서 수행해야한다.

여기에도 이스라엘군의 점령지로부터의 철군에 대해서는 아무런 언급도 보이지 않으며, 일부 자치 도시에서 자의적인 재배치만을 규정하고 있다. 실제로 이들은 도시 주변지역으로 재배치되면서 도시의 입구를 지키고 도시 전체를 포위하였다. 10항은 팔레스타인 경찰의 역할을 자치 도시 내부의 공공질서 유지와 내부 보안에 국한시켜 자치 도시 외곽 지역으로 재배치될 이스라엘 군대의 역할을 대신할 것임을 밝히고 있을 뿐이다. 즉 이 협정에서 규정하는 팔레스타인 경찰의 역할이란 일종의 커다란 감옥 안의 간수의 역할과 비슷하게 보인다.

또 외부 안보뿐만 아니라 이스라엘인들의 총체적인 안보에 대한 책임은 이스라엘이 계속해서 수행할 것이라고 규정함으로써, 자치 지역 내의 정착촌에 대해서는 여전히 이스라엘이 그 보안권을 확고하게 행사할 것임을 분명히 하고 있다. 결국 서안에 산재해 있는 이스라엘의 정착촌은 안보라는 구실로 이스라엘 군대가 계속해서 그 지역에 머무는 근거를 제공하고 있으며, 이 조항에 관한 한 정착민 보호를 위하여 점령지내에서 이스라엘 군대가 주둔하는 것은 합법적이다.

다음 11항은 점령지 분할을 규정하고 있다. 이제 문제는 양 편이 점령지를 얼마만큼 더 차지할 것이냐의 문제로 분쟁의 범위가 정해진 것이다.

1. 양 측은 서안과 가자를 단일한 영토로서 간주할 것이고, 영토의 보전과 지위는 임시 기간 동안에 유지될 것이다.
2. 최종 지위 협상에서 협상될 논쟁점들을 제외하고, 서안과 가자 영토는 단계적인 방법으로 팔레스타인 의회의 관할 하에 들어갈 것이며, 의회 개시 일로부터 18개월 이내에 완수될 것이다. 이것은 다음에서 구체화된다.
   a) 행정부와 성지가 있는 인구가 집중된 A지역과 B지역에 있는 영토는 재배치의 첫 단계 동안에 팔레스타인 의회의 관할로 들어올 것이다.
   b) A지역과 B지역에서의 행정권과 책임은 재배치 첫 단계 동안에 팔레스타인 의회로 양도될 것이다.
   c) 이스라엘은 재배치 첫 단계 동안에 C지역에서 영토와 관련 없는 시민권과 책임을 양도할 것이다.
   d) 장래에 실시될 이스라엘군의 지정된 군사 지역으로의 재배치는 DOP에 일치하여 세 단계로 나뉘어 점진적으로 이행될 것이고, 팔레스타인 의회의 개시 이후 6개월 간격으로 각각 진행되어 의회 개시일로부터 18개월 이내에 완료될 것이다.

위의 11항은 서안을 다음과 같이 세 영역들로 분할하였다. A지역은 팔레스타인 자치 정부가 행정과 보안을 완전하게 관할하는 곳으로 서안의 2%를 차지한다. B지역은 팔레스타인 자치 정부의 행정 관할 영역이지만 보안은 이스라엘과 팔레스타인 자치정부가 협력하는 지역으로 서안의 26%를 차지한다. C지역은 이스라엘이 완전하게 행정과 보안을 통제하는 지역으로 서안의 72%에 해당하며, 이곳이 바로 협상의 대상이었다.

이 항에서 말하고 있는 '단일한 영토 단위', '영토 보전'에 기초해서 본다면 정착촌 건설은 협정 위반이 었다. 때문에 이스라엘 정부는 새로운 정착촌을 건설하는 것이 아니라 인구의 자연 증가에 의한 기존 정착촌의 자연적인 팽창이라고 주장하였다.

다음 조항에서 오슬로 협상자들은 사실상 C지역에서 다수의 이스라엘 정착민들의 존재와 투자를 합법화시킴으로서 이 지역에 대한 이스라엘의 주권을 인정하였다. 한 걸음 더 나아가 팔레스타인 협상자들은 A지역과 B지역에 있는 이스라엘의 재산권에 도전하지 않기로 다음과 같이 양보하였다.

16항(3) : 팔레스타인은 팔레스타인 의회의 관할 하에 있는 지역에 위치한 이스라엘 정부와 이스라엘 부재지주의 합법적인 권리(이스라엘인들이 소유한 회사들을 포함)를 존중해야한다.

22(3)항 : 팔레스타인은 팔레스타인 의회의 관할 지역에 있는 토지에 관한 이스라엘인들의 합법적 권리(이스라엘인들이 소유한 회사들을 포함)를 존중해야한다.

• 1995년 오슬로 II (출처 : http://www.passia.org)

그러나 C지역에서 팔레스타인인들의 합법적 권리와 재산을 존중하겠다는 이스라엘 정부의 약속은 전혀 없었다. 이렇게 불균형하게 팔레스타인이 양보한 결과로서, 이스라엘 정부는 오슬로 과정 동안에 비군사적인 목적을 위하여 수십 km²에 이르는 점령지의 영토를 전유하였다. 이 협상 이후에 이스라엘은 '영토와 평화의 교환'으로 서안을 팔레스타인인들에게 돌려주겠다고 선언하여 마치 자신들이 역사적인 양보를 한 것처럼 선전하였으나, 당시 이스라엘이 이 영토를 합법적으로 소유한 것은 결코 아니었다.

오슬로 팔레스타인 협상자들이 C지역에 대한 완전한 지배권을 이스라엘에게 넘겨주는 오슬로 II에 동의함으로써, 팔레스타인인들은 서안의 대부분에 대한 통제권을 잃었으며 정착촌 팽창을 중지시킬 가능성마저도 없어져 버렸다.

최초의 중동 평화 협정이라고 일컬어지는 1978년 캠프 데이비드 협정을 처음 시작한 것은 리쿠드당 정부의 베긴 총리였고, 일반적으로 오슬로 과정의 시작이라고 일컬어지는 마드리드 회의도 리쿠드당 정부의 샤미르 총리가 시작한 것이었다. 또 오슬로 협정의 토대가 1978년 캠프 데이비드 협정에 있음을 염두에 둔다면, 협상을 통한 국제사회에서의 이미지 만들기는 리쿠드당 정부가 시작하였고 노동당 정부가 실행하였으므로 점령 정책에 관한한 노동당 정부와 리쿠드당 정부의 차별성은 없

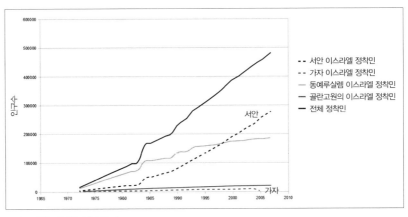

• 이스라엘 정착촌 인구 증가

다. 이스라엘의 정착촌 정책은 교체되는 정부와는 상관없이 연속성을 가지고 줄기차게 전개되어왔다. 다음의 이스라엘 정착민 증가 표들이 이것을 증명할 것이다.

표 46 _ 서안과 가자에서의 정착민 증가

연도	1970	1977	1980	1984	1988	1990	1992	1993	1994	1995	1997	1998
인구	1,514	5,023	12,424	32,600	66,300	76,000	123,184	114,900	141,222	146,207	161,000	176,500
연도	2000	2001	2002	2003	2008	2013	2014[136]	* 2004년 현재 가자에는 7,826명의 이스라엘 정착민 거주, 2005년 8월 가자의 이스라엘 정착촌 완전 철거				
인구	203,067	213,672	226,028	231,400	290,400	365,500	400,000					

표 47 _ 동 예루살렘에서의 정착민 증가

연도	1972	1977	1981	1983	1986	1992	1995	1996
인구	9,200	33,300	59,000	76,095	103,900	124,400	140,700	160,400
연도	2004	2007	2010	2014[137]	* 2014년 현재 이스라엘 점령지 골란고원(시리아 영토)에는 21,000명의 이스라엘 정착민들이 거주.			
인구	181,578	189,708	198,629	300,000 ~350,000				

■ 미첼 보고서와 2003년 로드맵

미첼 보고서(The Mitchell Report on the Al-Aqsa Intifadeh)는[138] 미국 부시 행정부가 주도한 로드맵(Road Map) 협상의 토대가 되었고, 현재 오바마 행정부는 로드맵을 이스라엘-팔레스타인 정책의 지침으로 삼고 있다. 특히, 오바마가 조지 미첼을 2009년 1월 22일 중동 특사로 임명한 뒤 미첼 보고서에 대한 관심이 더욱 높아졌다.[139] 이 보고서를 분석하는 것은 현재 오바마 행정부의 이스라엘-팔레스타인 정책의 기본 구조를 파악하는 길이다

미첼 보고서는 미국 상원 의원 조지 미첼(George J. Mitchell)이 이끄는 '미국 진상 조사 위원회(an American fact-finding committee)'가 알-아크사 인티파다초기에 발생한 이스라엘-팔레스타인 분쟁 조사 결과로서 만든 문서다. 이 진상 조사 위원회는 조지 미첼 이외 미국 전직 상원위원 1명, 터키 대통령, 노르웨이 외무장관, EU 외교 안보 정

책 담당관 등 5명으로[140] 구성되었다. 이 보고서는 2001년 4월 30일에 출판되었고 '샤름 알 셰이크 진상 조사위원회 보고서(Sharm El-Sheikh Fact-Finding Committee Report)'로 알려졌다.

2000년 캠프 데이비드 수뇌 회담의 실패 이후 이스라엘-팔레스타인 평화 협상을 재개하기 위하여 이 위원회는 다음 세 가지를 요구하였다.

> 1. 폭력의 중지 : 이스라엘 정부와 팔레스타인 자치 정부는 모든 폭력을 즉시 중지시키고 안보 협력을 재개할 것
> 2. 신뢰회복 : 팔레스타인 당국이 테러리스트 조직을 분쇄하고 조직원들을 벌을 주는데 100퍼센트(a 100 percent effort) 노력해야한다. 이러한 노력은 팔레스타인 자치 지역 내부의 테러리스트들을 체포해서 투옥시키는 즉각적인 조치를 포함한다.
> 이스라엘은 '자연적 성장'을 포함하는 점령촌 활동을 동결할 것.
> 팔레스타인자치 정부와 이스라엘은 신뢰 회복을 위한 여러 조치들을 취할 것.
> 3. 협상의 재개.

이 보고서는 "샤론의 템플 마운트 방문과 그의 방문 다음 날 같은 장소에서 팔레스타인인들의 시위가 조직되고 이스라엘 경찰에게 돌을 던지고, 이스라엘 군인들이 고무 총탄을 쏘아 4명의 팔레스타인인들이 살해되고, 200여 명이 부상당했으며, 이스라엘 경찰들 14명이 다쳤다."고 조사 보고를 시작하고 있다. 그러나 이 보고서는 2000년 9월에 템플 마운트를 방문함으로써 폭동을 유발시킨 이스라엘 총리 아리엘 샤론을 비난하지 않고, PLO가 폭력 행위를 이끌었다는 전제를 받아들였다.

미첼 보고서에 따르면, 이스라엘은 다음과 같이 주장한다.

> 폭력을 직접 유발시킨 것은 2000년 7월 25일 캠프 데이비드 협상의 결렬과 이 난국에 대한 책임이 팔레스타인에 있다는 인식이 국제 사회에 널리 퍼졌기 때문이었다. 이러한 입장에서 팔레스타인의 폭력은 팔레스타인 자치 정부가 기획한 것이었고, 외교적으로 우선권을 차지하기 위한 수단으로 팔레스타인 재난을 선동하고 자초하였다.

미첼 보고서에 따르면, PLO는 다음과 같이 주장한다.

캠프 데이비드 협상은 단지 협상을 구실로 영향력을 확장하기 위한 이스라엘의 기획이었으나, 팔레스타인 자치정부는 인티파다를 기획하지 않았다. 이스라엘은 시위자들에 대항하는 치명적이고 불법적인 무력을 광범위하게 사용하면서, 팔레스타인인들의 생명과 안전을 경시하였다. 팔레스타인인들에게, 9월 30일 가자에서 아버지의 뒤에 숨어서 총을 맞은 무함마드 알 두라(Muhammad al-Durrah)의 이미지는 이러한 인식을 강화시켰다.

이 보고서를 통해서 미첼은 다음과 같이 결론 내렸다.

초기에 폭력 행위가 발발하도록 팔레스타인 자치정부가 고의로 기획했다는 증거도 없고, 이스라엘이 치명적인 무력으로 응답하도록 고의로 기획했다고 결론을 내릴 근거가 없다.
그러나 폭동이 시작할 때, 그 폭동을 제압하고 시위를 자제시키기 위하여 팔레스타인 자치정부가 지속적인 노력을 했다는 증거도 없고, 이스라엘이 비무장 팔레스타인인들의 시위를 통제하기 위하여 치명적인 아닌 수단을 사용하려고 지속적인 노력을 했다는 증거도 없다. 그래서 폭력이 점점 격화되었다.

샤론의 방문이 '알-아크사 인티파다'를 유발한 것은 아니었다. 그러나 그의 방문은 시기가 부적절해서 도발적인 효과가 예상되었다. 더 중요한 것은 다음의 사건들이었다. 팔레스타인 시위대들에 대한 치명적인 수단을 사용하기로 한 이스라엘 경찰의 결정과 팔레스타인 시위대들을 제압하지 못한 양 측의 실수였다.

이 보고서는 팔레스타인 자치정부가 반-이스라엘 테러리즘(anti-Israeli terrorism) 분쇄를 위해서 최선을 다하지 않은 것이 현재 위기의 원인이라고 여러 번 강조하고, 이스라엘과의 안보 협력 강화를 요구하면서, 이스라엘에게는 점령촌 활동 동결을 요구하고 있다. 결국 미첼의 보고서는 팔레스타인 자치 정부의 역할을 이스라엘 안보 협력에 집중시킴으로써 '당면한 위기에 대한 팔레스타인인들의 책임'이라는 이스라엘의 주장을 그대로 받아들이고 있는 것으로 평가된다.

위의 미첼 보고서는 2003년 '로드맵(Road Map)'의 형태로 구체화되었다. 로드맵은 '팔레스타인인들에게 이스라엘에 대항하는 무장 공격을 무조건 완전히 중단할 것,

이스라엘에게는 2000년 9월 28일 이전 경계로 철군할 것'을 각각 요구했다. 결국 이 것은 2000년 9월 28일의 경계로의 철군을 요구함으로써, 1967년 이후의 점령지에 대한 이스라엘의 지배권을 승인했다. 로드맵은 부시가 주관하고 이스라엘 총리 아리엘 샤론과 팔레스타인 초대 총리 마흐무드 압바스가 참석한 아까바 정상 회담에서 2003년 6월 4일에 공식적으로 제기되었다.

　로드맵은 전문, 1단계, 2단계, 3단계로 구성되어있다. 전문은 당면한 위기의 원인을 이스라엘의 정령 정책에 대항하는 팔레스타인인들의 무장 공격이라고 진단하고 있다. 로드맵의 1단계는 팔레스타인 자치 정부에게 팔레스타인 무장단체들을 해체하고 팔레스타인 교육과정, 미디어, 종교 단체에서 반(反) 이스라엘적인 행위를 중지시킬 것을 요구한다. 그러므로 로드맵의 1차적인 목표는 점령지에서 내전을 유발시키는 것이다. 팔레스타인 문필가인 무함마드 자카리야는 "파타와 하마스의 내전은 이스라엘의 프로그램(2003년 로드맵)이다. 우리는 이 프로그램을 이미 알고 있었다. 그러나 우리는 이 사태를 막을 수 없었다."고 주장했다. 자카리야의 말에 따르면, 내전은 팔레스타인인들에게 피할 수 없는 사건이다.

　로드맵 전문은 팔레스타인 국가 건설을 위한 최종 지위 협상 이전에 팔레스타인인들이 무장 공격을 중지해야만 한다고 규정하고 있다. 그 내용은 다음과 같다.[141]

> 팔레스타인인들이 테러에 대항하여 결정적인 초치를 취하고 관용과 자유에 토대를 둔 민주주의를 실행할 수 있는 …… 지도부를 갖고, 폭력과 테러리즘의 종결시킬 때 비로소 이스라엘–팔레스타인 분쟁에 대한 두 국가 해결책은 오직 성취될 수 있다.

　로드맵 전문에서 "양 측이 협의한 해결안은 독립적이고. 민주적이며, 생존 가능한 팔레스타인 국가의 출현으로 이끌 것이다."라고 '생존 가능한 팔레스타인 국가'라는 표현을 명시한 것은 이스라엘과 장래 수립될 팔레스타인 국가의 경계가 1967년 전쟁 이전까지 경계였던 그린라인이 아니라는 것을 의미한다. 이러한 애매모호한 용어의 사용은 강자의 의도에 따라 영토 분할이 가능하도록 해석할 수 있는 길을 열어 놓았다.

아리엘 샤론 내각은 2003년 5월 27일 로드맵에 14개의 보류 조항을 첨부해서 통과시켰다. 보류 조항 1은 모든 팔레스타인 무장 단체들, 즉 이슬람주의자 계열인, 하마스(Hamas)와 이슬람 지하드(Islamic Jihad), 사회주의자 계열인, 민중 전선(the Popular Front)과 민주주의 전선(the Democratic Front), 자유주의자 계열인, 알 아크사 여단(Al-Aqsa Brigades) 등을 테러리스트 조직으로 명시하면서, 동시에 로드맵 1단계에서 팔레스타인인들에게 이 조직들과 그들의 기반 시설을 완전히 파괴할 것을 요구하고 있다. 이 조항에 따르면, 팔레스타인인들이 1단계를 완벽히 이행하지 않을 경우 2단계로의 진전은 절대 불가능하다.[142]

14개의 보류조항이 테러리스트 조직으로 지목한 팔레스타인 무장 단체들이 대다수 팔레스타인들의 지지를 받고 있다. 그러므로 팔레스타인인들이 정상적인 사회를 유지하면서 모든 팔레스타인 무장 단체의 완전 해체를 요구하는 로드맵의 1단계를 성취한다는 것은 불가능하다. 따라서 만약 이스라엘과 미국이 팔레스타인 자치정부를 압박하여 14개 보류조항이 첨부된 로드맵의 1단계를 강제로 실행시킨다면, 이러한 조치는 팔레스타인 사회를 완전히 분열 해체시키게 될 것이다.

또 로드맵 보류조항 5는 다음을 규정하고 있다.[143]

임시 팔레스타인 국가(the provisional Palestinian state)의 성격은 팔레스타인 자치정부와 이스라엘 사이의 협상을 통해서 결정될 것이다. 임시 국가는 임시 경계와 제한된 주권을 갖게 될 것이고, 오직 제한된 영역과 장비만 갖춘 경찰과 내부 보안대만을 유지하며, 군대 없이 완전히 비무장화될 것이며, 방위 동맹이나 군사협력을 수행할 권한(외교권)이 없다. 이스라엘은 모든 주민들과 화물의 출입과 영공, 통신 매체들, 텔레비전, 라디오, 전화 등을 통제한다.

이처럼, 보류조항 5는 로드맵이 제시한 '독립적이고, 민주적이며, 생존 가능한 주권을 가진 팔레스타인 국가의 출현'을 '완전히 불구가 된 임시 팔레스타인 국가'로 전락시켰다.

■ 오바마 행정부의 정책

오바마는 2009년 1월 22일 국무성 연설에서 대통령으로서 외교문제에 관한 공식 입장을 밝히면서 조지 미첼(George Mitchell)을 중동 특사로 임명했다. 이 연설에서 대통령 취임 직전까지 계속되었던 이스라엘의 가자 공격에 대한 언급은 없었으며, 평화적 해결에 전념하겠다고 강조하면서 '아랍 평화안'에 대한 지지를 밝혔다. 이러한 오바마의 연설은 아랍 국가들이 제시한 '아랍 평화안'을 지지하며 실행할 계획이 있는 것처럼 보이게 한다. 그러나 오바마는 아랍 평화안의 전제 조건을 모두 생략하고, 이스라엘과 아랍 국가들 간의 관계 정상화만을 요구하고 있다. 그는 "아랍 평화안(Arab Peace Initiative)이 그 동안의 노력을 진전시킬 수 있는 건설적인 제안들을 담고 있다. 이제 아랍 국가들은 압바스 수반과 파예드 총리가 통치하는 팔레스타인 정부를 후원하고 이스라엘과의 관계 정상화를 향한 조치들을 취하고, 우리 모두를 위협하는 극단주의에 맞섬으로써 아랍 평화안의 약속을 실행해야할 시점이다."라고 주장하였다.[144] 오바마는 4월에 사우디아라비아의 압달라 왕과의 회담에서도 '아랍 평화안'에 대한 지지를 밝혔다. 이후에도 오바마와 그의 중동 특사인 조지 미첼은 수차례에 걸쳐 '아랍 평화안'에 대한 지지를 밝혔다.[145]

실제 아랍 평화안은 이스라엘-아랍 국가들의 관계 정상화의 조건으로 이스라엘-팔레스타인 분쟁을 종식을 위한 다음의 전제 조건들을 내세우고 있다.[146]

첫째, 이스라엘이 시리아의 골란 고원을 포함하는 모든 아랍 영토로부터 1967년 6월 4일 이전 경계로 완전히 철군할 것과 남부레바논으로부터 철군할 것.
둘째, 유엔 총회 결의 194호에 부합하도록 팔레스타인 난민 문제를 공정하게 해결할 것.
셋째, 1967년 6월 4일 이후 이스라엘이 점령하고 있는 서안과 가자 전역에서 독립적이고 주권을 가진 동예루살렘을 수도로 하는 팔레스타인 국가 창설할 것.

이 제안들에 대한 응답으로 아랍 국가들은 아랍-이스라엘의 분쟁을 종식하고, 이스라엘과 평화 협정에 서명함으로써 이스라엘과 관계 정상화를 약속하였다. 그러나 오바마의 연설은 아랍 평화안이 내세우고 있는 전제 조건들에는 관심이 없고, 이스라엘과 아랍 국가들 사이에의 관계 정상화를 강조함으로써 그 결과를 성급하게 선취하려는 듯이 보인다.

지난 2008년 12월과 1월까지 3주 동안 이스라엘이 가자를 공격함으로써, 1,400명 이상의 팔레스타인인들이 살해되었음에도 불구하고. 20009년 6월 4일 카이로 대학에서 행한 연설에서 이 비극적인 사건에 대하여 단 한 마디도 언급하지 않았다. 반면에 오바마는 미국과 이스라엘의 강력한 유대관계를 강조하면서 반셈주의와 홀로코스트는 결코 부정될 수 없는 비극적인 유대인 역사이며, 유대인들의 민족 고향에 대한 열망은 이 비극적 역사에 근거한다고 주장하였다. 오바마는 팔레스타인인들도 60년 이상 점령 상태에서 고통을 받고 있다고 언급하면서, 두 민족은 국가 수립에 대한 정당한 열망이 있으며, 이 열망은 이스라엘인들과 팔레스타인인들이 평화롭고 안전하게 공존할 수 있는 두 국가 건설을 통해서 충족되어야한다고 제시하였다. 그는 이것이 이스라엘, 팔레스타인, 미국과 아랍 세계에 유익한 것이라고 주장하였다. 이를 위하여 오바마는 이스라엘-아랍 관계 정상화를 위하여 새로운 이스라엘 팔레스타인 분쟁 해결안을 내놓기 보다는 이미 협의된 2003년 로드맵을 토대로 협상을 추진할 것임을 밝혔다.[147)]

오바마는 아랍 국가들 방문에 앞서 5월에 이스라엘 총리 베냐민 네타냐후와 팔레스타인 자치정부 수반 마흐무드 압바스를 각각 만났다.

이스라엘 총리 베냐민 네타냐후는 5월 17일 "이스라엘과 팔레스타인인들, 아랍 국가들과 사이에서 체결된 협정들을 인정한다고 밝히면서, 모든 아랍 국가들이 지체 없이 이스라엘과의 관계정상화를 위한 상징적인 조치를 취해야 된다고 주장하였다." 우파인 네타냐후의 계획은 지중해와 요르단 강 사이의 모든 지역을 이스라엘이 완전히 통치하는 것이다. 무제한적으로 유대 점령촌을 곳곳으로 확장하면서, 유대 점령촌에 둘러싸여 고립된 팔레스타인인들에 대한 제한적인 통치권을 갖는 팔레스타인 자치 정부 운용과 팔레스타인 난민 귀환 거부 등은 네타냐후의 주요한 목표다. 총리 취임 이후 네타냐후는 팔레스타인인들이 이스라엘을 '유대 국가'로 인정해야 한다고 주장한다. 이러한 네타냐후의 '유대 국가' 주장은 유대인들이 이스라엘에 대한 독점적인 권리를 가져야 한다는 것으로, 이스라엘 내에 거주하는 무슬림들의 권리가 박탈당할 수 있으며, 팔레스타인 난민 귀환을 불가능하게 하는 근거로 활용될 수 있다.

팔레스타인 자치 정부 수반 마흐무드 압바스는 5월 28일 오바마와의 회담에서 "이스라엘-팔레스타인 평화 협상의 전제 조건으로, 미국이 이-팔 협상을 중재하고, 이스라엘은 점령촌건설 중단하고 동예루살렘에서 팔레스타인인들 가옥 파괴 행위를 중지할 것" 등을 요구하였다. 압바스는 로드맵(Road Map)과 아랍 평화안(Arab Peace Initiative)이 평화 협상의 토대가 되어야한다고 주장했다. 로드맵은 2003년 미국 대통령 조지 부시가 중재하여 당시 이스라엘의 아리엘 샤론과 팔레스타인의 마흐무드 압바스가 서명했으며, 현재까지 이스라엘-팔레스타인 사이에 성취된 최종적인 협정이다. 아랍 평화안은 2002년 당시 사우디아라비아의 왕세자인 압둘라가 제안하여 아랍 국가들이 합의하였고, 2007년에 재확인하였다.

로드맵 전문은 "양 측이 협의한 해결안은 독립적이고, 민주적이며, 생존 가능한 팔레스타인 국가의 출현으로 이끌 것"이라고 명시하고 있다. 로드맵 1단계는 "팔레스타인인들 무장공격의 중지, 광범위한 정치개혁, 2000년 9월 28일 이후 점령한 팔레스타인 지역으로부터 이스라엘군이 철군할 것, 2001년 3월 이후 건설한 전초기지들을 즉시 제거할 것, 점령촌의 자연적인 팽창을 포함하는 모든 점령촌 건설 사업을 동결할 것"을 요구하고 있다.

로드맵은 현재 오바마를 비롯한 힐러리 클린턴 등 미국 관리들이 주장하는 내용과 일치한다. 오바마는 5월 18일 네타냐후와 회담에서 "로드맵은 팔레스타인 자치 정부에게 폭력을 중지시키고 테러의 기반을 분쇄하도록 요구하며, 최종적으로 두 국가 해결안은 이스라엘에게 이익이다. 미국은 이스라엘이 점령촌건설 사업을 중지시키고, 팔레스타인인들은 필요한 보안 조치들을 수행하기를 바란다."라고 밝혔다.

아랍 평화안은 이스라엘-팔레스타인 분쟁을 종식시키기 위한 포괄적인 제안들로 다음과 같이 구성되어 있다. 첫째, 이스라엘이 시리아의 골란 고원을 포함하는 모든 아랍 영토로부터 1967년 6월 4일 이전 경계로 완전히 철군할 것과 남부레바논으로부터 철군할 것. 둘째, 유엔 총회 결의 194호에 부합하도록 팔레스타인 난민 문제를 공정하게 해결할 것. 셋째, 1967년 6월 4일 이후 이스라엘이 점령하고 있는 서안과 가자 전역에서 독립적이고 주권을 가진 동예루살렘을 수도로 하는 팔레스타인 국가 창설할 것. 이 제안들에 대한 응답으로 아랍 국가들은 아랍-이스라엘의 분쟁을 종식하고, 이스라엘과 평화 협정에 서명함으로써 이스라엘과 관계 정상화를 약속하였다.

오바마는 팔레스타인인들에게 폭력과 살해를 통한 저항 운동을 포기할 것을 요구하면서, 이스라엘에게는 점령촌건설 사업 동결을 요구하였다. 그러나 6월 2일 네타냐후는 점령촌건설 사업을 계속해서 추진하겠다고 밝혔으며, 현재 계속 이 사업을 계속 진행시키고 있다.

2009년 6월 9일 오바마는 2년 이내에 최종적으로 승인된 두 국가 해결을 위한 계획안을 이집트와 이스라엘에게 제시하였다. 오바마는 5월 네타냐후의 미국 방문 기간 동안 함께 의논하였다. 보도에 따르면, 이 계획은 2011년까지 평화 협상을 거쳐서 팔레스타인 국가를 위한 협정을 통과시킨다는 것이다.[148]

오바마의 카이로 연설에 응답하듯이, 네타냐후는 2009년 6월 14일, 이스라엘과 아랍 세계에 생방송으로 진행된 "중동 평화 과정"에 대해서 연설했다. 그는 처음으로 이스라엘과 병존하는 팔레스타인 국가라는 개념을 공식적으로 사용하였다.[149] 네타냐후는 완전히 탈군사화 된 팔레스타인 국가라는 방안을 제시했다. "팔레스타인 국가는 군인, 로케트, 미사일이 없고, 영공에 대한 통제권도 없으며, 예루살렘은 분할될 수 없는 이스라엘 영토다. 팔레스타인인들은 이스라엘을 통합된 예루살렘을 포함하는 유대국가로 인정해야한다. 난민 귀환권은 거부되어야하며, 이스라엘 내에 팔레스타인 난민들을 재정착시키는 어떤 요구도 유대인 국가로서의 이스라엘의 존재를 침식한다. 2003년 로드맵이 요구한 서안에서의 정착촌 건설 중지는 발생하지 않을 것이며, 이민자를 포함하는 자연적 성장이 이루어질 것"을 전제로 하는 것이다.[150]

팔레스타인 자치정부는 네타냐후의 제안을 즉각 거부하였다. 팔레스타인 협상대표인 사예브 에레카트(Saeb Erekat)는 세계인들이 팔레스타인 국가라는 용어에 속지 말도록 요구하면서, "네타냐후는 영구지위 협상으로 가는 문을 닫아버렸고, 예루살렘은 이스라엘의 수도이며, 난민 문제는 협상 대상이 아니고, 점령촌은 계속 남아있을 것이라고 선언했다."라고 주장했다.

네타냐후의 연설은 오바마의 카이로 연설에 대한 응답이었으며, 오바마는 이 연설이 매우 '진전된 중요한 조치'라고 환영하였다.[151]

오바마는 2008년 6월 선거 운동 과정에서 미국-이스라엘 공공업무 위원회(American Israel Public Affairs Committee)에서 연설하였다. 이 연설에서, 오바마는 "이스라엘의 안보는 신성불가침이고, 협상 대상이 아니다. 미국-이스라엘 동맹은 공동의 이익과 민주주의라는 공동의 가치에 근거하며, 이스라엘을 위협하는 것은 우리를 위협하는 것이다."라고 공언하면서, 가자를 통치하는 하마스, 레바논의 헤즈볼라, 핵무기 개발을 추진하는 이란이 이스라엘 안보를 위협하고 있다고 주장하였다. 오바마는 가자(하마스)에서부터 테헤란(이란)까지 그 어떤 위협으로부터도 이스라엘이 스스로를 방어할 수 있도록, 미국-이스라엘의 방위 협력이 강화되어야하며, 이를 위하여 대통령으로서 10년 이내에 3백 억 달러의 군사 원조를 제공하기 위한 양해각서를 이스라엘과 체결할 것이라고 밝혔다. 안보를 위해서 중동 최강의 군대를 보유한 이스라엘에게 3백 억 달러를 지원한다는 이 제안의 의미는 미국이 이스라엘의 군국주의화를 심화시키는 것으로 예상된다. 이 계획은 이스라엘을 더욱 견고한 군사 요새로 변형시키고, 주변 중동 국가들의 무장화를 급격히 부추기면서, 결국은 이 지역에서 미국의 영향력과 이익을 극대화시킬 것이다.[152]

오바마는 이스라엘에게 방위비로 27억 7천 5백 만 달러 원조를 포함하여 2010년 외국 원조 예산안에 서명했다. 오바마가 대통령에 취임한 이후, 이 예산은 두 번째로 이스라엘에게 주는 것이며 오바마가 대선기간에 미국 이스라엘 공공 정책위원회(AIPAC) 연설에서 이스라엘에게 10년 동안 주기로 약속한 전체 300억 달러 중의 일부다.[153]

오바마는 팔레스타인 자치정부 예산 지원으로 5억 달러를 서명했다. 이 중 1억 달러는 서안에서 팔레스타인 보안대를 훈련시키는 미국의 케이스 데이톤(Keith Dayton) 장군이 사용할 것이다. 미국 정부는 이 원조는 미국, UN, 러시, EU로 구성되는 4자 위원회가 승인하는 조건으로 전달될 것이다.

미국은 이집트와 평화 조약에 서명한 대가로 이스라엘에게 28억 달러를 원조해오고 있다. 20억 달러는 안보비용이고 나머지는 시민들에게 제공된다. 그러나 베냐민 네타냐후가 집권한 이후, 안보 비용을 24억 달러로 증가시켰다. 전임 이스라엘 총리 에후드 올베르트는 부시 행정부와 양해 각서를 체결하면서 앞으로 10년 이내에 미국의 안보 원조를 점차 증가시키기로 약속했다. 이스라엘은 이것이 소위 "이란의 위협"에 대항하기 위한 노력의 일부라고 주장하고 있다. 이스라엘 안보를 위하여 연간 30억 달러를 제공하기로 합의했으며, 이란에 대항하는 "미사일 방어" 분야에 집중된다. 이스라엘에 대한 미국 원조는 무기 판매와 관계있다. 원조 총액의 75%는 미국에서 만들어진 무기를 사는데 사용되어야만 한다.[154]

네타냐후가 밝힌 팔레스타인 국가 건설안은 14개의 보류조항이 첨부된 2003년 로드맵의 내용과 일치한다. 오바마 행정부의 이스라엘-팔레스타인 정책은 기본적으로 로드맵에 토대를 둔 것이다.

오바마는 2008년 12월 말부터 2009년 1월에 3주 동안 계속된 이스라엘의 가자 지구 공격으로 1,400명 이상의 팔레스타인인들이 살해된 것과 관련해서는 현재까지 거의 공식적인 발언을 하지 않았다. 그러나 2008년 7월 선거 운동 기간 중에 스데로트 점령촌 기자회견에서 오바마는 "나는 이스라엘의 안보를 확약하기 위해서 스데로트에 왔다. 이스라엘은 스스로를 방어할 권리가 있고, 평화가 안보를 위태롭게 해서는 안 된다. 자국의 시민들 머리 위로 로켓이 떨어지는 것을 수용할 수 있는 국가는 없다. 국가의 첫 번째 임무는 시민들을 보호하는 것이다. 만약 누군가가 내 두 딸이 자고 있는 집으로 로켓을 발사한다면, 나는 모든 수단을 동원해서 그것을 막을 것이다. 이스라엘인들도 이렇게 하기를 원한다."고 밝혔다.[155]

위에서 제시한 '이스라엘의 가자 공격과 하마스의 스데로트 정착촌 공격'에 대한 불공정한 오바마의 태도는 미국의 이스라엘-팔레스타인 정책의 기본 구조에서 나온 것이다. 2001년 미첼 보고서, 2003년 로드맵, 2009년 1월 국무성 연설, 2009년 6월 카이로 대학 연설 등은 일관성 있게 팔레스타인인들의 폭력성이 문제를 일으키는 원천이라는 대전제에서 출발한 것이다. 미국의 이스라엘-팔레스타인 정책에서 이 대전제가 바뀌지 않는 이상 정상적으로 기능할 수 있는 팔레스타인 국가 수립이란 거의 불가능하다. 프랑스와 스페인 등의 요구에 따라서 영토 획정 등과 관계없이 유럽 연합이 팔레스타인 국가를 공인하려던 방안은 무의미할 뿐만 아니라, 2009년

1월에 이미 임기 만료된 부패하고 무능한 압바스 정권을 연장시키려는 국제 사회의 연대 이상은 아니라고 보인다.[156]

그런데 2010년 12월 3일 브라질이 1967년 6월 4일 경계를 국경으로 갖는 팔레스타인 국가를 공인한 이후, 2011년 1월 17일까지 우루과이, 아르헨티나, 볼리비아, 에콰도르, 칠레, 가이아나 등 라틴 아메리카에 위치한 7개 국가가 연쇄적으로 팔레스타인 국가를 공인하였다. 베네수엘라는 이미 2000년대 중반에 팔레스타인 국가를 공인하였고, 파라과이와 페루도 곧 이 대열에 합류할 것으로 보인다. 이러한 라틴 아메리카 국가들이 팔레스타인 국가를 공인하는 도미노 현상은 기타 지역의 국가들에게도 영향을 주어 이스라엘을 외교적으로 고립시킬 수도 있을 것으로 보인다.[157]

이러한 팔레스타인 독립 국가 공인 움직임에 대하여 미국이 제동을 걸었다. 2010년 12월 15일 미국 의회는 팔레스타인 국가를 국제 사회로부터 공인받으려는 팔레스타인 자치 정부의 노력을 비난하면서, '이스라엘-팔레스타인 양자 협상을 통한 분쟁 해결 요청' 결의를 만장일치로 채택하고, '팔레스타인 국가를 공인하려는 유엔안보리의 어떤 움직임도 거부'한다고 결의하였다. 이 결의는 미국 의회 외교위원회 의장인, 하워드 베르만(Howard Berman)이 발의하고 53명의 의원들이 공동 제안하여 통과되었으며, 브라질, 아르헨티나와 우루과이가 1967년 경계를 국경으로 갖는 팔레스타인 국가를 공인한 것을 언급하면서, 팔레스타인 국가를 공인하려는 유엔 안보리의 어떤 움직임도 거부한다고 명시하였다.[158]

최근의 서로 다른 이러한 국제 사회의 움직임은 2009년 8월 살람 파야드(Salam Fayyad) 팔레스타인 총리가 팔레스타인국가 수립계획인 '점령종결, 국가건설(Ending the Occupation, Establishing the State)'을 발표하면서 표면화되었다. 이 계획은 1967년에 점령당한 영토인 동예루살렘을 수도로 서안, 가자에 2년 내에 '독립적이며, 주권이 있고, 생존 가능한' 팔레스타인 국가를 창설하여 유엔 안전보장이사회의 승인을 얻는다는 것이다. 이 내용은 조지 W. 부시가 중재한 이스라엘-팔레스타인 직접 협상의 결과물인 2003년 로드맵에 토대를 둔 것이다.[159]

이러한 팔레스타인 자치정부의 노력을 지지하면서, 2010년 2월에는 프랑스와 스페인이 18개월 이내에 팔레스타인 독립국가 공인을 추진하고 있는 것으로 알려졌다. 프랑스의 베르나르 쿠슈네르(Bernard Kouchner) 외무장관은 팔레스타인 국경이 확정되기 이전이라도 팔레스타인 독립 국가를 인정할 수 있다고 밝혔다. 쿠슈네르 장관은 "2011년 중반까지 정치협상을 통해 이스라엘의 (1967년 제3차 중동전쟁으로 점령한 서안 및 가자지구에 대한) 점령 상태가 종식되지 않는다면 이스라엘로 하여금 점령을 포기하도록 압박할 팔레스타인 국가 기반과 제도를 인정하겠다."고 말했다. 이스라엘 일간 〈하레츠〉는 "쿠슈네르 장관과 유럽 연합의 순번 의장국인 스페인의 미겔 앙헬 모라티노스(Miguel Moratinos) 장관은 이스라엘-팔레스타인 간의 영구 공존을 위한 평화협상이 마무리되기 전이라도 18개월 이내에 유럽 연합이 팔레스타인 국가를 인정하는 방안을 추진하고 있다."고 보도했다.

그러나 2010년 11월과 12월에 유럽 연합은 팔레스타인 국가 공인에 대해서 한 걸음 물러서면서, "유엔 안보리에서 팔레스타인 국가 공인을 압박한다는 계획을 거부하면서 팔레스타인 국가 건설이 아직은 시기상조며, 다시 적당한 시기에 팔레스타인 국가를 공인하겠다."고 밝혔다. 이러한 유럽 연합의 태도 변화는 팔레스타인 독립 국가 공인 움직임에 대하여 제동을 거는 미국의 입장을 반영한 것으로 보인다.[160]

역사적으로 볼 때, 팔레스타인 국가 공인을 포함하는 이스라엘-팔레스타인 분쟁해결은 미국을 비롯한 강대국들이 그 열쇠를 쥐고 있는 것으로 보인다. 현재까지 이스라엘 팔레스타인 분쟁에서 유럽 국가들과 러시아(소련 포함)는 친이스라엘 정책을 펴는 미국과 입장을 공유했다. 그렇다면, 라틴아메리카 국가들의 팔레스타인 국가 공인이라는 연쇄반응에 더하여, 급부상하고 있는 중국과 인도 등이 이 분쟁을 해결하도록 미국을 압박할 수 있을까?

■ 2011년 66차 유엔총회 연설과 '유엔 옵서버 국가'로 승격

팔레스타인은 2011년 9월 제66차 유엔총회에서 유엔 회원국 가입신청을 했다. 이와 함께 제66차 유엔총회의 주요한 주제는 팔레스타인국가 건설 문제였다. 오바마, 압바스, 네타냐후의 유엔총회 연설은 미국, 팔레스타인, 이스라엘의 전통적인 정책

과 열망을 분명히 드러낸다. 2014년 현재도 미국, 팔레스타인, 이스라엘의 입장은 변함이 없다.

버락 오바마 미국 대통령은 이번 유엔총회에서 특히 중요한 안건이 이스라엘인들과 팔레스타인인들 사이의 분쟁이며, 이것은 미국 외교정책의 시험대라고 강조하면서 다음과 같이 주장하였다. "팔레스타인인들이 자신들의 국가를 가질 가치가 있지만, 진정한 평화는 이스라엘인들과 팔레스타인인들 직접협상을 통해서만 실현될 수 있다. 수십 년 동안 계속돼 온 분쟁을 끝내는 지름길은 없다. 평화는 유엔결의들이나 연설을 통해서 성취되지 않을 것이다. 결국, 이스라엘인들과 팔레스타인인들이 경계, 안보, 난민, 예루살렘 등의 문제들에 관하여 직접협정을 체결해야만 한다." 오바마의 연설은 이스라엘/팔레스타인 분쟁에 대한 유엔과 국제사회의 책임을 전면적으로 부정하는 발언이다.

반면 마흐무드 압바스 팔레스타인 자치정부 수반은 유엔총회 연설 서두에 팔레스타인 문제는 유엔결의들과 복잡하게 얽혀있다고 밝히면서 유엔결의들에 토대를 둔 팔레스타인인들의

양도할 수 없는 합법적인 민족의 권리를 역설하였다. 이와 함께 그는 "1967년 6월 전쟁에서 이스라엘이 점령한 동예루살렘, 서안, 가자 전역에서 동예루살렘을 수도로 팔레스타인 독립국가 건설, 1948년 11월에 결의된 유엔총회 결의 194호와 2002년 아랍 국가들이 결의한 '아랍평화안'에 따른 팔레스타인 난민문제 해결, 이스라엘 감옥에 있는 팔레스타인 정치범 석방"을 확인하였다. 특히 여기서 압바스는 이스라엘의 국가 테러리즘을 비난하고 이스라엘에게 정착촌 활동을 완전히 중지할 것을 요구하였다. 이 내용은 전임자인 야세르 아라파트가 PLO 대표로서 1988년에 선언한 내용과 정확하게 일치하지만, 오슬로 협상 과정에서 압바스 수반 본인이 이스라엘과 직접 협상해온 내용과는 상당한 차이가 있다.

그러나 이스라엘 총리 베냐민 네타냐후는 이스라엘 관련 27개의 유엔총회 결의 중 21개가 이스라엘을 비난하는 결의였고, 유엔을 불합리한 기구라고 비난하면서 연설을 시작하였다. 그는 유엔 연설에서 "유엔 안보리 결의 242호는 6일(1967년) 전쟁에서 이스라엘이 장악한 영토 전역이 아니라, 그 영토의 일부에서 철수하기를 요구하

였다. 이스라엘은 서안을 제외하면, 그 폭이 매우 좁아 스스로 방어하기 위해서는 서안 지역에 오랜 기간 동안 주둔해야한다. 팔레스타인인들은 이스라엘과 평화협정을 체결한 이후에 국가 건설을 해야 한다. 정착촌 건설은 분쟁의 핵심이 아니다. 1917년 밸푸어와 로이드 조지 · 1948년 트루만 대통령 · 2009년에 오바마 대통령이 밝혔듯이, 팔레스타인 지도부도 이스라엘을 유대국가로 인정해야한다. 이스라엘에게 예루살렘은 미국에게 워싱턴, 영국에게 런던과 마찬가지다."고 주장했다.

이와 같이 네타냐후는 안보상의 이유로 서안지역을 팔레스타인인들에게 양도할 의사가 전혀 없으며, 예루살렘을 이스라엘의 수도라고 분명히 밝혔다. 그의 주장은 1967년 동예루살렘과 서안, 가자를 장악한 이후 이스라엘이 일관되게 실행시켜온 정책이며 새로운 내용이 아니다.

네타냐후가 밝힌 대로 20세기 초부터 현재까지 영국과 미국의 정치 지도자들은 유대국가로서의 이스라엘 인정해 온 반면, 팔레스타인인들의 영토에 대한 권리와 정치적 주권은 분명하게 밝히지 않았다.

이러한 환경에서 2012년 11월 29일 유엔총회결의를 통해 팔레스타인은 '비회원 옵서버 국가'로 승격되었다. 그러나 2014년 7월 현재 여전히 UN 문서상으로만 존재하는 '팔레스타인 국가'는 실효적으로 통치하는 영토를 갖지 못하고 있다.

■ 이스라엘/팔레스타인 분쟁 전망

현재 이스라엘/팔레스타인 분쟁에서 중요한 역할을 하고 있는 사우디아라비아, 요르단, 카타르, 아랍에미리트를 비롯한 걸프 아랍왕국들과 이스라엘은 20세기에 영국의 후원으로 건설되었다. 특히 오스만 제국을 해체시키는 과정에서 영국이 오스만 제국에 대항하는 아랍 민족주의를 선동하고 조직하였으며, 영국과 보호협정을 체결했던 아랍토후들이 왕국건설의 주체가 되었다는 사실을 주목할 필요가 있다.

이 아랍왕국들은 영국의 보호 통치를 벗어나면서, 미국과 정치, 경제, 군사적으로 매우 긴밀한 협력 관계를 유지해 오고 있다. 따라서 이 아랍왕국들이 미국의 정책을 거스르며 팔레스타인인들을 위해서 어떤 행위를 할 가능성은 거의 없다. 아랍왕국들이 팔레스타인인들의 영토적, 정치적 주권 쟁취를 위한 어떤 행동을 한다면, 그것은 각 왕국의 내부 반대파들을 잠재우고 통치권을 유지하기 위한 수단으로 보인다. 그것도 미국이 허용하는 범위로 한정된다. 결국 아랍 통치자들의 이스라엘-팔레스타인 분쟁에 관한 정치적 행위 범위는 미국에 의해서 결정된다고 보아도 과언이 아니다.

영국이 팔레스타인 지역문제에 깊이 개입하면서 시온주의자 이주민들이 주도하는 이스라엘 국가가 건설되었고, 토착 팔레스타인인들과의 사이에서 분쟁구도가 창출되었다. 미국은 이스라엘에 대한 절대적인 후원자라는 측면에서 영국의 정책구도를 거의 답습하고 있는 실정이다. 현재까지 이스라엘/팔레스타인 분쟁에서 유럽 국가들과 러시아(소련 포함)는 친이스라엘 정책을 펴는 미국과 입장을 공유했다.

이러한 측면에서 현재 미국은 이 지역 정세를 결정하는 가장 중요한 행위자이며, 오바마의 이스라엘/팔레스타인 분쟁에 대한 태도는 미국 정책의 기본 구조에서 나온 것이다. 2001년 미첼 보고서, 2003년 로드맵, 오바마의 2009년 1월 국무성 연설·2009년 6월 카이로 대학 연설 등은 일관성 있게 하마스를 비롯한 팔레스타인인들의 폭력성이 분쟁을 일으키는 원천이라는 대전제에서 출발함으로써, 이스라엘의 안보문제의 중요성을 강조하였다.

2011년 제66차 유엔총회에서 네타냐후의 연설 또한 하마스 등 이슬람주의자들의 폭력성을 강력하게 부각시키면서, 이스라엘이 서안을 포기할 수 없는 가장 중요한 이유로 '안보 위협'을 꼽았다.

따라서 미국의 이스라엘/팔레스타인 정책에서 '폭력적인 팔레스타인인들의 이스라엘 안보 위협'이라는 대전제가 바뀌지 않는 이상 정상적으로 기능할 수 있는 팔레스타인국가란 거의 불가능하다. '유엔 비회원 옵서버 국가' 팔레스타인은 실효적으로 통치할 수 있는 영토가 없는 유엔 문서상의 국가다.

현재 이스라엘은 하루도 빠짐없이 동예루살렘과 서안 지역에 정착촌을 건설하고, 팔레스타인인들 공격하고, 팔레스타인인들의 재산을 강탈하고 있다. 특히, 알 아크사 모스크가 있는 동예루살렘과 아브라함 모스크가 있는 헤브론, 서안의 중심지인 나블루스 지역이 집중 공격을 당하고 있다. 오바마 행정부가 주도하는 유럽연합를 비롯한 국제사회는 이러한 현실에는 냉담하다.

Ⅲ. 위기에 처한 동 예루살렘 이슬람 성지 알 아크사 모스크[*]

■ 알 아크사 모스크에 감시 카메라를 설치한다?

2015년 9월 13일 이스라엘 정착민 80명이 이스라엘 군대를 대동하고 알 아크사 모스크를 방문하여 총을 쏘는 등 직접 공격하면서 이스라엘과 팔레스타인인들 사이에 심각한 폭력적 긴장을 유발하였다.

2015년 10월 1일부터 10월 23일까지 57명의 비무장 팔레스타인인들이 이스라엘 군인들과 정착민들의 공격으로 사망하고, 8명의 이스라엘인들이 팔레스타인인들의 공격으로 사망하였다. 이런 상황에서 10월 23일, 이스라엘 총리 네타냐후는 "이스라엘 정부는 '알 아크사 모스크 복합단지 현상유지' 정책을 견지한다. 이스라엘이 현재상태를 변경시키려고 한다는 팔레스타인인들의 주장은 실수이거나 고의적인 속임수다."라고 주장했다.

10월 24일 미국무장관 존 케리는 요르단 암만에서 왕 압둘라와 팔레스타인 수반 압바스를 만난 이후, "긴장을 완화시키기 위해서, 이스라엘이 알 아크사 모스크 전역을 24시간 감시하는 카메라를 설치할 것이다. 카메라 설치는 정말로 동 예루살렘 성지의 게임 체인저가 될 것이다. 알 하람 알 샤리프/템플 마운트에 대한 네타냐후의 변함없는 현상유지 정책을 재확인해서 기쁘다. 요르단 압둘라 왕이 이 제안을 했고, 이스라엘 총리 네타냐후가 수용하였다."고 공표하였다.

그러나 팔레스타인인들은 이러한 감시 카메라 설치계획에 강력하게 반대한다. 팔

---

[*] 이 글은 『중동문제연구』 제15권 1호, 명지대학교 중동문제연구소, 2016, 113~153쪽에 게재되었음.

• 2015.11.4. 압둘라 왕 예루살렘 대표단을 초청

레스타인인들은 존 케리가 암만을 방문하기에 앞서 10월 22일 네타냐후를 만났을 때, "네타냐후가 알 아크사 모스크 전역을 24시간 감시하는 카메라 설치 제안을 한 것"이라고 주장했다.

따라서 존 케리의 카메라 설치 발표는 예루살렘 팔레스타인인들의 격렬한 항의를 불러 일으켰다. 결국 11월 4일 압둘라 왕은 27명으로 구성된 와끄프 대표단과 가톨릭 대표와 그리스 정교회 대표를 포함하는 예루살렘 대표단을 암만으로 초청해서, "요르단이 알 아크사 모스크 외곽에 카메라를 설치하고, 요르단이 관리할 것"이라고 공표하였다.

한편 프랑스는 예루살렘 성지, 특히 알 아크사 모스크(템플 마운트) 현상유지를 위하여 국제 감시단 배치를 요청하는 유엔안보리의장 성명을 요청하였다. 10월 13일(화) 유엔주재 프랑스 대사인 프랑스와 델라트레(François Delattre)는 프랑스가 예루살렘 사태의 악화에 관한 안보리 회의에서 알 아크사 현상유지 정책을 지속시킬 필요성에 관한 의장 성명 초안을 준비했다고 밝혔다. 그러나 그는 현장에 국제 감시단을 파견할 가능성에 대해서는 밝히지 않았다.

10월 14일(수) 팔레스타인 유엔 주재 대표 리야드 만수르(Riyad Mansour)는 예루살렘에서 팔레스타인인들을 겨냥한 극단주의자 정착민들과 이스라엘 군사점령 중지를 위해서 유엔안보리의 즉각적인 개입을 요구하였다. 그는 유엔안보리에게 1994년 헤브론 소재 아브라함 모스크 대량학살 이후 채택한 904호 결의와 비슷한 결의를 예루살렘에서 팔레스타인인들과 이슬람 성지의 보호와 안전을 보증하여 채택하도록 요청하였다.

유엔안보리는 1994년 이스라엘 정착민이 저지른 헤브론 대량학살의 결과 904호 결의를 발표하였다. 1994년 3월 18일에 공표된 유엔안보리 결의 904호는 이스라엘에게 팔레스타인인들을 겨냥한 불법적인 폭력을 중단하도록 정착민들을 무장해제하라고 요구한다.

반면, 10월 16일(금) 이스라엘 유엔 주재 대표는 다니 다논(Danny Danon)은 같은 날 알아크사 모스크에 대한 유엔 차원의 논의를 거부하면서, 이스라엘은 현상유지를 해치는 알 아크사 모스크에 대한 어떤 국제적인 개입도 거부한다고 밝혔다.

이러한 알 아크사 모스크에 대한 분쟁은 1967년 6월 7일 이스라엘이 동예루살렘을 무력으로 점령하면서 시작되었다. 같은 해 6월 27일 이스라엘은 예루살렘 시 경계를 재조정하면서, 동예루살렘과 서예루살렘을 통합하였다.

2015년 4월 유네스코(UNSCO)는 요르단과 팔레스타인이 제시한 알 아크사 모스크에 대한 정의를 채택하였다. 이 정의에 따르면, 알 아크사 모스크는 알 무가라비 게이트를 포함한 알 아크사를 둘러싼 전체 신성한 복합단지다. 한 걸음 더 나아가 이결의는 예루살렘 구 도시 벽들 내에서의 모든 발굴 작업과 파괴 행위를 중단하도록이스라엘에게 요구하였다.

현재 이스라엘 군대가 알 아크사로 들어가는 모든 입구를 지키며, 알 아크사 모스크에 누가 들어가고 누가 못 들어가느냐를 결정한다. 결국 이스라엘 군대가 알 아크사 모스크 복합건물을 사실상 점령하고 있으며, 이스라엘 정착민들과 군대의 공격이 예루살렘 성지를 전례 없는 긴장으로 이끌고 있다.

알 아크사 모스크는 세계적으로 매우 민감하고 논쟁적인 장소들 중의 하나이고, 미국/이스라엘/팔레스타인/요르단 협상에서 핵심적인 사항이다.

■ 알 아크사 모스크의 상징성 : 예루살렘 무슬림들의 주장

다음은 예루살렘의 이슬람 와끄프 위원회가 이슬람교와 역사적인 근거에 토대를 두고 만들어 배포한 성명이다. 요르단 와끄프 장관인 까디 알 꾸다, 예루살렘 그랜드 무프티, 예루살렘 와끄프 위원회, 이슬람 최고 위원회, 팔레스타인 와끄프 장

관인 팔레스타인 까디 알 꾸다와 전 이슬람 세계의 무슬림 학자들은 이 성명에 동의한다.

알 아크사에서의 기도는 어떤 다른 모스크에서의 기도보다 500배의 가치가 있다(메카와 메디나 모스크 제외). 예언자 무함마드가 무슬림들을 고무시켜 알 아크사를 방문하도록 했다는 사드 알-리할 전통(the Shadd Al-Rihal tradition)과 그 전통에 따라 예루살렘에 거주하는 사람들은 무라비트(이슬람의 영토적 경계의 보호자들)라는 지위를 갖고 있다.

서쪽 편에 있는 산책로 아래 벽은 '무슬림들에게 알 부라끄 벽/유대인들에게는 통곡의 벽'으로 알려져 있다. 예언자가 승천한 날 밤에 그의 말, 알 부라끄를 그 곳에 매놓았다고 전해지기 때문이다. 이 벽은 알 아크사 성소의 일부를 구성한다. 그런데 이스라엘은 1984년 일방적으로 알 부라끄/서쪽벽을 이스라엘 국가 재산으로 등록했다.

• 알 아크사 모스크와 서쪽벽(출처 : http://www.passia.org)

■ 예루살렘 성지 소유권과 영국 위임통치정부의 정책

1. 영국의 군부 통치와 예루살렘 현상유지 원칙

1917년 12월 영국 장군 에드몬드 알렌비가 예루살렘을 정복하면서, 1517년 오스만 제국 술탄 살림의 예루살렘 정복 이후 약 400년 동안 계속된 오스만 제국의 예루살렘 통치를 종결시켰다.

1917년 12월 9일 오스만 제국이 임명했던 예루살렘 시장 후세인 알 후세이니(재임 : 1910~1917)가 영국 장교에게 예루살렘 주민들을 대표해서 예루살렘 게이트들의 열쇠를 넘겨주었다. 이로써 공식적으로 오스만 제국의 예루살렘 통치 시대가 끝나고 영국의 군부 통치시대가 시작되었다. 에드몬드 알렌비 장군은 자파게이트를 통해서 예루살렘 성지로 들어왔다. 알렌비는 다음과 같이 군법(Martial Law) 실시를 공포하면서, 영국군부 통치하에서 예루살렘 소재 모든 성지를 보호할 것과 현상유지를 약속하였다.

영국은 팔레스타인을 정복한 이후, 점령된 적지 행정부(the Occupied Enemy Territory Administration, OETA)를 수립하였고, 이 행정부는 1918~1920년까지 6월 30일까지 지속되었으며, 1920년 7월 1일부터 1948년 5월 14일까지 영국의 위임 통치가 실시되었다.

영국의 위임통치하에서 예루살렘은 팔레스타인의 행정 수도이며, 정치 수도였다. 1920년 4월 산레모 협정이후, 국제연맹은 공식적으로 이전 오스만 제국의 영토였던 시리아와 레바논을 프랑스에게, 팔레스타인, 트랜스 요르단, 메소포타미아(이라크)를 영국에게 통치권을 위임하였다.

• 영국 위임통치하의 팔레스타인 행 비행기 표

1920년 7월 1일, 영국정부는 군부통치체제를 민간통치체제로 대체시키면서 헐버트 사무엘경(Sir Herbert Samuel)을 초대 팔레스타인 고등 판무관(1920.7.1~1925.6.30)으로, 초대 영국 예루살렘 군부 통치자(예루살렘 군부 통치자 : 1917.12.28~1920.1.30)였던 로날드 스토스(Ronald Srorrs)를 예루살렘과 유대아(서안 남부) 통치자(재임 : 1920.7.1~1926.11.30)로 임명하였다. 이 때 영국은 예루살렘에서 그 역할의 중심을 예루살렘 역사 유산의 보존으로 간주하였다.

로날드 스토스에 따르면, 예루살렘 군부 통치자는 예루살렘을 계획할 뿐만 아니라 그 특성을 보존할 규정들을 만들어야했다. 1918년 4월에, 스토스는 공고 34호(Public Notice No.34)를 영어, 프랑스어, 아랍어, 히브리어로 다음과 같이 공시하였다. "예루살렘 도시 혹은 군부 통치자로부터 문서로 된 허가장을 받을 때까지, 어떤 누구도 다마스쿠스 게이트(Bab-al-Amud)로부터 2500m의 반경 내에 있는 어떤 건물도 부수고, 건축하고, 변경하거나 수리할 수 없다." 이후 예루살렘 벽 내부와 그 주변 지역에서 건축은 25년 동안 금지되었다.

2. 서쪽벽을 포함하는 알 아크사 복합단지는 무슬림 소유
  : 1930년 영국위임통치 시대 조사위원회 보고서

1922년 영국 위임통치 정부는 알 아크사 모스크 복합단지에 대한 현상유지 협정(a Status Quo Agreement)을 공포하고, 유대인들이 서쪽 벽에 대한 소유권과 통제권을 주장하거나 이 벽과 그 주변을 강화하거나 가로막기 위하여 어떤 것을 설치하는 것을 금지하였다.

그런데 1928년 9월 현상유지 정책을 위반하면서 유대인들이 서쪽벽 주변에 의자들과 남녀 분리용 차단막을 설치하였다. 이에 대한 반응으로, 무가라비 와끄프 관리들은 유대인들이 와끄프 구역을 침입하는 것에 반대하는 항의 서한을 영국 위임통치자에게 보냈고, 무슬림 최고 위원회가 같은 문제로 영국 위임 통치자에게 항의를 제기하였다.

이에 대하여, 1928년 11월 영국정부 백서는 이 벽에 대한 무슬림들의 권리와 소유

권을 다음과 같이 확증하였다. "이 벽은 알 하람 알 샤리프의 일부다; 이 벽은 무슬림들에게 성지다. 게다가, 이 벽은 법률적으로 무슬림 공동체의 완전한 재산이다. 와끄프 관리자가 보전한 문서들이 보여주듯이. 그 앞에 있는 포장된 길쭉한 지역은 와끄프 재산이다" 이 백서는 서쪽 벽에서 유대인들이 그들에게 할당된 공간을

• 1929년 서쪽벽에서 기도하는 유대인들(출처 : http://www.passia. org/images/meetings/2015/web_AqsaMosque_Targeted6.pdf)

넘어가지 않고, 현재 상태를 변경시킬 수 있는 기구나 그밖에 어떤 것을 가져다 놓지 말도록 요구했다.

1929년 8월 15일, 유대인들이 영국 위임 통치 사무실 밖에서 시위를 하고, 도발적으로 무슬림 구역을 지나 서쪽 벽으로 행진하면서, 깃발을 흔들면서 애국적인 시온주의 노래를 불렀다. 8월 16일 금요 기도회가 끝난 이후 무슬림들이 항의 시위를 하였다. 8월 23~29일 서쪽 벽 문제에 대하여 아랍인들과 유대인들 사이의 폭력적인 충돌이 구 도시와 예루살렘, 사페드, 헤브론, 자파 등 팔레스타인 전역으로 확산되면서, 116명의 팔레스타인인들과 133명의 유대인들이 사망하였다.

이 충돌에 대한 책임으로, 1930년 6월 17일, 영국 위임통치정부는 아랍인들 3명 (Atta Ahmed el Zeer, Mohamamed Khalil Abu Jamjum, Fuad Hassab el Hejazi)을 살인죄로 교수형을 시켰고, 봉기를 일으킨 아랍지역에 벌금 부과하였으며, 거둔 벌금의 90%는 유대인 희생자들에게 분배하였다.

1929년 무슬림들과 유대인들의 충돌이후, 1930년 12월 예루살렘 서쪽 벽에 대한 무슬림들과 유대인들의 권리와 주장을 결정하기 위하여 영국 정부가 파견한 조사위원회가 다음 보고서를 제출하였고, 이 보고서는 국제연맹의 승인을 얻었다.

서쪽 벽, 통곡의 벽(아랍어 : Al Buraq, 히브리어 : Kothel Maaravi)은 하람 알 샤리프의 통합된 일부로 서쪽을 둘러싸고 있다. 하람 알 샤리프는 고대 유대 사원들이 있던 장소다. 현재 고대 유대 사원들은 무슬림들의 모스크들로 대체되었다. 하람 알 샤리프는 실제로 거대한 직사각형이다. 길이와 폭이 수 백 미터다. 이 모스크들 중의 하나가 알 아크사 모스크이며, 하람의 남쪽 벽과 인접해있고, 통곡의 벽까지 확장되어 있다. 다른 하나의 모스크는 일반적으로 오마르 모스크라 불리는 바위 돔 사원(Al Sakhra)은 하람지역의 중앙에 위치해 있다.

하람 알 샤리프의 서쪽 벽은 길이가 100m 이상이고, 높이가 20m다. 고고학자들에 따르면, 그 벽의 커다란 초석은 헤롯 왕의 사원 시대까지 거슬러 올라간다.

위원회는 이 벽의 소유권뿐만 아니라, 이 벽 주변 지역에 있는 것들에 대한 소유권도 무슬림들에게 속한다. 벽 그 자체는 하람 알 샤리프의 통합된 일부로 무슬림 재산이다. 유대인들이 기도하는 서쪽 벽 앞 도로도 무슬림들의 재산이다.

이 도로는 1193년 살리딘의 아들인 아프달(Afdal)이 건설한 무슬림 와끄프이며, 넓게 개방된 지역이었다. 1320년 모로코인 순례자들을 위한 숙박시설용 개인 건축물들이 세워졌다. 1630년 까디가 이슬람 법으로 이 건물들 또한 와끄프로 이미 판결하였다.

서쪽 벽은 하람 알 샤리프의 통합된 일부이며, 분명하게 와끄프다. 원래 모로코 순례자들을 위한 숙박시설로 건설된 무가라비 지구(the Moghrabi)를 포함한 이 벽 앞에 있는 도로도 와끄프다.

이 보고서에 따르면, 유대인들이 기도를 위하여 서쪽 벽에 자유롭게 접근할 수 있지만, 벽에 대한 소유권과 그 주변 지역에 대한 소유권은 무슬림들의 것이라는 것이고, 그 벽 자체는 하람 알 샤리프 지역의 일부로 무슬림들의 재산이라는 것이다.

3. 영국의 예루살렘 직접통치와 예루살렘 무프티 해임
   : 1937년 필 위원회 분할안

공개적인 조사 발표와는 달리, 실제로 영국 당국자들은 유대인들이 기도하는 동안에 서쪽 벽에 대한 대중의 접근을 제한했고, 일부 예배 장치들을 허락했으며, 점차 이 벽을 '유대구역'으로 전환시키도록 허락하였다. 따라서 이러한 영국의 이중적인 정책은 팔레스타인 무슬림들에게 예루살렘 성지를 위협하는 증대되는 유대인들의 존재에 대한 두려움을 유발시켰다.

이러한 상황에서 1936년 4월 15일 팔레스타인 아랍 대봉기가 시작되었으며, 이

봉기는 1939년까지 계속되었다. 이 봉기의 원인은 아랍인들의 독립 국가 건설 열
망 및 유대 민족 고향 건설에 대한 두려움에서 비롯되었다. 1936년 4월 25일 전 팔
레스타인 아랍인을 대표하는 10명의 위원으로 구성된 아랍고등위원회(the Arab Higher
Committee)가 결성되어, 봉기를 지휘하고 팔레스타인 아랍인들을 급속도로 통합시켜
갔다.

　아랍고등위원회는 영국이 다음 3가지 정책을 바꿀 때까지 총 파업을 계속해서 이
끌기로 결정하였다. 첫째, 유대 이민 금지, 둘째, 아랍인 소유지를 유대인에게 파는
것 금지, 셋째, 대표의회와 함께 팔레스타인 민
족정부 수립, 10명으로 구성된 아랍고등위원회
의 특징은 모든 정당들 대표들을 포함하고, 경쟁
가문인 나샤시비와 후세이니 가문 대표들이 포
함되었을 뿐만 아니라, 그리스정교도와 로마가
톨릭 대표들이 포함되었다는 사실이다.

　이 아랍 고등위원회 10명 위원들의 명단은
다음과 같다. 의장 하지 아민 알 후세이니(예루살
렘 그랜드 무프티, 무슬림 최고 위원회 의장), 사무총장으
로 아와니 압둘 하디(Istiqlal Party 당수), 재정담당 아
흐마드 힐미 파샤(manager of the Arab Bank), 라겝
나샤시비(National Defense Party), 자말 알 후세이니
(Palestine Arab Party), 압둘 라티프 살라흐(the National
Bloc), 후세인 알 칼리디(Mayor of Jerusalem, the Reform
Party), 야콥 구세인(Youth Congress Party), 야콥 파라
지(Greek Orthodox), 알프레드 록(Roman Catholic).

　아랍고등위원회의 팔레스타인 민족국가 수
립 요구에 대한 응답으로, 영국은 1937년 7월 필
분할 결의안을 공표하였다. 이 분할안에 따르면,
팔레스타인은 시온주의자가 통치하는 유대국

• 1937년 필위원회 분할안

가, 하심가가 통치하는 아랍국가, 영국 위임 통치하에 존재하는 베들레헴과 예루살렘지역으로 3등분된다. 팔레스타인 아랍인들이 통치하는 독립 팔레스타인 국가 영역은 없다. 유대국가에 할당된 영역(팔레스타인의 거의 33%)에 거주하는 팔레스타인인들은 강제로 이주될 것이다. 그 대가로 유대 국가는 아랍국가에 보조금을 지불한다.

필분할 결의안에 대한 후속 조치로, 1937년 9월 27일 영국 위임통치 정부는 필분할안에 반대하는 아랍 고등위원회를 해산하고, 불법으로 선언하면서 그 회원들을 체포하고 추방하였다. 특히 영국 정부는 예루살렘 그랜드 무프티(921년 영국정부가 임명)이며, 무슬림 최고 위원회 의장(1922년 영국정부가 임명) 하지 아민 알 후세이니를 두 직위에서 해임하고 체포명령을 하였다. 체포명령을 피하여 하지 아민 알 후세이니는 레바논으로 피난하였다. 영국정부의 통계에 따르면, 1936~1939년까지 계속된 봉기로 3,074명의 팔레스타인인들이 사망하고, 112명이 교수형을 당하였다. 1939년 한 해에만 총 96만 명의 인구 중 6천 명의 팔레스타인인들이 투옥되었다. 1940년 영국 총리 윈스턴 처칠은 무프티 하지 아민 알 후세이니의 납치와 암살을 승인하였다.

■ 예루살렘 이슬람 성지 관리권과 요르단 하심 왕가

1. 하심가가 예루살렘 성지 관리권 획득
   : 1924년 바이야트 아흘룰 꾸드스(충성 맹세)

오스만 제국 칼리파가 공식적으로 폐기되면서, 시리아, 요르단, 레바논 팔레스타인의 아랍인들은 합법적인 칼리파로 메카의 샤리프 빈 후세인 알리를 내세웠다. 1924년 3월 11일 트랜스요르단 아미르 압둘라 빈 알 샤리프 후세인 빈 알리(고 압둘라1세)와 예루살렘 무프티 하지 아민

• 예루살렘 그랜드 무프티
  하지 아민 알 후세이니

• 메카의 샤리프 후세인

알 후세이니와 예루살렘-팔레스타인 대표들은 요르단 계곡에 위치한 수나흐(Shunah)에서 샤리프 후세인 빈 알리에게 충성을 맹세하였다. 이 충성 맹세이후 2015년 현재까지 요르단의 하심가왕가 예루살렘의 성지를 관리하고 있다. 예루살렘 성지는 1988년 서안에 대한 요르단의 분리 결정에서 제외되었다.

〈영국위임통치 정부가 창설한 예루살렘 그랜드 무프티 제도〉
1920년 영국위임통치 정부는 세속적인 국가 운영 기구의 일환으로 예루살렘 그랜드 무프티(이슬람 최고지도자) 제도를 만들었다. 카밀 알 후세이니가 초대 예루살렘 그랜드 무프티였다. 영국 위임통치 정부가 초대 예루살렘 그랜드 무프티 카밀 알 후세이니(Kamil al-Husayni, 재임 : 1920~1921), 2대 하지 아민 알 후세이니(Hajji Amin al-Husayni, 재임 : 1921~1937-영국이 해임, ~1948 : 요르단이 해임)를 임명하였다.
1948년 요르단이 동 예루살렘과 서안을 점령한 이후, 요르단 왕 압둘라 1세는 공식적으로 하지 아민 알 후세이니를 예루살렘 그랜드 무프티 직위에서 해임하고, 예루살렘으로 들어오는 것을 금지하고, 대신에 후삼 알 딘 자랄라(Hussam Al-din Jarallah, 재임 : 1948~1954)를 예루살렘 그랜드 무프티로 임명하였다.

• 샤리프 후세인 빈 알리의 장례식(1931년, 예루살렘)
(출처 : The royal islamic strategic studies centre(2010), *Keys to Jerusalem*, The royal islamic strategic studies centre, Jordan)

메카 샤리프 후세인 빈 알 리(1854~1931, 요르단 하심왕국 창건자인 압둘라의 아버지)가 성지 예루살렘을 수호하고 보호하는 하심가의 역사적인 역할을 확립하였다. 1922년 후세인 빈 알리는 24,000금 리라를 예루살렘 성지들, 특히 알 끼블리/알 아크사 모스크 복구에 기부하였다. 샤리프 후세인은 알아크사 모스크에 매장해 달라고 요구하였다. 그의 무덤은 알 아크사 모스크 서쪽 방에 있다.

알 아크사 모스크를 포함한 예루살렘을 수호하고 보호하는 하심가의 역사적인 역할은 1924년 3월 13~20일 샤리프 후세인 빈 알 리가 예루살렘-팔레스타인 대표들로부터 바이야트 아흘룰 꾸드스 예루살렘 대표들의 선서(Bay'at Ahlul-Quds)를 받으면서 시작되었다. 이 선서에서 공식적인 팔레스타인 대표단이 성지들과 성지 예루살렘 주민들을 보호하고, 유지하고, 혁신할 유일한 무슬림 칼리파로서 샤리프 후세인에게 완전한 충성을 표기하였다. 1948년 서안이 요르단의 일부가 된 이후, 요르단 왕가는 예루살렘에 대한 관리 임무를 강화하였다. 이 선서는 여전히 유효하기 때문에, 오늘날까지 요르단 하심왕가가 예루살렘 성지들을 관리한다.

〈1924년 팔레스타인대표들 샤리프 후세인에게 칼리파 충성맹세 : 바이야트 아흘룰-꾸드스〉
(출처 : The royal islamic strategic studies centre(2010), Keys to Jerusalem, The royal islamic strategic studies centre, Jordan)
아타튀르크가 이끄는 터키가 이스탄불에서 오스만 이슬람 칼리파의 종식을 선언하고, 독립적인 세속국가로서 터키를 선언 한 이후, 수많은 아랍 정치와 부족 지도자들이 팔레스타인, 시리아, 이라크, 레바논과 요르단 출신으로부터 모든 무슬림들의 칼리파로서 샤리프 후세인 빈 알리에게 충성을 선언하기 위하여 왔다. 1924년 3월에, 샤리프 후세인 빈 알리는 인도, 파키스탄, 이집트, 아라비아 반도에 있는 종교 지도자들과 무프티들로부터 수많은 충성 편지를 받았다.
목요일(Sha'ban 5th of 1342 Hijri)에, 모든 팔레스타인 도시들 대표들을 포함한 팔레스타인 대표단이 유일한 무슬림 칼리파 샤리프 후세인에게 완전한 충성을 표시하기 위하여 요르단 계곡 남부 수나흐(Shunah)에 있는 그의 궁전에 있는 위대한 칼리파 알 샤리프 후세인 빈 알리 왕을 방문하였다.
이 팔레스타인 대표단은 지역 지도자들, 귀족들, 판사들, 무프티들, 그리스 정교회 대주교들, 가톨릭 사제들, 학자들, 정치 지도자들로 구성되었다. 이들 중에는 팔레스타인 아랍회의 행정위원회 의장인 무사 카짐 알 후세이니, 예루살렘 그랜드 무프티이며 무슬림 최고 위원회 의장인 하지 아민 알 후세이니, 예루살렘 시장 라깁 나샤시비가 포함되었다.
샤리프 후세인 빈 알리에 대한 팔레스타인인들의 충성 공표에는 알 사르끄 알 아라비의 최고 재판관인 알 카르미, 히자즈 알 메디나 알 모나와라의 무프티인 오마르 알 쿠르디, 알 아크사 모스크 설교인인 사이드 알 카팁, 가자 무프티인 사이드 알 후세이니, 자파 판사인 무힐딘 알 말라, 아코노블스의 책임자인 셰이크 무함마드 알 라바비디가 참석하였다.

1924년 예루살렘 그랜드 무프티이며, 무슬림 최고 위원회 의장인 하지 아민 알 후세이니는 아미르 알 무미닌(Emir al-Mu'mineen) 샤리프 후세인의 후원하에 트랜스 요르단 아미르인 압둘라에게 편지를 보내서 하람 알 샤리프의 완전한 복원을 요청하였다. 이 편지에서 하지 아민은 아미르 압둘라에게 정기적으로 복원과정의 모든 거래와 비용을 감독해 달라고 요구하였다. 또한 그는 알 하람에서의 복원 작업의 비용

- 1924년 팔레스타인 대표들 샤리프 후세인에게 칼리파 충성 맹세(출처 : The royal islamic strategic studies centre(2010), *Keys to Jerusalem*, The royal islamic strategic studies centre, Jordan)

- 하지 아민 알 후세이니의 편지
(출처 : The royal islamic strategic studies centre(2010), *Keys to Jerusalem*, The royal islamic strategic studies centre, Jordan)

에 관한 월간 보고서를 아미르 압둘라에게 보내겠다고 약속하였다. 하지 아민 알 후세이니가 샤리프 후세인 빈 알리를 모든 무슬림들의 칼리파를 의미하는 아미르 알 무미닌으로 불렀다는 것은 이슬람 세계의 최고 지도자로 인정했다는 측면에서 상당히 중요하다.

1924년부터 2015년 현재까지 예루살렘 구 도시를 통치하는 동안, 요르단 왕국은 성지에 대한 수많은 수리 프로젝트를 단행했고(바위 돔의 금 코팅, 대리석으로 벽 치장 등), 성지 관리자들을 임명했다. 2015년 현재까지 요르단은 복합단지 관리 비용을 부담하는 등 알 아크사 모스크 복합단지를 관리하고 있다.

2. 알 아크사 복합단지에 대한 요르단의 관리권 유지 : 1994년 이스라엘
   -요르단 평화 협정, 2013년 요르단-팔레스타인 협정

2015년 현재까지 요르단이 예루살렘 와끄프와 샤리아 법정을 관리하고, 1967~ 1987년 사이에 요르단은 예루살렘의 알 아크사 모스크와 다른 성지들의 보존과 복구를 위해서 750만 달러를 사용하였다.

1994년 10월 '이스라엘-요르단 평화협정(Treaty of Peace Between The Hashemite Kingdom of Jordan And The State of Israel)'은 "이스라엘은 예루살렘 무슬림 성지들에서 요르단 하심 왕국의 현존하는 특별한 역할을 존중한다. 미래 영구지위 협상에서, 이스라엘은 이 성지들에서 요르단의 역사적인 역할에 높은 우선권을 부여할 것이다."라고 규정한다.

1993년 팔레스타인 자치정부 수립이후에는 팔레스타인 자치정부가 예루살렘 무프티를 지명하여 임명한다. 2013년 3월 31일, 압둘라 2세와 마흐무드 압바스는 예루살렘 성지들 특히 하람 알 샤리프의 방어자로서의 요르단 왕의 역할을 다시 강조하고 이들 성지 관리자로서의 요르단의 역할을 인정하는 '예루살렘 성지에 관한 요르단-팔레스타인 협정'을 체결하였다.

• 2013년 3월 예루살렘 성지에 관한 요르단-팔레스타인 협정

〈2013년 예루살렘 성지에 관한 요르단-팔레스타인 협정〉
(출처 : Lapidoth, Ruth(2013), "A Recent Agreement on the Holy Places in Jerusalem", *Israel Journal of Foreign Affairs* VII: 3, Jerusalem, Israel, Lapidoth 2013, 61–70)
  A. 아랍과 무슬림 움마의 모든 구성원들 사이의 확고한 유대를 상기하기
  B. 이슬람 성지로서의 특별한 지위와 모든 지역과 모든 시대의 무슬림들과 성지의 현재와 영원한 연계 : 다른 종교의 사람들에게 예루살렘의 중요성을 기억하도록 하기

C. 모든 무슬림들에게 144두남으로 이루어진 알 아크사 모스크(알 하람 알 샤리프)의 특별한 종교적인 중요성을 상기시키기. 알 아크사 모스크는 알 아크사의 끼블리 모스크, 바우돔 모스크와 모든 모스크, 빌딩들, 벽들, 뜰, 지상과 지하에 있는 모든 것들과 알 아크사 모스크와 그 주변이나 순례자들에게 관련된 와끄프 재산들을 포함한다.

D. 1924년 이후 예루살렘의 성지들을 보호하고, 돌보고, 복원하였던 알 샤리프 후세인 빈 알리 왕의 역할을 상기하기 ; 요르단 하심왕국의 왕의 중단 없이 계속된 역할을 상기하기, 요르단 왕은 알 샤리프 후세인 빈 알리의 후손이다 ; 예루살렘 성지의 관리임무를 가진 알 샤리프 후세인 빈 알리에 대한 바이아(충성 서약)을 상기하기, 1924년 3월 11일 예루살렘과 팔레스타인 주민들은 그 관리임무가 알 샤리프 후세인 빈 알리에게 있음을 분명히 하였다 ; 예루살렘 성지 관리임무가 압둘라 2세 이븐 알 후세인에게 양도되었다는 것을 상기하기; 그것은 1958년 요르단 법 27호(the Jordanian Law No. 27)가 통치하는 예루살렘 그리스정교구를 포함한다.

E. 1924년 이후, 성지에 대한 하심 요르단 왕의 계속된 관리임무는 더욱 예루살렘 성지들을 유지하고 알 아크사 모스크(알 하람 알 샤리프)를 보존하도록 만든다.

F. PLO가 팔레스타인인들의 단독의 합법적인 대표라는 것을 인정하기

G. 팔레스타인인들의 자치권은 팔레스타인 국가를 실현하는 것으로 표현되며, 팔레스타인 국가의 영토는 알 아크사 모스크(알 하람 알 샤리프)가 위치한 땅을 포함한다.

H. 1988년 7월 31일 서안으로부터 요르단의 조건부 분리에 관한 예루살렘 성지의 관리자, 요르단 하심 왕가의 후세인 빈 탈랄 왕의 공식 성명을 기억하기, 이 성명은 예루살렘 성지를 제외하였다.

I. 1994년 7월 28일 예루살렘에서의 요르단의 역할에 관한 요르단 정부의 공식 성명 상기하기. 이 성명은 성지에 대한 요르단의 불변하는 지위와 역사적이고 독점적인 역할을 재확인한다.

이와 같이 명목상으로 요르단이 책임지는 이슬람 와끄프 당국이 알 아크사 복합 건물에 대한 행정권을 유지한다. 그러나 현실적으로 이스라엘이 9개의 입구 통로를 군사력으로 통제하고 있으며, 이스라엘 군대의 허락 없이 누구도 알 아크사 복합 건물에 들어갈 수 없다.

• 2014.10.30. 예루살렘 무프티 무함마드 후세인 알아크사 출입 금지

■ 예루살렘 이슬람 성지에 대한 이스라엘의 정책

1. '알 아크사 모스크 현상유지'에 대한 이스라엘의 도전

알 아크사를 둘러싼 이스라엘/팔레스타인-요르단 사이의 분쟁은 1967년 6월 7일 이스라엘이 요르단의 통치를 받던 동예루살렘을 점령하면서 시작되었다. 6월 11일 이스라엘은 알 아크사 모스크를 둘러싼 서쪽 벽 근처 무가라비 지구의 주택 135채를 파괴하고 이 곳 주민들을 추방하였다. 같은 해 6월 27일 이스라엘은 예루살렘 경계를 재조정하고, 동예루살렘과 서예루살렘을 하나의 행정 구역으로 통합시키면서, 점령지에서 실행되던 요르단 법률을 폐기하고, 수정법률(Law and Administration Ordinance-Amendment No 11-Law)을 제정함으로써 1950년 1월 23일 예루살렘을 이스라엘의 수도라고 선언했던 법을 동예루살렘 시 영역으로 확장하여 적용시켰다. 1967년 6월 28일 이스라엘 의회는 통합된 예루살렘 시 영역을 이스라엘의 수도라고 선언하였다.

한 걸음 더 나아가 이스라엘 의회는 1980년 7월 30일 제정한 "이스라엘의 수도, 예루살렘 기본법(Basic Law : Jerusalem, Capital of Israel)"에서 1967년 동예루살렘 합병을 다시 한 번 확인하고, '예루살렘을 이스라엘의 수도'라도 법률로 공포하면서, 안보리 결의 242호와 476 거부를 명백히 하였다.

1967년 11월 22일 공포된 유엔 안보리 결의 242호는 1967년 전쟁에서 점령한 영토에서 철수할 것을 이미 요구하였다. 1980년 6월 30일 공포된 유엔 안보리 결의 476호, 1980년 8월 20일 공포된 478호는 점령 종결을 요구하고 동시에 예루살렘 지위 변경 무효를 재차 선언하면서 "이스라엘의 수도, 예루살렘 기본법" 무효를 선언하였다.

이러한 상황에서 1980년 9월 1~5일, 유네스코는 요르단이 제안한 예루살렘 구 도시와 그 벽(the Old City of Jerusalem and its walls)을 세계문화유산 목록에 만장일치로 등록하였다(UNESCO 1980). 이후 유네스코는 이스라엘의 예루살렘 구 도시 소재 세계문화유산 훼손 행위를 비난했다.

이와 같이 유엔은 이스라엘의 동예루살렘 합병을 인정하지 않고, "예루살렘 성지의 특성과 지위를 변경시켜온 모든 조치와 행위들을 '무효'라는 입장을 분명히 한다.

뿐만 아니라, 2005년 1월에 이스라엘 아쉬케나지 랍비 수장 요나 메츠거(Yonah Metzger, 재임 : 2003~2013), 이스라엘 세파르디 랍비 수장 슬로모 모세 아마르(Shlomo Moshe Amar, 재임 : 2003~2013)을 포함한 주요한 랍비들은 "유대인들이 우리 시대에 템플 마운트에 들어가는 것은 금지되어 있다."는 종교법 판결을 내놓았다. 이러한 유사한 판결은 1967년 전쟁 직후에도 공표되었다. 2013년 2월 이스라엘 아쉬케나지 랍비 수장 데이비드 라우(David Lau, 재임 : 2013~현재)와 이스라엘 세파르디 랍비 수장인 이츠하크 요셉(Yitzhak Yosef, 재임 : 2013~현재)은 유대인들의 템플 마운트 방문을 금지한 2005년 전임자들의 판결을 되풀이하였다.

예를 들면, 2014년 10월 29일 베긴 센터에서 개최한 '템플마운트 학술대회'에서 미국 태생의 헤브론 지역 정착민이며, 템플마운트 활동가(the head of the Temple Mount Faithful organization)인 예후다 글릭(Yehuda Glick)이 "이스라엘 템플 마운트로 돌아오다."라는 주제로 발표를 한 직후 저격당하였다. 이 사건과 관련하여 이스라엘 주택장관 우리 아리엘(Uri Ariel)은 "글릭을 저격한 총알은 템플마운트에서 기도하기를 원하는 모든 유대인들을 겨냥한 것이다. 유대인들에게 템플마운트를 개방하라."고 요구하였다. 이러한 상황에서 세파르디 랍비 수장인 이츠하크 요셉은 "예루살렘의 평온을 되찾기 위하여 유대인들은 템플 마운트에 가지 말아야한다. 유대인들의 템플 마운트 방문은 유대법으로 금지되어 있다."고 밝혔다.

이러한 랍비 수장들의 템플마운트 방문 금지 판결들은 영국 위임통치 정부가 임명한 초대 아쉬케나지 랍비 수장이었던 아브라함 이츠하크 하코헨 쿡(Avraham Yitzhak Hacohen Kook, 재임 : 1921~1935)이 최초로 유대인들의 템플마운트 방문을 종교법으로 금지한 이후 대체로 유지되었다.

〈영국 위임통치정부가 창설한 아쉬케나지 랍비 수장, 세파르디 랍비 수장 제도〉
1921년 영국의 위임통치정부는 영국의 팔레스타인 위임통치를 원활하게 수행 위하여, 아쉬케나지 랍비 수장과 세파르디 랍비 수장 제도를 세속직인 국가 운영기구 일환으로 만들었다.
영국 위임통치정부가 '초대 아쉬케나지 랍비 수장 아브라함 이삭 쿡(Abraham Isaac Kook 재임 : 1921~1935), 2대 아쉬케나지 랍비 수장 이츠하크 할레비 허즈로그(Yitzhak HaLevi Herzog 재임 : 1936~1949)', '초대 세파르디 랍비 수장 야코브 베이르(Yaakov Meir 재임 : 1921~1939), 2대 세파르디 랍비 수장 벤지온 우지엘(Benzion Uziel 재임 : 1939~1948)'을 임명하였다.

이와 다른 견해를 가진 유대인 집단들도 있다. 1967년 8월 15일 이스라엘 국가방위군의 랍비 슬로모 고렌(Shlomo Goren)은 이스라엘의 우세와 지배권을 보여주기 위하여 50명으로 구성된 유대인 집단을 이끌고 알 아크사 모스크로 들어갔다. 그들은 기도를 드리기 위하여 팔레스타인 경비와 이스라엘 경찰들과 싸워서 물리쳤다. 그는 1973년-1983년까지 이스라엘의 아쉬케나지 랍비 수장을 역임하였다.

이와 같이 영국의 팔레스타인 위임통치 시작 이후 현재까지, 다수의 이스라엘 랍비 수장들이 발표한 엄격한 템플마운트 방문 금지법에 따라, 유대인들 대다수는 알 아크사 모스크 복합단지에 들어가지 않는다. 그러나 유대 극단주의자들은 최근 더욱 빈번하게 알 아크사 복합단지를 방문하며, 이스라엘 의회와 보안기관으로부터 광범위하게 제도적이고 정부적인 지원을 받고 있다.

1921년 초대 아쉬케나지 랍비 수장 아브라함 이삭 쿡은 하람 알 샤리프 복합단지 안으로 유대인들의 출입과 방문을 금지하는 랍비 명령을 발행하였다. 이 명령에 따르면, 유대인들의 템플마운트 방문은 무의식적인 불결함으로 성스러움을 해칠 수 있고, 신성을 빼앗을 수도 있기 때문이었다. 템플마운트는 오직 제사장만이 욤키프르 날에만 들어갈 수 있는 하나의 방, 약속의 장소(the Ark of the Covenant)였다.

2. 이스라엘의 성지 보호법

1967년 6월 27일, 이스라엘은 법과 행정 조례(Law and Administration Ordinance 5727~1967, 27 June 1967)를 변경하여 1967년 6월 7일 점령한 구 도시를 포함한 동 예루살렘을 서 예루살렘과 통합함으로써 이스라엘 영토로 전환시켰다. 이 변경된 법에 따라, 6월 27일부터 현재까지 예루살렘 구 도시는 이스라엘 법과 행정 통치를 받는다. 같은 날 이스라엘 의회는 다음과 같은 성지보호법(Israel's Protection of Holy Places Law 5727~1967)을 채택하였다.

〈이스라엘 성지보호법〉
1. 성지들은 신성 모독과 다른 침해로부터 보호되어야하고, 성지에 다른 종교의 구성원들이 자유롭게 접근을 못하게 하는 것이나 그러한 장소들과 관련된 감정을 침해하는 어떤 것들로부터 보호되어야 한다.
2. a. 성지를 모독하는 사람들은 7년 동안 투옥될 수 있다.
   b. 다른 종교 구성원들이 자신들의 성지에 관한 자유로운 접근을 방해하거나 그들의 감정을 상하게 하는 행위를 하는 사람들은 5년 징역형에 처할 수 있다.
3. 이법은 다른 법에 의해서 훼손되지 않는다.
4. 종교부 장관은 이법의 실행을 책임진다.
5. 이 법은 의회가 채택한 날로부터 실행된다.

  그러나 1967년 7월 4일, 유엔 총회는 이스라엘의 동예루살렘 지위를 변경시키려는 이러한 이스라엘의 조치들을 반대하는 2253호 결의를 내놓았다.

〈예루살렘 지위 변경에 관한 이스라엘 조치들에 관한 유엔총회결의 2253호〉
예루살렘 시의 지위를 변경시키려는 이스라엘의 조치들의 결과로서 예루살렘에서 만연한 상황에 대하여 깊이 우려한다.
1. 이러한 조치들은 무효다.
2. 예루살렘의 지위를 변경시키려는 모든 조치는 즉각 중단되어야하며, 이미 취해진 모든 조치들을 폐기하기를 이스라엘에게 요구한다.
3. 유엔사무총장은 이 결의 채택한 날로부터 일주일 이내에 현재 결의의 실행과 상황에 관하여 유엔 총회와 유엔 안보리에 보고해야한다.

  그럼에도 불구하고, 이스라엘은 1967년 8월, 하람 알 샤리프/템플 마운트와 서쪽 벽/알 부라끄 벽을 포함하는 예루살렘 구도시와 그 주변을 이스라엘 문화재로 지정함으로써, 사실상 이 지역을 전유하면서, 이스라엘의 주권을 실행시키고 있다. 1967년 8월에, 장관 위원회는 유대교 예배자들이 '템플 마운트'로 들어가서는 안 된다고 결정하였다(761 of 20 August 1967). 계획과 건축법(Planning and Construction Law 5725~1965)에 부합하는 특별 수리와 보전을 위하여 특별 종합 계획(special Master Plan, EJ/9)을 선정한 직후, 이 특별 종합 계획을 구도시와 그 주변 지역에 적용하였고, 어떤 건축이나 파손 작업을 금지하였다. 이스라엘 문화재법(Article 29(A) of the Israel Antiquities Law 5738~1978)에 따르면, 건축, 파괴, 토목공사, 문화재 관리국으로부터 허가 없이 문화재를 고치거나 해체할 수 없다.

1967년 6월 7일 동예루살렘의 점령하고 난후, 이스라엘군 사령관 Mordechai Gur 는 라디오를 통하여 유명한 선언을 하였다 "성전산은 우리의 손안에 있다, The Temple Mount is in our hands. The Temple Mount is in our hands. And now the entire Old City is in our hands, and we are very, very happy."

그러나 당시, 총리 레비 에쉬콜과 국방장관 모세 다얀은 성지에 대한 유대인의 지배의 종교적 정치적 결과로 인한 억제 필요성을 이해했고, 다얀은 이스라엘 국기를 바위 돔에서 내리도록 명령하였다. 이러한 정치적인 이유는 이스라엘 아쉬케나지 랍비 수장 이세르 예후다(Isser Yehuda Unterman, 재임 : 1964~1972)와 세파르디 랍비 수장 이츠하크 니심(Yitzhak Nissim, 재임 : 1955~1972)의 종교적 판결에 따른 것이었다. 이 두 랍비 수장들은 유대인들이 성지로 들어가도록 허락받지 못했다고 경고하였다. 신학적인 견지에서, 유대인들이 거룩한 성지를 우연히 밟을 수도 있고, 그래서 그들의 불결함으로 인해서 신성을 빼앗길 수 있다는 것이다.

1967년 6월 14일, 모세 다얀은 이슬람 와끄프의 관리자들을 만나서 현재 상태를 존중하기로 동의하고, 유대인들과 다른 비 무슬림들이 그 곳을 방문하도록 허락한 하람 알 샤리프의 일상적인 관리를 수용하였으나 기도는 허락하지 않았다. 모세 다얀은 서쪽/알 부라끄 벽과 광장에 대한 완전한 권리를 선언하였다. 광장의 확장으로 135채의 팔레스타인 주택과 무가라비 구역에 인접한 두 개의 모스크가 파괴되었고, 약 600 명 이상의 사람들이 집을 잃었다.

게다가 1967년 8월 15일, 이스라엘 군목 랍비 슬로모 고렌(Shlomo Goren, 아쉬케나지 랍비수장, 재임 : 1973~1983)가 이스라엘의 우세와 지배권을 보여주기 위하여 50명으로 구성된 유대인 집단을 이끌고 알 아크사 모스크로 들어왔다. 그들은 기도를 드리기 위하여 팔레스타인 수비대와 이스라엘 경찰들과 싸워서 물리쳤다. 이러한 종류의 도발에 대하여 세속적인 당국자들과 이스라엘 국방부는 표면적으로는 심히게 비난하였으나, 1984년 이스라엘 정부는 알 부라끄/서쪽 벽을 일방적으로 국가 재산으로 등록했다.

■ 이슬람 최초 기도방향 예루살렘 성지를 수호하라

예루살렘 무슬림들의 주장은 알 아크사 모스크가 독점적인 무슬림 성지이고, 신성한 장소이며, 모든 무슬림들에게 그들의 종교적 신조와 일치하며, 메카의 알 마스지드 알 하람과 메디나에 있는 예언자 모스크와 동등하게 중요하다. 알 아크사 모스크는 이슬람 최초의 기도방향이었고, 예언자 무함마드가 무슬림들에게 순례하라고 명령한 모스크이며, 세 개의 이슬람 최고 성지 모스크들 중의 하나다.

1917년 12월 예루살렘을 정복한 에드몬드 알렌비 장군은 군법 실시를 발표하면서 예루살렘 소재 모든 성지를 보호할 것과 현상유지를 약속하였다. 1922년 영국 위임통치 정부는 현상유지 협정을 공포하였다. 1930년 12월 서쪽 벽에 관한 영국 조사위원회 보고서에 따르면, 서쪽 벽 그 자체는 하람 알 샤리프의 통합된 일부로 무슬림 재산이다. 유대인들이 기도하는 서쪽 벽 앞 도로도 무슬림들의 재산이다.

그러나 공개적인 발표와는 달리, 실제로 영국 당국자들은 유대인들이 기도하는 동안에 서쪽 벽에 대한 대중의 접근을 제한했고, 일부 예배 장치들을 허락했으며, 점차 이 벽을 '유대구역'으로 전환시키도록 허락하였다. 따라서 이러한 영국의 이중적인 정책은 팔레스타인 무슬림들에게 예루살렘 성지를 위협하는 증대되는 유대인들의 존재에 대한 두려움을 유발시켰다.

1936년 4월 설립된 아랍고등위원회의 팔레스타인 민족국가 수립 요구에 대한 응답으로, 영국은 1937년 7월 필 분할 결의안을 공표하였다. 이 분할안에 따르면, 팔레스타인은 시온주의자가 통치하는 유대국가, 하심가가 통치하는 아랍국가, 영국 위임 통치하에 존재하는 베들레헴과 예루살렘지역으로 3등분된다. 팔레스타인 아랍인들이 통치하는 독립 팔레스타인 국가 영역은 없다.

알 아크사 모스크를 포함한 예루살렘을 수호하고 보호하는 하심가의 역사적인 역할은 1924년 3월 샤리프 후세인 빈 알 리가 팔레스타인 대표단으로부터 바이야트 아흘룰-꾸드스 선서를 받으면서 시작되었다. 이 팔레스타인 대표단은 지역 지도자들, 귀족들, 판사들, 무프티들, 그리스 정교회 대주교들, 가톨릭 사제들, 학자들, 정치 지도자들로 구성되었다. 이들 중에는 팔레스타인 아랍회의 행정위원회 의장인 무사 카짐 알 후세이니, 예루살렘 그랜드 무프티이며, 무슬림 최고 위원회 의장인 하지 아민 알 후세이니, 예루살렘 시장 라깁 나샤시비가 포함되었다. 이 대표단은 성지들과 성지 예루살렘 주민들을 보호하고, 유지하고, 혁신할 유일한 무슬림 칼리파로서 샤리프 후세인에게 완전한 충성을 표기하였다. 이 선서에 근거하여, 오늘날까지 요르단 하심왕가가 예루살렘 성지들을 관리한다.

사실, 2015년 11월 4일 이스라엘의 알 아크사 모스크 카메라 설치에 반대하는 와끄프 대표단, 가톨릭 대표 사제와 그리스 정교회 총대주교 등 27명이 암만으로 요르단 왕을 방문하였다. 이 방문은 1924년 팔레스타인 대표단이 샤리프 후세인에게 충성 선서한 것을 재확인 한 것으로 평가된다.

1993년 팔레스타인 자치정부 수립이후에는 팔레스타인 자치정부가 예루살렘 무프티를 지명하여 임명한다. 2013년 3월 31일, 압둘라 2세와 마흐무드 압바스는 예루살렘 성지들 특히 하람 알 샤리프의 방어자로서의 요르단 왕의 역할을 다시 강조하고 이들 성지 관리자로서의 요르단의 역할을 인정하는 '예루살렘 성지에 관한 요르단-팔레스타인 협정'을 체결하였다.

1994년 10월 '이스라엘-요르단 평화협정'은 "이스라엘은 예루살렘 무슬림 성지들에서 요르단 하심 왕국의 현존하는 특별한 역할을 존중한다. 미래 영구지위 협상에서, 이스라엘은 이 성지들에서 요르단의 역사적인 역할에 높은 우선권을 부여할 것이다"고 규정한다.

결국 1993년 '요르단-팔레스타인 협정'과 1994년 '이스라엘-요르단 평화협정'은 예루살렘 이슬람 성지에 대한 관리권이 요르단 정부에 있다고 확인한 것이다.

그러나 이미 이스라엘은 1967년 8월, 하람 알 샤리프/템플 마운트와 서쪽 벽/알 부라끄 벽을 포함하는 예루살렘 구 도시와 그 주변을 이스라엘 문화재로 지정함으로써, 사실상 이 지역을 전유하면서, 이스라엘의 주권을 실행시키고 있다. 1984년 이스라엘 정부는 알 부라끄/서쪽 벽을 일방적으로 국가 재산으로 등록했다.

최근 더욱 강화된 알 아크사 모스크에 대한 이스라엘의 출입제한 조치, 이스라엘 군인과 정착민들이 빈번하게 저지르는 알 아크사 모스크에서 폭력적인 행위, 게다가 이스라엘이 알 아크사 모스크를 분할계획을 하고 있다는 널리 퍼진 소문이 팔레스타인인들의 분노를 격화시켰다.

올 해들어 팔레스타인 사회에 널리 퍼진 소문은 "1994년에 발생한 헤브론 아브라함 모스크 분할 전례를 따라, 이스라엘인들이 예루살렘 알 아크사 모스크도 분할하여 유대구역을 만들려고 한다."는 것이다. 팔레스타인인들은 1994년 헤브론 아브라함 모스크가 분할된 것처럼, 예루살렘 알 하람 알 샤리프, 알 아크사 모스크가 분할될까봐 매우 두려워한다.

1994년 2월 25일 미국 태생의 이스라엘 정착민 골드스타인이 헤브론 소재 아브라함 모스크에서 예배 중이던 무슬림들을 공격하여 29명을 살해하였다. 이후, 이스라엘은 아브라함 모스크를 이슬람 모스크와 유대 시나고그로 분할하였다.

대부분의 미디어들은 아브라함 모스크 테러 사건을 골드스타인 개인의 행위로 보도하였으나, 팔레스타인인들 대부분은 아브라함 모스크를 분할하기 위하여 이스라엘 정부가 기획한 것으로 믿는다. 현재 이스라엘 군인들이 헤브론 아브라함 모스크와 그 주변을 완전히 통제함으로써, 이 지역은 팔레스타인인들이 거의 생활할 수 없는 구역으로 변화되었다.

아브라함 모스크와 헤브론에 대한 계속되는 이스라엘의 공세적인 점령 정책에 대하여 팔레스타인 자치정부는 어떤 대응정책도 내놓지 못했다. 이와 마찬가지로, 팔레스타인 자치정부와 요르단 정부는 예루살렘 알 아크사 모스크 복합 단지와 예루살렘에 대한 이스라엘의 공세적인 정책에 대처할만한 어떤 조치도 내놓지 않고 있다.

Ⅳ. 지도부 없는 팔레스타인인들 어디로 가나?
: 고귀하지만, 애처로운 꿈

■ 이스라엘군의 실탄/팔레스타인인의 부엌 칼

팔레스타인 보건부에 따르면, 2015년 10월 1일부터 2016년 2월 21일까지 서안, 예루살렘, 가자 등 팔레스타인 지역에서 이스라엘의 공격으로 181명의 팔레스타인

• 고귀하지만, 애처로운 꿈1
(출처 : 팔레스타인-예루살렘 화가 Taleb Dweik)

• 고귀하지만, 애처로운 꿈2(출처 : 팔레스타인-예루살렘 화가 Taleb Dweik)

• 고귀하지만, 애처로운 꿈3(출처 : 팔레스타인–예루살렘 화가 Taleb Dweik)

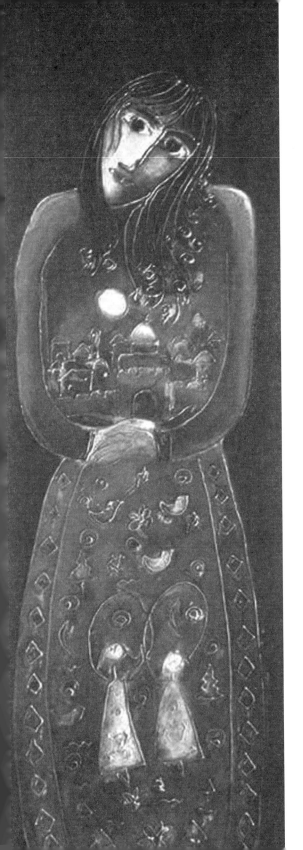

인들이 사망하고, 팔레스타인인들의
공격으로 21명의 이스라엘인들이 사
망하였다.[161]

팔레스타인인들 전체 사망자 181
명 중 155명은 서안 소재 이스라엘 정
착촌 근처, 이스라엘 검문소, 분리장벽
근처, 이슬람 성지 동예루살렘에서 대
부분 이스라엘군의 실탄공격으로 사
망하였다. 26명은 고립된 가자지역에
서 역시 이스라엘의 실탄공격과 공습
으로 사망하였다.

이스라엘인 전체 사망자 21명 중 18
명은 모두 서안 소재 이스라엘 정착촌
근처와 동예루살렘에서 사망하였다. 1
명은 서 예루살렘에서, 2명은 텔아비
브에서 각각 팔레스타인인의 칼에 찔
려 사망하였다.

이 사건들 대부분은 팔레스타인인
들의 거주지역인 서안, 동예루살렘, 가
자 지역에서 발생했다. 특히 서안 소재
이스라엘 정착촌 근처, 이스라엘 검문
소, 분리장벽, 점령당한 이슬람성지 예
루살렘 등 이스라엘 점령과 팔레스타
인인들의 고통을 상징하는 곳에서 발
생했다는 것을 주목해야한다.

• 고귀하지만, 애처로운 꿈4
  (출처 : 팔레스타인-예루살렘 화가 Taleb Dweik)

■ 팔레스타인 여론 : PLO와 PA 불신

1993년 이후, PLO(팔레스타인 해방기구)와 PA(팔레스타인 임시 자치정부, PLO의 일부) 소속 팔레스타인 협상 대표들은 '최종적인 이스라엘-팔레스타인 협상 결과가 서안, 가자, 동예루살렘 지역에 팔레스타인 국가가 건설'할 것처럼 선전해왔다.

그러나 최근 팔레스타인 여론조사 기구가 보여주는 자료는 팔레스타인인들이 더이상 팔레스타인 국가 건설을 내세운 이스라엘-팔레스타인 협상을 지지하지 않는다는 것을 보여준다.

2015년 10월 라말라 소재 팔레스타인 정책과 조사 연구 센터(PCPSR)가 내놓은 여론 조사 자료는 다음과 같다.[162]

▶ 팔레스타인인 80%는 팔레스타인이 '제1의 아랍대의'라고 믿지 않는다(사실상, 아랍 국가들은 팔레스타인 문제에 관심 없다).
▶ PLO와 PLO 집행위원회에 대한 팔레스타인인들의 불신이 증가하고 있으며, 67%는 PA가 이스라엘 정착민들의 테러리즘으로부터 팔레스타인인들을 보호한다고 믿지 않는다.
  게다가 65%는 PA 수반 마흐무드 압바스의 사임을 요구한다. 51%는 PA 해체를 주장하고, 57%는 무장 봉기를 지지한다.
▶ 팔레스타인인 52%는 두 국가 해결안(이스라엘과 병존하는 팔레스타인국가 건설)을 가장 중요한 목표로 생각하지 않는다.
  즉 30%는 1948년 이스라엘 국가가 창설된 도시와 마을들(현재 이스라엘 내부)로 난민 귀환권을 획득하는 것이 가장 필수적인 목표라고 생각한다. 13%는 이슬람의 가르침을 적용하는 경건하고 도덕적이며, 종교적인 가르침을 존중하는 사회를 건설하는 것이 가장 중요하다고 믿는다. 9%는 팔레스타인인들의 자유와 권리를 존중하는 민주적인 정치제도를 수립하는 것이 가장 중요한 목표라고 믿는다.
▶ 팔레스타인인 48%만이 1967년 점령지인 동예루살렘, 서안, 가자에서 이스라엘 점령종식과 동예루살렘을 수도로 서안, 가자에 팔레스타인국가 건설을 가장 필수적인 목표라고 생각한다.

이제 팔레스타인 다수는 이스라엘-팔레스타인 협상을 통한 두 국가 해결안을 현실적이라고 생각하지 않는다. 따라서 1993년부터 이스라엘-PLO, PA 협상을 실질적으로 이끌어 온 PA 수반 마흐무드 압바스는 체제는 심각한 붕괴 위기에 직면한 것으로 보인다.

■ 1988년 12월 유엔총회 결의 : PLO의 팔레스타인 독립선언 승인

1964년 아랍연맹이 후원하여 팔레스타인 민족회의(PNC)가 팔레스타인 해방을 목표로 내세운 PLO를 창설하였다. 1974년 PLO는 유엔 옵저버 자격을 획득한 이후, 현재까지 유엔에서 팔레스타인 단독 대표로서 활동하고 있다(2011년 9월 유엔에서 팔레스타인 자치정부 수반 마흐무드 압바스도 '팔레스타인인들의 합법적 단독대표 PLO를 대표하여 연설한다.'고 밝혔다).163)

1988년 11월 15일 PLO는 알제에서 '1967년 이스라엘이 점령한 팔레스타인 땅에서 성지 예루살렘을 수도로 팔레스타인 국가(The State of Palestine) 창설'을 명시하는 팔레스타인 독립선언을 채택했다.

이 PLO의 독립선언을 승인하는 유엔총회 결의(A/RES/43/177)가164) 1988년 12월 15일 채택되었다. 이 유엔총회 결의는 '1967년 이후 점령당한 팔레스타인 영토에 대한 팔레스타인인들의 주권을 확인하면서, 유엔사무총장에게 후속조치를 취하도록 요구'하였다. 이 결의에 대하여 104개 국가가 찬성하였고, 44개 국가가 기권하였으며, 오직 미국과 이스라엘만 반대 투표하였다. 1989년 2월까지 93개 국가가 팔레스타인 국가를 인정하였다. 1989년 4월 PLO 중앙위원회는 야세르 아라파트를 팔레스타인 국가의 초대 대통령으로 선출하였다. 이 때 PLO가 주도하는 팔레스타인독립 국가가 탄생할 것처럼 보였다.

■ 1990s 이스라엘-PLO, PA 협상 : PLO의 팔레스타인 독립선언 무효화

그러나 유엔사무총장이 팔레스타인 국가 건설을 위한 후속조치를 취하지 않은 상태에서, 1993년 9월부터 미국의 중재로 이스라엘-PLO 직접 협상이 진행되었다. 이 협상 결과 PLO 집행부 일부가 PA를 창설하였다. 이후 PA는 유엔을 비롯한 국제사회에서 진행되던 팔레스타인 독립국가 건설 논의를 완벽하게 차단시켰다.

이로써 PLO는 1988년 12월 유엔총회 결의(A/RES/43/177), 즉 '팔레스타인 독립선언 유엔 승인'이라는 중요한 성과를 스스로 무효화시켰다. 1993년 이후 20년 이상 계속된 이스라엘-PLO, PA 협상안 어디에도 팔레스타인 국가(State of Palestine)는 명시적으로 존재하지 않았다. 따라서 PLO, PA 협상대표들이 협상과정에서 '최종적으로 팔레스타인 국가를 건설할 것'이라고 큰소리친 것은 팔레스타인인들을 대상으로 한 희대의 사기극이었다.

현재 팔레스타인인들 대부분은 이스라엘-PLO, PA 직접 협상의 속임수를 완전히 파악하였다. 절망한 일부 팔레스타인인들은 부엌칼을 들고, 핵무장한 이스라엘 점령으로부터의 해방과 팔레스타인 독립국가 건설이라는 고귀하지만 애처로운 꿈을 꾸고 있다.

주석

1) Barak Mendelsohn(2015). Divide and Conquer in Syria and Iraq: Why the West Should Plan for a Partition, November 29, 2015,
   https://www.foreignaffairs.com/articles/turkey/2015-11-29/divide-and-conquer-syria-and-iraq
   그는 Haverford 대학교수이고, 외교정책연구소(the Foreign Policy Research Institute) 선임 연구원.

2) JOHN R. BOLTON(2015). To Defeat ISIS, Create a Sunni State, NOV. 24, 2015,
   http://www.nytimes.com/2015/11/25/opinion/john-bolton-to-defeat-isis-create-a-sunni-state.html?_r=1

3) Henry Kissinge(2013). Henry Kissinger and Paul O'Neill: Policy Reflections fordschool, 2013. 6. 21,
   https://www.youtube.com/watch?v=ZVasCE1uOf4#t=1232

4) Brad Hoff(2015). 2012 Defense Intelligence Agency document: West will facilitate rise of Islamic State "in order to isolate the Syrian regime, May 19, 2015, http://levantreport.com/2015/05/19/2012-defense-intelligence-agency-document-west-will-facilitate-rise-of-islamic-state-in-order-to-isolate-the-syrian-regime/https://www.judicialwatch.org/wp-content/uploads/2015/05/Pg.-291-Pgs.-287-293-JW-v-DOD-and-State-14-812-DOD-Release-2015-04-10-final-version11.pdf

5) LESLIE H. GELB(2003). "The Three-State Solution", November 25, 2003.
   미국의 주요한 싱크탱크인 외교협회 the Council on Foreign Relations (CFR) 명예의장(전임 국방부 국제안보 분야 책임자와 국무부 관리)

http://www.nytimes.com/2003/11/25/opinion/25GELB.html

6) JOSEPH R. BIDEN JR. and LESLIE H. GELB(2006). Unity Through Autonomy in Iraq, May 1, 2006,http://www.nytimes.com/2006/05/01/opinion/01biden.html?pagewanted=all&_r=2

7) Ralph Peters(2006). Redrawing the Middle East Map, Armed Forces Journal(1863년 창간) 게재-June 2006, http://www.oilempire.us/new-map.html

8) Ralph Peters(2006). Blood borders, June 1, 2006
http://www.armedforcesjournal.com/blood-borders/

9) ROBIN WRIGHT(2013). Imagining a Remapped Middle East: How 5 Countries Could Become 14, September 28, 2013.
http://www.nytimes.com/2013/09/29/opinion/sunday/imagining-a-remapped-middle-east.html
http://www.nytimes.com/interactive/2013/09/29/sunday-review/how-5-countries-could-become-14.html?_r=0

10) Jeffrey Goldberg(2014). The New Map of the Middle East, Jun 19, 2014
http://www.theatlantic.com/international/archive/2014/06/the-new-map-of-the-middle-east/373080/

11) 제1차 세계대전 동안 오스만 제국이 해체되면서 영국은 오스만 제국군을 이라크 지역에서 축출. 이라크 지역에서 전투를 치루는 동안 9만 2천 명의 영국 측 소속 병사가 사망하였고, 오스만 군대의 사망자 수는 알려지지 않음. 1918년에 영국은 11만 2천 명의 전투 부대를 포함하여 41만 명의 군대를 이라크 지역에 배치하였음. 1920년 산레모 협정(1922년 국제 연맹 승인)은 메소포타미아를 영국 위임 통치 영역으로 할당하였고, 1920년 11월 11일부터 영국 위임통치 시작.

12) 이라크 석유회사(IPC)는 영국, 미국, 프랑스 등의 자본으로 이루어졌고, 이라크 하심왕국(1921.8~1958.7)의 거의 전역에 이권을 가지고 있었다. 1958년 7월 친 소련 군부쿠데타 이후, 이라크 정부가 1961년에 IPC이권지역 99% 이상을 몰수하였고, 1972년에는 IPC를 국유화하였다.

13) 1956년 7월 26일, 이집트가 수에즈 운하를 국유화하였다. 수에즈 운하에 대한 지배권을 회복하기 위하여, 이스라엘, 프랑스, 영국 사이에서 비밀 협상이 진행되었다. 1956년 10월 29일, 이스라엘이 시나이 사막을 침공하였다. 1956년 10월 30일, 영국과 프랑스가 수에즈 운하 지대로부터 철수할 것을 요구하는 최후 통고를 이집트와 이스라엘에게 보냈다.

14) 운송가격 인상에 대한 대안으로, 1973년 이라크는 터키와 키르쿠크-세이한(the Kirkuk-Ceyhan) 파이프라인 건설에 합의하였다. 길이가 1,048km인 이 파이프라인은 1973년에 건설이 시작되어 1975년에 완공되었고, 1983년과 1987년에 확장되어 하루당 175만 배럴을 운송했다. 이것은 키르쿠크 남부로부터 아라비아반도로 원유를 운송하는 두 개의 평행한 하루당 70만 배럴(700,000 bbl/d)의 용량을 갖는 것이었다.

15) 다흐란(Dhahran)은 사우디아라비아 동부 주에 위치한 도시로, 사우디아라비아 석유 산업의 중심지 역할을 한다. 1931년 이 곳에서 유전이 발견되었으며 1935년 미국 캘리포니

아 스탠더드 오일이 이곳에 유정을 설치했다. 1936년 SOCAL(Standard Oil of California) 과 Texaco(Texas Oil Company)가 수에즈의 동부에 공동 투자하고 이후 아람코(ARAMCO, Arabian-American Oil Company)가 되었다. 당시 미국무부는 아람코를 역사상 가장 수지맞는 상업적인 성과로 평가하였다.

16) 대신 사우디아라비아가 1979년 2월 까지 홈스 정유소에 석유를 공급하였다.

17) 러시아는 석유와 천연가스의 주요 수출국이다. 러시아 경제는 대체로 에너지 수출에 의존한다. 러시아 경제 성장은 높은 가격의 에너지 수출에서 비롯된다. 석유와 가스 세입은 연방 예산의 52%를 차지하며, 2012년 전체 수출의 70% 이상 차지했다. 2013년 러시아는 사우디아라비아와 미국 다음으로 세계 3위의 석유 생산 국가였다.

18) 사우디인 국적자의 2/3 이상이 30세 미만이며, 실업자의 거의 3/4이 20대다.

19) 사우디 왕국은 영국과 긴밀한 관계를 유지하였으며 영국의 무기와 원조로 영토 확장이 가능했다. 이븐 사우드는 1915년 12월 영국과 맺은 앵글로-나즈드협정(The Anglo-Najd Treaty)에서 보호령(1915~1927)의 지위를 수락하였다.

20) 2003년 이슬람법정이 폐쇄되었으나, 샤리아의 원리들은 결혼, 이혼, 자녀양육권 등 개인의 지위문제에 관해서는 여전히 적용된다. 일부 경우에, 여성의 증언이 남성의 1/2의 가치를 가지며, 여성 증언이 전혀 수용되지 않는 경우도 있다.

21) 1990년대에 카타르 국민들 중 싸니 가문 구성원들 수는 2만 명 이상에 달하는 것으로 알려졌다. 카타르 반도에서 싸니 가문은 유일한 지배가문이다. 석유산업 이전에는 다르위시(Al Darwish)와 알 마나(Al Mana)라는 중요한 상인가문들이 있었다. 그러나 1950년대 이후 석유산업의 발달로, 알 싸니 통치자가 상인에 대한 재정적 의존으로부터 벗어나면서 이 상인가문들은 정치적인 영향력을 상실하였다.

22) 19세기에 영국과 바레인의 알칼리파 왕가와 체결한 협정들은 아라비아 만 지역에서 영국의 권위를 부각시켰으며, 카타르를 바레인의 속국으로 간주하였다. 그러나 1916년 11월 3일 압달라 빈 자심이 알 싸니가 영국과 협정(Anglo-Qatari Treaty)을 체결한 이후, 카타르는 '바레인으로부터 독립한' 영국의 보호령이 되었다. 이 협정에서 알 싸니는 "영국 정부의 동의 없이 어떤 국가와과도 관계를 맺지 않는다."는 약속을 함으로써 영국의 보호령이 되었다.

23) 1953년 이집트 무슬림형제단 창설자 하산 알 반나 사위인 사이드 라마단(Said Rammadan) 이 이끄는 이슬람학자 대표단이 '이슬람 문화 콜로키움(Colloquium on Islamic Culture)' 참석차 미국을 방문하였다. 이러한 무슬림형제단에 우호적인 미국정책은 반공정책에서 동력을 얻었다(Edwards and Gibson 2012, 7 Sep).

24) 무함마드 빈 파흐드 알 카타니와 압달라 알 하마드는 사우디아라비아내에 최초의 독립적인 인권단체인 '사우디 시민정치권리 연합(the Saudi Civil and Political Rights Association, SCPRA)'의 공동 창설자들이다. SCPRA는 2009년 10월에 창립되었으며, 기소와 재판 없이 수감된 정치범들의 가족들을 돕는다.

25) 현재 WAMY 의장은 사우디이슬람부장관인 살레 알 셰이크다.

26) 사망자 : 시민-50명(어린이 6명, 여성 6명), 반란군-41명, 비시리아 이슬람 전사-21명, 국가

방위군-24명, 정규군-35명, ISIS-3명, 익명의 반란군-15명, 정부군과 연대한 비 시리아 전사-16명.

27) 현 사우디 압둘라왕의 어머니 부족.

28) U.S.- Gulf Cooperation Council Camp David Joint Statement, May 14, 2015.
https://www.whitehouse.gov/the-press-office/2015/05/14/us-gulf-cooperation-council-camp-david-joint-statement

29) The UAE and Qatar Wage a Proxy War in Libya, 12.13.15.
http://intpolicydigest.org/2015/12/13/uae-qatar-wage-proxy-war-libya/

30) Emirates Diplomatic Academy appoints top UN diplomat Bernardino León Gross as its first Director General, 04 November 2015.
http://eda.ac.ae/media-events/news/item/242-emirates-diplomatic-academy-appoints-top-un-diplomat-bernardino-leon-gross-as-its-first-director-general

31) OPEC 회원국 : 사우디아라비아, 아랍에미리트, 쿠웨이트, 카타르, 이란, 이라크, 알제리, 앙골라, 나이지리아, 리비아, 베네수엘라, 에콰도르

32) 알 셰이크 가문은 와하비즘의 창시자인 무함마드 빈 압둘 와합의 후손들로 사우디 왕가와 빈번한 통혼을 통하여 긴밀한 관계를 맺고, 그랜드 무프티를 비롯한 종교 요직을 장악해왔다. 특히 이 가문은 수다이리파와 가깝다.

33) 사우드부족이 활동하던 아라비아 반도 중앙의 나즈드 지역 통치자들은 소규모 정착촌에서 비교적 자유롭게 통치권을 행사했다. 나즈드는 잉여 생산물이 거의 없어서 주변 세력들에게 매력적인 지역이 아니었다. 따라서 나즈드주민들은 항상 상업이 발달한 부유한 하사 등 해안가를 주목하였다. 이러한 상황에서, 리야드 주변 지역에서 창설된 제1사우디 왕국은 와하비즘이 제공하는 종교적 열정으로 동력을 얻으면서 아라비아 반도 영토의 대부분을 정복하였다. 1824년 훨씬 더 작은 규모의 제2사우디 왕국(1824~1891)이 디리야 지역을 중심으로 한 나즈드지역에 창설되었다. 제1왕국과 비교해서, 제2왕국은 영토 확장이 덜 이루어졌다. 예를 들면, 제1왕국이 정복했던 서부지역과 남부지역 등을 결코 재정복하지 못했다.

34) 무함마드 빈 파흐드 알 카타니와 압둘라 알 하마드는 사우디아라비아 내에 최초의 독립적인 인권단체인 '사우디 시민 정치권리 연합(the Saudi Civil and Political Rights Association, SCPRA)'의 공동 창설자들이다. SCPRA는 2009년 10월에 창립되었으며, 기소와 재판 없이 수감된 정치범들의 가족들을 돕는다.

35) 살라피-와하비 종교 기구의 중심 세력은 수다이리 파벌이다.

36) 사우디 살라피-와하비 운동가들은 시아파를 다신교도들이며 불신자들로 간주하며, 정치와 종교 등 제도권으로 통합하는 것을 용인하지 않는다. 이러한 반시아 담론은 학교 교과서 등 공식적인 영역에서 사용된다. 이에 맞서 사우디 시아파들은 민주주의, 다원주의, 평등권 등을 요구한다.

37) GCC(Gulf Cooperation Council) : 사우디아라비아, 아랍에미리트, 쿠웨이트, 카타르, 바레인, 오만.

38) IAF는 무슬림형제단의 요르단 분파이며, 1992년에 350명의 회원으로 공식적으로 창립되었다.

39) Abdullah I(1921~1951년 7월 20일), Talal(1951년 7월 20일~1952년 8월 11일), Hussein(1952 년 8월 11일~1999년 2월 7일), Abdullah II(1999년 2월 7일~현재)

40) Samir Rifai 총리 재임 : 2009년 12월 14일~2011년 2월 1일. 팔레스타인의 Safed 출신 가문. 경제전문가, 2005년 Jordan Dubai Capital 창설.

41) Marouf Bakhit는 2005년 11월 9일에 발생한 암만 폭탄 테러 사건(60명이 사망하고 115명 부상) 직후인 2005년 11월 27일 임명되어 2007년 11월 25일까지 총리 재임, 이스라엘 대사 국가 보안대장(national security chief) 역임, 마루프 바키트의 주요 임무는 요르단의 안보와 안정이다. 그는 거리 시위가 계속되면서 2011년 2월 9일 총리에 재임용되었다. 그는 요르단의 알 압바디(Al-Abbadi Tribe 부족 출신이며, 1964년 요르단 군에 입대하여 1999년 육군에서 소장으로 제대하였다.

42) 2만 명 정도의 드루즈, 소수의 시아, 400명 정도의 바하이 등이 있다. 북부 아즈락(Azraq)에는 상당수의 드루즈가 밀집해 거주하며, 드루즈 개인들의 지위 문제를 관리하는 드루즈 법정이 있다. 움므 알 자말, 암만, 자르까 등지에도 드루즈들이 살고 있다. 드루즈는 무슬림으로 등록돼있다. 후슨(Husn), 암만 근처의 푸헤이스(Fuheis), 마다바(Madaba), 케락(Karak) 등은 기독교인들이 많이 거주하는 지역이다. 요르단 법에 따르면, 소수 종파는 일정 문제들에 자율권이 있다.

43) 헌법은 상원의 수가 하원의 1/2을 넘지 못하도록 규정하였다. 이 때 상원은 4년 임기로 왕이 임명하며 재임명될 수 있고, 최소한 40세 이상이어야 한다. 상원의 자격은 현직 전직 장관들, 2회 이상 당선된 하원의원들, 전임 판사, 전임 외교관, 은퇴한 장성들로 제한되었다. 하원은 비밀 투표로 4년마다 선거한다. 후보자들은 요르단 시민이고 30세 이상이어야 했다. 요르단 시민권을 획득한 팔레스타인 난민들도 트랜스 요르단인들과 동등하게 투표권을 가졌다.

44) Nasccr Aruri, *Jordan : A Study in Political Development(1921~1965)*, The Hague : Martinus Nijhoff, 1972, Hani Hourani, Hamed Dabbas, and Mark Power-Stevens, *Who's Who in Jordanian Parliament 1993~1997*.
Ellen M. Lust-Okar, 2001, "The Decline of Jordanian Political Parties: Myth or Realty?", Int. J. Middle East Stud. 33, pp.550~551.

45) Hani Hourani, Hamed Dabbas, and Mark Power-Stevens, Who's Who in the Jordanian Parliament 1993~1997. Ellen M. Lust-Okar "The Decline of Jordanian Political Parties: Myth or Realty? Int. J. Middle East Studies, 33, 2001, USA. pp.551~552. Jordan Embassy to the U.S. http://www.europeanforum.net/country/jordan

46) The Islam Action Front(IAF)는 정당 설립법의 공포에 따라 1992년에 무슬림 형제단에 의해서 실립되었고, 형제딘의 정치 휠동을 위한 주요 행위자가 되었다. IAF는 1인 1투표제도가 실행된 1993년 의회 선거에 참가하여 전체 80석 중 16석을 획득하였다. 무슬림 형제단은 1989년 선거에도 참가했었다.

47) The Jordan Times, 10-13, 24 November 1993, 1인1투표제는 의회의 승인 없이 실행되었다.

48) 1989년 의회 선거에서 요르단 전체 유권자의 41%, 1993년 의회 선거에서는 47%가 투표했다.

49) 1993년 의회 선거에서 암만의 같은 지구에서는 유권자의 66%, 자르까에서는 67%가 투표하였다.

50) 12개 지방 행정구역 : *암만(Amman), 이르비드(Irbid), 발까(Balqa), 케락(Karak), 마안(Maan), *자르까(Zarqa), 마프라크(Mafraq), 타필라(Tafileh), 마다바(Madaba), 제라시(Jerash), 아즐룬(Ajloun), 아까바(Aqaba), * 표시는 팔레스타인인 90% 이상 거주하는 지역, 체 : 체르케스인, 기 : 기독교인.
유목민 거주 5개 지역 : 람타와 바니 키나나(Ramtha and Bani Kinana), 쿠라와 북고르(Quarrah and North Ghor), 중앙 바디아 (Central Badia), 남부 바디아(S. Badia), 북 바디아(N. Badia)

51) 1994년 7월 이츠하크 라빈 이스라엘 총리와 후세인 요르단 국왕은 워싱턴 회담에서 양국간의 적대적인 관계를 청산하고 각종 관계를 개선한다는 내용의 워싱턴 선언을 발표하였다. 이 회담을 후원하면서 미국은 요르단의 7억 달러의 부채 탕감과 군사지원을 약속하였다. 미국은 군사원조 2억불을 포함하여 매년 5억불의 원조를 하고 있다.

52) 1. Hayat Massimi(자르까), 2. Falak Jamaani(마다바), 3. Nariman Rousan(이르비드), 4. Insaf Khawaldeh(타필라), 5. Zakiyyeh Shamayleh(케락), 6. Adab Saud(타필라). http://www.jordanembassyus.org/06192003002.htm

53) United Nations Development Programme, Programme on Governance in the Arab Region(UNDP-POGAR: Country Index: Elections). http://www.pogar.org/countries/elections.asp?cid=7, 2005-10-03. 아랍인 98%, 체르케스인 1%, 아르메니아인1%; 무슬림 96%, 기독교인 4%

54) JORDAN: Islamist opposition calls for revamped election law http://www.irinnews.org/report.asp?ReportID=51324&SelectRegion=Middle_East&SelectCountry=JORDAN

55) Middle East Report Online, http://www.merip.org/mero/mero061005.html

56) U.S Department of State, http://www.state.gov/g/drl/rls/hrrpt/2004/41724.htm

57) Polity IV Country Report 2003: Jordan, http://www.cidcm.umd.edu/inscr/polity/Jor1.htm Jordan-2003 Annual Report, http://www.rsf.org/article.php3?id_article=5387

58) 12 지방행정 구역들(muhafazat, singular-muhafazah); Ajlun, Al ´Aqabah, Al Balqa´, Al Karak, Al Mafraq, ´Amman, At Tafilah, Az Zarqa´, Irbid, Jarash, Ma´an, Madaba

59) United Nations Development Programme, Programme on Governance in the Arab Region (UNDP-POGAR: Country Index: Elections). http://www.pogar.org/countries/elections.asp?cid=7, 2005-10-03

60) *Leigh Baldwin, 2005, Analysis: Jordan´s balancing act*, United Press International, http://www.wpherald.com/print.php?StoryID=20050929-030721-3260r 2005-10-03

61) 1956년 7월, 수에즈 운하를 국유화선언. 지중해와 홍해, 인도양을 잇는 중요한 국제수로였던

수에즈 운하의 국유화 선언은 운하에 대한 이권을 소유한 영국과 프랑스에게는 큰 타격이 되었다. 1955년에 대략 유럽에서 소비되는 석유 중 2/3가 이 운하를 통과했다.

62) 이라크 석유 회사(The Iraq Petroleum Company, IPC)는 영국, 미국, 네덜란드, 프랑스 등의 자본(로얄더치 쉘과 BP, 엑손모빌, 토탈)이 합작한 것이며, 1929년까지는 터키 석유 회사(Turkish Petroleum Company, TPC)로 불렸다. 이 회사는 1925~1961년까지 이라크 석유 탐사와 생산을 독점하였으며, 1972년에는 사담 후세인이 석유산업을 국유화하면서 이라크에서 쫓겨났다. 이 회사는 중동의 다른 지역에서도 석유 탐사와 생산에서 주요한 역할을 하였다.

63) 이즈 알 딘 이브라힘은 2010년 2월 2일에 사망하였고, 아랍에미리트 대통령실 문화담당 고문이었다

64) 칼리파 알 누아이미는 소르본느 대학 아부다비 분교 강사인 나세르 빈 가이스(Nasser bin Gaith)의 친척이기도하다.

65) 바레인의 인구 변화(1971~2010)

인구	1971	1981	1991	2001	2008	2010
국적자	178,193	238,420	323,305	405,667	529,446	568,399
외국인	37,885	112,378	184,732	244,937	517,368	666,172
전체	216,078	350,798	508,037	650,604	1,046,814	1,234,571
국적자 (%)	82.5	68	63.6	62.4	51	46

66) 이브라힘 샤리프 알 사이드가 2005년 와드 창설자인 압둘 라흐만 알 누아이미(Abdulrahman al-Nuaimi)를 계승하였다. 바레인 국왕 하마드가 개혁을 제창하면서, 추방되었던 압둘 라흐만 알 누아이미 등 바레인 인민해방 전선 지도자들을 귀환시켰다. 이 때 귀환한 인물들이 2001년 와드를 창설함으로써, 바레인 인민해방 전선(PFLB, 1974~2001)을 대체하였다. 이로써 와드는 아랍 걸프 국가들에서는 최초로 합법적인 사회주의자 정치단체가 되었다. 역사적으로 바레인 사회에서 좌파는 매우 강력하다. 이것은 1930년대에 석유가 발견되면서 바레인의 산업화를 통하여 지역 노동자 계급이 창출된 결과였다.

67) 무슬림형제단을 테러리스트 단체로 규정한 국가들 : 이집트, 러시아, 시리아, 사우디아라비아, UAE.

68) 2002년 2월 14일 하마드 빈 이사 알 칼리파(Hamad bin Isa Al Khalifa)는 자신의 호칭을 아미르에서 말리크(King of Bahrain)로 변경하였다.

69) 알리 까심 라베아는 2001년 창설된 사회주의 정치단체인 와드 소속이었다가 2005년 하끄(Haq)가 창설되면서 하끄에 합류 하였고, 2014년 현재 하끄 지도자다. 하끄운동은 시아파인 와파끄, 사회주의자들 포함한 세속주의자, 수니 성직자를 포괄하는 것으로 알려졌다.

70) 압둘라흐만 알 누아이미(1944~2011년 9월 1일)는 1968년 일하고 있던 발전소에서 노동운동이 엄중단속을 받은 이후, 바레인에서 추방되어 33년 동안 다마스쿠스에서 망명 생활을 하였다. 그는 2001년 하마드 국왕의 해외추방인사 귀환조처로 바레인으로 되돌아와서 사회주의 정당 와드(Waad, NDAS, the National Democratic Action Society)를 창설하였다. 와드는

2005년 바레인 정부가 걸프 아랍국가들 내에서 최초로 공식적으로 허가한 바레인에서 가장 큰 좌파 정치조직이 되었다. 하마드가 추방된 사회주의자들을 귀환시켜서 힘을 실어준 것은 반정부 시아파에 대한 대항마로서 역할을 기대한 것으로 보인다.

71) 1992년 11월 15일 아미르에게 청원을 제출한 인물들, 시아파 3명, 수니파 3명, Sheikh Abdul Ameer Al-Jamri(종교학자, 전임 국민의회 의원), Mr. Hamid Sangoor(법률가), Mr. Abdul Wahab Hussain Ali(교육이론가), Dr. Abdul Latif Al-Mahmood(교수), Mr. Mohammed Jaber Al-Sabah(전임 국민의회의원), Sheikh Isa Al-Jowder(종교학자).

72) 1994년 청원을 주도한 14명 : Dr. Abdul Latif Al-Mahmmod(교수), Abdul Amir Al-Jamri(종교학자, 전임 국민의회 의원), Mohammed Jaber Al-Sabah(전임 국민의회의원), Sheikh Isa Al-Jowder(종교학자), Ahmed Isa Al-Shamlan(법률가), Abdul Wahhab Hussain Ali(교육이론가), Ali Qassim Rabea(전임 국민의회의원, 총책임자), Hesham Abdul Malik Al-Shehabi(기술자), Dr. Abdul Aziz Hasan Ubol(감독), Ibrahim Seyid Ali Kamal-u-Din(마케팅 공무원), Dr. Moneera Ahmed Fakhroo(교수), Saeed Abdulla Asbool(기술자), Abdulla Mohammed Saleh Al-Abbasi(기자), Abdulla Mohammed Rashid(피고용인).

73) Al-Majlis Al-Watani / National Assembly

74) NDI 조사에 따르면, 각 선거구에서 정확한 유권자 수는 알려지지 공개되지 않았다. 각 후보자들은 각 선거구의 등록된 유권자들의 목록을 받았다. 특정 선거구의 각 후보마다 다른 숫자를 받은 것을 발견하였으며, 선거과정에서 드러난 숫자와도 일치하지 않았다.

75) Beaumont, Peter, Gerald H. Blake, J. Malcolm Wagstaff(1988). The Middle East: A Geographical Study. David Fulton. p.16.

76) 바스라는 이라크 제 1의 항구 도시다. 1668년 오스만 제국에게 점령되었다. 17세기와 18세기에 영국·네덜란드·포르투갈의 무역상들이 자리 잡았고 19세기에는 바그다드로 가는 하천교통의 하역장소로 크게 발전했다. 이전에는 부두가 없었으나 1914년 현대식 항구가 건설되기 시작했다. 제1차 세계대전 동안 바스라를 점령한 영국은 이 항구를 통해 메소포타미아와 인도 사이의 연락을 유지했다. 뒤이은 영국의 위임통치 아래 바스라는 큰 발전을 이룩했고 도시와 항구 모두 중요성이 높아졌다. 1930년에는 항구시설 소유권이 영국에서 이라크로 이전되었으며 제2차 세계대전 동안에는 연합국이 바스라를 통해 소련군에게 보급품을 보내기도 했다. 전후 수십 년 동안 이라크 석유산업이 성장하면서 바스라는 정유와 석유수출의 중심지가 되었다.

77) 반다르 압바스, 마스라, 테헤란, 부시르, 키슘, 후라산, 무스카트, 모카, 아덴, 제다, 바그다드 등지에서 사무국(Agency), 주재관(Residency), 공사관(Legation/Mission), 총영사관(Consulate-General) 등 다양한 기구들이 창설 운영되었다.

78) Captain John MacLeod(1822~1823, the Bombay Engineers)가 1822년 이 지위에 취임하였다.
http://www.worldstatesmen.org/United_Arab_Emirates.html (검색일 : 2011년 2월 3일)

79) 라시드 투후국(the emirate of Al Rashid)은 1836년 압달라 빈 라시드(Abdullah bin Rashid)가 혁명을 일으켜서 하일(Ha'il)의 통치자인 무함마드 빈 알리를 무너뜨리면서 하일을 수도

로 창설되었다. 19세기 말경에 수니파에 속한 라시드 토후국 통치자들은 외국인들뿐만 아니라 내부적으로 다수의 무역업자들이 속한 시아파 그리고 시아파와 충돌하던 수니파와 와하비들에게 비교적 관용적인 정책을 취한 것으로 알려진다. 또 이븐 라시드의 양 아버지인 무함마드 빈 압달라(통치기간:1869~1897) 통치하에서 라시드 토후국은 상당히 안정되고 번영했던 것으로 알려졌다.

80) King Abdul Aziz(Ibn Saud) Information Resource, http://www.ibnsaud.info/main/1018.htm

81) Daniel Silverfarb, 1980. "The Anglo-Najd Treaty of December 1915". Middle Eastern Studies. Vol. 16. No. 3, Oct. 1980. Taylor & Francis, Ltd.. pp.167~177.

82) Kelly, J. B. 1968. Britain and the Persian Gulf 1775~1880. Oxford Univ. p.19.

83) 1956년 7월, 수에즈 운하를 국유화선언. 지중해와 홍해, 인도양을 잇는 중요한 국제수로였던 수에즈 운하의 국유화 선언은 운하에 대한 이권을 소유한 영국과 프랑스에게는 큰 타격이 되었다. 1955년에 대략 유럽에서 소비되는 석유 중 2/3가 이 운하를 통과했다.

84) Al-Qasimi, Sultan Muhammad. 1986. The Myth of Arab Piracy in the Gulf. Routledge. p.13.

85) Saudi-British Relations, http://www.saudibrit.com/glossary-term/oman-glossary/, June 10, 2011.

86) ANGLO-OMANI TREATIES, http://www.encyclopedia.com/doc/1G2-3424600239.html

87) 인도 남부 마이소르(Mysore)의 통치자였던 티부 술탄(Tibu Sultan, 1750~1799.5.4)은 프랑스, 오스만 제국과 동맹을 시도하면서 영국과 전쟁 중에 있었다. 그러나 그가 1799년 5월 최종적으로 영국 동인도회사의 연합군과의 전투에서 패배하면서, 프랑스가 제거되었고, 영국의 패권이 관철되었다. 이 전쟁 과정에서, 1798년 영국 동인도회사와 오만(무스카트) 통치자 술탄 이븐 아흐마드 사이에서 협정이 체결되었다. 이 협정은 걸프 지역에서 프랑스를 축출하고 인도 대륙에서 영국의 지배권을 강화하기 위한 것이었다.

88) Eugene Rogan, 2009, The Arabs, Basic Books, p.176.

89) Hussein Ghubash, 2006, Oman: the Islamic democratic tradition, Routledge, p.142

90) James Onley, 2009, Britain and the Gulf Shaikhdoms, 1820-1971: The Politics of Protection, Georgetown University, p.10.

91) H. L. Hoskins, British Routes to India, 3장, p.79.

92) Charles Maclaren, "Account of the Ancient Canal from the Nile to the Red Sea," The Edinburgh Philosophical Journal 13, 1825, pp.275~291.

93) C. W. Hallberg, The Suez Canal, pp.214~215.

94) C. W. Hallberg, The Suez Canal, p.188.

95) The Earl of Cromer [Evelyn Baring Cromer], Modern Egypt, 2vols. (London: Macmillan, 1908), 1: 10.

96) C. W. Hallberg, The Suez Canal, 230, and appendix A.

97) The Sykes-Picot Agreement : 1916, http://avalon.law.yale.edu/20th_century/sykes.asp

98) Thomas Edward Lawrence, http://www.pbs.org/lawrenceofarabia/players/lawrence.html. The Great Arab Revolt, http://www.kinghussein.gov.jo/his_arabrevolt.html

99) Robert John & Sami Hadawi, 1972, The Palestine Diary Vol. I, 1914~1945, NewWorld press, New York. p.52.

100) Karsh, Efraim. 2001. Empires of the Sand: The Struggle for Mastery in the Middle East, Harvard University Press. p.327.

101) Leonard Stein. 1961. The Balfour Declaration. Vallentine Mitchell. London. p.664.

102) Agreement Between Emir Feisal ibn Hussein and Dr. Weizmann. http://www.zionism-israel.com/hdoc/Feisal_Weizmann_Agreement.htm

103) San Remo Resolution, http://www.cfr.org/publication/15248/san_remo_resolution.html

104) Treaty of Sevres, http://www.discoverturkey.tv/page.php?s=page&pid=985&seo=/Treaty+ of+Sevres

105) Franco-British boundary agreement. 1920. http://en.wikipedia.org/wiki/Franco-British_Boundary_Agreement_(1920)

106) 1920년 4월 산레모 회의는 영국이 트랜스 요르단, 팔레스타인, 이라크 지역을 위임 통치 하고, 프랑스가 레바논과 시리아를 위임 통치한다고 결정하였다. 이 회의에서 체결된 영 국-프랑스 오일 협정(Anglo-French oil agreement)은 이라크에서의 영국 위임통치를 수락하는 조건으로 프랑스에게 이라크 오일의 25%를 제공한다는 것이었다.

107) Palestine and the first Zionist Colony 1878. http://attendingtheworld.wordpress.com/2008/08/02/palestine-and-the-first-zionist-colony-1878/

108) NETUREI KARTA AROUND THE WORLD: Anti-Zionist Orthodox Jews Protest Zionist Atrocities http://www.nkusa.org/Historical_Documents/Herzl_quotes.cfm

109) 하레딤들은 정통 유대교도들 중에서도 가장 보수적이다. 이들은 자신들의 믿음 체계가 모세와 토라에서 비롯되는 것으로 간주하며 유대 세속주의를 거부한다. 이들은 유럽, 중동, 아프리카 등 출신지 등에 따라 종교 의식 등이 서로 다른 문화적으로 서로 다른 다양한 기원을 가지고 있다.

110) 정통 유대교를 표방하는 하레딤 단체들로는 Satmar, Neturei Karta, Dushinsky, Shomer Emunim, Mishkenos HoRoim, Edah HaChareidis 등이 있다.

111) 시온은 원래 산등성이 혹은 바위 언덕을 의미하는 히브리어로 예루살렘 근처의 산과 관련된 용어였다.

112) 영국 정치가인 샤프테스베리 경(Lord Shaftesbury)이 1853년 7월 영국 외무 장관이었던 조지 해밀턴 고든과 파머스톤 경에게 보내는 서신에서 'a country without a nation, a nation without a country'를 사용하기 시작하였다. 이것이 의미하는 바는 팔레스타인 땅에 대한 고대로부터 내려온 합법적인 지배자인 유대인들에게 권리가 있다는 것이다. Muir, Diana.

(2008), "A Land without a People for a People without a Land" Middle East Quarterly, Spring 2008, pp.55~62, Hyamson, Albert, 1918, "British Projects for the Restoration of Jews to Palestine," American Jewish Historical Society, Publications 26, p.140.

113) Zangwill, Israel, 1901, "The Return to Palestine," New Liberal Review, Dec. 1901, p.615.

114) 영국의 팔레스타인 군부통치자들(1917.12~1920.07) : Field Marshal Edmund Allenby(1917.12~ 1918.06), Major General Arthur Wigram Money(1918.06~1919.06), Major General H.D. Watson(1919.06~1919.12), Lieutenant-General Louis Bols(1919.12~1920.07)

115) 영국의 팔레스타인통치자들(1920.7~1948.5.14) : Sir Herbert Louis Samuel(1920.7~1925.6), Field Marshal Lord Plumer(1925.8~1928.7), Sir Harry Charles Luke(1928.7~1928.12), Sir John Chancellor(1928.12~1931.11), Sir Mark Aitchison Young(1931.11~1931.11), Sir Arthur Grenfell Wauchope(1931.11~1938.3), William Denis Battershill(1937.9~1937.11), Sir Harold MacMichael(1938.3~1944.8), Field Marshal Lord Gort(1944.11.~1945.11), Sir Alan Cunningham(1945.11~1948.5.14).

116) 이라크 석유회사(IPC)는 영국, 미국, 프랑스 등의 자본으로 이루어졌고, 이라크 하심왕국 (1921.8~1958.7) 거의 전역에 이권을 가지고 있었다. 1958년 7월 친 소련 군부쿠데타 이후, 이라크 정부가 1961년에 IPC 이권지역 99% 이상을 몰수하였고, 1972년에는 IPC를 국유화하 였다.

117) 1945년에 아랍연맹이 아랍고등위원회라는 이름으로 위원회를 재건하였다. 그러나 1948년 아랍-이스라엘전쟁이 발발하면서, 다시 무력화되었다.

118) 트랜스 요르단은 1921년부터 1937년 7월까지 영국으로부터 총 125만 3천 파운드, 연간 평 균 7만 8천 파운드를 보조금으로 받았다(The Peel Commission Partition Plans 1937).

119) 아랍 고등 위원회는 위임 통치 팔레스타인의 아랍 공동체의 중앙정치 기관으로 1936년 4월 25일 예루살렘 무프티(종교 최고 지도자)인, 하지 아민 알 후세이니(Hajj Amin al-Husayni) 의 제안으로 창설되었으며, 무프티의 지휘 아래 팔레스타인 아랍 가문 지도자들로 구성되었 다. 아랍 고등 위원회는 납세 거부, 아랍 노동자들의 총파업, 유대 이민 종결 등을 요구하였 다. 1937년 9월 영국 위임 통치 당국이 이 위원회를 금지하고 구성원들을 체포하면서 하지 아민 알 후세이니는 추방되었다. 1945년 11월 아랍 연맹이 같은 이름으로 위원회를 재건하 였으나, 1948년 요르단이 서안에서 활동을 금지하였다.

120) Mahdi Abdul Hadi, 2001, 100 years of Palestinian History, PASSIA, Jerusalem, pp.78~79.

121) Mahdi Abdul Hadi, 2001, 100 years of Palestinian History, PASSIA, Jerusalem, pp.81~87.

122) 홍미정, 2004, 『팔레스타인 땅, 이스라엘 정착촌』, 서경, 25쪽.

123) 몇 몇 아랍 국가들이 가자의 팔레스타인 정부를 승인한 것은 팔레스타인으로부터 철수를 정 당화하고 전쟁에 대한 책임을 회피하기 위한 수단이었다.

124) Mahdi Abdul Hadi, 2001, 100 years of Palestinian History, PASSIA, Jerusalem, p.90.

125) ABSENTEES' PROPERTY LAW, 5710~1950, http://www.geocities.com/savepalestinenow/israellaws/fulltext/absenteepropertylaw.htm

126) Law of Return 5710~1950(5 Jul 1950)
http://www.mfa.gov.il/MFA/MFAArchive/1950_1959/Law%20of%20Return%205710-1950

127) http://www.sixdaywar.org/content/khartoum.asp
The leaders of thirteen Arab states gathered at a summit conference in Khartoum, Sudan from August 29 to September 1. There they pledged to continue their struggle against Israel. Influenced by Nasser, "their conditions were quite specific: no peace with Israel, no negotiations with Israel, no recognition of Israel, and ´maintenance of the rights of the Palestinian people in their nation.

128) UN Security Council Resolution 242, 22 Nov 1967
http://www.mfa.gov.il/MFA/Peace%20Process/Guide%20to%20the%20Peace%20Process/UN%20Security%20Council%20Resolution%20242

129) Camp David Accords, 17 Sep 1978.
http://www.mfa.gov.il/MFA/Peace%20Process/Guide%20to%20the%20Peace%20Process/Camp%20David%20Accords

130) 동예루살렘과 서예루살렘의 통합을 의미한다.

131) PEACE TREATY BETWEEN ISRAEL AND EGYPT, March 26, 1979
http://www.mfa.gov.il/MFA/Peace%20Process/Guide%20to%20the%20Peace%20Process/Israel-Egypt%20Peace%20Treaty

132) Israel-Jordan Peace Treaty, 26 Oct 1994
http://www.mfa.gov.il/MFA/Peace%20Process/Guide%20to%20the%20Peace%20Process/Israel-Jordan%20Peace%20Treaty

133) Palestine National Council: Political Communique and Declaration of Independence, Nov. 15, 1988, U.N. Doc. A/43/827, S/20278, Annex III, Nov. 18, 1988
The Palestinian Declaration of Independence,
http://www.al-bab.com/arab/docs/pal/pal3.htm

134) G.A. Res. 43/177, U.N. GAOR, 43d Sess., U.N. Doc. A/RES/43/177(Dec. 15, 1988), available at, http://www.centrodirittiumani.unipd.it/a_temi/crisi/israele_palestina/Ris-AG-UN-43-177-1988.pdf; Paul Lewis, U.N. Ends Its Session in Geneva, Approving 2 Mideast Resolutions, N.Y. TIMES, Dec. 16, 1988, at A15.

135) John Quigley, Spring 2009, "THE PALESTINE DECLARATION TO THE INTERNATIONAL CRIMINAL COURT: THE STATEHOOD ISSUE", RUTGERS LAW RECORD, The Internet Journal of Rutgers School of Law, Volume 35, p.4.

136) The Jerusalem Post(2014). Housing minister sees 50% more settlers in West Bank by 2019, 05/16/2014
http://www.jpost.com/National-News/Housing-minister-sees-50-percent-more-settlers-in-West-Bank-by-2019-352501

137) The Jerusalem Post(2014). Housing minister sees 50% more settlers in West Bank by 2019, 05/16/2014,
http://www.jpost.com/National-News/Housing-minister-sees-50-percent-more-settlers-in-West-Bank-by-2019-352501

138) Report of The Sharm el-Sheikh Fact-Finding Committee, April 30, 2001,
http://www.consilium.europa.eu/ueDocs/cms_Data/docs/pressdata/EN/reports/ACF319.pdf

139) Obama's New Middle East Envoy, http://97.74.65.51/readArticle.aspx?ARTID=33818

140) Suleyman Demirel: 9th President of the Republic of TurkeyThorbjoern Jagland: Minister of Foreign Affairs of NorwayGeorge J. Mitchell, Chairman:Former Member and Majority Leader of the United States SenateWarren B. Rudman: Former Member of the United States SenateJavier Solana: High Representative for the Common Foreign and Security Policy, European Union

141) http://electronicintifada.net/bytopic/historicaldocuments/73.shtml

142) Prime Minister Ariel Sharon's cabinet, 2003년 5월 27일, *Israel's road map reservations*,
http://www.haaretz.com/hasen/pages/ShArt.jhtml?itemNo=297230

143) Prime Minister Ariel Sharon's cabinet, 2003년 5월 27일, *Israel's road map reservations*,
http://www.haaretz.com/hasen/pages/ShArt.jhtml?itemNo=297230

144) Noam Chomsky, "Obama on Israel-Palestine" chomsky.info, January 24, 2009
http://www.chomsky.info/articles/20090124.htm

145) http://www.haaretz.com/hasen/spages/1076396.html

146) The Beirut Declaration - The Arab Peace Initiative, 13/05/2002
http://www.haaretz.com/hasen/pages/ShArt.jhtml?itemNo=163311&contrassID=3&subContrassID=0&sbSubContrassID=0

147) Text of Obama's speech to Muslims, http://news.yahoo.com/s/ap/obama_text

148) http://www.haaretz.com/hasen/spages/1091465.html

149) Herb Keinon; Khaled Abu Toameh; Tovah Lazaroff; Rebecca Anna Stoil (2009-06-14). "PM lays down conditions for peace in foreign policy address".
The Jerusalem Post.
http://www.jpost.com/servlet/Satellite?cid=1244371095741&pagename=JPost%2FJPArticle%2FShowFull. Retrieved 2009-06-14. http://www.haaretz.com/hasen/spages/1092068.html

150) Netanyahu's speech: Yes to road map, no to settlement freeze,
http://www.haaretz.com/hasen/spages/1092068.html

151) Netanyahu Peace Speech: Israeli Prime Minister Appeals To Arab Leaders For Peace
http://www.huffingtonpost.com/2009/06/14/netanyahu-peace-speech-is_n_215337.html
The White House said Obama welcomed the speech as an "important step forward."

152) Senator Barak Obama, AIPACPolicy Conference 2008 4th Jun 2008.

153) http://www.imemc.org/index.php?obj_id=53&story_id=57427

154) Al-Qassam English Forum, http://www.almoltaqa.ps/english/showthread.php?t=14314

155) Spencer Ho · Anav Silverman, *Obama briefly visits Sderot*,
　　 http://www.sderotmedia.com/bin/content.cgi?ID=92&q=3,
　　 Sderot Media Center · Anav Silverman, Sderot Resident Remembers US President's Barack
　　 Obama's Words, Sat Nov 7 2008,
　　 http://www.sderotmedia.com/bin/content.cgi?ID=177&q=3
　　 Fadi Eyadat, July 25, 2008, *Obama tours Sderot, and says all the right things*,
　　 http://www.haaretz.com/hasen/spages/1004879.html

156) 압바스는 팔레스타인 헌법(Palestine Basic Law, May 29, 2002)을 위반하면서 현재까지 수반
　　 직을 유지하고 있다.

157) Pierre Klochendler, Latin America Deepens Israeli Isolation,
　　 http://ipsnews.net/news.asp?idnews=54146

158) Natasha Mozgovaya, U.S. House opposes unilateral declaration of Palestinian state,
　　 http://www.haaretz.com/news/diplomacy-defense/u-s-house-opposes-unilateral-
　　 declaration-of-palestinian-state-1.330922?localLinksEnabled=false

159) HERB KEINON AND KHALED ABU TOAMEH,
　　 Fayyad says Palestinian state possible by 2011,
　　 http://www.jpost.com/MiddleEast/Article.aspx?id=200027

160) Aljazeera, EU rejects Palestinian state plan
　　 http://english.aljazeera.net/news/europe/2009/11/2009111711387196772.html
　　 BBC, EU to recognise Palestinian state 'when appropriate',
　　 http://www.bbc.co.uk/news/world-middle-east-11988018

161) IMEMC, List of 181 Palestinians & 21 Israelis Killed Since October 1st,
　　 http://www.imemc.org/article/75027

162) the Palestinian Center for Policy and Survey Research, Palestinian Public Opinion Poll No (57),
　　 6 October 2015,
　　 http://www.pcpsr.org/sites/default/files/p57e%20Full%20text%20%20English%20desgine.
　　 pdf

163) HAARETZ, Full Transcript of Abbas Speech at UN General Assembly, Sep 23, 2011
　　 http://www.haaretz.com/israel-news/full-transcript-of-abbas-speech-at-un-general-
　　 assembly-1.386385

164) UN General Assembly, Question of Palestine, A/RES/43/177, 82nd plenary meeting,
　　 15 December 1988, http://www.un.org/documents/ga/res/43/a43r177.htm